김용규

독일 프라이부르크대학과 튀빙겐대학에서 철학과 신학을 공부했다. 사람들이 더 나은 삶을 선택하고 그것을 향해 스스로 변화하게 하는 것이 철학의 본분이라 여기며, 대중과 소통하는 길을 끊임없이 모색해왔다. 그 결과 《신: 인문학으로 읽는 하나님과 서양문명 이야기》《데칼로그》《철학카페에서 작가를 만나다 1, 2》《철학카페에서 문학 읽기》《철학카페에서 시 읽기》《영화관 옆 철학카페》《파수꾼 타르콥스키, 구원을 말하다》《설득의 논리학》《그리스도인은 왜 인문학을 공부해야 하는가》《백만장자의 마지막 질문》《알도와 떠도는 사원》(공저), 《다니》(공저), 《철학통조림》 시리즈 등 다양한 대중적 철학서와 인문 교양서, 지식소설을 집필했다.

급변하는 정보혁명의 시대, 엄청난 양의 정보와 지식들이 동시다발적으로 나타났다 사라지는 구글 세상 Google world에서 어떻게 하면 우리와 후세대들이 단순한 정보의 수집자나 수용자로 전락하지 않고 변화하는 환경을 꿰뚫을 수 있는 시각과 판단력을 얻을 수 있을지, 어떻게 새로운 지식을 만들어내는 능력을 확보할 수 있을지를 고민하며 이 책을 썼다. 소크라테스 이전 그리스 철학자들의 생각법을 소개한 이 책은 2014년 처음 출간되어 교사와 학부모는 물론 공공기관과 기업체 등 문제해결력과 창의적 사고법이 절실히 요구되는 현장에서 뜨거운 호응을 얻었고, 특히 이 책의 '은유' 파트는 《은유란 무엇인가》《은유가 만드는 삶》《은유가 바꾸는 세상》 등 3부작 〈북클럽 은유〉 시리즈로 확장, 출간되었다.

후속작으로 서양 철학의 기초를 놓은 소크라테스의 독특한 사유법과 그 영향을 다룬 《소크라테스 스타일》을 썼고, 그 책으로 2022년 우송철학상 대상을 수상했다. 그리스 철학과 기독교 신앙을 종합해 기독교 문명의 문을 연 아우구스티누스와 그의 뒤를 이어 창조적 종합의 길을 열었던 천재들을 새로운 시각으로 조명한 《융합의 시대》를 구상, 집필 중이다.

생각의 시대

생각의 시대

1판 1쇄 발행 2020. 6. 25.
1판 4쇄 발행 2023. 12. 26.

지은이 김용규

발행인 고세규
편집 강영특 | 디자인 정윤수 | 마케팅 윤준원 | 홍보 박은경
발행처 김영사

등록 1979년 5월 17일 (제406-2003-036호)
주소 경기도 파주시 문발로 197(문발동) 우편번호 10881
전화 마케팅부 031)955-3100, 편집부 031)955-3200 | 팩스 031)955-3111

값은 뒤표지에 있습니다.
ISBN 978-89-349-9233-2 03100

홈페이지 www.gimmyoung.com   블로그 blog.naver.com/gybook
인스타그램 instagram.com/gimmyoung   이메일 bestbook@gimmyoung.com

좋은 독자가 좋은 책을 만듭니다.
김영사는 독자 여러분의 의견에 항상 귀 기울이고 있습니다.

이 도서의 국립중앙도서관 출판예정도서목록(CIP)은 서지정보유통지원시스템 홈페이지
(http://seoji.nl.go.kr)와 국가자료공동목록시스템(http://www.nl.go.kr/kolisnet)에서
이용하실 수 있습니다.(CIP제어번호 : CIP2020023947)

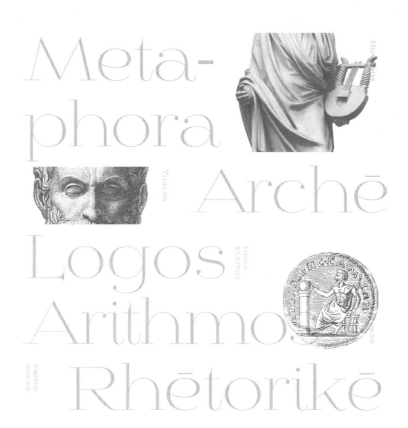

Meta-
phora
Archē
Logos
Arithmos
Rhētorikē

생각의 시대

인류 문명을 만든 5가지 생각의 도구를 만나다

김용규 지음

김영사

Meta-
phora
Archē
Logos
Arithmos
Rhētorikē

The Age of
Thinking

The Five
Tools of
Thought
That Made
Civilization

사랑하는 딸에게

차례

잃어버린 생각의 도구를 찾아서

현재를 제대로 보고 싶다면 멀리 떨어져서 보아야 한다.
얼마나 멀리 떨어져야 할까?
정확히 말해 클레오파트라의 코를 알아볼 수 없을 만큼
멀리 떨어져야 한다.

– 오르테가 이 가세트

누구도 가보지 못한 시대가 열리고 있다. 4차 산업혁명과 함께 인류 문명이라는 거대한 수레바퀴가 다시 한 번 크게 움직이기 시작했기 때문이다. 그래서인지 그곳에는 불을 뿜는 공룡이 지키는 보물 더미가 있다는 식의 중세의 신화를 무색케 하는 온갖 위험하고 불확실한 풍문과 추측들이 나돌고 있다. 그럼에도 한 가지 확실한 것이 있다. 세상이 점점 '지식이 많은 사람'보다 '생각이 많은 사람'을 필요로 한다는 사실이다. 기존의 지식은 모두 인터넷 안에 있어, 누구든 언제 어디서든 꺼내 쓸 수 있는 데다, 인공지능을 탑재한 지능형 기계 intelligent machine들이 각 분야에서 인간의 능력을 빠르게 추월하고 있기 때문이다.

행인지 불행인지는 아직 모른다. 하지만 원하든 원치 않든, 이제 우리는 사람뿐 아니라 기계와도 경쟁하거나 협업하며 살아야 한다. 그러기 위해서는 기계가 '아직은' 또는 '적어도 상당 기간은' 따라 하지 못하는 능력을 갖춰야 한다. 그것이 무엇일까? 이에 대해서는 세계적인 석학과 전문가들이 이미 다양한 답을 내놓았다. 창의력, 상상력, 문제 해결 능력, 비판적 사고력, 의사소통 능력, 협업 능력 등이 그것이다. 그러나 모두가 공염불이다! 왜냐하면 그들 역시 '어떻게 하면 그런 능력들을 기를 수 있는가'에 대해서는 뾰쪽한 수를 내놓지 못하고 있기 때문이다. 이 책이 바로 그 해법을 제시하고자 한다.

* * *

그리스에 가면 관광안내원들이 즐겨 하는 말이 있다. "살아서 에게해를 항해한 영혼은 복이 있다"가 그것이다. 호메로스가 남긴 말이라 한다. 그런데 왜 그렇다는 걸까? 오늘날 에게해 연안을 여행하는 사람은 설령 그가 호화로운 크루즈 여객선을 탔다고 해도 그 이유를 알 수 없다. 황금빛 햇살이 나뭇잎처럼 떠다니는 청록색 바다, 회백색 바위로 뒤덮인 섬들, 하늘을 떠받치는 신전들, 흰 구름 아래 한가로이 누워 있는 노천극장들, 아스라한 절벽 위에서 발돋움하는 수도원들, 화사한 꽃과 달콤한 과일들, 그리고 매혹적인 미소를 짓는 사람들이 예나 다름없이 당신을 반기겠지만 말이다.

그러나 만일 당신이 기원전 8세기에서 기원전 5세기 사이에 그곳을 여행했다면 설사 당나귀를 탔다 해도 호메로스가 남긴 말의 뜻을 금방 눈치챘을 것이다. 당시 에게해 연안에서는 인류 역사상 유례가 없는 놀라운 일이 일어나고 있었기 때문이다. 지난 2,500년 동안 서양 문명을 만들어왔고, 지금 이 순간에도 인류 문명을 다듬어가며, 앞으로도 우리를 미지의 땅으로 안내할 생각의 도구tools of thought들이 당시 그곳에서 하나둘씩 태어나고 있었다. 그리고 그 중심에 그리스인들이 있었다.

플라톤은《법률》에서 "이집트인과 비교할 때 우리는 어린아이 같은 수학자다"라고 고백했다. 하지만 그보다 400년쯤 전인 기원전 8세기 이전의 그리스인들은 수학에서뿐 아니라 문명 전반에서 당시 이집트인들에 한참 뒤떨어져 있었다. 건축과 천문학에서는 그들보다 800년이나 전에 살았던 고대 바빌로니아인들에게도 뒤졌으며, 법률과 문학에서는 자신들로부터 1,200년이나 멀리 떨어진 수메르인들조차 따라가지 못했다. 그때 서양은 어둠 속에 있었다. 그야말로 칠흑 같은 어둠 속을 헤매고 있었다.

그러나 기원전 8세기가 되자 갑자기 달라졌다. 무슨 영문에선지 에게해 부근에 살았던 그리스인들이 우리가 이 책에서 생각의 도구라고 부르고자 하는 생각들을 하나둘씩 개발해 부지런히 갈고닦기 시작했다. 메타포라metaphora, 아르케archē, 로고스logos, 아리스모스arithmos, 레토리케rhētorikē 등이 그것이다. 우리말로는 각각 은유, 원리, 문장, 수, 수사로 번역되는데, 오늘날 우리가 생각하는 것과는 의미가 달랐다. 그리고 이것들이 당시 그리스인들에게 창의력, 상상력, 문제 해결 능력, 비판적 사고력, 그리고 의사소통 능력을 제공했다.

그러자 곧바로 놀라운 일들이 시작되었다. 생각의 도구들은 먼저 그리스에서 합리적인 지식, 창조적인 예술, 그리고 민주적인 사회 제도를 생산해 오늘날에도 누구나 경탄하는 그리스의 황금기(기원전 450~기원전 322)를 일구었다. 이후 그것들이 헬레니즘이라는 이름으로 로마로 들어가 다시 로마 문명을 번성케 했고, 마침내 서양 문명이라는 거대한 구조물을 구축해냈다. 그리고 근대 이후부터는 그 문명이 차츰 인류 보편문명으로 자리 잡아 오늘에 이르렀다.

이런 연유에서 고대 그리스 문명에 대한 관심은 동서양을 막론하고 한시도 그치지 않았고, 그들의 철학과 문학 그리고 예술이 하루가 멀다 하고 재생산되어왔다. 그런데 이상한 것이 하나 있다. 모두가 그리스 황금기가 꽃피운 놀라운 결과물에 관해서만 이야기할 뿐, 그것을 만들어낸 도구들에 대해서는 거의 무관심하다는 사실이다. 클레오파트라의 코만 바라보고 있기 때문이다.

가세트의 말대로 통찰을 얻으려면 멀리 떨어져서 보아야 한다. 꽃만 보고는 씨앗을 알 수 없으며, 건물만 보고는 그것을 지어낸 도구(설계도, 공구 등)들을 알 수 없다. 하지만 우리가 그 꽃을 다시 피우고 싶다면, 또는 그 구조물을 수리하거나 새로 짓고 싶다면, 반드시 씨앗이나 설계도와 공구가 다시 필요한데, 내 생각에는 지금이 바로 그때다. 왜냐고?

* * *

인류의 지식은 누적적으로 발전해왔다. 문자가 없던 시대에조차 지식은 부모로부터 아이들로 전해지는 구술을 통해서 보존되었으며, 거기에 많든 적든 새로운 것들이 덧붙여져 내려왔다. 따라서 지식은 세월이 지나고 세대가 거듭될수록 거의 모든 분야에서 양적으로 많아지고 질적으로 높아졌다. 이 점에서 인류의 지식은 계통발생적 성격을 지닌다.

이와 달리 개인의 지식은 개체발생적이다. 누구도 지식을 갖고 태어나지 않기 때문이다. 사람은 태어나는 개체마다 선사시대부터 누적되어온 지식을 처음부터 따라잡는 일을 매번 반복해야 한다. 다시 말해 개인은 누구나 무지의 상태에서 시작하여 자기가 사는 시대가 도달한 지식수준에 스스로 다가가야 한다. 이 일을 우리가 학습이라 하는데, 예로부터 이것을 잘해낸 개인이 경쟁에서 승리하고 그렇지 못한 사람은 패배했다.

그런데 20세기 말에 시작되어 새로운 밀레니엄과 함께 불붙고 있는 정보혁명이 이 같은 구조에 거대한 변혁을 일으키고 있다. 인터넷과 소셜 네트워크 서비스SNS가 주도하는 이 혁명은 지식의 생산과 전달방법뿐 아니라 형태와 본질마저 바꿔놓고 있다. 이것은 아마도 인류가 지식을 생산하고 전달하기 시작한 이래 경험해본 적이 없는 규모의 변화임이 분명한데, 그 결과로 나타나는 현상은 크게 보아 다음 3가지다.

정보혁명은 우선 지식의 폭증을 불러왔다. 지식은 문자가 발명된 후 시간과 공간을 뛰어넘어 전해지기 시작하면서 폭발적으로 늘어났다. 게다가 인쇄술이 발달하고 대중 교육이 이루어진 근대 이후 그 증가 폭이 다시 한 번 확대되었다. 하지만 그것은 벌써 옛일이 되었다. 오늘날에는 정보와 지식의 증가 속도가 이미 상상을 초월한다. 컴퓨터의 정보처리 속도가 24개월마다 2배씩 증가하고 있고, 2030년이 되면 인공지능 두뇌의 지능지수IQ가 500~1,000에 달하며 지식이 3일마다 2배씩 늘어날 것이라 한다. 예측인 만큼 숫자는 어긋날 수도 있겠지만 이른바 지식의 빅뱅Big Bang이 일어나고 있다는 사실은 추호도 어긋날 수 없다.

그 탓에 이제 우리는 그 누구도 자신의 시대가 도달한 지식수준을 따라잡기가 어렵게 되었다. 이 말이 뜻하는 바는 이렇다. 우리는 이제 개별적이고 미시적이며 합목적적인 지식은 컴퓨터에 내장된 검색엔진을 이용해 어느 때보다도 손쉽게 획득할 수 있다. 그러나 보편적이고 거시적이며 합리적인 전망과 판단에 도달할 수는 없게 되었다. 마치 너무 밝은 빛이 우리의 눈을 실명케 하듯이, 폭증하는 정보와 지식이 우리의 전망과 판단을 흐리게 하고 있기 때문이다.

정보혁명은 또한 지식의 소재와 성격을 바꿔놓았다. 이제 지식은 학자, 전문가, 숙련가, 장인들의 뇌에서 빠져나와, 그리고 백과사전, 대학, 도서관, 연구소, 박물관, 미술관, 음악당에서 벗어나 네트워크 안으로 들어갔다. 그리고 끊임없이 흘러 다니고 있다. 지식의 네트워크화the networking of knowledge가 이뤄졌기 때문이다. 이제 지식은 소유의 대상이 아니라 접속의 대상이 되었고, 교육과 전수의 내용이 아니라 검색과 전송의 내용이 되었다. 지식이 정보가 된 것이다.

그 결과 불과 10년 전만 해도 전문가들만이 독점적으로 접할 수 있던 지식들을 이제 누구나 아무 제한 없이 접할 수 있게 되었다. 세계적인 과학자들도 웹사이트에 글을 올리고, 하버드, 스탠퍼드, MIT 등 명성을 누리는 대학들이 온라인 대중 공개 수업MOOK; Massive Open Online Course을 개설했으며, 권위 있는 과학 잡지인 〈네이처〉도 온라인 사이트를 운영하고 있는 것이 단적인 예다. 이제 전문지식까지도 일반화되어, 일찍이 프랜시스 베이컨이 "아는 것이 힘이다"라는 말로 강조했던 지식의 힘이 약해지고 있다. 누구나 접속할 수 있는 정보와 지식은 더 이상 경쟁력이 없기 때문이다.

그뿐 아니다. 정보혁명은 지식의 수명을 단축했다. 네트워크 안에서 '유동하는 지식fluid knowledge'이 '역동하는 환경dynamic environment'을 만들기 때문이다. 예컨대 예전에는 대학에서 배운 지식이 현장에서 길게는 수십 년, 짧아도 몇 년은 유용했다. 그러나 지금은 이 역시 아련한 추억이 되었다. 대부분의 분야에서 어제 유용했던 지식이 오늘이면 벌써 쓰레기가 되는 시대가 도래했다. 근래에 와서 '지식의 종말', '전문가의 종말', '대학의 종말'이라는 말들이 사람들의 입에 자주 오르내리고, 지식을 일방적으로 전달하기보다 미네르바 대학이나 에꼴 42와 같이 필요한 지식을 스스로 만들어내게끔 훈련하는 새로운 형식의 학교들이 주목을 받는 이유가 바로 여기에 있다.

이제 교육을 통해 자신의 시대까지 누적된 지식을 습득하여 그것에 의존하여 살던 시대는 저물어가고 있다. 따라서 오늘날에는 누가 어떤 지식을 얼마나 갖고 있느냐는 관건이 아니다. 그것들은 네트워크 안에 넘쳐나는 데다 개별적이고 미시적이며 수명마저 짧기 때문이다. 이제 우리의 관심은 어떻게 격변하는 환경을 꿰뚫을 수 있는 보편적이고 거시적이며 합리적인 전망과 판단을 획득할 수 있으며, 또 어떻게 그에 합당한 새로운 지식을 만들어내는 능력을 확보할 수 있느냐에 쏠려 있다. 한마디로, 지식의 시대는 끝났다. 이제 생각의 시대다!

그런데 문제는 우리가 이미 만들어진 지식을 학습을 통해 습득하고 그것에 의존하여 판단하고 결정하고 행동하는 법에만 익숙하다는 데에 있다. 약 2,500년 전 공자孔子가 제자들을 모아 교육한 이래, 또 플라톤이 아카데미아를 창설해 가르친 이후, 우리가 줄곧 그런 방식으로 살아왔기 때문이다. 그래서 우리는 격변하는 환경에 적합한 새로운 지식을 창출하는 법을 모른다. 마치 문명인이 사냥하는 능력을 상실한 것같이, 우리는 스스로 생각하는 능력을 잃어버렸다. 그래서 지금 길을 잃고 당황하여 우왕좌왕하고 있다.

* * *

해법은 없을까? 지식의 폭증에도 불구하고 우리와 우리의 아이들이 각자의 시대가 도달한 지식수준에 손쉽게 이를 방법이 없을까? 지식의 네트워크화에도 불구하고 개별적이고 미시적이며 합목적적인 지식이 아니라 보편적이고 거시적이며 합리적인 전망과 판단을 가질 수는 없을까? 격변하는 환경에도 불구하고 그때마다 적합한 지식들을 창출해내는 사고 능력을 획득할 수는 없을까? 그럼으로써 개인과 사회를 아우르고, 당면한 시대뿐 아니라 다가오는 시대에 적합한 새로운 지식을 창조하는 능력을 기를 수가 없을까? 요컨대 '생각하는 법'을 배울 수 없을까? 이 책이 답하려는 문제가 바로 이것이다.

문제의 심중함에 비해 제시하고자 하는 해법은 의외로 단순하다. 고대 그리스인들에게 보편적이고 거시적이며 합리적인 사유 능력을 제공해주었던 생각의 도구들, 그리고 이후 지난 2,500년 동안 누적된 지식을 만들어온 바로 그 시원적 도구들을 찾아내자는 것이다. 그래서 그것들을 우리 스스로 익혀 활용하고, 아이들에게 교육하자는 것이다. 이 책에서는 일찍이 축의 시대die Achsenzeit에 호메로스와 소크라테스 이전 철학자들이 개발한 메타포라, 아르케, 로고스, 아리스모스, 레토리케가 바로 그것이다.

생각하기에 따라서는, 축의 시대에 살았던 고대 그리스인들과 오늘날 우리가 처한 상황이 크게 다르지 않다. 그때까지 유용했던 지식과 그것에 의존해 사는 방식을 버리고, 전혀 새로운 생각의 방법과 삶의 방식을 개발해야 한다는 점에서 그렇다. 어쩌면 그들이 '첫 번째 생각의 시대'를 살았고, 오늘날 우리가 '두 번째 생각의 시대'를 맞고 있는지도 모른다. 길을 잃었을 때는 처음 시작한 곳에서 새 길을 찾는 것이 지혜다. 본문에서 차츰 드러나겠지만, 이 같은 해법의 정당성은 두 가지 흔들리지 않는 근거가 뒷받침하고 있다.

하나는, 신화에서 수학까지, 잡담에서 이데올로기까지, 수에서 수사학까지, 언어에서 과학까지, 한마디로 서양의 모든 문명이 이 도구들에 의해 점차적으로 만들어졌다는 것이 철학, 고전학, 문학 등을 통해 역사적으로 증명된다는 사실이다. 이것이 이 책의 날줄을 이룬다. 그리고 다른 하나는 아이들의 인지 발달 역시 이 도구들에 의해 단계적으로 이뤄진다는 것이 뇌신경과학(에덜먼, 캘빈), 인지과학(레이코프, 존슨, 포코니에, 터너), 그리고 교육심리학(피아제, 비고츠키) 등을 통해 과학적으로 확인된다는 사실이다. 이것이 본문의 씨줄을 구성한다.

생각은 다른 무엇이 아니다. 무한한 대상들(자연, 사회, 인간 등) 앞에서 혼란스러워진 우리의 정신이 질서를 이끌어내는 방식이다. 그것은 보통 다양하고 복잡한 대상들을 몇 가지 단순한 패턴pattern에 따라 정리하는 식으로 이뤄진다. 그리고 그 패턴들이 모여 더 크고 복잡한 패턴을 만들어간다. 생각의 도구들은 그 자체가 이런 식으로 만들어진 생각의 패턴들이다. 그러나 그것은 다른 모든 생각들을 만들어내는 시원적 방식이고 패턴이다. 그래서 도구라는 이름을 붙였다.

그렇다! 지식은 늘 새로 생겨나 자꾸 불어났지만, 몇 가지 생각의 도구들에 의해 반복 재생산되어왔다. 따라서 우리가 이 생각의 도구들을 찾아내 익힌다는 것은 그동안 누적되어온 지식들을 패턴별로 파악하는 능력을 가진다는 것을 뜻한다. 그것은 우선 우리와 우리 아이들이 방대하고 복잡한 지식들을 용이하게 이해하도록 할 뿐 아니라, 그 지식들을 보다 유용하게 사용할 수 있게 할 것이다. 그리고 무엇보다도 격변하는 환경에 적합한 새로운 지식을 창조해내는 능력을 갖게 할 것이다.

* * *

우리는 이제 먼 과거로 탐사 여행을 떠날 것이다! 이 책을 쓰고 다듬는 내내 스필버그의 영화에서 사라진 고대의 보물을 찾아 모험을 떠나던 인디아나 존스Indiana Jones처럼 가슴이 설렜던 것이 그래서다. 나는 먼저 2,800년을 거슬러 올라가 인류 역사상 가장 위대했던 시기인 축의 시대에 호메로스와 소크라테스 이전 철학자들이 약 400년에 걸쳐 개발한 은유, 원리, 문장, 수, 수사라는 5가지 생각의 도구를 찾아내 당신에게 소개할 것이다. 그리고 그것들이 언제, 어떻게 만들어졌으며, 그동안 무슨 일들을 해왔고, 앞으로 어떤 일들을 할 수 있는지에 대해 이야기할 것이다. 그러기 위해 지금까지 전해 내려온 철학, 고전학, 역사, 문학은 물론이거니와 최근 괄목할 만한 성과를 이뤄낸 뇌신경과학, 인지과학, 심리학, 언어학, 교육학 등의 이론들도 함께 살펴볼 것이다.

그러나 우리의 탐사가 단순히 과거로 떠나는 여행이리라 지레짐작하지 말길 바란다. 우리의 여정은 정확히 미래를 겨냥하고 있다. 나는

5가지 생각의 도구들이 지난 2,500년간 그랬듯 앞으로도 어김없이 필요한 지식을 생산하고 인류 문명을 구축해갈 것임을 증명할 것이다. 그리고 그것들을 용이하게 익혀 유익하게 사용하는 비법들을 당신에게 전할 것이다. 그럼으로써 당신과 당신의 아이들이 불을 뿜는 공룡들이 출몰하는 미지의 땅에서 숨겨진 보물들을 획득하게끔 안내하려 한다. 때문에 이 책은 결코 딱딱한 이론서일 수 없다. 이 책은 하나의 지도이고, 그 목표는 '실용'임을 알아주기 바란다.

더불어 밝혀둘 것이 있다. 이 책은 2014년에 출간된 《생각의 시대》(살림출판사)를 수정하고 보완한 개정판이다. 초판은 4차 산업혁명의 열풍이 불기 이전에 나와 다소 때 이른 감이 있었는데, 눈여겨보고 아껴준 많은 독자들에게 감사한다. 그러나 이 책의 효용은 이제 막 시작한 4차 산업혁명이 진행되어갈수록 더욱 높아질 것이다. 재출간을 허락해준 김영사 고세규 대표와 필요한 때마다 도움을 준 강영특 편집장께도 이 자리를 빌려 감사를 전하고 싶다. 윌리엄 셰익스피어의 〈윈저의 즐거운 아낙네들〉의 주인공 폴스타프는 베르디의 마지막 오페라에 등장해, 이 책에서 구호로 삼고자 하는 지혜를 다음과 같이 노래했다.

옛날로 돌아가자, 발전이 있을지니Torniamo all'antico, sarà un progresso!

과연 그런지 이제부터 살펴보자.

청파동에서
김용규

1부

지식의 기원

그대, 신으로서의 죄란
인간에게 애정을 가졌던 일이었다.
그것은 그대가 건네준 지식으로
인간이 비참의 모든 양을 줄이고
자신을 스스로의 힘으로 강화시킨 일이었다.
– 바이런

▲ 얀 코시에르, 〈불을 훔치는 프로메테우스〉, 1630년경, 프라도 미
술관, 마드리드.

인간은 어떻게 불의 사용법을 알았을까? 2,500년 전쯤 그리스의 시인 아이스킬로스Aischylos, 기원전 525~기원전 456가 이에 대해 확실한 답을 내놓았다. 타이탄족인 프로메테우스가 제우스의 아궁이에서 불을 훔쳐다 건네주며 가르쳐주었다고! 그때 인간은 그 어떤 지식도 갖고 있지 않아 이루 말할 수 없이 비참했었다고!

그는 헤시오도스Hesiodos의 《신통기》를 바탕으로 노래했지만 전하려는 의미는 전혀 달랐다. 《신통기》에서 이야기한 것처럼 제우스를 골탕 먹이려던 것이 아니라, 인간을 비참에서 구하기 위해 지식을 전해주었다는 것이 그 차이점이다. 아이스킬로스의 《결박된 프로메테우스》를 보면, 프로메테우스는 캅카스산 암벽에 묶여 다음과 같이 증언한다.

들어보시오. 인간들이 겪었던 고통들과
전에는 어리석었던 그들에게 내가 어떻게
사고력과 지적 능력을 주었는지 말이오. 이런 말을
하는 것은 인간을 폄하하기 위해서가 아니라,
내 선물들이 호의로 전달되었음을 밝히기 위해서요.
인간은 전에는 눈을 뜨고도 보지 못했고,
귀가 있어도 듣지 못했소. 아니, 인간들은 꿈속의
형상처럼 긴긴 일생 동안 모든 것을 아무렇게나
되는 대로 뒤섞었소. 그들은 양지바른 곳에
벽돌집을 지을 줄도 몰랐고, 목재를 다룰 줄도 몰랐으며,
득실거리는 개미 떼처럼 햇빛이 안 드는
토굴 안에 파묻혀 살았소. 그들에게는

겨울과 꽃향기 가득한 봄과 결실의 늦여름이 다가와도

그것을 말해줄 확실한 징표가 없었소.

그들은 모든 것을 지각없이 해치웠지요. 그들에게는

별들이 언제 어디서 뜨는지―사실 그것은

가늠하기 어려운 일이지요―내가 가르쳐주기 전에는,

그 밖에도 나는 그들을 위해 발명의 진수인 수_數를

발명해냈고, 문자의 조립도 찾아내어, 그것이 그들에게

모든 것의 기억이 되고, 예술의 창조적 어머니가 되게

했소. 나는 또 처음으로 들짐승들에게 멍에를

얹었소. 봇줄의 노예가 된 야수들이 가장 힘든 노역에서

인간들을 구해주도록 말이오. 나는 또

말들을 수레 앞에 끌고 가 고삐에 복종케 함으로써

부자들이 자신의 사치를 자랑할 수 있게 해주었소.

아마포의 날개를 달고 바다 위를 떠다니는 선원들의 수레를 발명해
낸 것도

다름 아닌 나였소.

가련한 나는 인간들을 위해 그런 기술들을

발명했건만 나 자신은 지금 이 곤경에서

벗어날 방도를 찾아내지 못하고 있소.[1]

그 후 2,000년쯤 지나 영국의 철학자 프랜시스 베이컨_{F. Bacon,}
_{1561~1626}이 이 말을 듣고 감격했다. 그래서 그는《고대인의 지혜》에서
프로메테우스가 인류를 창조했다고 선포했다.《이솝 우화》에 이미 나
오는 이야기지만, 역시 전하려는 뜻이 달랐다. 지식을 가진 인간이 비

로소 인간이기에, 지식을 전해준 자가 곧 창조주라는 의미였다. 그리고 200년쯤 더 지났을 때 시인 바이런G. G. Byron, 1788~1824이 〈프로메테우스〉라는 시로 그를 위로하고 찬양했다. 그가 우리에게 연민과 사랑을 가져 지식을 전해주었고, 그래서 고난당했기 때문이다. 다음은 〈프로메테우스〉 가운데 1연과 3연이다.

> 타이탄이여!
> 인간의 현실이 아무리 비참하다 하더라도
> 신들이 능멸해도 좋을 것으로는 여기지 못하게 했던
> 불멸의 눈을 가진 이여!
> 그대의 연민의 보상은 무엇이었던가?
> 침묵의 격한 고통, 바위, 독수리 그리고 사슬
> 그것은 굽힐 줄 모르는 자가 받는 괴로움의 전부
> 보이지 않는 번민, 숨 막힐 듯한 슬픈 생각.
>
> 그대, 신으로서의 죄란
> 인간에게 애정을 가졌던 일이었다.
> 그것은 그대가 건네준 지식으로
> 인간이 비참의 모든 양을 줄이고
> 자신을 스스로의 힘으로 강화시킨 일이었다.

그런데 과연 그랬을까? 아이스킬로스, 베이컨, 바이런의 말대로 프로메테우스가 우리에게 불을 전해주고 온갖 "사고력과 지적 능력"을 넣어준 것일까? 그가 우리를 위해 "발명의 진수인 수數를 발명해냈고,

문자의 조립도 찾아내어, 그것이 그들에게 모든 것의 기억이 되고, 예술의 창조적 어머니가 되게" 했을까? 아니다! 당신도 알다시피, 아이스킬로스는 당시 서사시인들이 그랬듯이 인류의 시작을 숱한 상징으로 표현한 신화를 노래했을 뿐이다. 그리고 베이컨과 바이런은 그 신화를 은유적으로 찬양한 것이다.

　지식의 발생은 사실인즉 이처럼 낭만적이지 않았다. 추운 지방에 사는 들소들이 추위를 견디기 위해 털을 기르는 방향으로 진화한 것처럼, 인간은 오직 살아남기 위해 불의 사용법을 알아냈다. 다른 지식들도 역시 마찬가지다. 지식은 인간이 주어진 자연환경에 적응하고 살아남기 위해 생존경쟁struggle for existence을 하는 과정에서 생겨났다. 생존의 방법으로 들소는 생물학적 방법인 진화를 선택했고, 인간은 문화적 방법인 지식을 택했다. 그리고 이 선택이 그들을 각각 서로 다른 역사의 길로 안내했다.

1장
지식의 탄생

사고는 가장 높은, 가장 추상적인 수준에서
기호적인 능력에 의존하는 하나의 기예다.

— 제럴드 모리스 에델먼

불을 사용하기 시작했을 때 인간은 생각이라는 것을 했을까? 또 불에 관한 어떤 지식을 가졌을까? 이에 대한 대답은 우리가 생각과 지식을 어떻게 규정하느냐에 따라 달라진다. 우리가 생각을 넓은 의미로, 마음에서 일어나는 느낌, 상상, 의욕, 기억, 연상, 의지 등을 모두 포함하는 '심리적 활동'으로 규정한다면, 답은 "그렇다!"이다. 그리고 이때 만들어진 지식은 예컨대 '뜨겁다'나 '밝다' 같이 불이라는 대상에서 감각을 통해 직접 얻어진 생각이다.

그렇지만 만일 우리가 생각을 좁은 의미로 '정신적 사고', 다시 말해 프로메테우스가 인간에게 넣어주었다고 호언한 '사고력과 지적 능력'이라고 한정한다면, 그 답은 "아니오!"이다. 왜냐하면 사고란 '뜨겁다'나 '밝다' 같이 대상에서 감각을 통해 얻어진 지식으로부터 판단과 논리적 추론을 거쳐 간접적으로 얻어진 생각이어야 하기 때문이다.

예컨대 '불은 위험하다'나 '불은 이롭다'가 그것이다. 왠지 조금 애매하다고 생각되는가? 그렇다면 같은 이야기를 달리 해보자.

근래 주목받고 있는 뇌신경과학에서는 우리가 말하는 넓은 의미에서의 생각을 '의식consciousness'이라 한다. 1972년에 생리학 및 의학 부문 노벨상을 수상한 뇌신경과학자 제럴드 모리스 에덜먼G. M. Edelman, 1929~2014은 《신경과학과 마음의 세계》에서 인간의 의식을 '1차적 의식primary consciousness'과 '고차적 의식higher-order consciousness'으로 구분했다. 각각 하위 의식과 상위 의식이라고도 한다. 에덜먼에 의하면 1차적 의식이란 언어와 관계없이 지각을 통해 대상에서 직접적으로 형성된다. 그래서 사람뿐 아니라 개 또는 고양이 정도의 포유동물과 앵무새, 까마귀와 같은 조류들도 갖는 의식이다. 그가 《뇌는 하늘보다 넓다》에서 든 예는 다음과 같다.

하위 의식(1차적 의식)을 지닌 밀림 속의 동물들을 생각해보라. 그 동물의 귀에 낮게 으르렁거리는 소리가 들리고, 그와 동시에 바람이 바뀌고 빛이 약해지기 시작한다. 그 동물은 재빨리 달아나 더 안전한 곳으로 숨는다. 물리학자라면 이 사건들 간의 필연적인 인과관계를 알아차리지 못할 것이다. 그러나 하위 의식을 지닌 동물에게 그 동시다발적인 사건들은 즉시 과거의 경험을 일깨우는데, 그 경험에는 가령 호랑이의 출현이 포함되어 있다. 의식은 현재의 장면과 그 동물이 과거에 겪은 의식 경험의 역사를 통합한다. 그리고 호랑이가 나타나든 나타나지 않든 그런 통합에는 생존 가치가 있다.[1]

이에 비해 고차적 의식(또는 상위 의식)은 1차적 의식이 작동하는 상태에서 언어 내지 기호가 추가되어 2차적으로 생성된 의식이다. 앞에서 프로메테우스가 '사고력과 지적 능력'이라고 표현하고 우리가 '좁은 의미에서의 생각'이라고 규정한 '사고'가 에덜먼이 정의한 고차적 의식에 속한다. 에덜먼은 "사고는 가장 높은, 가장 추상적인 수준에서 기호적인 능력에 의존하는 하나의 기예skill다"[2]라고 정의했다. 이 기예에는 논리학, 수학, 언어, 공간적 기호, 음악적 기호 등이 사용되며, 은유적인 과정, 환유적인 과정의 지원도 필요하다.[3]

개와 고양이 같은 동물들에게도 1차적 의식이 있다는 것은, 러시아의 생리학자인 이반 파블로프I. P. Pavlov, 1849~1936가 개를 상대로 한 유명한 실험을 통해 1900년대 초에 이미 증명했다. 그는 개가 먹이 주는 사람의 발소리를 듣거나 빈 밥그릇만 보아도 침을 분비한다는 사실을 실험을 통해 알아냈다. 그래서 파블로프는 개에게 먹이를 주기 전에 항상 불빛을 보여주며 불빛이 발소리나 빈 밥그릇과 같은 효과를 낼 수 있는가를 알아보았다. 결과는 적중했다. 심리학자들은 이 같은 현상을 '조건화conditioning'라고 부르는데, 인간에게는 다음과 같은 식으로 일어난다.

영국의 여성 작가 버지니아 울프A. Virginia Woolf, 1882~1941가 쓴 《댈러웨이 부인》에는 셉티머스라는 퇴역 군인이 등장한다. 그는 런던 템스 강변에 있는 시계탑에서 빅벤Big Ben이 울릴 때마다 전쟁에서 얻은 정신적 상처에 시달린다. 마찬가지로 톰 크루즈가 주연한 올리버 스톤 감독의 영화 〈7월 4일생〉에는 월남전 참전 용사 론 코빅이 등장한다. 그도 역시 사회에 돌아왔을 때 시가행진 중 터지는 폭죽 소리에도 깜짝 놀라며 두려워한다. 두 사람 모두 전장에서 터지는 폭음과 유사한 소리를 들을 때마다 조건화되어 일어나는 고통스런 기억들을 갖고 있기 때문이다.

언어 이전의 심리 현상인 조건화 현상을 '굳이' 언어로 표현하면 '으르렁거리는 소리가 들리면 고양이가 숨는다', '발소리가 나면 개가 침을 흘린다', '빅벤이 울리면 셉티머스가 고통스러워한다'와 같이 'A 이면 B이다'라는 형식이 된다. 얼핏 보면 이것은 기호논리학에서 'A ⊂B'나 'A→B'로 표시하고 함축implication이라고 부르는 논리 형식과 같아 보인다. 때문에 조건화 현상이 마치 "모든 사람이 죽는다면 소크라테스는 죽는다"라는 논리적 추론과 같다고 생각될 수 있다. 만일 그렇다면 개나 고양이도 간단한 논리적 추론을 할 수 있다는 결론이 나온다. 하지만 아니다! 그것은 자연언어로 표현했기 때문에 일어나는 착각이다.

조건화 현상을 언어화하면 논리적 함축 같지만, 그 둘 사이에는 분명한 차이가 있다. 고양이가 위험을 감지하고 몸을 숨길 때 언어나 기호에 의한 추론을 하지 않고 행동하는 것처럼, 셉티머스도 빅벤이 울리면 언어적 사고 없이 고통스러워한다. 그러나 "모든 사람이 죽는다면 소크라테스는 죽는다"라는 논리적 추론은 언어나 기호 없이는 불가능하다. 조건화 현상은 언어 이전에 형성되는 1차 의식이고, 논리적 함축은 언어 또는 기호를 매개로 생성되는 고차적 의식이기 때문에, 이처럼 서로 다르다. 에덜먼은 기능성 자기공명장치fMRI를 이용해 1차 의식과 고차적 의식이 일어나는 뇌의 부위가 각각 다르다는 것도 밝혀냈다.

고차적 의식은 언어와 기호를 통해서 만들어지며, 이 의식에 의해 인간은 비로소 과거, 현재, 미래라는 시간관념을 갖게 된다. 이 관념으로 수학적 계산과 논리적 추론을 하고, 자기 자신과 세계를 모형화한다. 거꾸로 말하자면, 언어적(또는 기호적) 사고에 의해 형성되는 고차적 의식이 없으면 인간도 마치 동물처럼 시간관념도, 수리 논리적 추론 능력도, 역사의식도, 심지어는 자기의식마저도 갖지 못한다.

위의 내용을 기억해두기 바란다! 3부에서 우리는 이에 관한 많은 사례들, 특히 러시아의 심리학자 알렉산드르 로마노비치 루리야A. R. Luriya, 1902~1977가 실시한 대규모 탐사 실험의 결과들을 통해 이 사실을 다시 확인하게 될 것이다. 그런 만큼 위의 내용이 의미하는 바가 매우 심중하며 책 전체를 관통한다. 이 책에서는 에덜먼이 '고차적 의식'이라고 한 언어적(또는 기호적) 사고를 '생각'이라고 하고, 이 같은 생각의 결과를 '지식'이라고 할 것이다.

진화하거나, 학습하거나
...

진화가 동물들이 선택한 생존 방식이고 지식이 인간이 개발한 생존 방법이라는 점에서, 지식의 생성과 발달을 생물학의 진화 개념을 통해 설명하고자 하는 학자들이 많다. 흥미롭고 유익한 착상이다.

그럼에도 그 둘 사이엔 현저하게 다른 점이 있다. 들소는 유전자를 통해 털을 전달하기 때문에 새끼들이 처음부터 털을 갖고 태어난다. 마찬가지로 표범은 질주 능력을, 카멜레온은 보호색을 선천적으로 타고난다. 하지만 인간의 아이는 두뇌 안에 아무런 지식도 갖지 않고 태어난다. 인간은 그 어떤 지식도 유전자를 통해 전달받지 못한다.

지식이라는 측면에서 보면, 인간의 정신은 영국의 철학자 존 로크J. Locke가 묘사한 대로 '타불라 라사tabula rasa', 즉 백지 상태로 태어난다. 요컨대 아이는 나면서부터 불의 사용법을 아는 것이 아니다. 따라서 인간은 개체마다 무지의 상태에서 시작하여 학습을 통해 불을 다루는 법과 걷고 달리는 법, 몸을 보호하는 법 등 살아가기 위해 필요한 모든 수단과 방법들을 처음부터 학습을 통해 익혀야 한다. 이 점에서는 100만 년 전의 아이와 지금의 아이가 마찬가지다. 이것은 삶에 필요한 대부분의 능력을 타고나는 다른 동물들과 비교할 때 인간이 가진 치명적인 약점이다. 그래서 인간은 다른 동물들보다 현저하게 긴 양육 기간을 갖게 되었다.

그런데 역설적이게도 바로 그 결정적인 약점이 인간을 자연에서 가장 강하고 뛰어난 존재로 만들었다. 그 이유는 진화보다 학습이 더 빠르고, 더 유연하게 진행되기 때문이다. 얼핏 사소해 보이지만 이것은 우리가 주목해야 할 매우 중요한 사실이다. 진화를 선택한 숱한 생물들이 급격한 환경 변화에 적응하지 못하고 멸종했지만 인간은 꿋꿋이 살아남아 그들을 지배하는 존재가 된 결정적인 이유가 바로 여기에 있기 때문이다.

20세기 고고학의 대가인 영국의 고든 차일드V. G. Childe, 1892~1957는 《신석기 혁명과 도시혁명》에서 시베리아와 북미의 추운 툰드라 지역에 살았던 코끼리의 일종인 매머드를 예로 들어 설명했다.[4]

빙하기 동안 매머드와 인간은 함께 살았다. 매머드는 아주 오랜 세월에 걸친 신체적 진화를 통해 혹한을 견딜 수 있는 길고 무성한 털을 길러냈다. 그러나 인간은 그리하지 않았다. 대신 짐승의 가죽으로 털옷을 지어 입고 불을 사용함으로써 추위를 이겨냈다. 환경에 적응하고 살아남기 위해 매머드는 생물학적 방법을, 인간은 문화적 방법을 선택한 셈이다. 그리고 그들은 모두 빙하기를 성공적으로 견뎌냈다.

그러나 빙하기가 끝나고 기후가 비교적 짧은 시기 안에 따뜻해졌을 때, 그들은 서로 다른 운명을 맞았다.

초식동물인 매머드는 난쟁이 버드나무와 이끼에 적응된 소화기관을 바꿀 수 없었고, 더위를 견딜 수 없게 만드는 털가죽을 벗어낼 방법이 없었다. 진화가 매우 더디게 진행되기 때문이다. 그래서 멸종했다. 하지만 인간은 매머드의 고기 대신 다른 고기를 먹고 털옷을 간단히 벗어버림으로써 따뜻해진 기후에 무난히 적응할 수 있었다. 학습은 빠르고 유연하게 실행되기 때문이다. 그래서 생존했다.

찰스 다윈C. Darwin, 1809~1882은 "살아남는 것은 힘이 세거나 영리한 동물이 아니라 변화에 잘 적응하는 동물"이라 했다. 지난 수만 년 동안 인간은 육체적으로 전혀 진화하지 않았다. 하지만 불을 다루는 능력과 옷과 집을 만드는 기술, 그리고 무엇보다 언어를 사용하는 능력을 통해 인간은 북극에서 적도를 거쳐 남극에 이르기까지 정착했다. 그리고 다른 어떤 고등 생물보다 번성했다. 요컨대 학습이 진화보다 변화에 더 잘 적응하게 해서 생존에 더 적합하다는 사실이 증명된 것이다.

이 같은 생존과 번영의 경험들이 반복되고 누적됨에 따라 인간은 생각과 지식이 얼마나 중요한지를 차츰 깨우쳤다. 이후 세월이 감에 따라, 먼 훗날 베이컨이 "아는 것이 힘이다Knowledge is power"라고 선포한 힘, 곧 지식이 자연을 조종하고 지배할 수 있는 힘이라는 사실을 알아차렸다. 그리고 그 힘을 자손들에게 전하려고 노력했다. 그럼으로써 인류 문명이 시작되었다.

이건 말도 안 돼!

...

1923년, 영국의 대영박물관과 미국 펜실베이니아대학교 박물관이 서둘러 대규모의 공동탐사단을 구성했다. 유프라테스강 하류에 있는 고대 수메르인의 유적지 우르Ur의 지구라트 '텔 엘 무카이야르Tel el Muqayyar'5를 발굴하기 위해서였다. 우르는 구약성서에 '갈대아의 우르'라고 기록된 곳으로, 이라크의 수도인 바그다드로부터 남쪽으로 약 230킬로미터 떨어져 있는 고대 도시다. 구약성서에 의하면, 바로 이곳에서 유대인의 시조인 아브라함이 태어나 자랐다(창세기 11:27~29). 그는 분명 매일같이 지구라트를 바라보며 젊은 시절을 보냈을 것이다.

지구라트Ziggurat는 위로 올라갈수록 점점 작아지는 피라미드식 구조물로서 고대 메소포타미아 지방 사람들이 신을 모시기 위해 만든 계단식 신전탑神殿塔이다. 제왕들의 무덤이었던 이집트의 피라미드와 유사한 형태이지만 용도가 전혀 다르다. 기록에 의하면 최초의 지구라트는 나일 강변에 피라미드가 세워지기 훨씬 전인, 기원전 4000년경에 세워졌다. 텔 엘 무카이야르는 우르 제3왕조의 창시자인 우르 남무Ur-Nammu, 기원전 2112~기원전 2095 재위가 세운 것인데, 지금까지 남아 있는 것들 가운데 가장 오래된 지구라트다.

탐사단의 총지휘는 영국의 고고학자 찰스 레너드 울리C. L. Woolley, 1880~1960가 맡았다. 그는 20세기를 통틀어 가장 뛰어난 유적 발굴자다. 옥스퍼드대학교에서 신학과 고고학을 공부한 울리는 불과 27세였던 1907년부터 5년간 이집트와 누비아에서 피라미드와 신전들을 발굴했다. 연이어 1912년부터는 토머스 에드워드 로렌스T. E. Lawrence, 1888~1935와 함께 유프라테스강 상류에 있는 히타이트의 도시 카르케

▲ **텔 엘 무카이야르**(남아 있는 1층을 복원한 모습). 원래는 3층이었고, 맨 아래층은 가로 60미터, 세로 45미터, 높이 36미터에 달했다.

시미를 2년 동안 발굴하기도 했다.

로렌스는 울리의 옥스퍼드대학교 후배였지만 나중에 아랍의 독립전쟁에 참가해 영웅이 된 인물이다. 훗날 할리우드에서 제작된 영화 〈아라비아의 로렌스〉를 통해 전 세계에 널리 알려질 만큼 용기와 패기에 넘친 이 젊은이는 자전적 에세이 《지혜의 일곱 기둥》의 머리말에 다음과 같은 글을 남겼다.

누구나 꿈을 꾼다. 그러나 그 꿈이 모두 같은 것은 아니다. 밤에 꿈을 꾸는 사람은 밝은 아침이 되면 잠에서 깨어나 그 꿈이 헛된 것이라는 사실을 이내 깨닫는다. 반면에 낮에 꿈을 꾸는 사람은 몹시 위험하다. 그런 사람은 눈을 활짝 뜬 채 자신의 꿈을 실현시키려고 행동한다. 그렇다. 나는 낮에 꿈을 꾸었다.

역동적인 삶을 살았던 젊은이만이 할 수 있는 멋진 말이다! 그런데 알고 보면 이것은 울리에게도 썩 잘 어울리는 말이기도 하다. 그들은 둘 다 할리우드 블록버스터 시리즈 영화 〈인디아나 존스〉의 주인공과 같은 인물들로, 탁월한 고고학자이자 못 말리는 모험가이기도 했다. 그리고 똑같이 대낮에 꿈을 꾸었다.

울리가 우르에서 맨 먼저 발굴한 것은 가로 180미터, 세로 360미터에 이르는 규모의 신전 터였다. 그곳에는 텔 엘 무카이야르의 주위를 반원형으로 둘러싼 5개의 신전 건물들이 들어서 있었다. 그 가운데 우르의 주신主神인 난나Nanna에게 바쳐진 신전은 규모가 대략 가로 60미터, 세로 100미터에 달했다.[6] 신전 주변의 뜰은 사제들이 제사에 쓸 희생물들을 손질하거나 회의를 하는 집회 장소였다. 뿐만 아니라 주민들이 기름이나 곡물, 과일 또는 가축들을 제물 또는 세금으로 바치고, 서로 간에 물건들을 교환하는 시장으로도 이용되었다.

주목해야 할 것은 이들이 신전에서 올린 예배와 시장에서 한 상거래는 우리가 상상하는 고대인들의 그것과는 전혀 다르다는 사실이다. 울리는 1954년 출간한 《우르 발굴기》에 다음과 같이 기록했다.

우리는 신전에서 예식에 사용되었던 찬가의 사본과 함께 계산에 이용된 수표數表도 발견했다. 이 수표들은 단순한 덧셈에 관한 것들은 물론이고 제곱근이나 세제곱근의 계산에 관한 것까지 있었다. 또 다른 자료에는 오래된 건물에 새겨진 비문의 내용들이 복사되어 있어서 신전에 관한 간략한 역사까지 알아볼 수 있도록 되어 있었다.[7]

1. 성벽
2. 북쪽 항구
3. 엔니갈디-난나 궁전
4. 항구 신전
5. 성벽 주거지
6. 카시트인의 요새
7. 신바빌로니아 시기
   신성한 구역의 울타리
8. 제3왕조 시기
   신성한 구역의 울타리
9. 난나의 뜰
10. 에테멘닝구루
11. 지구라트
12. 난나 신전
13. 보트 사원
14. 닌갈 신전
15. 기파르쿠
16. 에둡라마크
17. 가눈마크
18. 에크후르삭
19. 제3왕조의 무덤들
20. 왕실 무덤
21. 니민탑바 신전
22. 주거지(EM 구역)
23. 서쪽 항구
24. 주거지(AH 구역)
25. 신바빌로니아 시기 주거지
26. 엔키 신전

▲　　**우르 발굴지 조감도**

　대략 4,000년 전, 이 도시에 살았던 수메르인들이 신전에서는 찬송가를 불렀고, 시장에서는 제곱근과 같은 복잡한 셈을 해서 물건들을 주고받았으며, 자신들의 역사까지 기록으로 남겼다는 이야기다. 울리가 신전터 주변에서 발견한 점토판들 중에는 우르의 주민들이 내는 세금을 일일이 기록하여 주간, 월간, 연간으로 합산한 기록들도 있었다. 인류 최초의 세금계산서인 셈이다.

그뿐 아니다. 울리와 그의 탐사대는 그 후 3년쯤 지난 1926년에는 텔 엘 무카이야르에서 남쪽으로 약간 떨어진 곳에서 일반인들의 주거지를 발굴해냈다. 성서에 '갈대아의 우르'라고 기록된 고대 도시가 4,000년 동안이나 감추었던 속살을 마침내 태양 아래 드러냈다. 대낮에 꾼 울리의 꿈이 이루어지는 순간이었다.

어쩌면 아브라함이 살았으리라 여겨지는 이 주거지에는 주택들 사이로 구불구불한 골목길들이 거미줄처럼 연결되어 있었다. 그리고 그 길들은 곳곳에 자리한 광장으로 이어졌다. 주택들은 대부분 정원을 중심으로 방이 13개나 14개가량 둘러서 있는 커다란 2층 저택이었다.[8] 울리와 그의 동료들은 자신들의 눈을 의심하며 "이건 말도 안 돼!"라고 탄성을 질렀다. 도저히 믿을 수 없는 광경이 그들의 눈앞에 드러났기 때문이다.

기원전 2000년 당시, 세계 그 어느 곳에도 이같이 호화로운 주거지는 없었다. 우르 남무와 거의 같은 시기에 통치했던 이집트 제11왕조 멘트호테프 1세 시절의 이집트 사람들은 대부분 햇볕에 말린 흙벽돌을 쌓아 만든 2~3개의 방으로 구성된 일자형 단층 주택에서 살았다. 어디 그뿐인가!

그로부터 약 1,500년 후, 세계 7대 불가사의 중 하나인 공중정원 Hanging Garden을 세우고 신바빌로니아를 다스린 네부카드네자르 2세 Nebuchadnezzar II, 기원전 605~기원전 562 재위 시절에도 주민들은 불과 3~4개의 방이 안뜰을 둘러싸고 있는 단순한 구조의 단층집에서 살았다.[9] 그런데 우르의 수메르인들은 전혀 달랐다.

1929년 3월 17일 〈뉴욕타임스〉는 세계인의 시선을 집중시키기에 충분한 머리기사를 실었다. "우르의 발굴, 새로운 아브라함의 발견"이라는 제목 밑에는 울리와 그의 동료들이 지난 6년 동안 우르에서 이뤄낸 발굴 성과들을 자세히 소개했다. 다음과 같은 소제목들도 이어졌다. '아브라함은 유목민이 아니라 도시의 창시자', '하갈의 추방은 합법적', '구약성서의 관습들이 고고학적 발굴을 통해서 확인됨' 등이었다. 온 세계가 흥분했다. 하지만 그해 10월 24일 목요일에 월가에 있는 뉴욕 주식시장이 폭락하면서 갑자기 몰아닥친 경제공황 때문에 더 이상 사람들의 관심을 끌지 못하고 조용히 잊혔다.

2차 세계대전이 끝나고 7년이 지난 1952년에서야 이스탄불에 있는 고대 오리엔트 박물관에 소장되어 있는 수백 점의 밝은 갈색 점토판들 가운데서 우르 남무법Law of Ur-Nammu의 일부를 찾아 해독해낸 사람이 나왔다. 펜실베이니아대학교의 고고학 교수 새뮤얼 노아 크레이머S. N. Kramer, 1897~1990다. 그의 저서 《역사는 수메르에서 시작되었다》에 따르면, 수메르인들은 기원전 3000년경부터 이미 쐐기문자를 발명하여 사용했고, 상하 양원으로 구분된 의회를 구성하여 통치했다.[10] 또 기원전 2500년경부터는 역사를 기록하기 시작했고,[11] 학교를 세워 자식들을 교육시키기도 했다.[12]

그뿐 아니다. 기원전 2100년경에는 우르에 지구라트를 세운 우르 남무가 인류 역사상 가장 오래된 '우르 남무 법전'을 만들어 재판소를 운용했다.[13] 바빌로니아의 함무라비Hammurabi, 기원전 1792년~기원전 1750년 재위왕이 만든 법전보다 적어도 300년 이상 앞선 것이다.[14]

▲　우르 남무법이 새겨진 점토판

　참으로 놀랄 일이다! 기원전 2000년 이전의 일들이 아닌가! 그때 세계는 대부분 짙은 어둠에 묻혀 있었고, 인류는 아직 깊은 잠에서 깨어나지 못했다. 인도의 갠지스강 주변과 중국 황하 유역에서는 문명의 새벽이 어렴풋이 밝아오고 있었다. 근동 지방에서는 메소포타미아, 시리아, 팔레스타인 그리고 이집트로 이어지는 소위 '비옥한 초승달 지대fertile crescent'에서 보다 발달한 문명이 일어났다. 그렇지만 당시 그 어느 곳의 문명도 울리가 우르에서 발굴한 것과는 까마득한 거리에 있었다.

수메르의 줄리엣

...

당신도 알다시피 인류 문명은 강을 끼고 시작했다. 세계 4대 문명의 발생지가 중국의 황하, 이집트의 나일, 인도의 인더스와 갠지스, 그리고 메소포타미아의 티그리스와 유프라테스 등 모두 강 주변에 있다. 고든 차일드가 '신석기 혁명'이라 이름 붙였고, 미래학자 앨빈 토플러 A. Toffler가 '제1의 물결'이라고 불렀던 '농업혁명'과 함께 이들 지역에서 처음으로 도시국가들이 생겨나고 비로소 문명이 시작된 것이다.

마지막 빙하기가 끝나고 얼음이 녹자 육지에는 정기적으로 비가 내리고 강들이 범람해 땅을 비옥하게 했다. 지질학자들은 이 같은 변화가 지역에 따라 다르지만 대개 기원전 11000년에서 기원전 6000년 사이인 약 5,000년 동안에 일어난 것으로 본다. 그러자 이들 지역에 주민들이 늘고 농업기술이 발달해 정착지가 확대되어 여분의 수확량이 생겼다. 이후 그것을 다른 지역의 산물과 바꾸는 상인들과 농기구 또는 기타 생활 용기 같은 도구들을 만드는 수공업자들이 차츰 생겨나는 등, 직업과 사회 계급이 점차 분화되기 시작했다. 자연히 각종 분쟁을 해결하고 신을 모시는 지도자도 필요해졌다. 이것이 고대 도시국가의 출발이다.

수메르인들이 세운 최초의 도시국가는 티그리스와 유프라테스가 흐르는 메소포타미아Mesopotamia(두 강 사이의 땅이라는 뜻)의 남부에 자리한 에리두Eridu다. 지금까지 발견된 가장 오랜 기록으로서 기원전 2100년경에 쓰인《수메르 왕 명부》라는 점토판에 의하면 그렇다. 에리두는 오늘날 이라크의 아브 샤라인Abu Sharain인데, 이라크 수도 바그다드에서 남쪽으로 약 250킬로미터, 우르에서 남서쪽으로 19킬로미터쯤 떨어진 곳이다.

1946년에 에리두를 처음 발굴한 사파르F. Safar와 로이드S. Lloyd에 의하면, 기원전 5000년경부터 이 인근에서 사람들은 수백 명씩 모여 살았다. 그들은 햇볕에 말린 흙벽돌로 집을 짓고 보리, 아마, 밀 같은 작물들을 경작하는 농경생활을 시작했다. 눈에 띄는 것은, 이들이 인류 역사상 처음으로 계단식 신전을 짓고, 물건을 교역하고, 적을 방어하기 위한 성벽을 쌓아 초기 도시국가의 형태를 갖추었다는 사실이다.[15]

초기 청동기 시대인 기원전 3000년경에는 티그리스와 유프라테스 강변을 따라 도시국가들이 우후죽순처럼 생겨났다. 그 가운데 특히 수메르인들이 세운 우루크, 라르사, 라가시, 키슈, 니푸르, 우르와 같은 도시국가에서는 경이로운 수준의 문명이 발달했다.

▲   메소포타미아의 고대 도시국가들

수메르인들의 정체에 대해서는 밝혀진 바가 없다. 그들이 아브라함과 같은 셈족이 아닌 것은 분명하지만, 어떤 종족인지조차 확실치 않다. 본고장이 인더스 계곡의 이란고원일 가능성은 매우 높지만, 정확히 어디에서 왔는지도 알 수 없다. 대강 기원전 3500년경부터 자신들을 '검은 머리 사람들black-headed people'이라고 부르던 사람들이 어디로부터인지 흘러와 남부 메소포타미아 지방에 정착하기 시작했다는 사실만 알려졌다. 그들은 자신들이 사는 땅을 슈메르Shumer라고 불렀다. 오늘날 사용하는 수메르Sumer라는 말이 여기에서 나왔다.[16]

수메르 문명이 발생한 남부 메소포타미아 평원에는 지금도 강수량이 연평균 250밀리미터 정도다. 그것도 겨울에만 내린다. 하지만 티그리스와 유프라테스강은 상류에 자리한 아르메니아와 쿠르디스탄 고산지대에 내린 눈과 비로 인해 해마다 4월에서 6월 사이에 강이 범람한다. 학자들에 의하면 이 같은 기후적 특성은 지난 수천 년 동안 변하지 않았다.

그런데 이러한 악조건이 오히려 수메르인들이 일찍부터 농사법을 개발하게끔 도왔다. 턱없이 적은 강수량과 반복되는 강의 범람은 그들로 하여금 수로를 파 운하를 만들고 저수지와 제방을 건설하게끔 하였던 것이다. 수메르인들이 인류 최초로 관개농업灌漑農業을 시작했다. 이것이 그들이 당시로서는 유례없는 풍요로운 삶을 누릴 수 있었던 비결이었다. 그리고 여기에서 얻은 삶의 여유가 문명을 창출했다.

크레머와 그의 동료들이 해독해낸 점토판들을 읽어보면 놀라운 것이 한둘이 아니지만, 인간의 삶은 예나 지금이나 마찬가지였다. 지금으로부터 약 4,000년 전에 살았던 그들도 지금의 우리들과 똑같이 아비가 저잣거리를 헤매는 자식의 장래를 걱정했고, 노동은 힘이 드

▲ 수메르인들의 생활이 적힌 점토판. 노예와 건물의 거래내역이 적혀 있다.

니 부디 열심히 공부하라고 권면했다.[17] 심지어 아이를 위해 학교 선생님에게 촌지寸志도 주었다.[18] 또 그리스의 우화 작가인 이솝Aesop, 기원전 6세기보다 1,500년이나 앞서 그의 이야기와 거의 흡사한 우화를 만들어 아이에게 들려주기도 했다.[19]

그 밖에도 "죽기로 작정하였다면 낭비하라. 오래 살려면 절약하라"나 "아직 여우도 잡기 전에 물을 끓인다" 또는 "파수꾼이 없는 도시에서는 여우가 감시자다"와 같이 오늘날 우리 귀에도 전혀 낯설지 않은 속담과 격언들을 만들어 사용했다.[20] 어디 그뿐인가!《길가메시 서사시》와 같이, 웅장한 창조 신화와 걸출한 영웅들의 무용담을 담은 서 사시와 남녀 간의 아기자기한 사랑을 노래한 서정시도 지어 불렀다. 다음은 크레이머가 해독해낸 점토판에 적힌 어느 수메르 여인의 사랑 노래 가운데 일부다.

> 신랑이여 내 가슴속에 사랑하는 이여,
> 꿀같이 달콤한 그대의 아름다움이여,
> 사자여, 내 가슴속에 사랑하는 이여,
> 꿀같이 달콤한 그대의 아름다움이여,
> 당신은 나를 사로잡았고, 나는 당신 앞에 떨며 서 있습니다.
> 신랑이여 나를 침실로 데려가주세요.[21]

3,600년쯤 지나 영국의 문호 윌리엄 셰익스피어W. Shakespeare, 1564~ 1616가 쓴 《로미오와 줄리엣》에서 줄리엣은 로미오에게 다음과 같이 속삭인다.

> 아낌없이 한 번 더 당신께 드릴게요.
> 제가 가진 모든 걸요.
> 제 선물은 바다와 같이 끝이 없고
> 제 사랑은 한없이 깊어서,
> 가지면 가질수록 그만큼 더 드리고 싶어요.[22]

어떤가? "세상은 언제나 한가지였다. 현재의 일들과 미래에 다가올 일들이 그 언젠가 있었던 일들이다. 같은 것들이 되풀이되고 있는데,

다만 치장을 새롭게 하고 다른 이름으로 다가온다"라는 이탈리아 역사가이자 정치가인 프란체스코 귀차르디니F. Guicciardini, 1483~1540의 말이 떠오르지 않는가? 낮과 밤으로는 셀 수조차 없는 날들이 지났는데도 사랑에 빠진 여인이 속삭이는 말은 조금도 변하지 않았다.

여기서 우리가 주목하고자 하는 것은, 지금으로부터 대략 5,000년에서 4,000년 전에 살았던 수메르인들이 이미 에덜먼이 정의한 '고차적 의식'의 수준에 도달했다는 사실이다. 그들은 문자를 개발해 계약 증서, 유언장, 약속어음, 영수증 그리고 판례 등을 기록했다. 고도의 셈도 할 수 있었고, 문학을 창작했다. 법을 만들어 시행했으며, 도서관과 학교를 만들어 아이들을 교육시켰다. 그리고 이 모든 것을 낱낱이 점토판에 기록해 후손들에게 전했다.

폭발—융합—폭발
· · ·

지식의 전달과 축적은 고대로부터 지금까지 언어(음성언어 또는 문자언어)를 통해서 이루어졌다. 이 같은 사실은 문자언어와 인쇄술이 발달하지 않은 시대에는 지식의 발달이 공동체의 규모와 연관이 있었다는 것을 말해준다. 사람들이 모이면 모일수록 더 많고 다양한 정보와 지식을 획득할 수 있기 때문이다. 이것이 (수메르 문명이 보여주듯이) 인류가 수백만 년에 걸친 수렵채취생활 끝에 정착하여 농경생활을 할 때서야 비로소 문명이 싹튼 중요한 이유 가운데 하나다.

고든 차일드도 지적했듯이, 토끼가 어미를 모방함으로써 먹이를 선택하고 위험을 피하는 방법을 배우는 것처럼 인간도 부모의 시범을 보고 모방함으로써 학습을 시작한다. 예를 들어 걷기와 말하기 등이 그렇다. 그렇지만 다른 동물들과는 달리 인간은 일단 말을 배우고 나면 모방보다 언어를 통해서 훨씬 많은 것을 학습한다. 아이들은 가정에서 부모와 다른 가족들의 경험으로부터 지식을 전달받을 뿐 아니라, 자신이 속한 사회의 구성원들로부터 보다 광범위한 지식을 획득한다.

그리고 이렇게 확장, 누적된 지식들은 다시 다음 세대로 전달되어 역시 같은 방법으로 확장되고 누적된다. 그럼으로써 인간은 다른 동물들로서는 상상조차 할 수 없는 문명의 길로 들어섰다.

그렇다고 해서 인간의 지식이 확장, 누적되는 속도가 항상 일정했던 것은 아니다. 시대에 따라 또 지식의 종류에 따라 어떤 시기에는 폭발적으로 빨랐고 어떤 시기에는 죽은 듯이 느렸으며 어떤 시기에는 오히려 후퇴했다.

《지식의 역사》의 저자인 찰스 밴 도렌C. V. Doren은 그의 책에서 인류 역사상 '지식의 폭발'이라고 할 만한 사건이 단 한 번이 아니라 무려 두 번이나 있었다고 주장했다. 첫 번째 지식의 폭발은 기원전 6세기에 그리스에서 시작되었고, 두 번째는 근대 유럽에서 시작되어 지금까지도 계속되고 있다.[23]

그렇다! 지식의 발달사에서 볼 때, 도렌이 언급한 두 시기가 매우 특별하다. 보다 정확히 밝히자면, 기원전 8세기에서 3세기에 이르는 약 600년간과 17세기 과학혁명으로부터 20세기 정보혁명에 이르는 약 400년간은 인류의 지식이 거의 전반에 걸쳐 폭발적으로 늘어났다. 그것은 인류가 '축의 시대'라고 일컫는 첫 번째 시기에는 지식의 '보편성universality'을 구축하는 데 열중했고, '과학기술의 시기'로 불리는 두 번째 시기에는 지식의 '확실성certainty'을 찾는 데 매진해서 이뤄낸 놀라운 성과다.

그런데 내 생각에는 지식의 발달사에서 놓치지 말아야 할 중요한 시기가 하나 더 있다. 2세기에서 4세기에 달하는 300년이다. 이때에는 지식의 폭발이 아니라 '융합'이 일어났다. 알렉산드리아를 중심으로 한 북아프리카 지역에서 그리스 철학과 기독교, 즉 헬레니즘과 헤브라이즘이라는 전혀 이질적인 두 문명이 만나 극적으로 융합했다.

지식은 흐르는 물과 같아서 언제나 국가와 민족들 사이에서 교류되고 융합되었다. 하지만 이 시기처럼 본격적으로, 또 대규모로 이뤄진 적은 한 번도 없었다. 이 융합이 이뤄진 이유는 기독교의 출현이 가져온 시대적 요구 때문이었다. 다시 말해 초기 기독교 신학자들이 그리스 철학을 빌려다 기독교 교리를 만들었기 때문이었다. 이때 이루어진 경이로운 융합의 결과로 헬레니즘과 헤브라이즘을 두 기둥으로 하는 서양 문명의 틀이 구축되었다.

요컨대 서양의 지식은 '폭발―융합―폭발'이라는 식으로 발달해왔다. 그런데 근래에 두 번째 폭발 이후 지속적으로 세분되고 분리되어왔던 다양한 지식들이 다시 융합하려는 경향이 강하게 일어나고 있다. 심리학과 경제학을 융합해 2002년 노벨상을 받은 대니얼 카너먼 프린스턴대학교 교수나 진화론과 경제학을 융합해 2012년 〈타임〉지가 선정한 '세계에서 가장 영향력 있는 100인'에 뽑힌 앤드루 로 MIT 경영대학원 교수의 경우가 이러한 경향을 보여주는 단편적 사례다.

이 역시 시대적 요구 때문인데, 다른 무엇보다도 21세기가 되어 가속화되고 있는 세계화와 정보화가 주된 동인이다. 경제적, 문화적 장벽이 없어지고, 시간과 공간을 초월하여 세계를 하나로 잇는 정보 기

술의 발달이 지식의 융합을 가능하게 할 뿐 아니라 촉진하고 있다. 이
같은 경향이 보다 활성화되어 언젠가 학문과 학문, 학문과 예술, 사상
과 사상이 다시 한 번 성공적으로 융합된다면, 그것은 역사상 두 번째
로 이뤄지는 '지식의 대융합'이 될 것이다. 그리고 인류는 또 다른 문
명의 시대로 설레는 발걸음을 옮기게 될 것이다.

　문제는 그것을 어떻게 가능하게 하느냐다. 바로 이 점에서 우리는
마땅히 2세기에서 4세기에 달하는 300년을 주목해야 한다. 당시 그
일을 성공적으로 이뤄낸 사람들이 어떤 '생각의 도구'들을 개발하여
극단적으로 대립하는 헬레니즘과 헤브라이즘을 하나로 융합할 수
있었는지를 배울 수 있기 때문이다. 오늘날 우리에게 긴히 요구되는
흥미로운 작업이 되겠지만 일단 다음 책으로 미룬다. 이 책에서는 먼
저 최초의 지식 폭발이 일으킨 경이로운 생각의 도구들을 들여다볼
것이다.

불타는 얼음들의 시대

· · ·

독일의 철학자 카를 야스퍼스K. Jaspers, 1883~1969가 그의 저서 《역사의
기원과 목표》에서 제1차 지식의 폭발이 일어난 기원전 8세기에서 기
원전 3세기를 '축의 시대die Achsenzeit'라고 처음으로 이름 붙였다. 인
류 정신사라는 거대한 수레바퀴의 중심축이 움직인 시대라는 뜻이다.
야스퍼스는 "이 시기가 우리에게는 가장 심오한 역사의 기점이 되었
다. 오늘날 살고 있는 우리 인간이 바로 그때부터 살기 시작한 것이
다"[24]라고 단언했다. 이 시기를 기점으로 인간의 삶이 전혀 달라졌다

는 뜻이다. 그도 그럴 만하다.

이때 동양에서는 중국에서 공자, 노자, 장자, 맹자, 순자, 묵자, 열자를 비롯한 제자백가가 나왔다. 인도에서 우파니샤드가 이뤄졌으며 부처가 생존했고, 메소포타미아에서 차라투스트라가 등장했다. 팔레스타인에서는 엘리야, 이사야, 예레미야, 하박국, 다니엘 등의 선지자들이 나왔다.

그리고 서양의 그리스에서는 호메로스, 아르킬로코스, 사포, 핀다로스, 아이스킬로스, 소포클레스, 에우리피데스와 같은 시인들이 활동했고, 탈레스, 아낙시만드로스, 파르메니데스, 헤라클레이토스, 피타고라스, 소크라테스, 플라톤, 아리스토텔레스 같은 철학자들이 등장했다. 역사가 헤로도토스와 투키디데스, 기하학자 유클리드, 의학자 히포크라테스, 물리학자 아르키메데스도 바로 이 시기에 활동했다.

이 사람들은 칠흑 같은 어둠 속에서 갑자기 불끈 솟아오른 불꽃과 같았다. 이들의 목적은 이전과는 완전히 다른 인간과 세계를 창조하는 것이었다. 이들 이전에 아무도 이 같은 생각들을 한 사람이 없었고, 이후에도 역시 마찬가지다. 이들은 마치 수만 년 동안 얼어붙었던 빙하가 어느 한 순간에 계곡을 타고 갑자기 흘러내리듯이, 인류사의 어느 한 시기에 세계 곳곳에서 동시에 쏟아져 나왔다. 그것은 단순한 빙하가 아니었다. 불타는 빙하였다. 이들의 등장은 인류 역사에서 실로 놀라운 기적이었다. 어떻게 이런 일이 일어날 수 있었을까?

야스퍼스에 의하면, 인간은 처음부터 시시때때로 경험하는 재앙들을 마주하면서 세계의 공포스러움과 자신들의 무력함을 차츰 깨닫기 시작했다. 그러다가 기원전 8세기경에 처음으로 '오늘은 무엇을 먹을까?', '어디로 사냥을 갈까?'가 아니라, '나는 누구이고', '세계란 무엇이며', '역사란 어떤 것인가?'를 묻는 것과 같은 반성적 사유를 시작했다. 그리고 이때 비로소 그들 자신과 세계 그리고 역사를 "정확한 고찰과 교육 그리고 개혁을 통해서 시정하고자 했고, 사건들의 진행 과정을 계획적으로 조종하고자 하였으며, 올바른 상태를 재건하고자 하였는가 하면, 처음으로 그러한 상태를 마련하고자 하였다."[25]

그 과정에서 사람들은 어떤 특이한 발견을 했다. 세계에는 그것을 지배하는 어떤 법칙이 있어 언제 어디서나 그리고 무엇에게나 똑같이 작용한다는 사실이었다. 그들은 예컨대 '물은 언제 어디서나 위에서 아래로 흐른다', '계절은 순환한다'와 같은 것을 깨달았다. 또한 사람에게는 마땅히 지켜야 할 도덕법칙이 있으며, 신은 자기들만이 아니고 모든 사람들을 똑같이 돌본다는 것도 깨달았다. 인류가 최초로 '보편성'을 발견한 것이다!

그러자 사람들의 관심이 자연히 신화에서 자연으로 옮아가게 되었고, 보편적 자연법칙을 탐구하려는 투쟁이 시작되었다. 이것이 학문의 시작이다. 또 다른 한편의 관심은 인간 자신에게로 옮아가 삶에 관한 보편적 법칙을 알아내려는 노력으로 이어졌다. 이른바 지자知者, 현자, 예언자들이 일상적 삶, 때로는 부귀영화까지 버리고 유랑을 하거나 광야로, 숲으로, 높은 산으로 들어갔다. 그리고 개인적, 사회적 삶의 바탕이 되는 지혜들을 갖고 돌아왔다. 이것이 유교, 불교, 나중에는 기독교와 같은 보편 종교의 시작이다.

우리가 주목해야 할 것은 이들보다 적어도 1,000년 전에 이미 놀라운 문명을 이루었던 수메르인들도 이러한 정신적 수준에는 도달하지 못했다는 사실이다. 축의 시대를 거치면서 (달리 말해 자연과 도덕의 보편성을 추구하면서) 인간은 드디어 '이성'과 '인격'을 가진 존재로 탈바꿈했다. 이러한 인간의 전체적 변혁을 야스퍼스는 '정신화Vergeistigung'라고 이름 붙였다.[26] 인간이 비로소 정신적 존재로 변했다는 뜻이다. 뒤에서 뇌신경과학을 통해 차츰 드러나겠지만, 이것은 인류의 뇌에 새로운 신경 연결망이 구축되었다는 것, 다시 말해 인류가 그 이전 사람들과는 전혀 다른 뇌를 갖게 되었다는 것을 의미한다.

자연을 조종하고 인간을 움직이는 힘

• • •

그렇다! 야스퍼스의 말대로 축의 시대는 인류가 "어떤 의미에서 보아도 전 인류에 공통되는 보편성으로 진일보한 시기"[27]였다. 특이한 것은 이 같은 현상이 당시에는 지역 간의 사상적 교류가 거의 없었음에도 불구하고 동서양 모두에서 동시다발적으로 일어났다는 사실이다.

여기서 우리가 던져야 할 매우 중요한 두 가지의 질문이 있다. 그중하나가 왜 인류는 이 시기에 동서양을 막론하고 보편성을 추구했는가 하는 것이고, 다른 하나는 보편성의 추구가 왜 동양에서는 종교와 도덕의 발달로 나타난 데 비해 서양에서는 학문의 발달을 이루었는가 하는 것이다.

첫 번째 질문에 대한 답은 비교적 간단히 얻을 수 있다. 보편성이 무엇인지를 따져보면 된다. 보편성이란 '모든 것에 두루 통하거나 미치는 성질'을 뜻한다. 다시 말해 개별적이고 특수한 성질을 가진 여러 개체들이 공유하고 있는 어떤 특성을 말한다. 예를 들어 위에서 아래로 흐르는 것은 물의 보편적 성질이다. 따라서 지상의 모든 물은 '언제, 어디서나' 위에서 아래로 흐른다. 인간이 죽는다는 것도 보편적 성질이다. 따라서 모든 사람은 '예나 지금이나, 어디에 살거나' 결국은 죽는다. 이렇듯 보편성은 개체뿐 아니라 개별적 시간과 공간을 초월해 일반적으로 통용되는 성질이다.

그렇다면 많게는 2,800년, 적어도 2,300년 전에 살았던 고대인들은 무엇 때문에 그것을 그리도 열렬히 추구했을까? 알고 보면 그것은 보편성이 가진 깜짝 놀랄 만한 힘 때문이었다.

보편성은 자연에 대하여 공간적으로는 이곳에서 일어나는 일이 다른 곳에서도 일어난다는 것을 알게 하는 힘을 가졌으며, 시간적으로는 과거의 사실들을 통찰하여 미래를 예측하게 하는 능력을 가졌다. 당시 사람들은 예를 들어 '물은 언제 어디서나 위에서 아래로 흐른다'라는 보편적 성질을 이용해 수로를 만들고, '계절은 순환한다'라는 보편성을 근거로 달력을 제작하여 농사를 지었다. 요컨대 보편성은 인간이 자연을 이해하고 조종하게 하는 힘을 지닌 것이다.

그뿐 아니다. 보편성은 이론적 차원에서 여러 사람이 토론할 때 대중의 동의를 얻어내는 설득 능력을 가졌다. 그리고 실천적 차원에서 사람들에게 그것에 따라 행동하게 요구하는 도덕적 힘을 지녔다. 그래서 흔히 보편타당성universal validity이라고도 하는 이것이 오늘날에도 인간을 설득하여 움직이게 하는 힘이다. 당시 사람들은 예를 들어 '인간은 모두 죽는다', '만물은 항상 변한다'와 같은 보편성을 내세워 사람들을 설득해서 도덕과 종교로 이끌었다.

한마디로 보편성은 자연을 이해하여 조종하고, 인간을 설득하여 움직이게 하는 힘을 지녔다. 그것을 맨 처음으로 깨달은 인간이 축의 시대 사람들이었다.

인류사를 통틀어 보아도 그것은 실로 놀라운 깨달음이었다! 자연을 지배하고, 인간을 움직이는 힘을 갖는 것은 인간이 가진 영원한 욕망이자 변함없는 의지이기 때문이다. 이후 동양에서는 보편성을 도道 또는 법法, dharma이라고 불렀고, 서양에서는 로고스logos라고 이름 지었다. 그리고 그것을 겉으로 드러나는 모든 현상 뒤에 존재하는 '자연의 법칙'이자 인간이 마땅히 따라야 할 '도덕법칙'으로 받아들였다. 고대의 자연과학, 그리고 도덕과 종교가 모두 여기서 시작되었다. 과연 그런지, 그리스를 예로 들어 조금 자세히 살펴보자.

기원전 6세기부터 활동한 소위 '소크라테스 이전 철학자(영어: Presocratics, 독일어: Vorsokratiker)'[28]들이 만물의 근원, 곧 '아르케archē'라는 이름으로 탐구하던 것이 알고 보면 자연의 보편성이었다. 탈레스의 물, 아낙시만드로스의 무한자, 아낙시메네스의 공기, 피타고라스의 수, 헤라클레이토스의 로고스, 파르메니데스의 존재, 엠페도클레스의 4원소, 데모크리토스의 원자 등은 사실인즉 오늘날 우리가 생각하는 자연과학적 개념과는 거리가 멀다. 이 점에서 보면 이들을 자연철학자라고 부르는 것은 그리 적당치 않다.

아리스토텔레스Aristoteles, 기원전 384~기원전 322부터 나온 자연철학자 physikos라는 말은 당시 그리스인들이 '퓌지스physis'라고 부른 자연을 어떻게 생각하고 있었는가를 알아야 옳게 이해할 수 있다. 소크라테스 이전의 그리스인들은 자연을 인간을 포함한 세계 전체라고 생각했다. 그것에는 인간이 파악할 수 있는 근원적이고 보편적인 원리가 작용하고 있다고 믿었다. 만물의 근원이자 원리를 뜻하는 아르케는 자연이 가진 보편성의 다른 이름일 뿐이다. 그래서 그들은 자신들이 파악한 아르케를 '신성한', '이상적인', 또는 '이성적인' 어떤 것으로 여겼다. 이들보다 뒤에 활동한 플라톤이 설정한 이데아idea와 아리스토텔레스의 형상eidos도 마찬가지다.

소크라테스는 이들과 조금 달랐다. 그는 '자연의 보편성'이 아니라 '인간의 보편성'을 '아레테aretē', 곧 덕德이라는 이름으로 탐구했다. 그와 이후 그리스 철학자들이 탐구하던 지혜, 용기, 정의, 절제와 같은 아레테가 보편성의 또 다른 이름이었다. 고대 그리스인들은 이 같은 미덕들이 인간의 본성 안에 보편적으로 들어 있는 '이상적'이고 '탁월한' 성품이라고 여겼다. 호메로스의 서사시에 등장하는 아킬레우스나 헥토르, 오디세우스와 같은 영웅들이 바로 이 같은 보편성, 곧 인간이 마땅히 따라야 할 이상적이고 탁월한 성품들을 각각 대변한다.

이렇게 보면, 고대 그리스인들이 몰두했던 '아르케'와 '아레테'에 관한 탐구는 흔히 알려진 것처럼 '호기심' 내지 '경이심'에서 나온 것이 아니다. 그것은 자연을 이해하여 조종하고 인간을 설득하여 움직이게 하는 힘, 곧 보편성을 획득하려는 욕망에서 시작했다. 설령 우리가 철학이 자연과 인간에 대한 순수한 '경이驚異, thaumazein'에서 나왔다는 아리스토텔레스의 말을 액면 그대로 받아들인다고 해도, 그 깊은 바닥에는 그 같은 절실하고도 은밀한 욕망이 깔려 있었다는 것을 전제해야 한다.

3부 '생각을 만든 생각들'에서 보다 자세히 드러나겠지만, 은유, 원리, 문장, 수, 수사 등, 호메로스로부터 소크라테스 이전 철학자들에 의해 개발된 생각의 도구들도 마찬가지다. 알고 보면 이것들도 모두 자연을 이해하여 조종하고 인간을 설득하여 움직이게 하는 보편성을 탐구하기 위한 도구로서 개발되었다. 그리고 그것들이 서양 문명을 구축했다.

정리하자면, 동서양을 막론하고 축의 시대의 고대인들에게 보편성은 자연의 법칙인 진리와 인간의 법칙인 미덕의 근거였다. 그것은 신성한 것이고, 이상적이며, 탁월한 것이었다. 도라고 했든, 법이라고 했든, 또는 로고스라고 불렸든, 그것은 변함없는 자연법칙이자 마땅히 따라야 할 도덕법칙이었다. 때문에 그것은 자연을 이해하여 조종하고 인간을 설득하여 움직일 힘을 갖고 있었다. 그래서 그들은 보편성을 탐구하고 추구했다. 결국 인간은 (불의 사용법이 그렇듯이) 살아남고 번영하려는 실존적 욕망에서 학문과 종교를 시작했다. 결코 단순한 호기심이나 경이심에서가 아니다.

공자가 "아침에 도를 들으면 저녁에 죽어도 좋다朝聞道, 夕死可矣"라고 교훈했을 때나, 인도에서 부처가 법dharma을 얻으려고 왕궁을 떠날 때, 팔레스타인에서 엘리야 선지자가 '신의 말씀dâbâr'을 따라 왕에게 도전할 때, 아테네에서 소크라테스가 "나는 지금도 그렇지만 언제나 충분히 생각한 끝에 최선이라고 여겨지는 로고스 이외에는 어떠한 마음속의 의견에도 따르지 않기 때문일세"라며 의연히 죽음을 맞을 때에도, 그것이 자연의 법칙인 진리와 인간의 법칙인 덕이라는 의미에서의 보편성을 염두에 두었다.

어디 그뿐인가. 플라톤이 철학philosophia을 '지혜에 대한 사랑'이라고 언급했을 때, 그가 말하는 지혜sophia도 다름 아닌 보편성이었다. 중세 말 서양인들이 자신들이 만든 교육기관인 대학을 '보편성'을 뜻하는 라틴어 '우니베르시타스universitas'라고 이름 지을 때도 마찬가지였다. 그 역시 대학이 보편성, 곧 진리와 미덕을 탐구하고 교육한다는 뜻이었고, 그것이 신성한 것이고 이상적이며 탁월하다는 의미였다. 비록 오늘날에는 대학이 직업전문학교로 변해가고 있지만 말이다.

보편성에 관한 두 번째 질문은 축의 시대에 이뤄진 보편성의 추구가 왜 중국, 인도, 메소포타미아, 팔레스타인과 같은 동양에서는 주로 종교와 도덕의 발달을 촉진한 데 비해, 그리스에서는 학문의 발달을 이루었는가 하는 것이다. 바꿔 말하자면, 왜 하필 그리스에서 이성이라는 매우 특별한 생각의 도구들이 탄생했을까 하는 의문이다. 이것은 아주 중요해서 간단히 답할 질문이 아니다. 다음과 같은 다른 의문들이 꼬리를 물고 이어지기 때문이다.

동양 사람들은 자연을 지배하고 인간을 움직이는 힘이 도덕과 종교에 있다고 여기고, 서양 사람들은 학문에 있다고 생각했다는 말인가? 설령 그렇다고 해도 동양인과 서양인의 생각에 존재하는 이 같은 차이의 근원은 무엇일까? 생물학적 요인일까? 아니면 사회구조의 차이일까? 아니면 경제구조의 차이일까? 정치구조의 차이일까? 교육의 차이일까? 그것도 아니라면 언어의 차이일까? 이 같은 일련의 흥미로운 의문들이 우리를 다음 장으로 안내한다.

2장

생각의 도구의 탄생

이집트에는 무덤이,
그리스에는 극장이 있다.

– 이디스 해밀턴

그리스는 독특한 풍광을 지녔다. 지형을 보면, 대륙으로부터 발칸반도로 힘껏 내닫던 산맥이 갑자기 나타난 해안에서 움찔 멈췄다가 수많은 섬들을 바다에 흩뿌리며 소아시아로 건너갔다. 발칸Balkan은 터키어로 '산맥'이라는 뜻이다. 그 탓에 육지에는 울퉁불퉁한 산 덩어리들이 마치 떠밀린 듯이 여기저기 치솟아 5월에도 산정엔 눈이 덮여 있고, 바다에는 크고 작은 섬들이 어깨를 맞대고 서로를 건너보며 늘어서 있다. 그리스는 산과 섬과 바다, 셋으로 이루어졌다.

육지의 대부분은 석회암으로 뒤덮인 불모의 산악지대와 관목숲과 목초지로 이루어진 경사지다. 이것들이 평지를 나누어 각자의 골짜기 안에 끼고 앉아 있어, 그리스인들이 폴리스polis라고 부른 조그만 도시국가가 형성되기 좋은 지형이다. 들꽃이 화려하게 수놓은 목초지에선 양과 염소들이 떼를 지어 풀을 뜯고, 배수가 잘되는 농지에선 보리,

밀, 포도, 무화과, 오렌지, 체리, 올리브 등 과수나무들이 자란다. 하지만 연평균 강우량이 400밀리미터 정도밖에 되지 않는 데다, 겨울에만 비가 내리기 때문에 항상 곡식이 부족했다. 그리스인들이 일찍부터 바다로 나가 무역을 하고, 지중해 연안에 농업 식민지를 개척한 것이 이런 이유 때문이다.

바다는 하얀빛을 띤 섬들에 갇혀 청보석처럼 빤짝일 뿐 언제나 잔잔하다. 게다가 서로 간의 거리가 멀어야 60킬로미터밖에 떨어지지 않은 섬들은 어디서나 육안으로 보이기 때문에 항해를 용이하게 한다. 길을 잃지 않을 뿐 아니라 위험할 때마다 어디에든 쉽게 배를 댈 수 있기 때문이다. 본디 대륙 북쪽에서 내려와 말馬과 전차戰車를 다루는 데는 능숙했지만, 배와 항해술에 어두웠던 그리스인들이 바다로 나갈 용기를 여기서 얻었다. 그리고 얼마 가지 않아 당시 최고의 무역상이었던 페니키아인을 압도했다.

섬들은 대개 바위 절벽으로 둘러싸여 있다. 젊은 연인들이 특히 환호하는 관광지 산토리니Santorini만 하더라도 선창에서 차를 타고 오금이 저릴 정도로 가파른 절벽을 올라가야 비로소 마을이 있는 평지에 도달한다. 내려올 때는 보통 케이블카나 당나귀를 타는데, 나귀를 탈 경우 사람을 싣고 아스라한 경사 길을 금방이라도 구를 듯 걷는 짐승이 애처로울 정도다. 섬 꼭대기에 자리한 마을 집들은 모두 새하얀 옷을 입고 있어 멀리서 보면 만년설 같다. 그 가운데 둥근 청색 모자를 쓴 조그만 집이 예배당이다.

반도를 에워싼 해안에서는 계절풍에 살이 터진 바위들이 입에 하얀 거품을 물고 달려오는 파도를 부서뜨린다. 해변 모래밭은 눈처럼 하얗고, 평평하게 펼쳐진 구릉에서는 넝쿨이 치렁치렁한 포도나무,

색 짙은 올리브나무, 잎 넓은 무화과나무들이 자라고, 계곡을 따라 오렌지 숲이 무성하다. 그 사이사이에 고대의 신전과 노천극장이 숱한 사연들을 감춘 채 흰 구름 아래 무심히 서 있다. 산 정상에 자리한 수도원에서는 신성한 종소리가 저녁마다 하늘로 올라간다. 그리스는 아름다운 나라다.

어둠이 잉태한 황금기

. . .

고대 그리스는 하나의 국가가 아니다. 그리스어를 사용하고 스스로 그리스인이라고 믿는 사람들이 사는 지역의 총합일 뿐이다. 또한 그리스인들은 스스로를 그리스인이라고 부른 적도 없다. 그들은 자기들을 '헬렌Hellen의 후손'이라는 뜻으로 헬레네스Hellenes라고 부르고, 자신들이 사는 지역을 헬라스Hellas라고 이름 붙였다. 우리가 사용하는 '그리스Greece'라는 영어 이름은 고대 로마인들이 그들을 그라이코이Graikoi라고 하고, 그들이 사는 땅을 그라이키아Graecia로 부른 데서 유래했다.[1]

헬라스는 지금의 그리스 영토뿐 아니라 에게해와 흑해 연안 지역까지 미쳤고, 한때는 지중해 연안의 시칠리아 섬과 남부 이탈리아까지를 포함하는 광대한 지역을 포함했다. 이 책에서는 그리스라고 하면, 지역적으로는 헬라스를 가리키고, 시기적으로는 기원전 8세기부터 기원전 5세기까지를 일컫는다. 야스퍼스가 말하는 축의 시대와 거의 맞아떨어지는데, 우리는 이 시기의 그리스를 주목하고자 한다.

일반적으로 아테네의 마지막 참주가 죽고 민주정치가 처음 시작된 기원전 510년에서 알렉산드로스 대왕이 죽은 기원전 323년에 이르는 시기를 '그리스 고전기Classical Greece'또는 '황금기'로 평가한다. 이때 그리스에서 인류 역사상 유례가 없는 학문과 예술이 꽃피었기 때문이다. 하지만 우리는 이보다 조금 더 올라가 호메로스Homeros, 기원전 800?~기원전 750에서 소크라테스 이전 철학자들에 이르는 기원전 8세기에서 기원전 5세기까지를 살펴볼 것이다. 왜냐하면 우리가 탐구하려는 생각의 도구들이 바로 이때부터 차례로 준비되고 만들어졌고, 바로 그 도구들이 그리스의 황금기를 열었기 때문이다.

이 시대 이전에는 약 300년 동안의 암흑기가 있었다. 기원전 11세기부터 기원전 9세기는 그리스 역사에서 거대한 단절기이자 획기적인 전환기였다. 기원전 12세기에 북으로부터 새로운 그리스인인 도리스인들이 침략해왔다. 도리스인들은 전쟁에 능숙한 야만인이었다. 그들은 당시로는 첨단무기였던 철로 만든 칼을 들고 헬라스에 몰려와 닥치는 대로 부수고 파괴했다. 빛의 땅 헬라스를 300년이나 뒤덮은 거대한 어둠이 덮쳐온 것이다.

당시 헬라스에 살던 아카이아인들은 호메로스의 《일리아스》에 나오는 용맹한 아킬레우스와 지혜로운 오디세우스의 후손이었지만 그때까지 청동무기를 사용하고 있었다. 철검을 든 새로운 그리스인들은 동으로 만든 방패를 단칼에 자르고 구시대의 그리스인들이 세운 미케네 왕조를 단숨에 무너트렸다. 도리스인들은 그 땅에 존재했던 왕권뿐 아니라 궁전 중심의 사회생활 양식과 조직 형태를 철저히 그리고 영원히 파괴했다. 프랑스의 역사학자이자 철학자인 장 피에르 베르낭 J. P. Vernant이 《그리스 사유의 기원》에서 지적한 대로 "'신적인 왕'의 모습을 띤 인간이 헬라스 역사의 지평으로부터 영원히 사라져"[2]버렸다.

그런데 역사는 때로는 참으로 아이러니하다. 이 철저하고 무참한 파괴가 새롭고 진정한 그리스의 시발점이 되었다. 고대 그리스에는 애초부터 인간을 억누르는 절대적 권위를 가진 신이 없었다. 단지 그 같은 전제군주가 있었을 뿐이었는데 미케네 왕조의 몰락과 함께 그마저 사라진 것이다. 본디 신의 노예가 아니었던 사람들이 이제 군주의 노예도 아니게 되었다. 마침내 자유인으로 살 수 있는 길이 열린 것이다.

그러자 사람들의 의식이 차츰 바뀌었다. 영적(정신적) 세계관이 변했고 심리적 태도도 변하기 시작했다. 헬라스에 새로운 '사회생활'과 '사유형식'이 싹틀 기반이 바로 이 시기에 마련되었다. 당시 세계를 통틀어 이 같은 행운을 맞은 나라는 오직 그리스뿐이었다.

세월이 흘러 그리스에 민주정치가 이뤄진 기원전 5세기 즈음, 시인 아이스킬로스가 그들이 누리는 자유가 얼마나 커다란 행운이었는가를 정확히 알아차렸다. 그는 페르시아 전쟁의 승리를 그린 작품《페르시아인들》에서 전제군주의 노예로 끌려와 싸우는 페르시아 군인과 자유인으로 스스로 참전해 싸우는 그리스인을 대비시켜 다음과 같이 묘사했다.

살라미스 해전에서 패전 소식을 들은 페르시아의 왕비 아룻사가 신하에게 "누가 그들의 주인으로 군대를 지휘하오?"라고 물었다. 그러자 신하가 답했다. "없습니다. 그들은 누구의 노예라고도, 누구의 신하라고도 불리지 않사옵니다."[3] 단언컨대 왕비는 그 말의 뜻을 결코 이해하지 못하고 죽었을 것이다. 그렇지만 누구의 신하도 아니라는 바로 그것이 고대 그리스인들의 자부심이었다. 소포클레스는 감출 수 없는 이 자부심을 "야만족barbaroi은 노예를 키우고, 그리스인은 자유를 키운다"라는 말로 표현했고, 헤로도토스는 "그리스인들은 오직 법에만 복종한다"고 토로했다.

그리스 역사에서 300년에 걸친 암흑기가 가진 의미를 베르낭은 이렇게 강조했다. "우리가 헬라스의 암흑시대라고 부르는 고립과 재구축의 멀고 음울한 시기를 통해서 도시국가(폴리스) 제도와 합리적 사고의 탄생이라는 상호의존적인 고안물 두 가지를 준비하기 위한 길이 마련되었다."[4] 역사는 밤에 이뤄진다고 했던가! 그리스의 암흑기가 딱 그랬다. 《그리스인 이야기》의 저자인 앙드레 보나르A. Bonnard, 1888~1959의 표현을 빌리자면 "기원전 11세기, 10세기, 9세기의 어두운 밤에 (새롭고 진정한) 그리스가 태어났다. 그리고 새벽이 차츰 밝아오고 있었다."[5]

날이 밝자, 기적이 일어났다. 그리스인들은 도시국가를 형성했고(기원전 800~기원전 750), 최초의 올림픽 경기(기원전 776)를 비롯한 각종 경연 대회를 열기 시작했다. 바다로 나가 지중해 연안에까지 식민지를 구축했고(기원전 750~기원전 550), 참주정치(기원전 650~기원전 510)를 거쳐 민주정치(기원전 510~기원전 338)를 실행했다. 그러는 동안 그리스 고전기(기원전 510~기원전 323)의 문학과 철학, 기하학, 의학, 그리고 자연과학 같은 학문들이 꽃피었다.

그러나 딱 거기까지였다. 페르시아전쟁(기원전 492~기원전 448)에 이은 펠로폰네소스전쟁(기원전 431~기원전 404)으로 쇠퇴해진 그리스는 필리포스가 이끄는 마케도니아의 침략으로 도시국가들이 차례로 몰락했다(기원전 404~기원전 330). 이후 알렉산드로스 대왕이 문을 연 헬레니즘 시기(기원전 330~기원전 30)가 뒤를 이었다.

그리스 기적의 비밀

· · ·

"헬레네스는 북부 산지에서 내려오면서 아무런 예술도 가져오지 않았다. 그러나 그들은 언어를 가져왔다."[6] 20세기 영국의 대표적 고전학자였던 험프리 키토H. D. F. Kitto, 1897~1982가 《고대 그리스, 그리스인들》에서 고대 그리스인들이 일궈낸 예술적, 학문적 성과의 숨겨진 원인, 곧 '그리스 기적'의 비밀이 그리스어에 있다는 것을 주장하며 감탄조로 한 말이다. 언어가 문명을 만들다니, 이게 무슨 말인가?

헬라스에는 본래 원주민인 크레타인들이 자신들의 언어와 문자를 갖고 살고 있었다. 이 땅에 인도유럽어Indo-European languages의 일종인 그리스어가 들어온 것은 키토가 말하는 헬레네스, 곧 '그리스어를 사용하는 사람들'의 침입 때문이었다. 침입은 크게 보아 세 번에 걸쳐 이루어졌다. 역사학자들은 기원전 20세기경의 이오니아인이, 16세기경의 아카이아인이, 그리고 12세기경의 도리스인이 그들이라고 추정한다. 그런데 이들 침입자들의 언어에 고대 그리스인들이 이룬 기적적인 문명의 비밀이 들어 있다는 것이 키토의 생각이다.

키토는 "한 민족의 정신을 가장 직접적으로 표현하는 것은 그 정신이 만들어낸 다른 어떤 것이 아니라 바로 언어의 구조다"[7]라고 단정했다. 언어의 구조와 그 언어를 사용하는 사람들의 정신의 구조가 같다는 말이다. 언어와 사고의 관계에 대해서는 다양한 의견들이 있다. 언어가 사고를 결정하거나 적어도 영향을 미친다는 주장(예: 사피어, 워프), 사고가 언어를 결정한다는 주장(예: 피아제), 언어와 사고가 상호의존적이라는 주장(예: 비고츠키), 그리고 언어와 사고는 서로 독립적이라는 주장(예: 촘스키) 등이 그것이다.

키토의 입장이 무엇인지는 분명하지 않지만, 우리는 그의 말을 전후 문맥을 감안해 사고와 언어가 상호의존적으로 발달한다는 뜻으로 받아들일 수 있다. 사고가 언어를 만들고, 언어가 다시 사고를 만들며 함께 발달해간다는 의미로 이해할 수 있다는 뜻이다. 그렇다면 그것은 구소련의 교육심리학자 레프 비고츠키L. S. Vygotsky, 1896~1934가 실험과 관찰을 통해 내놓은 주장이며, 오늘날 상당수의 뇌신경과학자들과 인지과학자들이 동의하는 내용이기도 하다.

비고츠키는《사고와 언어》에서 "사고와 언어의 관계는 어떤 실체가 아니라 과정이며, 사고에서 언어로 언어에서 사고로 끊임없이 주고받는 계속적인 움직임이다"라고 주장했다. 당연히 사고와 언어는 서로 영향을 미칠 수밖에 없다. 어린아이는 언어를 배우기 이전에도 사물들을 구분하고 특정 장난감을 요구하는 것과 같은 '전언어적 사고preverbal thought'를 한다. 이 단계의 유아는 개념이나 어휘보다는 행위 또는 동작을 통해 자신의 욕구나 문제를 해결한다. 그러나 어린아이가 일단 말을 배우고 나면 언어와 사고가 일치되어, 말을 하면서 생각하고, 생각하면서 말을 한다.[8]

이후 사고와 언어가 상호의존적으로 급격히 발달하는데, 이 같은 사실은 인간과 동물의 문제 해결 능력을 비교하는 다양한 실험을 통해서도 증명이 된다. 예컨대 카를 뷜러, 폴 기욤, 이냐스 마이어슨과 같은 언어심리학자들은 전언어적 사고를 하는 걸음마기의 어린아이와 침팬지는 도구를 사용하는 감각조작 문제sensorimotor problem 해결에서 유사하다는 사실을 발견했다. 그러나 아이가 언어를 사용하기 시작하면 문제 해결 능력이 급격히 향상되어 결국 침팬지로서는 도저히 따라잡을 수 없는 수준에 이르게 된다.[9]

이 같은 관찰 결과는 아동들의 지능 발달에서 언어 내지 언어교육의 중요성을 알려준다. 요컨대 인간의 사고와 언어는 서로 영향을 끼치며 함께 발달한다! 그럼, 그리스어는 어떤가? 그것이 어떻기에 그 안에 '그리스의 기적'을 일으킨 비밀이 숨어 있다는 것일까?

거대한 산 정상, 별들의 이웃
...

그리스어가 정확하고 명료하고 구조적이라는 것은 잘 알려진 사실이다. 키토는 그리스어가 "문장의 배열이 언제나 완벽하게 명쾌하며 전혀 모호하지 않다. 마치 말하는 자가 단어를 내뱉기 전에 자기 머릿속 생각의 평면도를, 그리고 자기 문장의 설계도를 눈앞에 훤히 바라보는 듯하다"[10]라고 했다. 그는 다양한 몇 가지를 예로 들어 설명했는데, 그중 하나가 멘men이라는 단어다. 이 단어는 문장의 첫머리에 놓여 'men~, de~(한편으로는 ~지만, 그 반면에 ~)'라는 형식의 문장이라는 것을 미리 예시한다. 이처럼 그리스어에는 문장의 구조를 미리 정해주는 접속사와 조사들이 다른 언어와는 비교할 수 없을 정도로 풍부하다.

키토에 의하면 "이런 단어들의 존재 이유는 오직 문장구조를 분명하게 해주는 것이다. 이 단어들은 마치 도로 표지판 같은 역할을 한다."[11] 그래서 영어로 말하면 종종 애매모호하거나 뜻이 명료하게 들어오지 않는 내용도 독일어를 쓰면 그런 상황에서 벗어날 가능성이 상대적으로 높은데, 그리스어를 쓰면 그런 상황이 처음부터 아예 벌어지지 않는다. 구조 자체의 명료함, 정확함이 그리스어의 두드러진 특징이다. 그리고 이 같은 특징이 그리스 예술 작품들에도 그대로 나타난다. 언어의 구조가 그 언어를 사용하는 사람들의 정신의 구조를 형성하기 때문이다.

키토는 "고전기 그리스 예술은 놀랄 만큼 지적이다. 그것은 논리와 구조적 확실성에서 분명히 드러난다"[12]라고 주장했다. 정말 그런가? 만일 당신이 이렇게 묻는다면,《고대 그리스인의 생각과 힘》의 저자 이디스 해밀턴E. Hamilton, 1867~1963이 분명하고 구체적인 대답을 준다. 해밀턴도 키토 못지않게 그리스 언어와 예술 작품이 공통적으로 '정확하고', '명료하고', '구조적'이라는 지적 특성을 가졌다는 것을 강조한다.

그 때문에 그리스 고전기의 시詩나 조각상 또는 건축물은 장식이 많은 다른 나라, 다른 시대의 작품들에 비해 깜짝 놀랄 정도로 모두 "수수하고 직설적이고 사실적"이다. 그럼에도 그 어떤 나라, 어떤 작품도 그리스 고전기 예술품들이 지닌 지성적 아름다움이 가진 위엄을 따라오지 못한다. 해밀턴은 이렇게 말했다.

> 그리스 신전은 정신이 밝게 비추고 있는 순수 지성의 완벽한 표현이다. 다른 어떤 곳에 있는 위대한 건축물도 이런 단순함에 근접하지 못한다. 파르테논 신전에서 수직 기둥들은 장식 없는 기둥머리로 올라간다. 박공은 윤곽이 또렷한 돋을새김으로 조각되어 있다. 거기에 그 이상 다른 것은 없다. 그러나―여기에 그리스의 기적이 있다―세상의 모든 사원과 성당, 궁전들 가운데 아름다움의 위엄이라는 점에서 이러한 절대적인 구조의 단순함에 필적할 만한 것이 없다.[13]

해밀턴은 단순하고 간결한 구조로 된 아테네의 파르테논 신전과

▲   파르테논 신전

▲   산마르코 대성당

수천 개의 화려하고 섬세한 그물 무늬로 장식한 베네치아의 산마르코 대성당을 비교해보라 한다. 또 수수한 주름옷에 단순하게 묶은 머리 모양을 하고 있는 밀로의 비너스와 화려한 무늬를 넣은 비단 옷감, 보석을 박은 반지, 머리카락을 휘감은 진주 등으로 장식한 티치아노의 초상화 속 귀부인을 견주어보라 한다.[14] 마찬가지로 그는 간결하고 꾸밈이 없는 그리스어로 쓴 아이스킬로스의 시와 수식과 문체가 화려한 영어로 된 바이런의 시를 비교해보라 한다.

> 산 중의 왕,
> 오래전에 산들은 그에게 왕관을 씌워주었네.
> 바위 왕좌 위에 구름 예복을 입고,
> 눈의 왕관을 쓰고

이것은 바이런이 높은 산의 정상頂上을 묘사한 멋진 시구다. 그러나 해밀턴은 "아이스킬로스 같았으면 이렇게 장황하지 않고 아래와 같이 단 한 줄의 글만을 허용할 것이다"[15]라며 《결박된 프로메테우스》 721행을 인용했다.

> 거대한 산 정상, 별들의 이웃

이 얼마나 놀랍고 아름다운 절제인가! 표현의 간결함과 단순함이 마치 거대한 몸집은 물밑에 감추고 머리만 내민 빙산처럼 감추어진 깊이와 아름다움을 떠올리게 한다.

아이스킬로스의 문장만 그런 게 아니다. 호메로스는 《일리아스》에서 그리스 최고의 미인 헬레네도 "뽀얀 팔을 가진 헬레네"라고만 간결하게 묘사했다. 《오디세이아》에서는 여성의 이상형인 나우시카마저 "마치 종려나무와 같다"고만 표현했다. 이처럼 그리스 시인들은 애초부터 장식이나 수식에 인색하다. "볼이 예쁜 크뤼세이스", "아름다운 머릿결을 가진 데모", "황금빛 텔레실라", "순진한 눈망울의 안티클레이아" 등 아무리 아름답고 매혹적인 여인에게도 이처럼 한두 가지 형용사만을 겨우 허용할 뿐이다.

해밀턴의 말대로 "사색가의 표어인 진술의 명확함과 단순함은 그리스 시인의 표어이기도 하였다."[16] 또 "영어의 방법은 아름다움으로 이성을 가득 채우는 것이다. 그러나 그리스의 방법은 이성이 (스스로) 작용하게 하는 것이었다."[17] 영미 시는 물론이거니와 그 어느 언어로 된 시에서도 이 같은 전례는 찾아볼 수가 없다. 키토와 해밀턴 같은 고전학자들이 입을 모아 강조한 내용을 정리해보면, 그 이유는 언어, 시, 조각, 건축, 그 밖의 숱한 예술 작품들이 보여주듯이 그리스인들의 사고 자체가 단순하고 정확하고 명료하고 구조적이기 때문이다.

우리는 여기서 한 가지 의문에 부딪힌다. 그리스인들은 어디서 그토록 단순하고 정확하고 명료하고 구조적인 사고를 획득했을까? 또 그들은 어떻게 같은 인도유럽어에 속하는 다른 언어들(예컨대 사촌 격인 라틴어는 물론이고 영어, 프랑스어, 독일어 등)보다 훨씬 더 단순하고 정확하고 명료하고 구조적인 언어를 갖게 되었을까? 이제부터 우리는 다이달로스의 미궁labyrinthos 같은 이 수수께끼를 풀려고 하는데, 우리를 안내할 '아리아드네의 실'은 폴리스다.

폴리스의 빛, 그리고 그림자

...

암흑기가 끝난 기원전 8세기경부터 그리스인들은 헬라스에 '폴리스'라는 조그만 도시국가를 세워 살았다. 폴리스는 국가라기보다는 소규모의 자립적 공동체였다. 그리스 본토와 펠로폰네소스반도의 산과 산 사이로 난 평지마다, 에게해, 흑해, 지중해 연안 지역의 배가 닿는 부두마다 깨알처럼 뿌려진 크고 작은 마을들이 모두 폴리스였다. 폴리스는 그리스인들이 지중해 연안 일대를 식민화하던 시기(기원전 750~기원전 550)를 거치면서 그 수가 급격히 불어났다. 기원전 425년에 맺어진 델로스동맹에 가맹한 폴리스의 수가 380개 이상이었다는 것을 감안하면, 그리스 고전기에는 그 수가 대략 300에서 500개 정도였던 것으로 추정된다.

플라톤은 《국가》에서 이상적인 시민의 수가 5,040명이라고 못을 박았다. 아리스토텔레스는 모든 시민들이 서로 얼굴을 알아볼 수 있어야 한다고 규정했다.[18] 이러한 점들을 감안해서, 학자들은 폴리스가 대강 5,000명 정도의 시민으로 구성되었다고 본다. 그런데 여기서 우리가 알아야 할 것은 시민이 곧 주민은 아니라는 사실이다. 폴리스에서 시민은 주민의 약 10퍼센트 정도였다. 그 밖에 시민에 딸린 가족과 노예들이 있고 외국인 체류자들도 상당수였기 때문에, 폴리스의 주민은 대개 4~5만 명으로 추산된다. 펠로폰네소스전쟁 시기 아테네의 주민이 약 30만 명이었고 스파르타는 40만 명에 달했지만, 이 둘은 예외적으로 거대한 폴리스였다.[19]

폴리스 간의 관계는 한마디로 경쟁이었다. 폴리스들은 정치적, 경제적, 군사적 그리고 문화적으로 경쟁하면서 그리스를 이루었다. 그들은 달리기, 원반던지기, 멀리뛰기, 창던지기, 레슬링, 복싱, 각종 전차 경기, 나팔수 경주 등 다양한 올림픽 경기를 만들어 겨루었다. 그 외에도 경마, 보트경주, 횃불 계주 같은 경기를 개최했다. 또한 음악 경연, 연극 경연, 변론 경연, 무용 경연을 열었고, 심지어는 미인 대회도 거행했다.[20]

이디스 해밀턴이 바로 지적했듯이, 그리스인은 인류 최초로 경기와 경연을 즐겼던 사람들이었다. 그것은 삶의 기쁨과 자유를 향유하는 사람들만이 할 수 있는 일이다. 비참하거나 억압된 생활을 하는 사람들, 병들거나 고통을 겪는 사람들은 경기와 경연을 하지 않는다. 때문에 그리스의 축제 기간에 했던 경연과 같은 것은 이집트나 메소포타미아에서는 생각할 수조차 없다는 것이 해밀턴의 견해다. 그는 자신의 생각을 "이집트에는 무덤이, 그리스에는 극장이 있다"[21]라는 멋진 말로 남겼다.

올림픽을 비롯한 그리스의 4대 축제는 신들에 대한 제사이자 곧 경연 대회였다. 예를 들어 아테네에서 열리는 '디오니시아 축제'는 매년 초목에 꽃과 잎이 새롭게 피어나는 3월말에 시작하여 5~6일 동안 열렸다. 아테네 시민들에 의해 선발된 10명의 장군들이 제물과 제주를 신에게 바치는 것으로 시작하여 연극 공연으로 막을 내리는 이 축제는, 신을 위한 제사이자 폴리스 시민들의 단결과 의식을 드높이는 잔치이며 동시에 연극 경연 대회였다.[22]

아이스킬로스, 소포클레스, 에우리피데스로 이어지는 고전주의 그리스 비극, 달리 말해 기원전 5세기경 아테네에서 공연되던 비극 작품들이 바로 이 축제에서 발표되고 초연되었다. 작품의 선발은 경연 대회 형식을 취해 이뤄졌는데, 이 대회에서 아이스킬로스가 무려 13번,

소포클레스가 18번, 에우리피데스가 사후에 있은 1번을 포함하여 5번 우승했다.[23] 이들에게 주어지는 영예는 대단했다. 포상은 물론이거니와 승자를 위한 기념비가 세워졌다. 소포클레스는 장군이 되는 영예까지 얻어 아테네 민주주의의 전성기를 이끈 페리클레스와 함께 펠로폰네소스전쟁에 참가하기도 했다. 소포클레스는 페리클레스가 자기를 "좋은 시인이지만 나쁜 장군"이라고 부른다며 불만을 터트렸지만 말이다.[24]

그렇다! 폴리스가 그리스를 그리스로 만들었다. 그러나 그림자 없는 빛이 어디 있던가! '그리스 공동체'라는 차원에서 보면, 폴리스가 반드시 좋은 결과를 이끌었다고 보기 어렵다. 폴리스들은 문화적으로뿐 아니라 정치적, 경제적, 군사적으로도 서로 치열하게 경쟁했기 때문에, 전쟁이 그만큼 잦았다. 앙드레 보나르의 말을 빌리자면 "그리스 역사에서 30년 이상 된 전쟁은 있었을지언정, 30년 이상 지속된 평화는 없었다."[25] 전쟁은 예나 지금이나 국민과 국가에 치명적이다. 그래서 당시 그리스인들은 세계에서 가장 뛰어난 문명을 이룬 민족이었음에도 불구하고, 그리스 공동체는 최고 전성기였던 페리클레스 시대에 조차 로마와 같은 제국을 이루지 못하고 작은 도시국가에 머물렀다.

간혹 외적이 쳐들어올 때에는 서로 동맹을 맺기도 했다. 그들은 각기 다른 폴리스에 속했음에도 불구하고 그리스인이라는 의식과 긍지를 함께 갖고 있었다. 헤로도토스는 《역사》에 "그리스는 같은 피를 나눈 형제였다. 같은 말을 썼고, 같은 신을 섬겼으며, 같은 신전을 두고 같은 제물을 바쳤고, 관습과 풍속도 다르지 않았다"라고 썼다. 그래도 이상은 이상이고, 현실은 현실이다. 동맹은 언제나 맺기 어려웠고 평화는 항상 깨지기 쉬웠다. 황금기가 끝나갈 무렵, 그리스인들은 외적의 침입이 아니라 폴리스 간의 전쟁(정확히는 아테네와 스파르타 두 거대 폴리스가 벌인 펠로폰네소스전쟁) 때문에 쇠락의 길로 접어들었고, 마침내 마케도니아에 굴복했다.

그렇다! 폴리스는 그랬다. 그럼에도 불구하고 (그야말로 온갖 그럼에도 불구하고!) 폴리스는 그리스 문명의 위대한 산실이었다. 그리고 그 산실을 가득 채운 공기가 바로 자유eleuteria였다.

그리스인들은 올림픽과 같이 큰 축제 때에는 헬라스의 모든 폴리스들이 참가했다. 그러기 위해 심지어는 전쟁까지도 잠시 멈췄다. 운동선수, 연극배우, 변론가, 상인, 구경꾼 할 것 없이 누구나 자유롭게 남의 나라를 넘나들었다. 그리고 며칠씩 머물며 새벽부터 황혼까지 경기와 공연을 관람했다. 요즈음 사람으로서도 상상하기 매우 어려운 일이지만, 대략 2,500년 전에 운동경기와 연극, 시 낭송을 보기 위해 여행하는 자유를 가진 사람들은 전 세계를 통틀어 그리스인들밖에 없었다.

그리스인들이 누렸던 이 같은 자유는, 앞에서 이미 언급했듯이 그들이 사는 곳이 인간을 비참하게 하는 절대적 신도, 백성을 약탈하는 전제적 군주도 없는 폴리스였기에 가능했다. 이 자유가 그리스인들이 인간을 사랑하고 삶을 예찬하게 만들었고, 그것이 그리스 문명의 초석이 되었다. 베르낭도《그리스 사유의 기원》에서 그리스에 절대군주가 집권하던 미케네 왕조가 무너지고, 광장에 모인 대중들이 국가의 크고 작은 일들에 대해 자유롭게 연설을 하고 논의하여 결정하는 폴리스라는 사회구조가 형성되었을 때 "그들의 독창적 우월성을 나타내는 사회생활과 사유형식"이 비로소 형성되었다는 것을 강조했다.[26]

폴리스가 허용한 자유의 출현이 그리스인들의 생각의 역사에서도 결정적인 사건이었다는 뜻이다. 우선 자유는 그리스인들의 정신에 '개방성'을 선물했다. 여행이 자유로워진 그리스인들은 어떤 일이든 직접 경험하고 배우고 받아들여 공개하는 데 열광했다. 잘 알려진 대로 최초의 철학자로 불리는 탈레스는 에게해 일대와 이집트를 여행했고, 아낙시만드로스는 최초로 지도를 만들 정도로 여행을 멀리 그리고 많이 했다. 피타고라스, 플라톤, 데모크리토스, 헤로도토스 등도 이집트와 페르시아의 앞선 문명과 학문들을 듣고 보고 배워 고향으로 돌아왔다. 그리고 학교를 세워 가르치거나 책으로 써서 남겼다.

인터넷은 물론이고 인쇄술도 개발되지 않았던 당시로서는 직접 보고 배우는 것이 유일한 학습 방법이었기 때문에 그들의 여행은 이루 말할 수 없는 문화적 소득을 가져왔다. 헤로도토스가《역사》에 "내가 보기에는 바로 여기(이집트)에서 그리스인들이 기하학을 익힌 것 같다. 해시계, 열두 부분으로 나눠지는 시간 개념은 이집트가 아닌 바빌로니아에서 그리스로 전해진 것이다"[27]라는 기록을 남긴 것이 단적인 증거다. 요컨대 그리스인들은 여행의 자유를 통해 방대한 선진 지식들을 획득하여 축적할 수 있었다. 그럼에도 그것은 작은 시작에 불과했다. 폴리스가 선물한 자유라는 고귀한 씨앗이 피운 꽃은 누구도 예상치 못한 값진 열매들을 차례로 맺었다.

자유가 맺은 열매

...

폴리스는 우선 연설과 토론, 그리고 논쟁의 장소였다. 그리스인은 그들에게 주어진 자유를 주로 여기에 사용했다. 물론 이유가 있었다. 긴 해안과 수많은 섬들을 거느리고 있는 지리적 특성과 여행이 자유로운 사회적 특성, 그리고 무역이 빈번했던 경제적 특성 탓에 폴리스에는 항상 외국인들이 붐볐다. 또 같은 그리스인이라 해도 외국에 다녀온 사람들이 드물지 않았고, 서로 다른 폴리스에서 왔기 때문에 정치적, 경제적, 문화적 관점과 이해관계가 달랐다.

사정이 그렇다 보니 폴리스의 주민들은 일찍부터 좋든 싫든 다른 민족, 다른 관습, 다른 종교, 다른 정치적 체제, 다른 사고를 접해야 했다. 그것은 매우 흥미롭긴 해도 잦은 분쟁의 씨앗이 되었다. 거대한 폴리스인 데다 무역이 성했던 아테네에서는 더욱 그랬다. 때문에 그들에게 무엇보다 필요한 것은 서로 다른 차이와 모순을 해결하는 방법이었다. 그것이 바로 연설, 토론, 논쟁이었다.

자연히 폴리스에서는 시민들이 매일같이 상거래에 관한 것뿐 아니라 정치, 군사, 외교, 종교, 문화 등 거의 모든 것에 관해 연설하고 토론하거나 논쟁했다. 그것이 재산뿐 아니라 때로는 명예나 생명까지도 연관되어 있기 때문에 그들에게는 매우 중요한 일상이었다. 그 결과 폴리스에서는 다른 사람들을 설득하는 것이 정치적, 사회적 또는 경제적 권력을 쥐는 아주 중요한 수단으로 발달했다. 이 같은 정황을 베르낭은 "(폴리스에서는) 연설도 더할 수 없는 정치도구가 되었으며, 또 국가 내의 모든 권력에 대한 실마리가 되고, 다른 사람에게 명령하고, 다른 사람을 지배하는 수단이 되었다"라고 표현했다.[28]

그러자 그 힘이 점차 신성화되었다. 베르낭에 의하면, 그리스인들은 "설득력을 표상하는 페이토peithō(설득의 여신)라는 신성"을 만들어 냈다. 그리고 그것에 "어떤 특정한 제의에서 주문이나 종교 언어가 갖는 효험성l'efficacité des mots et des formules의 가치, 혹은 왕이 최종판단[테

미시]을 공표했던 경우에 그의 '선언'에 귀속되었던 가치를 상기하게"[29] 하는 힘을 부여했다. 생각해보라, 이 얼마나 놀라운 일인가! 민주주의가 세계화되어 설득의 힘이 그 어느 때보다도 강조되는 오늘날에도 상상하기 어려운 일이 아닌가!

수요가 있는 곳에는 언제나 공급이 있는 법이다. 폴리스에는 자연히 돈을 받고 연설, 토론, 논쟁을 하는 기술을 가르치는 사람들이 생겨났다. 오늘날 우리는 이들을 '소피스트sophist'라고 부르고, 그들이 가르친 지식을 '수사학rhetoric'이라 한다. 당시 소피스트들은 최고의 지식인 대접을 받았고 대중적 인기가 높았으며 수입도 만만치 않았다. 제자와 수업료를 놓고 논쟁을 하는 '프로타고라스 딜레마'가 말해주듯이, 그리스인들은 상당한 돈을 지불하면서까지 열정적으로 또한 경쟁적으로 수사학을 배웠다.

고대 그리스인들의 토론과 논쟁에 대한 열정과 경쟁심을 여실히 보여주는 예가 바로 '변론 경연logōn agōnas'이다. 영국의 분석철학자 길버트 라일G. Ryle, 1900~1976에 따르면, 이 논쟁 경연은 광장이나 경기장같이 공개적인 장소에서 두 팀이 만나 한 주제를 놓고 공개 토론을 하는 형식으로 진행되었다. 사람들이 모여들어 돈을 걸고 내기를 했다는 설도 있다.[30] 당시 세계 다른 어느 곳에서 찾아볼 수 없는 이 같은 풍습에서 그리스인들은 자신들의 사고와 언어를 점차 토론과 논쟁에 적합하게 다듬어 더 정확하고 간결하며 명료한 구조를 갖도록 발전시켜나갔음이 분명하다.

콜로라도 덴버의 미드 콘티넨트 교육연구소의 엘레나 보드로바E. Bodrova가 동료와 함께 비고츠키의 교육심리학을 천착한 《정신의 도구》에서 밝힌 대로, 언어는 물리적이고 사회적인 환경이 가진 특정한 요소의 중요성을 반영한다. 예를 들어 "에스키모인들은 눈에 관한 어휘를 많이 갖고 있고, 과테말라 인디언들은 섬유 직물에 관한 어휘를 많이 갖고 있다. 아시아 문화에서는 가족관계의 혈연관계를 정의하는 어휘가 많다."[31] 이 같은 이유에서 비고츠키도 "언어가 특정 문화에서 가장 효율적인 방식으로 기능하도록 사고를 형성한다"[32]라고 주장했는데, 오늘날 서구 대부분의 인류학자나 언어심리학자들도 이에 동의한다.

그렇다. 이 때문이다! 폴리스의 특정한 사회적 요소였던 연설과 토론, 그리고 논쟁 때문에 그리스어가 점점 더 정확하고 명료한 구조를 갖도록 발달했다. 그리고 그것이 그리스인들의 사고를 당시 그리스문화에서 가장 효율적인 방식으로 기능하도록 만들었다. 그 과정에서 은유, 원리, 문장, 수, 수사라는 '생각의 도구'들이 하나둘씩 탄생했다.

차츰 보겠지만, 생각의 도구들은 처음에는 문학에서, 다음에는 수사학에서, 그다음에는 논리학에서 생겨나 갈고 다듬어졌다. 그러면서 고대 그리스 문학, 예술, 학문의 지적 특성을 결정했고, 민주주의를 만들어냈다. 요컨대 베르낭이 언급한 "도시국가(폴리스) 제도와 합리적 사고의 탄생이라는 상호의존적인 고안물 두 가지"가 바로 폴리스가 토론과 논쟁의 장소였기 때문에 생겨났다.

정리하자면, 그리스의 자연적, 역사적 환경이 폴리스라는 정치적 제도를 낳았다. 그것이 토론과 논쟁에 몰두하는 사회적, 문화적 환경을 조성해, 생각의 도구들이 탄생했다. 그리고 이 도구들이 경이로운 고대 그리스의 학문과 예술 그리고 민주주의를 일구어냈다.

이 같은 역사적 사실이 그리스어가 어떻게 같은 인도유럽어에 속하는 다른 언어들이 갖지 않은 구조를 갖게 되었는지, 생각의 도구들이 왜 중국이나 인도, 메소포타미아가 아니고 그리스에서 만들어졌는지 등을 설명해준다. 한걸음 더 나아가 인간의 사고방식과 언어가 환경의 영향을 받고, 그것이 다시 환경을 바꾸어나가는 '순환적 강화 작용'을 한다는 교훈도 일깨워준다.

그런데 여기서 누군가는 '과연 그럴까?' 하는 의문에 고개를 갸우뚱할 수 있다. 그 이유는 우리가 도달한 결론이 인간의 인지와 사고의 구조는 선천적으로 똑같이 타고난다는 기존의 '철옹성'처럼 강력한 이론들(예: 칸트의 선험적 인식론)과 정면으로 충돌하기 때문이다. 그래서 혹시 당신이 이 같은 선험론에 기대어 인간의 인지 능력과 사고방식이 정말로 환경의 영향을 받느냐고 묻는다면, 흥미로운 심리학 연구를 하나 소개하고 싶다.

소-닭-풀 관계 실험

· · ·

"다른 문화권의 사람들은 서로 다른 사고 과정을 갖고 있다."[33] 미시간대학교의 심리학 교수 리처드 니스벳R. E. Nisbett이 2003년에 출간한 《생각의 지도》에서 선포한 발언이다. 《인간의 추론》이라는 책을 출간하기도 했던 그는 젊은 시절 내내 "인간은 누구나 동일한 인지과정을 갖고 있다"고 생각했다. 저 위대한 독일의 철학자 임마누엘 칸트를 따라 그것은 선험적a priori으로 타고 태어난다고 믿었기 때문이다. 즉, 니스벳은 어떤 사람이 "뉴질랜드 마오리족의 지도자든지 미국의 현대 벤처사업가든지 관계없이 무엇인가를 기억하고, 그것의 원인과 결과를 분석하고, 그것이 어떤 범주에 속하는가를 알아내고, 그 같은 자료들을 통해 결론을 이끌어내는 추론 과정에 있어서는 동일하다"[34]라고 생각하는 전형적인 선험적 인식론자이자 보편주의자였다.

그런데 니스벳이 어느 날 펑카이핑彭凱平이라는 중국 출신의 한 제자로부터 동양인과 서양인의 사고방식이 서로 다르다는 말을 들었다. 버클리대학교의 심리학 교수를 거쳐 지금은 칭화대 교수로 재직하는 이 제자의 말을 그대로 옮기자면 다음과 같다.

중국 사람들은 사물은 늘 변화하며 언젠가는 다시 원점으로 회귀한다고 믿습니다. 그들은 아주 많은 사건들에 동시에 주의를 기울이고 사물 간의 관계성을 파악하기 위해 노력합니다. 중국 사람들은 전체를 고려하지 않고 부분만 떼어서 생각하는 것은 불가능하다고 생각합니다. 그런데 제가 볼 때에 서양 사람들은 훨씬 더 단순하고 기계적인 세상에 살고 있습니다. 그들은 큰 그림보다는 부분적인 사물 그 자체, 혹은 사람 그 자체에 주의를 기울입니다. 뿐만 아니라 사물의 행위를 지배하는 규칙을 알고 있기 때문에 자신들의 상황을 통제하고 있다고 믿는 것 같습니다.[35]

니스벳은 처음에 당황했고 이 말을 믿지 않았다. 그러나 얼마 후 제자의 말에 일리가 있다는 것을 발견하고, 곧바로 미국의 미시간대학교, 중국의 베이징대학교, 일본의 교토대학교, 한국의 서울대학교, 그리고 중국의 심리연구소 등이 참여하는 대대적인 연구 프로그램을 실시했다. 그 결과 동양인과 서양인 사이에는 실제로 커다란 생각의 차이가 존재한다는 사실을 실증적으로 밝혀냈다.

나아가 "동양과 서양의 차이가 어디서 기원한 것이며, 이러한 차이들이 일상생활에 미치는 영향이 무엇이고, 두 문화 사이의 국제 관계에 어떤 영향을 끼칠 수 있는지를 포함하는 이론"을 만들어내는 커다란 성과를 거두었다.[36] 니스벳의 이론은 "그동안 교육학자, 역사학자, 과학철학자, 심리학자들에게 수수께끼와 같았던" 아래와 같은 질문들을 포함한 많은 의문점들에 대한 답을 제공해주었다.

"왜 중국에서는 연산과 대수학은 발달했지만 기하학은 발달하지 못했을까? 어떻게 고대 그리스에서는 기하학에서 눈부신 진보를 보였을까? 현대 동양인들이 서양인들보다 수학과 과학을 잘하는데도 불구하고 그 분야에서의 최첨단 발전은 왜 서양인에서 더 두드러질까? 왜 서양의 유아들은 동사보다 명사를 더 빨리 배울까? 그 반대로 왜 동양의 유아들은 명사보다는 동사를 더 빨리 배울까? 왜 서양인들은 일상 문제를 해결할 때에도 형식논리를 자주 사용할까? 왜 동양인들은 명백하게 모순되어 보이는 두 주장들을 동시에 받아들일까?"[37] 등이다.

이 같은 질문들에 대한 니스벳의 대답은 어떤 특정한 문화가 어떤 특정한 사고 형식에 영향을 끼치고, 그 같은 사고 형식이 다시 그 같은 문화에 영향을 미치는 '순환적 강화 작용'을 하기 때문이라는 것이다. 그는 자신의 생각을 "특정 사회적 행위들은 특정 세계관을 가져오고, 그 세계관은 특정한 사고 과정을 유발하며, 그 사고 과정은 역으로 원래 사회적 행위들과 세계관을 다시 강화한다"[38]고 요약했다. 우리가 앞에서 도달한 결론과 같다.

니스벳은 자신의 주장을 뒷받침하기 위해 우선 동양인과 서양인의 사고에는 분명한 차이가 있다는 사실을 증명하는 다양하고 흥미로운 실험들을 실시했다. 그중 널리 알려진 일부를 소개하자면 이렇다.

어린이들에게 같은 종이 위에 '소'와 '닭'과 '풀'이 각각 그려진 그림을 보여주고 그중 서로 관계가 있는 둘을 묶으라고 했다. 여기에서 잠깐, 당신에게 질문을 하나 던지려고 한다. 당신은 어떤 둘을 하나로 묶을 것인가? 먼저 마음의 결정을 하고 계속해 읽어보자.

　실험 결과는 매우 흥미로웠다. 미국의 어린이들은 소와 닭을 하나로 묶었다. 왜냐하면 소와 닭은 동물이라는 같은 범주에 속하기 때문이다. 그런데 중국 아이들은 소와 풀을 하나로 묶었다. 그 이유는 소가 풀을 먹는 관계이기 때문이다.

　니스벳 연구팀이 2005년 〈미국과학원회보〉에 발표한 논문도 흥미롭다. 연구자들은 서양인과 동양인으로 구성되어 있는 피실험자들에게 눈동자의 움직임을 조사할 수 있는 특수 장비를 착용시켰다. 그리고 산을 배경으로 날고 있는 비행기와 숲을 배경으로 서 있는 호랑이 그림을 보여주고 눈동자의 움직임을 조사했다. 피실험자들은 처음 0.4초 동안 모두 대상(비행기와 호랑이)보다는 배경에 더 집중했지만 그 후 1.1초 동안은 각각 달랐다. 서양인은 대상에 집중하고, 동양인은 대상과 배경을 같은 정도로 보거나 배경에 더 집중했다.[39]

　《뇌로 통한다》에 실은 서울대학교 심리학과 최인철 교수의 글 〈동양인의 뇌 vs 서양인의 뇌〉에 의하면, 뇌과학에서도 같은 실험 결과가 나왔다. 마땅히 바다에 있어야 할 게crab가 주차장을 배경으로 있는 '뜻밖의 그림'을 유럽계 미국인과 동양계 미국인에게 보여주고 뇌파 검사를 실행했다. 그랬더니 이 같은 뜻밖의 상황에 처했을 때 일반적으로 나타나는 뇌파 'N400'이 유럽계 미국인보다 동양계 미국인들에게서 더 많이 나타났다. 서로 조화가 되지 않는 그림에 더 놀랐다는 의미다. 그만큼 동양계 미국인들이 배경과 대상의 조화에 더 민감하다.[40]

반복되는 다양한 실험을 통해 공통적으로 드러난 것은 (애초 펑카이 펑의 말대로) 서양인들은 동양인들에 비해 사물을 개별적으로 파악하고 범주화하려는 경향이 더 강한 반면에, 동양인들은 서양인에 비해 사물을 전체적인 맥락 안에서 파악하고 그들 간의 관계를 중요시한다는 사실이다. 여기에서 왜 서양의 유아들은 동사보다 명사를 더 빠른 속도로 배우고, 반대로 동양의 유아들은 명사보다는 동사를 더 빨리 배울까 하는 의문이 풀린다. 앞서 든 '소-닭-풀 관계 실험'을 예로 설명하자면 이렇다.

서양의 유아들은 '소'와 '닭'처럼 '명사noun'로 표현되는 대상에 집중하도록 교육받으며 자라고, 동양의 유아들은 '소는 풀을 먹는다'에서처럼 '먹는다'라는 '동사verb'로 표현되는 관계에 관심을 갖도록 교육받고 자라기 때문이다. 니스벳은 이 같은 차이를 "명사를 통해 세상을 보는 서양", "동사를 통해 세상을 보는 동양"이라는 상징어를 통해 제시했다.[41] '개별적 사물을 통해 세상을 인식하는 서양인'과 '사물들의 관계를 통해 세상을 인식하는 동양인'의 차이라는 뜻이다. 그는 이 같은 차이가 동서양의 자연적, 사회적 환경의 차이에서 나왔다는 것을 역설했다.

밤을 피하는 여행자들

• • •

이집트, 메소포타미아, 인도와 같은 고대 농경 국가들과 마찬가지로 중국의 자연환경은 황하黃河를 중심으로 평탄한 농지, 낮은 산들로 이루어져 있어서 농경에 적합했다. 고대 농경에서 필수적인 것은 물을 다스리는 관개공사灌漑工事다. 그런데 관개공사는 공동 작업이 필수적이었기 때문에 주민의 이동을 통제하고 재물을 획일적으로 관리하는 중앙집권적 권력 구조가 유리했다. 당연히 주민의 자유로운 이동이 자연스레 저지됨에 따라 이곳에 사는 사람들은 이웃과의 화목이 매우 중요했다.

니스벳에 의하면, 이처럼 같은 지역에서 같은 사람들과 공동 작업을 하며, 한평생 그리고 자손 대대로 날마다 얼굴을 맞대고 생활해야 하는 농경생활이 인간관계의 조화와 화목을 중시하는 사고방식과 행위규범을 만들어냈다. "생각이 다른 사람을 만날 기회도 없는 데다가 남들과 다른 의견을 내세웠다가는 위로부터 혹은 동료들로부터 심한 재제를" 당했기 때문이다. 그래서 중국인들은 오랜 세월 동안 "서로 다른 주장들 중 더 타당한 것을 결정하는 절차"보다 "불협화음을 없애고 서로 간에 합의점을 찾는" 것을 중요시했다.[42]

중국인들이 사물을 파악할 때 전체를 고려하며 관계를 중요시하고, 일상 문제를 해결할 때에 참true과 거짓false으로 양분되는 형식논리를 덜 사용하며, 서로 대립하는 모순을 받아들이는 중용의 도를 찾는 이유가 바로 이것이다. 공자는 《논어》에서 "중용의 덕은 지극하다"라고 가르쳤다. 이와 달리 자유로운 논쟁이 오히려 장려되던 그리스에서는 '비모순율($A \neq \sim A$)'[43]이나 '형식논리formal logic' 같은 절차들이 자연스럽게 개발되었다. 그리고 그것이 자연스럽게 학문의 발달로 이어졌다. 이것이 축의 시대에 그리스에서는 학문이, 중국에서는 삶의 지혜가 발달한 이유라는 것이 니스벳이 내린 결론이다.[44]

중국을 주로 살펴본 니스벳보다 앞서 이집트를 집중 분석한 이디스 해밀턴은 같은 사안을 조금 다른 측면에서 조명했다. 해밀턴의《고대 그리스인의 생각과 힘》에 의하면, 고대 세계는 이집트든, 크레타든, 메소포타미아든 동일한 조건을 갖고 있었다. 국가에는 권력을 움켜쥔 전제군주가 있고, 지식을 독점해 민중을 착취하는 사제 조직이 존재하며, 오직 두려움과 비참함에 사로잡힌 민중이 있다. 그리고 예나 지금이나 삶의 두려움과 비참함을 인내해야 하는 사람들은 죽음을 두려워하지 않고, 현세에서 희망을 잃은 사람들은 내세에서 위안을 찾으려 하는 법이다.[45]

해밀턴이 보기에는 이것이 동양에서는 학문이 아니라 종교가 발달한 이유인데, 인도에서는 현실 부정이, 이집트에서는 죽음이 곧 종교였다. 우파니샤드 철학이든, 불교든, 인도에서는 현실은 환영幻影이고 윤회輪回가 진리이다. 피라미드든, 미라든, 조각상이든, 회화든, 이집트의 모든 예술은 죽음과 연관되어 있고 내세를 위한 것이다.[46] 이에 반해 그리스에서는 모든 예술과 학문이 삶과 연관되어 있고 현세를 위한 것이다. 해밀턴은 "그리스인들은 현실을 직시했을 뿐 아니라 그들에게는 그 현실에서 도피하고자 하는 욕구조차 없었다는 것을 항상 기억해야만 한다"[47]고 강조했다.

앞에서 소개한 "이집트에는 무덤이, 그리스에는 극장이 있다"라는 해밀턴의 은유적인 선언도 이런 의미에서 나왔다. 그런데 이처럼 현실 세계로부터 뒷걸음을 치는 사람에게는 당연히 학문이 필요하지 않다. "버려진 집에서 밤을 피하는 여행자는 비가 새는 지붕을 염려하지" 않듯이, 참담한 불행 속에 살면서 "현실이 가지고 있는 중요성을 부인하는 것이 유일한 위안"인 사람들은 현실을 개선하려고 하지 않기 때문이다.[48]

우리는 여기에서 기원전 5세기경의 그리스인들보다 적어도 1,500년 전에 수메르인과 이집트인들은 경이로운 문명을 이루었는데도 불구하고 왜 그들이 학문을 개발하지 못했는가를 알아차릴 수 있다. 그들은 지식을 단지 그때그때 필요에 의해 개발해 사용했을 뿐 그것을 발전시켜 현실을 개선할 의지를 갖고 있지 않았기 때문이다. 밤을 피하는 여행자는 오직 날이 새기만을 기다릴 뿐이다. 역시 수긍이 가는 말이 아닌가!

고든 차일드도 《신석기혁명과 도시혁명》에서 확인해주었듯이, 일찍이 수메르, 이집트, 바빌로니아에서 발달한 수학, 의학, 천문학 등은 예컨대 농지 측량, 지구라트 내지 피라미드 건축, 질병 치료, 농사 시기 결정, 운명 예언과 같이 특정한 사회적 욕구를 충족시키려는 실용적 목적에 의해 개발되었다. 그것의 개발은 논리적 사고가 아니라 오랜 경험에 의한 것이었고, 그것의 전달은 이론의 '학습'을 통해서가 아니라 스승의 시범을 '모방'하는 도제식 교육apprenticeship으로 이루어졌다.

이 같은 이유 때문에 동양인들은 제곱근, 세제곱근, 심지어는 피타고라스 수들이 나열된 산술표arithmetical table까지 제작해 사용했지만, 그것으로 세금을 계산하고, 농지를 측량하고 지구라트와 같은 신전이나 피라미드 같은 무덤을 짓는 데 사용했을 뿐, 그것에서 보편적 원리 universal principle를 이끌어내어 학문으로 발달시키지 못했다.[49]

그리스는 달랐다. 그리스는 해안까지 연결된 산으로 이루어진 척박한 나라다. 때문에 관개공사가 필요한 농업보다는 사냥, 수렵, 목축, 그리고 무역(말이 무역이지 정확히는 해적질)에 적합했다. 농업이라 해도 물이 비교적 덜 필요한 올리브, 포도나무와 같은 과수 농업에 유리했고, 이런 일들은 다른 사람들과의 협동을 덜 필요로 한다. 다른 사람들의 도움이 없이도 사냥하고 목축할 곳을 고르고, 누구에게 상품을 팔 것인지를 결정할 수 있기 때문이다. 요컨대 고대 그리스인들은 중국인들과는 달리 자기 이익을 희생하면서까지 남들과의 화목을 유지할 필요가 없었다.

게다가 역시 이미 살펴본 것처럼 그리스에는 비참의 사슬로 인간을 얽어매는 절대적인 신이나 전제군주도 없었다. 종교와 국가는 그리스인들이 원하는 대로 생각하도록 자유로이 놓아두었다. 그들은 자유로웠고 삶을 즐겼으며, 그 자유를 자신들의 이익을 위한 토론과 논쟁을 하는 데 사용했다. 니스벳은 바로 이와 같은 자연적, 사회적 구조에서 아테네 민주정치의 기반이 닦아졌고, 토론과 학문의 근간인 형식논리학이 형성되었으며, 그것을 바탕으로 철학, 수학, 그리고 과학이 발달했다고 했다. 니스벳은 자신의 주장을 다음과 같이 정리했다.

(동양과 서양) 두 사회의 생태 환경이 경제적 차이를 가져왔고, 이 경제적 차이가 다시 사회구조의 차이를 초래했다. 그리고 사회구조적인 차이는 각 사회를 유지하기 위한 사회적 규범과 육아 방식을 만들어냈고, 이는 환경의 어떤 부분에 주의를 기울여야 하는지를 결정했다. 그리고 서로 다른 주의 방식은 우주의 본질에 대한 서로 다른 이해(민속형이상학)를 낳고, 이는 다시 지각과 사고 과정(인식론)의 차이를 가져왔던 것이다.[50]

옳은 말이다. 니스벳의 연구 결과는 우리가 앞서 도달한 결론, 곧 인간의 사고방식이 (정치적, 사회적, 경제적, 문화적) 환경의 영향을 받고 그것이 다시 환경을 바꾸어나간다는 주장과 맞아떨어진다. 그의 연구가 새롭고 흥미로운 것은 고대 문명에 대한 키토, 해밀턴, 베르낭 등의 인문학적 분석들이 '소-닭-풀 관계 실험'이나 '주차장-게 실험'처럼 현대 심리학과 뇌신경과학이 행한 다양한 실증적 실험을 통해 하나하나 검증된다는 점이다. 우리의 이야기는 여기에서부터 시작한다.

생각의 기원

뇌는 하늘보다 넓어라
옆으로 펼치면 그 안에
하늘이 쉬 들어오고
그 옆에 당신마저 안긴다
— 에밀리 디킨슨

19세기 미국 시문학을 대표하는 여성 시인 에밀리 디킨슨E. Dickinson, 1830~1886은 같은 시대를 살았던《월든》의 저자 헨리 데이비드 소로만큼이나 성찰적이고 은둔적인 삶을 살았다. 그녀는 자연에서 시작하여 사회문제와 신에 이르기까지 다양한 주제들을 간결하고 현대적인 스타일에 담은 1,775편의 시를 남겼다. 하지만 제목도 붙이지 않았고 거의 발표하지도 않았다. 때문에 20세기 중반까지는 세상에 알려지지 않았는데, 그 가운데 현대 뇌신경학자들이 좋아하는 시가 하나 있다. 에덜먼은 그의 저서《뇌는 하늘보다 넓다》의 제목을 그 시의 첫 연 첫 행에서 따왔다.

> 뇌는 하늘보다 넓어라
> 옆으로 펼치면 그 안에
> 하늘이 쉬 들어오고
> 그 옆에 당신마저 안긴다
>
> 뇌는 바다보다 깊어라
> 깊이 담그면 아주 푸르게
> 그 속에 바다가 다
> 물통 속 스펀지처럼 담긴다
>
> 뇌는 신神처럼 무거워라
> 무게를 나란히 달면
> 다르다 해도
> 음절과 음성 차이 정도나 될까

인간의 뇌가 이 같은 찬사를 듣는 이유는 다른 무엇보다도 생각이 거기서 생겨나기 때문이다. 그렇다! 우리의 생각은 실로 놀랍다. 무한히 넓고, 무한히 깊고, 무한히 무겁다. 시인이 하늘보다 넓고 바다보다 깊고 신처럼 무겁다고 노래할 만하다. 그럼에도 이 모든 생각들은 두 가지로 구분된다. 에덜먼이 이름 붙인 '1차적 의식(또는 하위 의식)'과 '고차적 의식(또는 상위 의식)'이 그것이다.

우리는 먼저 '1차적 의식'에서부터 만들어지는 생각의 도구들에 관해 살펴보려 하는데, 이유는 두 가지다. 하나는 바로 여기서 생각이 처음 시작하기 때문이다. 생각의 생물학적 내지 뇌신경과학적 기원이 바로 여기다. 다른 하나는 이에 대한 새롭고 흥미로운 연구들이 근래에 인지과학과 인지언어학이나 인지심리학과 같은 연관 학문들에서 쏟아져 나오고 있기 때문이다.

역사적으로 보면 생각과 지식에 관한 연구는 전통적으로 철학의 몫이었고, 사람들은 이를 인식론epistemology이라고 불렀다. 그런데 19세기 말에 실험과 관찰을 통해 검증된 것만을 지식으로 받아들이겠다는 실증주의의 영향 아래 생겨난 심리학이 이 연구의 상당 부분을 떠맡았다. 이후 20세기 후반부터는 여기에 인공지능artificial intelligence이 끼어들었다가 얼마 후 인지과학cognitive science으로 통합되었다. 오늘날 인지과학은 뇌파검사EEG, 컴퓨터단층촬영법CAT, 양전자방출촬영법PET, 기능성 자기공명영상법fMRI 등과 같은 첨단 기술들을 이용하는 뇌신경과학neuroscience의 도움을 받아 이전에는 상상조차 할 수 없던 성과들을 내고 있다.

우리는 되도록 전통적인 철학적 사변들을 떠나 기꺼이 새로운 과학들이 이룬 성과를 빌려, 생각이 맨 처음 어떻게 생겨나며, 그것이 어떤 작업을 하는가를 살펴보려고 한다. 그럼으로써 설령 같은 문제에 대해 이야기하더라도 새로운 개념과 표현을 통해 더 많은 이해를 가능케 하고, 실험과 관찰을 통해 더 많은 믿음을 얻고자 한다. 이 점에서 보면 우리의 이야기는 아주 새로운 것이다. 그러나 같은 주제에 대한 이야기가 최초의 논리학 저서인 아리스토텔레스의《오르가논》에서부터 이미 시작된 것을 감안하면 (그리스어로 오르가논organon은 '도구'라는 뜻이다) 아주 오래된 것이기도 하다.

우리는 새것을 취하되, 옛것도 버리지 않을 것이다. 머리말에서 밝힌 대로, 지식에서는 개체발생ontogeny이 계통발생phylogeny을 반복한다는 관점에서 이야기를 이어나가고자 하기 때문이다. 다시 말해 무지에서 시작하는 개인의 지식은, 인류의 지식이 역사적 무지의 상태에서 생성되어 축적되어온 과정을 반복하며 성장한다는 것이 우리가 취하는 입장이다. 따라서 우리는 개인적으로뿐 아니라 역사적으로도 생각과 그것을 만드는 도구들이 어떻게 생겨나 진화해왔는가를 함께 살펴볼 것이다.

2부 1장에서는 '범주화'와 '개념적 혼성'에 대해 알아보고자 한다. 범주화에 의해 우리에게 세계와 정신이 동시에 태어나 함께 진화하고 '개념적 혼성'에 의해 생각들이 탄생한다. 이것들이 가장 원초적이고 근본적인 생각의 도구라는 점에서 '1차적 생각의 도구'라고 할 수 있다. 우리의 모든 생각이 여기서 시작한다. 하지만 그것들이 거의 무의식적으로 (물론 이것은 프로이트가 말하는 본능이 억압된 무의식은 아니다) 일어난다는 점에서 '생각 이전의 생각의 도구'라고 할 수 있다. 이제부터 우리는 이 도구들이 어떻게 생겨나 무슨 일을 하는지를 인지과학과 심리학을 통해 살펴볼 것이다.

이어지는 2부 2장에서는 이성의 역사적 기원인 호메로스의 작품들, 특히 《일리아스》를 통해 역사에서 범주화가 어떤 과정을 거쳐 이루어졌으며, 그것이 어떻게 그리스인들의 정신에 이성이라는 생각의 도구를 탄생시켰는지를 상세히 살펴볼 것이다. 또한 그것이 인류에게 무슨 일을 했는지도 함께 알아보고자 한다. 모든 시원이 그렇듯 그 출발은 당연히 '태초'다. 생각의 탄생에는 태초에 범주화가 있고, 생각의 도구의 역사에는 태초에 호메로스가 자리하고 있다.

1장

생각 이전의 생각들

어떤 동물이 할 수 있는 행동의 수만큼
그 동물은 자신의 환경세계 내에서
대상물을 구분하여 인지할 수 있다.

— 야콥 폰 윅스퀼

범주화categorization라니? 얼핏 들어도 뭔가 특별하고 퍽이나 어려운 이야기 같다. 하지만 그렇지 않다. 《몸의 철학》의 저자인 캘리포니아 대학교의 인지언어학 교수 조지 레이코프J. Lakoff와 오리건대학교의 철학 교수 마크 존슨M. Johnson이 쓴 다음 설명을 들어보면 쉽게 이해가 간다.

모든 생물은 범주화해야 한다. 심지어 아메바도 자기와 마주치는 것들을 먹을 수 있는 것과 먹을 수 없는 것으로, 또는 다가가야 할 대상과 멀리 떨어져야 할 대상으로 범주화한다. 아메바는 범주화의 여부를 선택할 수 없으며 단지 범주화할 뿐이다. 이것이 동물계의 모든 층위에 적용된다. 동물들은 음식, 약탈자, 가능한 짝, 자신들에 소속된 동물 등을 범주화한다. 동물들이 범주화하는 방식은 자신들의 감각기관과 이동 능력 및 대상 조작 능력에 의존한다. 그러므로 범주화는 우리가 신체화되어 있는 방식의 한 결과다. 우리는 범주화하도록 진화되어왔다. 만약 그렇지 않았다면 우리는 생존할 수 없었을 것이다.[1]

레이코프와 존슨이 말하는 범주화란 동물들이 생존을 위해 '자신이 마주하는 환경을 구분하는 작업'이다. 그리고 그것은 의식적인 것이 아니다. 감각기관을 통해 무의식적으로 행해진다. 두 저자의 표현을 빌리자면 "대체적으로 범주화는 의식적인 사유의 산물이 아니다." 그것은 "신체화되어 있는 방식의 한 결과다."[2] 이 점에 있어서는 인간도 영아기에는 마찬가지다. 막 태어난 갓난아이는 사고를 통해서가 아니라 촉각을 통해 엄마의 젖꼭지(A)와 젖꼭지가 아닌 것(~A)을 구분할 따름이다. 이후 시각, 청각 등을 통해 점점 더 다양하고 복잡하게 구분하게 된다.

인지과학자들은 이처럼 우리의 몸이 가진 감각을 통해 대상을 구분하는 일을 '지각적 범주화perceptional categorization'라고 부른다. 학자에 따라 이에 대한 정의는 조금씩 다르다. 그럼에도 불구하고 지각적 범주화는 장구한 진화의 산물이고, 아이들은 물론이거니와 동물들까지도 해내는 일이라는 점에서는 이견이 없다. 물론 인간의 범주화 능력은 여기서 멈추지 않고 언어의 습득과 함께 그 능력이 다른 동물들과는 비교할 수 없이 향상된다.

어린아이를 기르다 보면 자주 "이게 뭐야?"라고 묻는 시기를 맞게 된다. 주로 말을 배울 무렵이다. 이때 아이들은 엄마가 몇 종류의 꽃에 대해 "이것은 꽃이야"라고 알려주면, 어느 시점부터는 아무리 처음 보는 종류의 꽃이라 해도 그것이 꽃임을 즉각 알아본다. 마찬가지로 아이는 개를 몇 마리 본 다음 그것이 개인 것을 알고 나면, 어떤 개를 보아도 그것이 (크건 작건, 하얗든 검든, 무늬가 있든 없든) 개라는 것을 곧바로 알아본다.

아이는 요모조모로 생긴 여러 가지 다양한 꽃들을 '하나로 묶어' 엄마가 가르쳐준 '꽃'이라는 이름으로 기억하고, 이런저런 모양의 수많은 개들 역시 '하나로 묶어' '개'라는 이름으로 기억한다. 그리고 다음부터는 아무리 처음 보는 꽃이나 개라고 해도 그 유사성(동일성이 아니다)에 따라 각각의 '묶음' 안에 집어넣고, 그것이 꽃이나 개라는 것을 곧바로 알아보는 것이다.

아이들은 대강 한 살 무렵부터 이 같은 방법으로 그야말로 '아무 생각 없이' 지각적 범주화를 한다. 에덜먼이 말하는 '1차적 의식'에서 일어나는 무의식적 행위다. 때문에 우리는 이것이 아무 일도 아니라고 생각하기 쉽다. 그런데 알고 보면, 이 일은 1997년에 러시아의 체스 챔피언 카스파로프를 이긴 IBM의 슈퍼컴퓨터 '딥 블루Deep Blue'도 하기 어려운 작업이다. 2016년에 이세돌 9단을 이겨낸, 구글 딥마인드 Google DeepMind가 개발한 인공지능 프로그램 알파고AlphaGo가 이른바 딥러닝deep learning이라는 알고리즘을 통해 겨우 이뤄낸 기예다.

《우리는 어떻게 생각하는가》의 저자인 질 포코니에G. Fauconnier와 마크 터너M. Turner 같은 인지과학자들에 의하면, 우리가 컴퓨터에게 지각적 범주화를 하게 하는 일(컴퓨터공학자들은 이 작업을 패턴 인식patten recognition이라고 한다)은 거의 불가능에 가깝다.[3] 왜 한 살 남짓한 아이도 쉽게 할 수 있는 일을 컴퓨터로는 하기 어렵다는 것일까? 답은 간단하다. 컴퓨터는 범주화의 기준을 유사성similarity이 아니라 동일성 sameness으로 삼기 때문이다. 알파고가 지각적 범주화를 해낼 수 있는 것은 딥러닝이 심층강화학습DQN을 통해 유사한 값을 찾아내는 패턴 인식을 가능하게 하기 때문이다.

어떤 연구자가 세상의 모든 꽃에 대한 시각적 자료를 넣어주었다고 하자. 이 일은 그 자체가 거의 불가능하지만, 설령 그랬다고 해도 컴퓨터는 저장된 자료와 조금만 다른 모양이나 색깔의 꽃은 꽃으로 인지하지 못한다. 그래서 오늘날 인지과학자들이 다양한 방법으로 시도하고 있는 패턴 인식의 핵심은 컴퓨터가 센서를 통해 지각하는 대상들의 유사성을 인지하게 하는 것에 모아지고 있다. 알파고가 패턴 인식을 할 수 있는 것도 몬테카를로 방식Monte Carlo method, 정책망policy network, 가치망value network이라는 세 가지 메커니즘으로 구성된 심층 강화학습을 통해 특정한 값은 아니더라도 그와 유사한 값을 찾아낼 수 있기 때문이다.

차제에 '유사성'이라는 말을 잘 기억해놓자! 3부에서 보게 되겠지만, 유사성은 범주화뿐 아니라 우리의 모든 사고와 언어를 구성하는 기반이 되기 때문이다.

아리스토텔레스 이후 2,300년 동안 학자들은 이 같은 분류 작업을 통해 만들어진 묶음(또는 집합)을 '범주category'라고 하며, '꽃'이나 '개'라는 이름으로 아이에게 떠오르는 어떤 표상을 '개념concept'이라고 불러왔다. 현대 인지과학자들은 이처럼 사람이 개념을 통해서 하는 범주화를 동물도 하는 지각적 범주화와 구분하여 '개념적 범주화 conceptional categorization'라고 부른다. 개념적 범주화를 바탕으로 언어가 비로소 시작한다.

개념적 범주화의 중요성은 만일 우리에게 이 능력이 없다면 어떤 일이 벌어질까를 생각해보면 곧바로 드러난다. 우선, 우리의 정신이 혼돈 상태가 될 것이다. 왜냐하면 보거나, 듣거나, 냄새 맡거나, 만지거나 하여 접하는 모든 개별적 대상들을 낱낱이 개별적으로 파악하고 고유한 이름을 붙여 기억해야 하기 때문이다. 별것 아닌 것 같지만, 이것은 18세기에 로크, 라이프니츠, 콩디야크와 같은 철학자들이 "사물 하나하나에 정해진 특별한 이름이 있다면"이라는 가정 아래 골몰히 연구했던 문제다.

예컨대 세상의 모든 꽃들을 '꽃'이라는 개념으로 범주화해서 묶지 못하고 각각의 꽃 하나하나마다 이름을 붙여서 기억해야 한다면, 더 나아가 세상 만물을 모두 이런 식으로 파악하고 기억해야 한다면 어떤 일이 벌어질까? 우리는 우선 불과 몇 가지 한정된 대상만을 구분하여 파악하고 기억하는 동물들과 큰 차이가 없게 될 것이다. 또한 의사소통도 역시 거의 불가능할 것이다. 모든 대상들이 각각 독자적인 이름을 갖고 있어 우리 각자가 사용하는 언어에는 셀 수 없이 많은 고유한 이름들이 있다면, 그것들을 서로 공유하기가 거의 불가능하여 서로가 무엇에 대해 이야기하는지를 파악하기 어려울 것이기 때문이다.

예를 들어 '장미꽃'이라는 개념이 없어 내가 키우는 장미꽃에게 '2014'라는 이름을 붙이고, 친구에게 "2014는 참 아름다워"라고 했다고 하자. 친구는 당연히 그 말을 이해할 수 없다. 그렇지 않고 "내가 키우는 장미꽃은 참 아름다워"라고 한다면 그는 아무 어려움 없이 알아들었을 것이다. 라이프니츠는 《신 인간오성론》에서 이 말을 "언어의 주목적은 내 말을 듣는 사람의 정신 속에 내 것과 비슷한 이념을 일깨우는 데" 있기 때문에, 의사소통을 위해서는 개별적 이름이 아니라 "유사성을 통해 표시할 수 있는 보편적 표현으로 충분하다"고 했다.

세계는 이렇게 탄생한다

...

범주화란 이렇듯 세상 만물을 유사성을 통해 이 묶음(범주), 저 묶음(범주)으로 구분하여 우리의 정신 활동과 언어 활동을 가능하게 하는 원초적이고 근본적인 분류 작업이다. 그러나 범주화가 하는 일은 이것이 다가 아니다. 범주화는 그 같은 분류 작업을 통해 우리의 정신 안에 세계를 만들어내는 일을 한다. 바꿔 말하자면 범주화를 통해 우리에게 세계가 비로소 모습을 드러낸다. 물론 동물들에게도 마찬가지다. 그러나 각각의 동물들이 가진 범주화 능력에 따라서 드러나는 세계의 모습은 각각 다르다.

아메바 같은 하등동물들에게 세계는 단지 '먹을 수 있는 것'과 '먹을 수 없는 것'으로, 또는 '다가가야 할 대상'과 '멀리 떨어져야 할 대상'으로 분류된 극도로 단순한 것이다. 하지만 늑대와 같은 고등동물의 세계는 음식뿐 아니라 약탈자인가 아닌가, 짝짓기 가능한 상대인가 아닌가, 자신들의 무리인가 아닌가 등으로 좀 더 복잡하게 구분되어 있다. '개념적 범주화'를 할 수 있는 인간은 자신들이 가진 개념들에 따라 세계를 다양하고 복잡하게 분류하여 그 속에서 산다. 당연히 아이들의 세계는 어른들의 세계보다 단순하다. 아이들은 개념을 어른들보다 적게 갖고 있기 때문이다. 포코니에와 터너는 같은 말을 다음과 같이 표현했다.

우리가 커피 잔을 하나의 물건으로 보는 것은 우리의 뇌와 몸이 작용해서 그것에 그런 위상을 제공하기 때문이다. 우리는 인간의 삶에서 조작할 수 있도록 인간 척도에서 세계를 실체로 분할한다. 이런 세계의 분

할은 상상의 위업이다. 예컨대 개구리와 박쥐는 우리와 전혀 다르게 세계를 분할한다.[4]

범주화는 이렇듯 인간을 포함한 동물들이 각각 자신들이 살아갈 세계를 창조해내는 작업이다. 바꿔 말해 모든 동물은 범주화를 통해 스스로 만든 세계 안에서 살아간다. 레이코프와 존슨, 포코니에와 터너뿐 아니라 오늘날 인지과학자들이 널리 인정하고 있는 이 같은 사실을 처음 알아낸 선구자가 20세기 초에 활동했던 독일의 생물학자 야콥 폰 윅스퀼J. V. Uexküll, 1864~1944이다.

대부분의 선구적 업적이 그렇듯 윅스퀼의 연구는 덜 알려져 있지만 탁월하다. 그의 저서 《생물에서 본 세계》[5]에 의하면, 윅스퀼은 오랫동안 수많은 동물의 행동에 대해 연구하던 끝에, "어떤 동물이 할 수 있는 행동의 수만큼 그 동물은 자신의 환경세계 내에서 대상물을 구분할 수 있다"[6]는 사실을 알아냈다. 즉, 더 많은 행동 능력을 가진 동물들이 그만큼 많은 사물들을 인지하여 범주화할 수 있는 능력을 갖는다는 뜻이다. '행동 능력'이라는 말에 주목하자. 동물들의 인지 능력이 기본적으로 지능이 아니라 신체에 의해서 좌우된다는 의미에서 나온 말이다.

예를 들어, 파리는 벽과 문을 따로 구분하지 못한다. 파리에게는 벽과 문이 똑같이 장애물로 범주화된다. 파리는 문을 열고 나가는 행동을 못하기 때문이다. 하지만 머리나 발로 문을 밀치고 나가는 행동을 할 수 있는 개는 벽과 문을 구분하여 인지한다. 개에게는 벽과 문이 각각 따로 범주화된다는 뜻이다. 같은 이치로 파리나 개는 가령 벽에 레오나르도 다빈치의 명화 〈모나리자〉가 걸려 있더라도 그것을 벽과

파리가 본 방

개가 본 방

사람이 본 방

▲　　　[그림 1] 윅스퀼의 환경세계

구분할 수 없다. 파리와 개에게는 벽과 〈모나리자〉가 똑같이 장애물로 범주화된다. 오직 미술 작품 감상이라는 행위를 할 수 있는 인간만이 벽과 다빈치의 명화를 각각 범주화하여 인지한다. 윅스퀼은 앞 쪽에서와 같이 그림을 통해 설명했다.[7]

수많은 실험과 관찰을 거쳐 윅스퀼이 내린 결론은 이렇다. 인간을 비롯한 동물들은 각기 자신이 가진 '행동 능력'에 따라 서로 다른 '인지 능력'을 갖고 있으며, 그것에 따라서 서로 다르게 범주화한 자신만의 세계를 구성해 그 안에서 산다. 윅스퀼은 이렇게 동물들이 범주화를 통해 스스로 구성한 가상의 세계를 '환경세계Umwelt'라고 불렀다.

그는 누구에게나 똑같이 파악되는 하나의 객관적 세계란 존재하지 않고 각각의 생물체가 구성하는 수많은 '비눗방울'과 같은 다양한 '환경세계'만이 존재한다면서, 다음과 같이 아름다운 이야기를 덧붙였다.

이를테면, 만발한 들녘의 꽃을 관찰하고, 다음 네 가지 경우의 환경세계에 있어서 꽃줄기가 어떤 구실을 하는가를 문제로 삼아보자. 첫째로 가슴에 꽂는 아름다운 꽃장식을 만들기 위해 꽃을 꺾는 소녀의 환경세계에 있어서, 둘째로 꽃줄기의 곧은 매끄러운 모양을 잘 포장된 고속도로로 이용하여 꽃 속에 있는 먹이의 세계로 가는 개미의 환경세계에 있어서, 셋째로는 꽃줄기의 물관에 구멍을 뚫고 줄기에서 수액의 공급을 받으면서 자신의 거품집에 액체의 벽을 만드는 거품벌레 유충의 환경세계에 있어서, 넷째는 줄기나 꽃을 뜯어서 큰 잎 속에 밀어 넣고 먹이로서 이용하는 소의 환경세계에 있어서, 같은 꽃이나 줄기가 그것이 있는 환경세계의 무대에 따라서 어느 때에는 장식품의 구실을, 어느 때에는 길을, 어느 때에는 급유소를, 그리고 어느 때에는 먹이의 구실을 각

각 맡고 있는 것이다. 이것은 놀랄 만한 일이다.[8]

우리는 여기에서 다음과 같은 결론을 얻을 수 있다. 우리가 파악하는 세계는 단지 우리만이 가진 특별한 행동 능력과 인지 능력에 의해 범주화한 가상세계일 뿐이고, 세계에 대한 우리의 모든 지식은 우리가 구성한 가상세계에 대한 지식일 뿐이라는 것이다.

윅스퀼의 선구적 연구는 제1, 2차 세계대전의 와중에 생물학계에서 별다른 주목을 받지 못했다. 그는 끝내 교수가 되지 못했고, 제2차 세계대전이 끝나기 1년 전 쓸쓸하게 세상을 떠났다. 그러나 그의 환경세계 이론은 콘라트 로렌츠와 같은 학자들에 의해 '동물행동학'이라는 이름으로 부분적으로 계승되었고, 20세기 후반에 움베르토 마투라나H. Maturana, 1928~라는 칠레 출신 생물학자에 의해 '인지생물학biology of cognition'이라는 이름으로 전면 부활했다.

제자인 프란시스코 바렐라F. Varela, 1946~2001와 함께 공동 저술한 《자기생산과 인지》, 《인식의 나무》 등에서 펼친 마투라나의 주장은 "무릇 함이 곧 앎이며, 앎이 곧 함이다"[9]라는 아포리즘에 잘 나타나 있다. 아포리즘이 대개 그렇듯이, 얼핏 보기에는 엉뚱한 말 같지만 사실은 그렇지 않다. 이 말을 앞서 살펴본 윅스퀼의 용어로 표현하면, '행동 능력이 곧 인지 능력이고, 인지 능력이 곧 행동 능력이다'라는 의미다. 즉, 머리나 발로 문을 밀치고 나가는 행동을 할 수 있는 개는 벽과 문을 따로 범주화하여 인지하고, 개가 벽과 문을 따로 범주화하여 인지하면 머리나 발로 문을 밀치고 나가는 행동을 할 수 있다는 뜻이다.

같은 의미에서 마투라나는 '함'이란 '세계를 내놓는 행위'이고, '앎'이란 '세계를 인지하는 경험'이라고 부연 설명했다. 또 각각을 '우리가 존재하는 방식'과 '세계가 우리에게 나타나는 방식'이라고 다르게 표현하기도 했다. 그렇다면 "무릇 함이 곧 앎이며, 앎이 곧 함이다"라는 마투라나의 아포리즘은 우리가 '그렇게' 행위하여 세계를 범주화하면 세계가 '그렇게' 우리에게 나타나고, 세계가 우리에게 '그렇게' 나타나면 우리가 세계를 '그렇게' 범주화하는 행위를 한다는 뜻이 된다. 마투라나는 이 말을 다음과 같이 했다.

> 내가 말하고자 하는 것은 결국, 우리는 우리가 세상을 살아감으로써 살아가는 세상을 내놓는다는 것입니다. 우리가 바라는 것이 무엇이든 우리는 바로 그것을 해야 합니다.[10]

여기서 우리가 "선한 사람은 세상에서 자신의 천국을 경험하고, 악한 사람은 세상에서 자신의 지옥을 경험한다"라는 독일의 시인 하인리히 하이네H. Heine, 1797~1856의 말을 한번 떠올려보는 것이 흥미롭기도 하거니와 유익하다. 이 말을 마투라나 식으로 해석하면, 우리가 선한 행위를 하여 세계를 범주화하면 세계가 우리에게 천국으로 나타나고, 악한 행위를 하여 세계를 범주화하면 세계가 우리에게 지옥으로 나타난다는 말이 되기 때문이다. 그렇다. 범주화는 이처럼 세계를 창조해내는 행위다!

정신은 이렇게 만들어진다

...

더불어 우리가 주목해야 할 것은, 행동 능력에 의해 실행되는 범주화가 외적으로는 세계를 구성하지만, 내적으로는 인간의 정신(또는 지능)을 형성한다는 사실이다. 범주화가 우리의 정신에서 일어나는 첫 번째 현상이며, 모든 생각이 태어나 자라는 모태다. 이것은 범주화 능력에 비례해서 지능이 발달한다는 것을 의미한다. 때문에 범주화 능력이 '지각적 범주화'에 한정된 동물들의 정신은 앞서 에덜먼이 규정한 '하위 의식(또는 1차적 의식)'에서 벗어나지 못한다. 개념적 범주화를 할 수 있는 인간의 정신만이 '고차적 의식'에 이른다. 요컨대, 범주화에 의해 세계와 정신이 동시에 태어나 함께 진화한다.

조금 오래되었지만 이에 관한 인상적인 연구가 있다. 스위스의 아동심리학자 장 피아제J. Piaget, 1896~1980가 자신의 세 자녀(자클린, 뤼시엔, 로랑)의 인지 발달을 출생부터 관찰하여 남긴 그의 저서 《아동 지능의 기원》이 그것이다. 이 책에 따르면, 로랑의 경우에는 생후 1개월이 되자 배가 고프지 않을 때는 손가락이나 이불 등 입에 닿는 무엇이나 빨지만, 배가 고플 때는 젖꼭지만을 찾았다. 젖꼭지(A)와 젖꼭지가 아닌 것(~A)을 구분하는 첫 번째 범주화를 하게 된 것이다. 이때 비로소 영아에게 세계와 정신(또는 지능)이 처음 생겨난다. 피아제가 '인식적 동화recognitory assimilation'라 이름 지은 초기 인식이다.[11]

생후 4개월쯤 되자 로랑은 피아제에게 안겼을 때는 전혀 입을 벌리지 않더니, 엄마에게 넘겨주자 젖을 먹으려고 입을 벌리고 빨기 동작을 시작했다. 로랑에게 이제 엄마(B)와 엄마 아닌 것(~B) 사이의 구분도 생겨난 것이라고 피아제는 기록했다. 마찬가지로 일정한 기간이 되어 영아들이 특정한 사물(예컨대 장난감)을 좋아하게 되면, 그때는 장난감(C)과 장난감 아닌 것(~C)을 구분하게 된다. 이런 식으로 아이에게 세계는 범주화되면서 다양하고 복잡하게 세분되어 나타나기 시작

하고, 아이의 정신(또는 지능)도 역시 이에 맞춰 함께 발달한다.[12]

피아제의 연구 가운데 가장 흥미로운 부분은, 일정한 기간이 지나면 영아에게도 '부류class'에 따라 범주화할 수 있는 능력이 생긴다는 기록이다. 그의 둘째 아이 뤼시엔은 생후 6개월 12일이 되었을 때 멀리 샹들리에에 달린 앵무새 장난감을 보고 다리를 흔들었다. 다리를 흔드는 것은 뤼시엔이 평소 장난감을 손에 쥐었을 때 하던 동작이었다. 7개월 27일이 되었을 때에도 뤼시엔은 전에 여러 번 흔들어본 적이 있는 인형을 보자 잠시 손을 폈다 오므리더니 다리를 흔들었다.

피아제는 뤼시엔이 최초로 대상을 장난감이라는 부류로 구분해 인식하는 분류화classification 시도를 했다고 판단했다. 비록 뤼시엔이 아직 '장난감'이라는 추상적 개념을 갖고 있지 않고 말로 표현할 수도 없지만, '저것은 흔들 수 있는 장난감이야'라는 생각(일종의 전언어적 사고preverbal thought)에 첫걸음을 떼었다는 것이다.[13]

물론 이 같은 분류화를 아이가 본격적으로 사고를 시작했다는 징표로 볼 수는 없다. 피아제는 영아기(출생부터 2세까지)를 여섯 단계로 나누어 설명했는데, 그중 마지막인 6단계(생후 18개월에서 2세까지)에 와서야 아이는 자신의 신체가 중심이 되는 '물리적 수준'이 아니라 '정신적 수준'에서 문제를 해결하는 사고를 시작한다고 보았다. 이 시기는 보통의 아이들이 에덜먼이 규정한 고차적 의식에 도달하여 이미 언어를 습득한 다음이기도 하다.[14]

아이는 이 시기에 오면 예컨대 며칠 전에 본 다른 아이의 떼쓰는 모습을 그대로 흉내 내어 떼를 쓰는 등의 행동을 한다. 대상이 눈에 보이지 않아도 그것의 '정신적 표상mental representation'을 형성하여 모방한 것이다. 또 어제 갖고 놀던 장난감을 다시 찾거나 어른이 숨겨놓은 연필을 찾아내는 등의 행동도 한다. 이것 역시 어떤 사물이 눈에 보이지 않더라도 정신적 표상을 통해 그 사물이 존재한다는 사실을 이해한 데서 나온 행동이다.

피아제는 아이의 이 같은 발달을, 아이가 사물과 자신이 분리되어 있음을 완전히 이해한다는 의미에서 '탈중심화decentration'라고 불렀다. 이처럼 점진적이고 단계적인 발달 과정을 거친 다음에야 아이는 비로소 '사고 수준plane of thought'에 기초하여 세계를 정교하게 범주화하게 된다.[15]

정리하자면, 범주화를 통한 영아들의 세계에 대한 이해는 전적으로 신체적 행동(젖 빨기, 물건 쥐기, 흔들기 등), 이른바 피아제가 말하는 '행동 수준plane of action'에 의해서 정해진다. 이 시기에는 구체적 행동이 지능에 선행한다는 것이 피아제의 인지 발달론의 핵심 주제다. 여기서 우리는 예컨대 다양한 장난감들을 사용하여 영아들의 행동 발달을 돕는 것이 영아기 아이들의 인지 발달 내지 지능 발달을 도울 수 있다는 추론을 할 수 있다.

생물학자로 출발했던 피아제에 대한 오해 가운데 하나는 그를 아이의 지능이 내적(유전적) 요인에 의해서만 발달한다고 보는 성숙론자(또는 생물학적 결정론자)로 여기는 것인데, 사실은 그렇지 않다. 피아제는 (특히 말년에는) 유전에 의해 결정되는 '성숙'과 환경에 의해 좌우되는 '경험'이 모두 아이들의 지능 발달에 영향을 준다고 주장했고, 자기 자신을 성숙론자도 환경결정론자도 아닌 상호작용론자interactionist로 간주했다.[16]

범주화 학습의 중요성

...

교육심리학의 대가인 비고츠키가 피아제와 비교해 다른 점은 크게 보아 두 가지다. 하나는 아이들의 지능 발달에서 학습의 역할을 더 중요시한다는 것이고, 다른 하나는 언어의 역할에 더 큰 비중을 둔다는 것이다.

피아제의 연구에 따르면 아이의 성숙, 곧 지능 발달이 학습에 절대적 영향을 준다. 예컨대 아이는 일정한 성숙 단계에 도달해야만 특정한 사고(예컨대 개념적 범주화나 논리적 사고)를 할 수 있다. 비고츠키도 이에 동의한다. 하지만 그는 거꾸로 학습도 지능 발달에 결정적인 영향을 줄 수 있다고 믿었다. 때문에 비고츠키에 의하면 학습을 통해 지능 발달을 촉진하는 것이 매우 중요한데, 이때 언어의 역할이 지대하다.[17]

당연한 이야기 같지만, 비고츠키의 주장이 의미하는 바는 매우 무겁고 중요하다. 양육자가 영아나 유아들의 지능 발달에 적극적이고 주도적으로 개입할 수 있고, 또 개입해야 한다는 뜻을 내포하고 있기 때문이다. 비고츠키와 그의 학파에 속하는 학자들에 의하면, 양육자는 아이와 출생 때부터 긴밀한 언어적 또는 비언어적 상호작용을 시도해야 한다. 예컨대 음식을 먹일 때에도 무조건 시간에 맞춰 아이의 입에 숟가락을 넣지 말고, 숟가락을 들고 먼저 "맘마"라고 말을 걸고 아이가 입을 열거나 입맛을 다실 때까지 기다리라 한다. 또 만약 아이를 안으려면 예컨대 "안아줄게"라고 먼저 말을 건네고 아이의 반응을 기다리라고 권한다.

요컨대 아이가 이해할 수 없을지라도 양육자는 아이에게 말을 건네고 노래를 해주고 이야기를 들려주며 아이의 반응을 얻어내는 상호

작용을 부단히 시도해야 한다. 아이가 옹알이를 하고 소리를 내기 시작하면 양육자는 마치 아이와 대화를 하는 것처럼 반응해야 하고, 아이가 어떤 사물을 쳐다보거나 그것을 향해 손을 뻗치면 양육자는 "응, 그건 꽃이야"라고 그 사물에 대해 언급함으로써 아이의 범주화를 도와야 한다. 앞에서 설명했듯이 범주화는 아이의 세계를 확장하고 지능을 발달시키는 핵심 요소이기 때문이다.

아이의 지능이 더욱 발달하여 언어를 배우고 나면 양육자 내지 교육자는 물체(동물, 꽃, 도구), 재료(나무, 금속, 유리), 크기(큰, 작은), 색깔(흰, 검은, 밝은, 어두운)과 같은 추상적 개념의 범주화도 도울 수 있다.

예를 들어 3세 정도 된 어린아이는 일반적으로 '곰'이라는 동물을 '호랑이'와 같은 다른 동물들과 분류해서 인지할 수는 있다. 하지만 '큰 곰'이나 '작은 곰'과 같이, 크기에 따라 범주화할 수는 없다. 그렇지만 부모나 선생님 같은 양육자가 크게 그려진 곰과 작게 그려진 곰을 반복해서 보여주며 '크다'와 '작다'라는 개념을 학습시키면, 일정 기간 후에는 곰뿐 아니라 다른 사물들도 역시 '큰 것'과 '작은 것'으로 범주화할 수 있게 된다. 그럼으로써 아이의 세계는 더욱 커지고 정신은 더욱 발달하게 된다. 이후 같은 방법으로 아이가 '검고 큰 곰', '검고 작은 곰', '하얗고 큰 곰', '하얗고 작은 곰'과 같이 보다 복잡한 범주화를 할 수 있도록 도울 수도 있다.[18]

학습의 중요성은 아무리 강조해도 모자라다! 양육자는 여러 가지 장난감이나 학습 도구들을 사용해서 아동들의 지각적, 개념적 범주화 학습을 도와야 한다. 범주화 학습이 아동들의 지능 발달에 결정적 영향을 미치기 때문인데, 이와 연관하여 우리가 눈여겨보아야 할 실증적 연구가 있다. 비고츠키 학파의 2인자인 알렉산드르 로마노비치 루리야가 비고츠키의 제안으로 1931년과 1932년에 우즈베키스탄과 키르기지아 오지에서 실시한 광범위한 탐사 실험이 그것이다.[19]

루리야의 저서 《비고츠키와 인지 발달의 비밀》에 실린 연구 결과에 따르면, 정규적인 교육을 받지 않은 사람과 받은 사람의 범주화 체계가 전혀 다르며, 교육 수준의 정도에 따라 색조 분류, 기하학적 도형 분류, 추상적 분류 등에서 범주화 능력이 크게 차이가 난다.

루리야와 연구자들은 피실험자들의 교육 정도에 따라, 이츠카리 여성들(문맹), 유치원 교사 양성 과정 여학생들(겨우 글을 읽는 정도), 집단농장 활동가들, 사범대학 여학생들로 나누어 범주화 실험을 실시했다. 결과는 놀라웠다. 색깔(빨강, 노랑, 파랑, 초록 등)을 분류하는 색조 실험의 경우 이츠카리 여성들은 54.5퍼센트, 유치원 교사 양성 과정 여학생들은 93.7퍼센트, 집단농장 활동가들은 94.2퍼센트, 사범대학 여학생들은 100퍼센트가 분류에 성공했다.[20]

기하학적 도형(삼각형, 사각형, 원 등)의 분류에서도 이츠카리 여성들은 0퍼센트, 유치원 교사 양성 과정 여학생들은 14.7퍼센트, 집단농장 활동가들은 41.0퍼센트, 사범대학 여학생들은 84.8퍼센트의 성공률을 보였다.[21] 특히 눈길을 끄는 것은 문맹인 이츠카리 여성들은 삼각형, 사각형, 원과 같은 추상적 개념을 구분하는 데는 모두가 실패했다는 사실이다. 3부 3장 '문장'에서 자세히 설명하겠지만, 여기에서 관건은 피실험자가 문맹이냐 아니냐 하는 것이다. 문맹은 정상적인 인지 발달을 저해하는 결정적인 장애물이다.

루리야가 실시한 범주화 실험 가운데 널리 알려진 사례 하나가 60세가 된 요르단 출신의 문맹인 농부(세르)의 경우다. 연구자들은 이 노인에게 망치, 톱, 통나무, 손도끼 그림을 보여주고 같은 것끼리 분류해보라고 범주화를 요구했다. 연구자들은 피실험자가 통나무를 다루는 도구인 망치, 톱, 손도끼와 그것들에 의해 다루어지는 재료인 통나무를 구분하여 범주화할 것을 기대했다. 하지만 노인은 이런저런 이유를 대며 대상들을 '도구'와 '재료'로 분류하는 추상적 개념의 범주화(보통 '추상화'라고 한다)를 지속적으로 거부했다.[22]

망치, 톱, 손도끼, 통나무는 구체적 개념이지만, 도구와 재료는 그것들에서 이끌어낸 추상적 개념이다. 때문에 노인은 기하학적 도형 분류에 있어서와 마찬가지로 범주화에 실패한 것이다. 이 밖의 다른 많은 사례들을 통해 루리야와 연구자들이 도달한 결론은 고등 수준의 인지 발달, 특히 추상적 개념(삼각형, 사각형, 원, 도구, 재료 등)을 사용하는 개념적 범주화는 사회적, 문화적 영향 또는 형식적, 비형식적 학습을 통해서만 가능하다는 사실이다.

비고츠키에 의하면, 어린이들이 정상적인 초등교육을 거치고 사춘기에 이를 즈음(개인의 차이가 있지만 11~15세)에는 예컨대 망치, 톱, 손도끼, 통나무와 같은 각각의 대상을 '도구'라는 추상적 개념으로 한데 묶는 추상화 Abstraction와 '장미→꽃→식물→생물'처럼 일반성의 정도에 따라 보다 큰 범주로 나아가며 위계적으로 분류하는 일반화 Generalization 능력을 갖게 된다. 그럼으로써 후일 단순한 범주화에서 한 걸음 더 나아가 예컨대 '장미는 꽃이다. 꽃은 식물이다. 그러므로 장미는 식물이다'와 같은 논리적 추론, 즉 고등 정신 기능으로 발전할 수 있는 기반이 마련된다.

물론 이 같은 범주화만으로는 비고츠키가 구분한 '하등 정신 기능 low mental function'에서 '고등 정신 기능 high mental function'으로의 발달, 또는 에델먼이 규정한 '1차적 의식(하위 의식)'에서 '고차적 의식(상위 의식)'으로의 발전에 이를 수는 없다. 우리가 범주화를 통해 형성된 개념들을 적당히 배열하거나 하나로 묶어 언어, 문장, 문법, 은유, 논리적 추론 등과 같은 사고를 하기 위해서는 우리의 뇌에서 '개념적 혼성'이라는 작업이 일어나야 한다는 것이 현대 인지과학자들의 주장이다.

개념적 혼성이라니, 이것은 또 무슨 골치 아픈 말인가 싶겠지만, 아니다. 우리의 정신에서 개념들이 마구 섞이고 서로 결합하여 새로운 생각을 만들어낸다는 아주 단순하지만 매우 흥미로운 이야기다. 이제부터는 그 이야기를 하자.

생각은 어떻게 탄생하는가

· · ·

캘리포니아대학교의 인지과학 교수 질 포코니에와 케이스웨스턴리 저브대학교의 인지과학 교수인 마크 터너는 《우리는 어떻게 생각하는가》에서 범주화에 의해 깨어난 우리의 정신에서 일어나는 다양한 현상들을 설명하기 위해 '정신 공간mental spaces'이라는 용어들을 만들어냈다.

저자들이 말하는 정신 공간이란 우리가 생각하고 이야기하는 과정에서 뇌신경들이 활성화되어 구축되는 '신경 조합neuronal assemblies'으로, 일종의 연결망이다.[23] 여기서 범주화를 통해 생성된 개념들이 서로 결합하여 '개념적 꾸러미'를 형성하면서 비로소 생각들이 만들어지는데, 두 저자는 우리의 뇌에서 일어나는 이 같은 현상을 '개념적 혼성conceptual blending'이라고 이름 지었다.[24]

우리말로 '혼성'이라고 번역된 블렌딩blending이라는 말에 주목하자.

블렌딩이 뭔가? 커피 집에서 바리스타가 서로 다른 품종의 커피 원두를 섞어 새로운 맛을 창조해내는 것이 블렌딩이 아니던가? 그렇다! 우리의 뇌는 새로운 생각을 만들어내기 위해 서로 다른 지식과 경험 영역에서 끄집어낸 정보들을 마구 섞어 서로 만나게 해 새로운 개념적 꾸러미를 만든다. 저자들은 이런 일을 하는 정신 공간을 혼성 공간 blends이라고 부른다.

그리고 이처럼 뇌신경들이 연결망을 이루어 만든 혼성 공간에서 2개 이상의 개념들이 만나 서로 달라붙어 새로운 개념을 창조하는 일은 '압축' 또는 '개념적 통합conceptual integration'이라 한다.[25] 예를 들자면 수많은 개념들 가운데 '바이러스'라는 개념과 '컴퓨터'라는 개념이 혼성 공간에서 압축되어(또는 개념적 통합을 이루어) '컴퓨터 바이러스'라는 은유적 개념이 새로 만들어졌다. 이 같은 개념적 혼성이 일어나는 혼성 공간은 새로운 개념들이 태어나는 분주한 산실이자 상상력과 창의력이 작동하는 거대한 실험실이다.

그렇다고 해서 혼성 공간이 혼돈 공간chaos은 아니다. 개념적 혼성은 거의 '무의식적으로' 일어나지만 '무작위로' 일어나지는 않는다. 개념적 혼성이 일어나는 과정에서 '선택적 투사'라는 적당한 조정 작업이 실행되기 때문이다.[26] 따라서 혼성 공간을 트리스탕 차라T. Tzara, 1896~1963가 다다이즘dadaism(다다는 '무의미의 의미'라는 뜻)의 시를 선포하며 언급했던 '부대負袋 주머니'같이 생각해서는 안 된다. 무슨 말이냐고?

1920년대에 앙드레 브르통A. Breton과 함께 초현실주의surréalisme 노선을 밟았던 차라는 〈연약한 사랑과 쓸쓸한 사랑에 대한 다다선언〉(1920)에서 신문 기사를 적당히 잘라 그 안에 든 낱말들을 오려서 부대주머니 안에 넣어 섞은 다음 그 조각을 하나씩 꺼내 적으면 시가 된다고 선언했다.[27] 그러나 우리의 뇌(또는 혼성 공간)는 그런 식으로 작동하지는 않는다. 그렇다면 어떻게 작동하는가?

포코니에와 터너는《우리는 어떻게 생각하는가》에서 '스키 타는 웨이터', '컴퓨터 속의 요정', '이미지 클럽' 등과 같은 매우 흥미롭지만 상당히 복잡하고 어려운 예들을 들어 혼성 공간에서 일어나는 일을 설명했다.[28] 그러니 우리는 간단하고 쉬운 예로 이야기해보자. 우선, 문장의 기본 틀인 'A는 B이다'라는 표현을 보자. 예컨대 "사람은 동물이다"라는 문장이 만들어질 때, 우리의 뇌에서는 어떤 일이 일어날까?

우선 '사람'이라는 입력 공간 1과 '동물'이라는 입력 공간 2가 생긴다. 입력 공간 1에는 사람이라는 개념을 구성하는 요소들(운동, 감각, 호흡, 소화, 생식, 이성, 언어, 문화 등)이, 그리고 입력 공간 2에는 동물이라는 개념을 이루는 요소들(운동, 감각, 호흡, 소화, 생식 등)이 존재한다. 이때 두 입력 공간들에 존재하는 각각의 요소 내지 관계들을 대조하는 '총칭 공간generic space'이 생겨난다. 여기서 두 입력 공간의 요소와 관계들 가운데 일부 공통된 대응 요소들(운동, 감각, 소화, 호흡, 생식)이 선택되어 혼성 공간으로 투사된다. 이것을 '선택적 투사'라 하는데, 혼성 공간은 이 대응 요소들을 근거로 사람과 동물을 합성하여 "사람은 동물이다"라는 말을 만들어낸다.

"인생은 마라톤이다"라는 은유 문장도 마찬가지다. 이 은유는 '인생'이라는 입력 공간 1과 '마라톤'이라는 입력 공간 2에 각각 존재하는 요소들을 '총칭 공간'에서 대조하여, 그 가운데 예컨대 '짧지 않다', '힘들다', '포기하지 말아야 한다' 등과 같은 대응 요소들이 혼성 공간으로 선택적으로 투사되어 "인생은 마라톤이다"라는 은유 문장을 합성해낸 것이다. 앞서 예로 든 컴퓨터 바이러스의 경우도 악성코드와 바이러스가 각각 컴퓨터와 사람의 몸에 미치는 대응 요소들(외부로부터 주입, 복제 가능성, 시스템의 기능 붕괴, 해로움 등)이 혼성 공간으로 투사되어 만들어졌다.[29]

　물론 혼성 공간에 언제나 대응 요소들만 투사되는 것은 아니다. 때로는 비대응 요소들도 함께 입력된다. 예컨대 "인간은 이성적 동물이다"나 "인간은 문화적 동물이다" 같은 표현은 혼성 공간에 대응 요소(운동, 감각, 소화, 호흡, 생식)뿐 아니라 '이성' 내지 '문화'라는 비대응 요소가 함께 투사되어 합성된 것이다. "인간은 동물이 아니다"와 같은 표현은 각각의 입력 공간에서 대응 요소는 아예 제외하고 비대응 요소들만 투사되어 만들어진 것으로 볼 수 있다.

　번역본으로 600쪽이 넘는《우리는 어떻게 생각하는가》에서 포코니에와 터너, 두 저자들은 우리가 이처럼 의식하지 않고 쉽게 해온 생각들이 사실은 개념적 혼성의 산물임을 설명한다. 언어의 생성 자체가 개념적 혼성의 결과인 것은 물론이거니와 은유, 유추, 농담, 속담, 반사실문(가정문), 허구, 심지어는 수학까지도 역시 개념적 혼성에 의해 이뤄졌음을 다양한 예를 들어 보여준다. 몇 가지만 소개하면 이렇다.

　"조지 부시는 태어나기를 3루에서 태어났는데, 그는 자신이 3루타를 쳤다고 생각한다"라는 문장은 사회적 신분과 야구 경기를 혼성해 조지 부시의 우쭐거림을 웃음거리로 만든 농담이다. 이것은 '대통령의 아들'이라는 조지 부시의 신분적 '우월함'이라는 요소와 3루타를 친 타자의 득점 기회에서의 '우월함'이라는 요소가 혼성 공간에 투사되어 만들어졌다.[30] 실수와 허수의 합으로 이뤄지는 복소수는 더하고 곱할 수 있는 평범한 수의 특징을 가졌지만, 2차원 평면에서 크기, 각,

좌표 같은 벡터의 특징도 가진 특별한 수다. 이것 역시 수와 2차원 공간의 혼성에서 나온 산물인데, 19세기 이후 수학의 새로운 영역을 개척했다.[31]

《우리는 어떻게 생각하는가》에 의하면, 이 밖에도 수학과 논리학에서의 귀류법, 무덤이나 성당 같은 장소에서 사용하는 상징적 도구들, 졸업식이나 결혼식 같은 의례 행사들을 비롯해 인간의 다양한 상징적 창조물과 은유적 표현들이 모두 개념적 혼성의 결과다. 저자들은 다양하고 방대한 분석을 통해 요컨대 언어를 비롯해 문화, 종교, 과학 등의 '창조적 폭발'이 모두 2개의 서로 다른 정신적 개념을 혼성해서 새로운 개념을 만들어내는 개념적 혼성 능력의 산물이라고 주장한다. 한마디로 "혼성 공간은 명확히 창조적이다."[32]

우리는 이들의 주장을 받아들여, 이제부터는 이 같은 범주화와 개념적 혼성이 생각의 역사 안에서 실제로 어떻게 일어났는가를 함께 살펴보려 한다. 앞서 1부 2장에서 우리는 이성적 사고가 고대 그리스로부터 시작되었고, 그 원인은 자연을 이해하여 조종하고 인간을 설득하여 움직이는 힘을 가진 보편성을 추구하는 데서 나왔다는 것을 알았다. 따라서 이제 우리의 과제는 그리스 문명의 시작인 호메로스에 의해서 추구된 보편성이 어떤 범주화와 개념적 혼성을 이루어왔는가를 살펴보는 것이 될 것이다.

2장
생각의 은밀한 욕망

누가 아킬레우스보다 더 영웅적일 수 있으며,
누가 헥토르보다 의무를 잘 자각할 수 있겠는가?
어느 여인이 헬레네보다 더 아름다울 것이며,
페넬로페보다 더 정숙할 수 있겠는가?
또 나우시카보다 정겹고 자부심이 강한 인물이 어디 있겠는가?

— 자클린 드 로미이

노래하소서, 여신이여! 펠레우스의 아들 아킬레우스의 분노를,
아카이오이족에게 헤아릴 수 없이 많은 고통을 가져다주었고
숱한 영웅들의 굳센 혼백을 하데스에게 보내고
그들 자신은 개들과 온갖 새들의 먹이가 되게 한
그 잔혹한 분노를![1]

호메로스의 《일리아스》는 이렇게 시작한다. 바로 이 시구로부터 그리스인들이 자랑하는 서양 문명이 시작되었다. 그래서《고대 그리스, 그리스인들》에서 키토는 "그리스인은 호메로스가 있어 행운이었다"[2]라고 그를 칭송했다. 그런데 내 생각에는 (만일 이 말을 액면 그대로 받아들인다면) 키토는 호메로스를 칭송한 것이 아니라 오히려 폄하했다. 왜냐하면 고대 그리스 문명이 호메로스에게 빚지고 있고, 서양 문명이 고

대 그리스 문명에 빚지고 있다면, 이 말은 마땅히 '서양인은 호메로스가 있어서 행운이었다'라고 수정되어야 하기 때문이다.

그리스 황금기의 3대 비극 작가 중 하나로 추앙받는 아이스킬로스는 자신의 비극 작품들이 모두 "호메로스 잔칫상의 빵 한 조각"에 불과하다고 고백했다. 거의 같은 시기에 소크라테스는 호메로스를 "시인들 가운데 최고이며 가장 신성한" 사람이라고 불렀다. 그럼에도 내가 보기에 두 사람도 역시 그를 과소평가했다. 왜냐하면 그들은 호메로스를 한낱 시인으로만 보았기 때문이다.

호메로스는 단순한 시인이 아니었다. 그는 철학자도 아니었고 교육자도 아니었지만, 기록에 의하면 늦어도 기원전 6세기경부터는 이미 모든 그리스인들이 숭배하는 위대한 스승이었다. 키토에 의하면, 《일리아스》와 《오디세이아》는 그리스인의 성서로 불렸다. 이 두 시들은 수백 년 동안 공식적인 학교 교육과 일반 시민의 문화생활을 통틀어 그리스 교육의 기본이었다."[3] 실로 놀라운 일인데, 어떻게 그런 일이 일어났을까? 도대체 그리스인들은 호메로스에게서 무엇을 배웠다는 말인가?

어쩌면 플라톤만이 호메로스의 진정한 위대함을 맨 먼저 눈치챘는지 모른다. 그가 호메로스를 시기했기 때문이다. 《국가》에서 시인을 추방하라고 했을 때에 플라톤은 당시 사회에 음유시인들이 끼치는 해악만을 염려한 게 아니다. 어쩌면 그것은 일종의 핑계였는지도 모른다. 플라톤은 사후 400년이 지나서도 여전히 그리스인들의 정신을 사로잡고 있는 호메로스의 영향력을 알아차렸고 시기했다. 키토가 틀리지 않는다면, 플라톤의 대화록에는 호메로스라는 이름과 그의 시구가 문헌상의 증거로 331번이나 등장하는데, 이러한 사실 자체가 플라톤에게까지 미치고 있던 호메로스의 도도한 영향력을 증명한다. 그렇다면 호메로스는 대체 누구인가?

호메로스는 기원전 8세기경에(기원전 12세기경이라는 헬라니코스의 주장이나 기원전 9세기경이라는 헤로도토스의 의견도 있다) 그리스 전역을 돌아다니며 노래로 구걸하던 가난하고 눈먼 가객歌客으로 알려져 있다. 그랬을지도 모른다. 괴력의 독서가이자, 시력을 잃은 보르헤스에게 책을 읽어주던 소년이었다고 알려진 아르헨티나 작가 알베르토 망구엘A. Manguel의 《일리아스와 오디세이아 이펙트》에 의하면, 당시 '시인'을 가리킬 때 사용한 용어가 '가수'를 뜻하는 그리스어 '아오이도스aoidos'이다.[4]

따라서 호메로스는 오늘날 우리가 생각하는 시인이 아니고 트로이전쟁에 관해 내려오는 이야기들을 노래하고 다니던 가객, 이른바 음유시인이었을 수 있다. 《역사》의 저자 헤로도토스의 저술로 알려진 《호메로스의 생애》에도 그렇게 쓰어 있다. 또 시각장애인이기도 했다는데, 그것은 그의 탁월함을 뜻하는 말일 수 있다. 고대 그리스에서 시각장애인은 지혜로운 예언자로도 여겨졌기 때문이다.

물론 다른 의견도 있다. 현대 고전학자들 가운데 일부는 호메로스가 트로이전쟁 이후 수 세기 동안 여기저기를 떠돌며 이런저런 민담들을 노래하던 음유시인들을 한데 묶어 부르는 이름이라고 주장한다. 호메로스는 "한 인간이 아닌 하나의 상징"이라는 뜻이다. 역시 그럴 수도 있다. 당시 헬라스에는 떠돌며 현악기의 반주에 맞춰 '영웅들의 행적'을 노래하고 청중에게서 숙식을 해결하는 음유시인들이 많았다. 그들은 전승되어오는 이야기들을 기본으로 사용하면서도 그때마다 청중이나 상황에 따라 즉흥적으로 새롭게 지어 노래했다. 그 같은 음유시인들이 "공동의 선조로 삼고 있는 유명하며 최초이자 최고인 사람에게로 돌린 이름"[5]이 곧 호메로스라는 것이다.

개인적으로는 후자에 더 믿음이 가지만, 객관적으로 얻을 수 있는 결론은 이렇다. 호메로스가 한 개인의 이름인지 아니면 한 무리의 음유시인들을 상징하는 이름인지는 알 수도 없거니와, 사실인즉 중요하지도 않다. '어쨌든 호메로스'가 기원전 12세기경에 있었던 트로이 전쟁과 연관되어 내려오는 민담들을 모아 새롭게 구성한 다음, 2음절 내지 3음절을 6번 반복하는 이오니아식의 6보격 운율을 붙여 노래하며 헬라스를 유랑했다.《일리아스》와《오디세이아》가 그 노래들 가운데 대표적이다.

여기서 정작 중요한 것은 고대 그리스인들이 그를 한낱 음유시인으로 보지 않았고, 그의 작품들을 단순한 노래로 듣지 않았다는 사실이다. 그것을 증명해주는 일화가 망구엘의《일리아스와 오디세이아 이펙트》에 실려 있다.

기원전 430년경, 소크라테스의 제자이자 정치가이며 군인이었던 알키비아데스가 어느 문법학교를 방문했을 때의 일이다. 그가 그곳 교사에게 호메로스의 책 한 권을 가져다달라고 부탁했다. 그런데 없다고 하자, 그 교사에게 호된 주먹을 날렸다. 이 어처구니없는 행동에 대해 망구엘은 이렇게 부연 설명했다. "호메로스가 없는 학교는 학교가 아니었다. 더 심하게 말하자면, 배움의 장소랍시고 서 있기는 하지만, 뛰어난 미덕을 배울 수 있는 수단이 하나도 없는 곳이라는 말이다."[6]

그렇다! 호메로스가 없는 학교는 학교가 아니었다. 적어도 당시 그리스에서는 그랬다. 나중에는 로마에서도 그랬다. 키토는《고대 그리스, 그리스인들》에서 그 이유를 다음과 같이 밝혔다.

　그리스인이 천 년 동안 청소년 교육과 성인들의 오락 및 훈련을 위하여 호메로스에 의지한 까닭은 단순히 존경스런 유물이나 애국적 역사소설이나 흥미진진한 옛날이야기에 빠졌기 때문이 아니라, 그 서사시들이 그리스 문명의 본질을 이루는 모든 특성을 보유했기 때문이다.[7]

　과장이 아니냐고? 아니다! 호메로스의 위대성은 결코 그의《일리아스》와《오디세이아》로부터 서양의 문학이 시작되었다는 연대기적 의미에 있는 것이 아니다. 그의 작품들이 손에 땀을 쥘 만큼 흥미진진하고 무릎을 탁 칠 만큼 탁월하다는 것에서 그치는 것도 아니다. 키토가 정확히 언급했듯이, 그의 위대성은 그의 작품들이 "그리스 문명의 본질을 이루는 모든 특성을 보유했기 때문"이다.

　우리의 이야기와 연관해 이 말이 매우 중요하다. 바로 그 특성들에서 서양 문명이라는 장구하고 도도한 강물을 이뤄낸 '시원적 사고始原的 思考'들이 흘러나왔기 때문이다. 달리 말해, 우리가 탐색하려는 생각의 도구들이 바로 여기서부터 만들어지기 시작했다. 그렇다면 호메로스의 작품 안에 들어 있다는 그리스 문명의 본질을 이루는 모든 특성이란 과연 무엇일까?

호메로스 스타일

· · ·

호메로스 사후 400년쯤 지났을 때, 아리스토텔레스가 호메로스의 작

품에서 특별한 의미를 찾아냈다. 그는 자신의 예술론 저서인《시학》에서 호메로스의 작품 스타일을 주목했다.《일리아스》는 총 24권, 대략 1만 5,000행으로 된 장대한 서사시다. 그런데 이 작품은 "노래하소서, 여신이여! 펠레우스의 아들 아킬레우스의 분노를"이라고, 첫 행부터 단번에 작품의 주제를 밖으로 꺼내 선포하듯이 드러내 보인다. '아킬레우스의 분노'가 그것이다. 이것은 오늘날 우리가 보아도 매우 이례적이다. 당신도 알다시피 작품의 줄거리는 대강 이렇다.

트로이 원정에 나선 그리스 왕 아가멤논과 다툰 아킬레우스는 분노하여 전투를 거부한다. 그사이에 트로이의 영웅 헥토르가 연이어 승리를 취한다. 그러자 아킬레우스의 죽마고우이자 시종인 파트로클로스가 아킬레우스의 무구들로 무장하고 나가 트로이군과 싸우다 헥토르에게 죽는다. 이에 분노한 아킬레우스가 아가멤논과 화해하고 다시 전투에 참가한다. 사랑하는 친구를 잃은 분노가 더 크기 때문이었다. 아킬레우스는 헥토르를 죽여 전차에 매달아 끌고 돌아와 파트로클로스의 무덤 주위를 세 번 돈다. 역시 분노 때문이다. 그러나 헥토르의 아버지인 트로이 왕 프리아모스의 간곡한 간청에 드디어 분노를 가라앉히고 헥토르의 시신을 돌려준다. 그러고 끝이다.

호메로스는 10년 동안이나 전개된 트로이전쟁을 마지막 단 50일 동안에 일어난 사건들을 통해 그려냈다(《오디세이아》에서는 한술 더 떠 20년 동안에 일어난 일을 단 40일로 압축했다). 그는 전쟁이 일어난 이유, 지난 9년 동안에 일어난 숱한 일들, 다가올 아킬레우스의 죽음과 트로이의 패망 등 이야기 전개에 반드시 필요한 주요 내용들은 군데군데 등장하는 인물들의 말이나 암시를 통해 부차적으로 알게 한다(훗날 독일의 문호 괴테가 《파우스트》를 쓸 때도 이 수법을 차용했다). 그리고 처음부터 끝까지 오직 자신이 작품의 서두에서 제시한 '아킬레우스의 분노'라는 주제에만 집중한다.

아리스토텔레스가 《시학》에서 바로 이 점을 지적하며 《일리아스》를 서사시와 비극의 전범으로 평가했다. 작품의 주제를 살리기 위해 "전체에서 한 부분만 취하고 그 외의 많은 사건은 삽화로"[8] 이용한다는 점에서 시는 역사와 다르다고 했다. 그리고 "시는 역사보다 더 철학적이고 중요하다. 왜냐하면 시는 보편적인 것을 말하는 경향이 더 많고 역사는 개별적인 것을 말하기 때문이다"[9]라며 호메로스의 작업을 한껏 치켜세웠다.

그렇다. 아리스토텔레스의 눈은 예리하고 정확했다. 바로 이것이 호메로스 스타일이다! 아리스토텔레스는 "삽화들이 상호 간에 개연적 또는 필연적 인과관계 없이 잇달아 일어날 때"[10]가 최악의 플롯이라고 했는데, 호메로스의 작품 안에서는 그런 일이 일어나지 않는다. 호메로스의 작업은 결코 우연하게 이뤄진 것이 아니기 때문이다. 키토가 올바로 지적했듯이, 그것은 작가의 순수한 영감에서 나온 것이 아니며, 단순한 예술적 탁월함의 결과도 아니다. 그것은 우리가 앞서 '간결하고', '정확하고', '명료하고', '구조적'이라고 규정했던 '정신적 틀'이 만들어낸 하나의 형식이며, 보편성을 추구하던 고대 그리스 문명의 특징이다.

호메로스는 이야기 전체에서 주제에 끼워 맞춰지는 것만을 작품에 담고, 그 밖의 모든 것들은 간략하게 줄이거나 아예 생략했다. 호메로스의 이러한 작품 스타일 덕분에 나중에 서양 문명의 본질로까지 발전한 사고, 즉 '개별적인 사실에서 보편적인 법칙을 이끌어내는 사고'가 그리스에서 맨 처음으로 형성되었다. 그럼으로써 우리가 앞서 살펴보았던, 자연을 이해하여 조종하고 인간을 움직이는 힘을 가진 보편성에 대한 기나긴 탐구가 비로소 시작했다. 호메로스는 사물들에는 공통성이, 사건들에는 원인과 결과가, 세상에는 어떤 법칙이 존재한다는 생각을 한 최초의 서양인이다. 그가 생각의 보편화를 시작한 장본인이다.[11]

고대 그리스인들은《일리아스》를 암송하면서, 트로이 왕 프리아모스가 헬레네를 돌려보내지 않아 끔찍한 전쟁의 고통과 멸망을 감수했다는 역사적 사실뿐 아니라, 잘못된 판단으로 취한 행위는 반드시 나쁜 결과를 낳는다는 보편적 교훈을 얻었다. 또한 영웅 아킬레우스마저도 명예를 위해서는 죽음을 받아들여야 했다는 개별적 사실뿐 아니라, 인간은 누구나 가치 있는 것을 위해서는 목숨을 걸어야 한다는 일반적 원리를 깨우쳤다. 헥토르가 사랑하는 부모와 아내의 눈물 어린 만류를 뿌리치고 아킬레우스와 싸우러 나갔다는 개인적 사건뿐 아니라, 누구든 올바르게 살기 위해서는 자기 자신에 대한 의무감을 가져야 한다는 도덕을 배웠다. 바로 이것이 호메로스가 시대를 관통하며 그리스인들에게 가르친 것이다.

아킬레우스에서 헥토르로

...

정말이냐고? 만일 당신이 미심쩍다면, 헥토르를 예로 들어 조금 자세히 살펴보자. 《일리아스》의 22장에는 헥토르가 아킬레우스와 싸우러 나가는 장면이 나온다. 트로이 왕 프리아모스는 아킬레우스와 맞서려는 아들의 출전을 할 말을 다해 말렸다. "그러니 자, 성벽 안으로 들어오너라. 내 아들아! 그래야만 네가 / 트로이아인들과 트로이아 여인들을 구하고 펠레우스의 아들에게 / 큰 영광을 주지 않을 것이며, 너 자신도 달콤한 목숨을 뺏기지 / 않으리라. 아직도 정신이 온전한 이 아비를 불쌍히 여겨라!"[12]라고 늙은 손으로 흰 머리털을 쥐어뜯으며 호소했다.

그러나 결연한 헥토르의 마음을 움직일 수 없었다. 그러자 이번에는 헥토르의 어머니 헤카베 왕비가 눈물로 젖은 옷깃을 풀어헤치고 젖가슴을 드러내 보이며 애원했다. "헥토르야, 내 아들아! 이 젖가슴을 두려워하고 나를 불쌍히 / 여겨라. 내 일찍이 네게 근심을 잊게 하는 젖을 물린 적이 있다면, / 내 아들아! 그 일을 생각하고 성벽 안으로 들어와서 / 적군의 전사를 물리치고 선두에서 그와 맞서지 마라."[13] 그럼에도 헥토르의 마음은 역시 움직이지 않았다. 사랑과 연민에 북받치는 그의 부모들과 달리 그는 이성을 다해 자신의 고매한 마음에 스스로에 대한 의무감을 불러일으켰다.

이제 내가 어리석어 백성들에게 파멸을 가져다주었으니
트로이아인들과 옷자락을 끄는 트로이아 여인들을 볼 면목이
없구나. 언젠가는 나보다 못한 자가 이렇게 말할 테니까.

'헥토르는 제 힘만 믿다가 백성들에게 파멸을 가져다주었지.'

그들은 이렇게 말하겠지. 그러니 아킬레우스와 맞서

그를 죽이고 집으로 돌아가든지, 아니면 도시 앞에서

그의 손에 영광스럽게 죽는 편이 나에게는 훨씬 더 나을 것이다.[14]

앙드레 보나르가 《그리스인 이야기》에서 지적했듯이, 아킬레우스는 전쟁을 일삼는 부족에서 태어나 천성적으로 전투를 사랑하는 용맹스런 전사다. 헥토르는 그렇지 않다. 그는 문명화된 도시 트로이아의 시민이다. 헥토르는 아킬레우스 못지않게 용감하지만 (아내 안드로마케에게 스스로 고백했듯이) 조국을 위해 싸우기 위해 용기를 배워야 했고, 전쟁을 싫어하는 인간이다. 적을 쓰러트리면서도 "내가 너를 죽이는 것은 너를 죽이기 위해서가 아니다. 트로이아에 전쟁이 그치기를 바라기 때문이다"라고 외치는 사람이다. 그리스인들은 헥토르의 이런 모습을 보고 배웠다.

결전을 앞두고 헥토르는 아킬레우스에게 이렇게 말한다. "제우스께서 내게 그대보다 더 오래 버틸 수 있는 힘을 주시어 / 내가 그대의 목숨을 빼앗는다면, 아킬레우스여, 나는 그대에게 모욕을 가하지 않고 그대의 이름난 무구를 벗긴 다음 그대의 / 시신은 아카이오이족에게 돌려줄 것이니 그대도 그렇게 하라."[15]

그러자 아킬레우스가 답한다. "헥토르여, 잊지 못할 자여! 내게 합의에 관해 말하지 마라. 마치 사자와 사람 사이에 맹약이 있을 수 없고 / 늑대와 새끼 양이 한마음 한뜻이 되지 못하고 / 시종일관 서로 적의를 품듯이, 꼭 그처럼 / 나와 너는 친구가 될 수 없으며, 우리 사이에 / 맹약이란 있을 수 없다."[16]

이 장면을 통해 호메로스는 누가 사자이고 누가 인간이며, 누가 늑대이고 누가 양인지, 어떻게 하는 것이 야만이고 어떻게 하는 것이 문명인지를 적나라하게 보여주었다. 그리스인들은 바로 이것을 호메로스에게 배웠다.

호메로스는 헥토르를 이성적인 인간으로 그렸다. 《일리아스》는 아킬레우스에서 시작하여 아킬레우스로 끝나는 이야기이지만, 그는 아킬레우스보다 헥토르를 더 사랑했다. 보나르가 재빨리 눈치챘듯이, "헥토르는 호메로스가 선택한 인물이다."[17] 전란이 그치지 않는 헬라스를 떠돌던 음유시인 호메로스는 그리스인들이 본받아야 할 보편적 인간상을 아킬레우스에서 헥토르로, 야만인에서 문명인으로 옮기고 싶었을 것이다. 그렇다. 그래서였다. 호메로스가 윤색해 그려낸 헥토르에게서는 트로이전쟁으로부터 700년 후에나 비로소 나타날 아테네 시민과 같은 냄새가 풍긴다. 보나르는 《그리스인 이야기》에 이렇게 썼다.

아킬레우스와 헥토르, 그들은 기질이 다른 두 종류의 인간이면서, 인류의 두 시대를 상징적으로 보여주고 있다. 위대한 아킬레우스는 통째로 불타고 있는 한 시대에서 마지막 빛을 발한다. 약탈과 전쟁으로 얼룩진 아카이아인들의 시대는 이제 아킬레우스와 함께 사라지고 있다. 훗날 우리 속에서 언제든 다시 부활할 수 있겠지만 말이다. 그리고 그 자리에 헥토르는 새로운 시대를 선언한다. 가족과 땅과 공동체를 지키고자 하는 시민들의 시대가 왔음을 선언하고 있는 것이다.[18]

《일리아스》를 통틀어 가장 극적이고 감동적인 장면은 프리아모

스가 연출했다. 그가 아킬레우스에게 가서 무릎을 꿇고 아들의 시체를 돌려달라고 눈물로 애원하는 장면이 그것이다. 이때 프리아모스는 "신과 같은" 트로이 왕으로서의 모든 것을 다 버렸다. 목숨을 걸고서라도 아들의 시체를 돌려받아 그의 영혼을 위로하려는 아버지였다. 그 보편적인 인간의 모습이 《일리아스》의 시작부터 끝까지 그칠 줄 모르고 타오르던 아킬레우스의 야성과 분노를 마침내 잠재웠다. 아킬레우스는 프리아모스의 손을 잡고 "아 불쌍하신 분! 그대는 마음속으로 많은 불행을 참았소이다"[19]라며 처음으로 용서와 화해를 아는 이성적 인간의 모습을 보인다.

　이 점에서 보면, 《일리아스》는 감정과 충동에만 사로잡혀 살던 아킬레우스가 절제와 이성을 갖춘 인간으로 다시 태어나는 기나긴 성장기로 볼 수 있다. 또한 바로 이 점에서 보면,《일리아스》는 그리스인들이 그들 스스로 전제군주 밑에서 전쟁과 약탈을 일삼는 야만인 barbaros들과 분명한 선을 긋고, 가정과 공동체를 위해 책임과 의무를 다하는 폴리스의 시민으로 발걸음을 내딛어야 한다는 호메로스의 선언으로도 볼 수 있다.

호메로스의 범주화

...

2,800여 년 전, 칠흑같이 어두웠던 시대에 호메로스가 《일리아스》로 그리스인들이 나아갈, 그리고 인류가 마침내 걸어야 할 새 길을 열었다. 이것이 망구엘이 이름 붙인 '일리아스 이펙트'이다. 비록 우리가 틈만 나면 힘을 내세워 살육과 약탈을 일삼는 야만인(아킬레우스는 우리의 피 안에 언제나 숨 쉬고 있는 영웅의 상징이자 야만의 원형이다)으로 다시 돌아가려 하지만 말이다.

호메로스는 여기서 한 발 더 나갔다.《오디세이아》에서 그는 지혜와 참을성, 그리고 용기를 통해 바다와 싸우며 운명을 개척해나가는 새로운 인간의 원형도 제시했다. 그럼으로써 수백 년 후 페니키아인들을 물리치고 지중해의 주인이 될 그리스인들의 미래를 열었다. 이른바 '오디세이아 이펙트'인데, 이 효과 역시 여기에서 그치지 않았다. 로마인들이 바다를 건너 제국을 건설한 이야기, 콜럼버스가 아메리카 대륙으로 향한 이야기, 심지어는 스탠리 큐브릭 감독의 영화 〈2001 스페이스 오디세이〉가 상징하듯이 현대인이 우주로 나가려는 이야기, 곧 인류가 두려움과 설렘을 갖고 새로운 세계로 발을 내딛는 이야기들마다 모두 새로운 오디세이아이기 때문이다.

호메로스 이후 아킬레우스, 헥토르, 오디세우스는 언제나 있어왔고, 앞으로도 끊이지 않고 다시 태어날 것이다. 프랑스 작가 레몽 크노는 "모든 위대한 문학작품은 《일리아스》이거나 《오디세이아》이다"[20]라고 했지만, 아니다! 1,000년쯤 지나 편입된 기독교 정신만 제외한다면 모든 서구 정신은 《일리아스》이거나 《오디세이아》이다.

그가 한 개인이든, 아니면 수백 년 동안 발칸반도와 소아시아를 떠돌던 음유시인들을 대신하는 상징이든, 호메로스는 작품 속 인물들을 통해 "인간의 보편적 가능성을 구체화한 원형"들을 제시했다. 어디 아킬레우스와 헥토르, 오디세우스를 통해서뿐이겠는가? 호메로스는 그의 작품에 등장하는 인물 하나하나에 (그 역할이 크든 작든, 좋든 나쁘든) 가능한 한 그 일을 맡겼다.

프리아모스를 보자. 그는 트로이의 신 같은 왕이다. 하지만 호메로스는 시종 그를 아들을 구하려고 노심초사하는 '보편적인 아버지'로만 그렸다. 그 밖에는 아무것도 없다. 왕비 헤카베를 보자. 그녀는 고귀한 왕비였다. 하지만 호메로스는 그녀를 아들을 위해서 젖가슴을 풀어헤치고 눈물로 애원하는 '보편적인 어머니'로만 묘사했다. 그 밖에는 아무것도 없다. 헥토르의 아내 안드로마케 역시 죽은 아버지와 오빠처럼 의지하던 남편을 "눈물을 머금은 채 미소 지으며" 전장으로 떠나보내는 젊은 아내로만 나타냈다. 그 밖에는 아무것도 없다. 그래서 우리는 그 밖의 프리아모스, 헤카베, 안드로마케에 대해서는 전혀 아는 바가 없다. 예컨대 그들의 개인적 성품과 취향이 무엇인지를 전혀 모른다.

호메로스는 작품에서 오직 인물들의 '본질'과 '탁월함'만을 노래하고 그 밖의 것은 모두 제거했다. 이것이 호메로스 스타일이다. 그럼으로써 호메로스의 인물들은 한 개인이라기보다는 인간이라면 누구나 마땅히 본받거나 또는 물리쳐야 할 보편적 인간의 원형이 되었다. 앞서 언급했듯이, 그리스인들에게 인간의 보편성은 소크라테스를 비롯한 그리스 철학자들이 아레테_areté라고 부르며 탐구한 인간성의 본질이자 탁월함이다. 그것을 맨 처음으로 그렇게 규정한 장본인이 바로 호메로스다.

　　《왜 그리스인가》를 쓴 프랑스의 문헌학자 자클린 드 로미이_J. D. Romilly가 그 사실을 알아채고 단호히 물었다. "누가 아킬레우스보다 더 영웅적일 수 있으며, 누가 헥토르보다 의무를 잘 자각할 수 있겠는가? 어느 여인이 헬레네보다 더 아름다울 것이며, 페넬로페보다 더 정숙할 수 있겠는가? 또 나우시카보다 정겹고 자부심이 강한 인물이 어디 있겠는가?"[21]라고! 그렇다! 없다! 왜냐하면 호메로스의 인물들은 로미이가 평가한 대로 인간적 미덕의 '전형'이자 '극단'이기 때문이다.

　　그리스인들은 이 같은 호메로스의 작품들을 암송하면서, 다름 아닌 인간적 미덕의 전형이자 극단을 바라보면서, 자기도 모르는 사이에 그들이 마땅히 따라야만 하는 보편적 인간의 사고와 삶의 태도를 훈련받았다. 독일의 철학자 마르틴 하이데거_M. Heidegger, 1889~1976가 《숲길》에 실은 〈예술 작품의 근원〉에서 사용한 표현을 빌리자면, 호메로스의 서사시들은 "무엇이 신성하며 무엇이 비속한지, 무엇이 위대하며 무엇이 하찮은지, 무엇이 용감하며 무엇이 비겁한지, 무엇이 고결하며 무엇이 덧없는지, 무엇이 주인이고 무엇이 노예인지"[22]를 가장 전형적이고 극단적인 형태로 열어 밝혔다. 그것이 고대 그리스인들이 자기 자신과 세상을 보는 눈을 바꿔놓았다.

그렇다면 호메로스가 한 일이란 무엇인가? 우리가 앞서 살펴본 현대 인지과학의 차원에서 보면, 그가 한 작업은 (비고츠키 학파의 루리야가 사회적, 문화적 영향, 곧 형식적, 비형식적 교육을 통해서만 가능하다고 실증한) 추상적 개념의 범주화가 아닌가! 그렇다. 호메로스는 그의 작품 속 인물들을 통해 신성함과 비속함, 위대함과 하찮음, 용감함과 비겁함, 고결함과 덧없음, 주인과 노예, 그리고 지혜와 우매, 정숙과 부정, 자긍과 비루함 등을 가장 전형적이고 극단적인 형태로 제시함으로써 고대 그리스인들에게 추상적 개념의 범주화를 교육한 것이다.

호메로스의 작품들을 통해 그리스인들은 폴리스의 자랑스러운 시민이 갖춰야 할 자질들을 교육받았다. 그리고 400년 후에 아리스토텔레스가 정의한 '이성적 동물'로서의 위대한 발걸음을 떼기 시작했다. 바로 이것이 그리스인들이 오늘날까지도 청소년 교육과 성인들의 훈련을 호메로스의 작품들에 의지하는 까닭이며, 정치가이자 군인이기도 했던 알키비아데스가 불쌍한 문법학교 교사에게 주먹을 날린 이유다. 또한 고귀한 플라톤이 《국가》에서 호메로스를 시기한 까닭이다. 그리고 다름 아닌 바로 이것이 우리와 우리의 아이들이 호메로스의 《일리아스》와 《오디세이아》를 읽어야 하는 이유이기도 하다!

여기서 잠시 교육심리학자, 인지과학자, 사회인류학자 그리고 언어학자들의 입에 자주 오르내리는 의문 하나를 짚고 넘어가자. 왜 인류는 동서양인을 막론하고 호메로스의 《일리아스》와 같은 이야기를 통해 그들의 경험과 지식을 후손들에게 전했는가 하는 것이다. 이 의문은 동서양의 모든 문명이 왜 신화와 전설로부터 시작하는가 하는 질문과 내용이 같다. 얼핏 보아 평범한 것 같지만 매우 의미 있는 질문인데, 프랑스 국립과학연구원의 베르나르 빅토리B. Victorri가 동료들과 함께 출간한《언어의 기원》에 실은 〈최초의 언어를 찾아서〉에서 이에 대해 납득할 만한 대답을 했다.

빅토리에 의하면, 신화와 전설, 곧 이야기는 언어의 기본적 기능인 정보 전달과는 다른 의미에서 매우 중요한 역할을 한다. 이야기가 한 사회 공동의 문화적 가치가 무엇인지를 알려줌으로써 사회 구성원들의 정신을 형성해간다는 사실이 그것이다. 즉, 이야기는 어떤 태도가 그 사회에서 훌륭하다고 판단되는 본보기이며, 또 어떤 행위가 모두에게 지탄을 받는 금기인지를 가르쳐준다. 그럼으로써 사회인류학자들, 특히 르네 지라르R. Girard가 주장하듯이, 신화, 전설과 같은 이야기들이 그 공동체의 도덕과 법들의 근간을 형성한다. 요컨대 이야기가 지금까지 우리가 다룬 추상적이고 윤리적인 개념들의 범주화를 가능케 한다는 주장이다.[23]

따라서 인간이 어떤 집단의 이야기들을 듣고 그것에 길들여진다는 것은 그 사회의 구성원이 된다는 것이며, 그 사회에서 능력을 발휘할 수 있게 된다는 것을 의미한다. 조금 생소하게 들릴 수 있지만, 오늘날 상당수의 학자들이 이 같은 사실을 실험으로 증명하거나 이론적으로 동의하고 있다. 예컨대 키스 오틀리K. Oatley, 레이몬드 마R. Mar 같은 심리학자들은 성별, 나이, 학력 등과 무관하게 소설과 같은 픽션을 즐겨 읽는 사람들이 신문이나 잡지와 같은 논픽션을 즐겨 읽는 사람들보다도 오히려 사회성이 뛰어나다는 실험 결과를 내놓았다.[24] 심리학자인 조지프 캐럴J. D. Carroll과 신경과학자인 안토니오 다마지오A.

Damasio도 이야기가 인지 능력과 정신의 항상성을 향상시키며, 윤리적 행동을 장려함으로써 사회성을 길러준다고 주장했다.[25]

빅토리는 한 발 더 나아간다. 그는 현생 인류가 살아남은 것은 지능이 뛰어나서가 아니라 지혜를 전해줄 이야기가 있었기 때문이라고 주장한다. 그가 이런 추정을 하는 데는 다음과 같은 이유가 있다.

초기 호모사피엔스Homo sapiens들 가운데 인지적 차원에서 현생 인류보다 못할 것이 전혀 없었고 오히려 더 큰 뇌를 가졌던 네안데르탈인Neanderthalensis의 멸종이 수수께끼로 남아 있다. 그들은 불을 다룰 줄 알았고, 다양한 무기와 도구들을 제조했으며, 악천후와 외부의 공격으로부터 보호해줄 주거지를 만들 줄 알았기 때문이다. 그래서 빅토리는 네안데르탈인들에게는 후손들에게 이야기를 전해줄 능력이 없었기 때문이었을 것으로 추정한다.[26] 그리고 다음과 같이 주장했다.

> 그러므로 그 인간 종을 '호모사피엔스 나란스'라고 불러야 할 것이다. 그보다 먼저 있었던 호모사피엔스의 다른 종과 호모사피엔스 나란스narrans를 구분해주는 것은 지성이 아니라 '인류'의 새로운 기본적 '지혜'의 원천인 '그들 자신의 이야기'를 들려주는 인간 집단의 능력일 것이기 때문이다.[27]

우리의 이야기와 연관해서 보면, 빅토리의 이 같은 주장은 단지 호메로스가 그리스인들에게 한 일이 무엇이며, 그것이 인류에게 어떤 의미를 갖고 있는가를 다시 한 번 상기시킬 뿐이다. 더불어, 이야기를 통해 끊임없이 도덕적 범주화와 보편화를 꾀하는 '생각의 은밀한 욕망'이 무엇인지도 알려준다. 생존과 번성이 그것이다!

생각들 생각을 만든

─ 3부 ─

뇌는 하늘보다 넓어라
옆으로 펼치면 그 안에
하늘이 쉬 들어오고
그 옆에 당신마저 안긴다
- 에밀리 디킨슨

인간, 얼마나 오묘한 조화인가!

생각은 얼마나 뛰어나고,

능력은 얼마나 무한하며,

자태와 거동은 얼마나 훌륭하고,

행동은 얼마나 천사 같으며,

이해력은 얼마나 신 같은가![1]

역사상 가장 위대한 작가 가운데 하나로 꼽히는 셰익스피어가 햄릿 Hamlet의 입을 통해 한 인간에 대한 평가다. 여기에는 물론 과장이 들어 있다. 그럼에도 불구하고 이 말은 '인간에 대한 찬가'로서 여전히 훌륭하다. 찬가에는 어차피 과장이 들어 있기 마련 아닌가! 게다가 따지고 보면 허무맹랑한 허풍은 아니다.

우리는 이제부터 셰익스피어가 찬미한 '뛰어난' 생각, 곧 우리가 말하는 생각의 도구들에 대해 이야기하려 한다. 생각의 도구들은 자신이 하나의 생각이면서 동시에 다른 생각들을 만드는 생각이다. 그것은 하나의 패턴이고 더 큰 패턴을 만들어간다. 에덜먼이 이름 붙인 '고차적 의식'에서 나오는 것이고, 포코니에와 터너가 말하는 '개념적 혼성'의 산물이기도 하다. 그리고 그것은 당연히 그리스에서, 그것도 호메로스로부터 시작되었다.

키토는 호메로스를 "암흑의 시대 한가운데 갑자기 번쩍이며 솟아오른 불꽃"[2]이라고 평가했다. 옳다! 호메로스는 분명 인류에게 또 하나의 횃불을 날라다 준 타이탄이었다. 제우스의 결박에서 풀려난 프로메테우스였다. 일반적으로 서구의 합리적 사고가 탈레스를 비롯한 '소크라테스 이전 철학자'들에 의해 비로소 시작되었다고 간주해왔다. 그러나 앞서 살펴본 것같이 이성의 역사는 호메로스로부터 이미 시작되었다.

세월을 따라 차츰 사람들은 호메로스의 작품들 안에 들어 있는 이성의 산물인 보편성과 그것이 그리스인들과 서양 세계에 무엇을 했는가를 하나둘씩 알아차렸다. 그리고 그를 칭송하거나 시기했다. 하지만 그들 가운데 그 누구도 (아이스킬로스나 플라톤은 물론이거니와 심지어 키토, 베르낭, 망구엘, 보나르, 로미이와 같은 현대의 눈 밝은 학자들까지도) 확연하게 알아채 밝히지 못한 것이 있다. 그의 작품 속에 숨어 있는 생각의 도구들이 그것이다.

3부에서 우리는 호메로스가 씨앗을 뿌리고, 이후 소크라테스 이전 철학자들이 키운 생각의 도구들을 차례로 살펴볼 것이다. 1. 메타포라(은유), 2. 아르케(원리), 3. 로고스(문장), 4. 아리스모스(수), 5. 레토리케(수사) 등이 그것이다. 나는 이것들이 우리의 사고와 언어를 어떻게 만들어가며, 학문과 예술, 그리고 일상생활에서 어떤 역할들을 하는지를 이야기할 것이다.

앞서 1부 1장에서 우리는 생각의 도구들이 자연을 이해하여 조종하고 사람들을 설득하여 움직이기 위해, 다시 말해 보편성을 획득하기 위해 만들어졌다는 것을 확인했다. 이제부터 하나씩 구체적으로 살펴보겠지만, 이들 가운데 은유는 자연을 이해하는 데와 사람들을 설득하는 데 모두 사용된다. 원리와 수는 주로 자연을 이해하여 조종하는 데 사용하기 위해 개발되었다. 이에 비해 문장과 수사는 애초부터 사람들을 설득하여 움직이는 데 사용되었다.

2부 1장에서 우리가 범주화와 혼성을 가장 원초적이고 근본적이라는 점에서 '1차적 생각의 도구', 또 우리가 거의 의식할 수 없다는 점에서 '생각 이전의 생각의 도구'라고 이름 붙였다. 그렇다면 이제부터 우리가 알아볼 생각의 도구들은 '2차적'이고, 우리가 일상에서 항상 사용한다는 점에서 '일상적 생각의 도구'이다. 그만큼 우리에게 가깝고 중요하며 학습을 통해 그 사용법을 익힐 수 있다는 뜻이 된다.

그러나 이 말은 동시에, 만일 우리와 우리의 아이들이 이 같은 생각의 도구들을 제대로 다루지 못한다면 일상에 지장을 초래할 수도 있음을 의미한다. 우리와 아이들은 지난 수천 년간 인류가 이뤄온 지적 진보의 혜택을 누리지 못할 것이다. 당연히 새로운 지식을 창출하는 창의적인 직업에 참여할 수 있는 가능성도 아주 낮아진다. 한마디로, 앎의 폭이 좁아 능력과 범위가 축소된 삶을 살게 될 것이다. 그래서 우리는 어떻게 하면 우리와 아이들이 이 도구들을 손쉽게 익혀 유용하게 사용할 수 있을까 하는 실용적 방법들도 함께 살펴볼 것이다.

1장

메타포라 - 은유

은유隱喩가 첫 번째 생각의 도구다. 큰 강물도 하나의 샘泉에서 출발한다. 우리의 이야기에서는 은유가 바로 그 샘이다. 이제 곧 밝혀지겠지만, 은유가 우리의 사고와 언어, 그리고 학문과 예술을 구성하는 가장 원초적이고 근본적인 도구이다. 보다 자극적으로 표현하자면, 은유 없이는 우리의 사고도, 언어도, 학문도, 예술도 불가능하다. 무슨 뜬금 없는 소리냐고 물을 수 있다.

그렇다! 만일 당신이 은유를 시나 소설 같은 문학에서 사용하는 수사법 정도로만 알고 있다면, 지금 약간 당황스러울 것이다. 다시 말해, 당신이 은유를 셰익스피어가 역사극《루크리스의 겁탈》에서 '시간'에 대해 아래와 같이 노래할 때 사용한 수사법 정도로만 여긴다면, 은유 없이는 우리의 사고와 언어조차 불가능하다는 말이 매우 기이하게 느껴질 것이다. 셰익스피어는 시간을 다음과 같이 묘사했다.

민첩하고 교활한 파발마, 근심의 전달자,

추한 밤의 친구이자 꼴불견인 시간이여.

너는 청춘을 좀먹는 자, 거짓 즐거움의 못된 노예이며,

슬픔을 구경하는 천박한 자, 죄악을 짊어진 말이며,

미덕의 올가미다.[1]

어떤가? 아무나 흉내 낼 수 없는 멋진 은유가 아닌가! 이처럼 우리가 일반적으로 아는 은유는 주로 수사적으로 사용된다. 그럼에도 은유가 우리의 사고와 언어의 근간이라는 것은 사실이다. 그리고 이것을 아는 것이 은유가 첫 번째 생각의 도구라는 것을 이해하는 지름길이다.

《몸의 철학》의 저자인 레이코프와 존슨은 다른 공저 《삶으로서의 은유》에서 우리의 일상적인 사고나 언어에서 은유가 얼마나 폭넓게 자리 잡고 있는지를 다음과 같이 역설했다.

은유는 대부분의 사람들에게 일상적이기보다는 특수한 언어의 문제로 시적 상상력과 수사적 풍부성의 도구이다. 나아가 은유는 전형적으로 단순히 언어만의 특성, 곧 사고와 행위보다는 말의 특성으로 생각되어 왔다. 이 때문에 대부분의 사람들은 은유 없이도 잘 살 수 있으리라고 생각한다. 그러나 우리는 은유가 우리의 일상적 삶—단지 언어뿐 아니라 사고와 행위—에 널리 퍼져 있다는 사실을 알게 되었다. 우리가 생각하고 행동하는 관점이 되는 일상적 개념 체계의 본성은 근본적으로 은유적이다.[2]

두 저자는 "시간은 돈이다time is money"를 예로 들어 설명했다. 현대 자본주의 사회에서 시간은 한정된 자원이고 귀중한 상품이다. 누구나 시간, 주, 월 또는 연 단위로 보수를 받고, 각종 시간제 요금, 호텔 객실료, 대출금 이자 등을 시간에 비례해서 지불하며 살기 때문이다. 그래서 시간이라는 원관념tenor에 돈이라는 보조관념vehicle이 붙어 '시간은 돈'이라는 은유가 발생했고, 그것이 "단지 언어뿐 아니라 사고와 행위"로 이어져 작동하고 있다.

우리는 '시간은 돈'이라는 '은유적 개념'이 언제, 누구에 의해 처음 만들어졌는지 정확히는 모른다. 단지 독일의 사회학자 막스 베버M. Weber, 1864~1920가 그의 대표작《프로테스탄티즘의 윤리와 자본주의 정신》에서도 인용했듯이, 미국의 정치가이자 과학자이기도 했던 벤저민 프랭클린B. Franklin, 1706~1790이 자본주의의 속성을 밝히는 글에서 사용해서 이 말이 널리 알려졌다는 것만 알 수 있다.

우리가 앞에서 이미 살펴본 대로, 언어는 언제나 물리적이고 사회적인 환경이 가진 특정한 요소의 중요성을 반영한다. 레이코프와 존슨은 이 말을 "어떤 문화의 가장 기본적인 가치들은 그 문화의 가장 근본적인 개념들의 은유적 구조와 정합성coherence을 갖는다"[3]라고 표현했다. 요컨대 자본주의의 기본적 가치가 시간은 돈이라는 은유적 구조와 맞아떨어진다는 뜻이다. 그렇다면 자본주의가 작동하는 한 '시간은 돈'이라는 은유적 개념은 계속 살아남을 것이다.

그뿐 아니다. 은유적 개념은 단순히 살아남는 것에서 그치지 않고 다양한 은유적 표현들을 통해 자체 증식한다. 은유는 보조관념과 연결되는 더 많은 은유적 표현들을 만들어내고, 그것들을 통해 그 사회와 문화에 적합한 새로운 사고와 언어 그리고 행위들을 창조해낸다.

이건 또 무슨 말일까 싶겠지만, 어려운 이야기가 아니다. 예를 들어 설명하면 이렇다.

'시간은 돈'이라는 은유적 개념이 본디 의미하는 것은 '시간은 소중하다'였다. 하지만 일단 시간이 돈이라는 은유적 개념이 생겨나면, 보조관념인 돈에 붙을 수 있는 다른 개념들이 시간이라는 원관념에 붙어 새로운 은유적 표현들을 만들어낸다. 다시 말해 '시간은 돈'이라는 은유가 (본래는 시간 다음에는 사용할 수 없고 돈 다음에나 올 수 있는) '투자하다', '소비하다', '아껴 쓰다', '낭비하다', '사용하다', '소모하다', '가지다', '주다', '남기다', '가치가 있다', '잃다', '빼앗다', '유익하게 쓰다', '~에 감사하다', '지불하다' … 등의 술어들을 시간 다음에 사용할 수 있게 한다. 그럼으로써 은유적 표현을 확장한다. 레이코프와 존슨이 든 예 가운데 몇 가지를 골라 소개하면 이렇다.[4]

> I've *invested* a lot of time in her(나는 그녀에게 많은 시간을 투자했다).
>
> You are *wasting* my time(너는 나의 시간을 낭비하고 있다).
>
> I don't *have* the time to *give* you(나는 너에게 내줄 시간이 없다).
>
> You need to *budget* your time(너는 네 시간을 아껴 쓸 필요가 있다).
>
> That flat tire *cost* me an hour(저 터진 타이어 때문에 한 시간이 들었다).
>
> Put *aside* some time for ping pong(탁구 칠 시간을 좀 남겨놓아라).
>
> Is that *worth your time*(그것에 네 시간을 쓸 가치가 있니)?
>
> I *lost* a lot of time when I got sick(나는 아팠을 때 많은 시간을 빼앗겼다)!
>
> *Thank* you for your time(시간을 내주어 고맙다).

이 문장들은 모두 '시간은 돈'이라는 은유적 개념이 전제되지 않으면 통용될 수 없는 은유적 표현들이다. 그런데 따져보면 이와 같은 표현들이 우리가 시간에 대해 사용하는 언어의 대부분을 이룬다. 그렇지 않은가? 우리는 이 같은 사실 자체를 전혀 의식하지 못하고 있지만, 이것은 단지 한 가지 예이고 그것도 빙산의 일각일 뿐이다. 낱낱이 따져보면 《삶으로서의 은유》에서 저자들은 그 작업을 실행했다) 우리의 일상적 사고와 언어는 거의 이 같은 은유들의 다양한 집합체로 이뤄져 있다.

레이코프와 존슨은 이 말을 "은유 없이 직접적으로 이해되는 개념이 하나라도 있는가?"라는 도발적인 물음으로 표현했다. 다음과 같은 주장도 했다.

> 은유적 사고는 우리의 정신적 삶에서 의식적이든 무의식적이든 정상적이며 편재적이다. 시에서 사용되는 은유적 사고라는 동일한 기제가 일상적인 개념, 즉 시간, 사건, 인과관계, 정서, 윤리, 사업 등에서도 마찬가지로 나타난다. 개념적 은유는 심지어 컴퓨터 인터페이스를 구축(예: 데스크탑 은유)하는 데에도, 또 인터넷을 '정보고속도로', '백화점', '채팅방', '옥션 가게', '놀이공원' 등으로 구조화하는 데에도 그 배후에 자리잡고 있다.[5]

은유는 이처럼 우리의 사고와 언어 그리고 사회적, 문화적 행위에 깊숙이 자리하고 있다. 프랑스의 철학자 자크 데리다J. Derrida, 1930~2004도 그의 논문 〈은유의 박탈〉에서 다음과 같이 말했다.

> 오늘날 은유와 더불어 무슨 일이 벌어지는가? 은유를 근거로 무슨 일

이 벌어지는가? 은유가 없다면 무슨 일이 벌어질까? 이것은 오랜 주제
이다. 마음을 빼앗고, 서구를 지배하고, 독점하고 있으며, [우리는] 거기
에 거주하고 있다.[6]

은유 없이는 우리의 사고도, 언어도 없다는 말이 그래서 나왔다. 우
리의 이야기와 연관해 이 같은 말들이 뜻하는 것은 생각의 도구들도
'은유로부터' 그리고 '은유와 함께' 시작한다는 사실이다. 다시 말해 은
유는 첫 번째 생각의 도구이자, 이어서 살펴볼 다른 생각의 도구들의
근간이다. 은유는 생각이지만 다른 모든 생각들을 만드는 생각이다.

셰익스피어 은유와 프랭클린 은유

• • •

2,800년 전, 호메로스도 역시 은유를 사용해 글을 썼다. 우리는 이에
대해서도 차례로 살펴볼 것인데, 우선 '시간은 민첩하고 교활한 파발
마'라는 셰익스피어의 은유와 '시간은 돈'이라는 프랭클린의 은유 사
이의 차이점에 주목하자. 어떤 표현을 더 돋보이게 하려는 목적으로
문학에서 사용하는 '수사적 은유'와 물리적이고 사회·문화적인 환경
이 가진 특정한 요소의 중요성을 반영하여 일상에서 사용하는 은유는
그 출발과 쓰임새가 전혀 다르다.

'시간은 돈'이라는 프랭클린의 은유처럼 어떤 사회나 문화의 가장
기본적인 가치들과 정합성을 갖는 근본적인 개념으로서의 은유는 '어
떤 표현을 더 돋보이게' 하려는 목적으로 생긴 것이 아니다. 그것은
'그렇게 표현할 수밖에 없는' 나름의 사회·문화적 필연성을 갖고 있

다. 따라서 우리는 이 같은 은유를 '수사적 은유'와 구분하여 '사회·문화적 은유'라고 부르자. 이러한 구분이 생소하기는 하지만, 은유가 우리의 일상적 사고나 언어를 구성하는 데에 필수불가결하며, 동시에 첫 번째 생각의 도구라는 사실을 드러내기에 적합하다.

셰익스피어의 '시간은 민첩하고 교활한 파발마'와 같이 문학에서 사용하는 수사적 은유는 일상에서는 자주 사용하지 않는다는 의미에서 '특별'하고, 반드시 필요하지는 않다는 뜻에서 '우연적'이다. 반면에 프랭클린의 '시간은 돈'과 같이 일상생활에서 사용하는 사회·문화적 은유는 '일반적'이고 '필연적'이다. 때문에 역사적으로 보아도 고대 사회에서 사회·문화적 은유가 수사적 은유보다 먼저 생겨났다. 절대 권력을 가졌던 '왕'을 '사자'로 표현하는 것과 같은 사회·문화적 은유는 심지어 기원전 2000년경에 만들어진 수메르의 점토판에서도 이미 발견된다.

레이코프와 존슨은 《삶으로서의 은유》에서뿐 아니라 《몸의 철학》에서도 '시간은 돈'과 같은 역할을 하는 사회·문화적 은유들을 집중적으로 분석했다.[7] 두 저자는 그것들이 우리의 사고와 언어에서 원초적이고 근본적이라는 의미에서 '1차적 은유primary metaphor'라고 이름 붙였다. 수사적 은유는 '2차적 은유secondary metaphor'라는 뜻이기도 하다.

1차적 은유는 물리적 내지 사회·문화적 환경 속에서 경험을 통해 우리의 정신에 자동적이고 무의식적으로 형성되는 하나의 '정신적 코드'이다. 때문에 그것은 언어뿐 아니라 제스처, 예술 또는 의식儀式으로도 나타난다. 당신에게 선뜻 이해가 가지 않는 것은 은유가 제스처, 예술 또는 의식으로도 나타난다는 주장일 터인데, 다시 생각해보면 오히려 당연한 말이다. 예를 들어 설명하면 이렇다.

우리는 '행복은 위happy is up', '슬픔은 아래sad is down'와 같은 1차적 은유를 언어적으로는 "나는 기분이 들떠 있다I'm feeling up", "나는 기분이 가라앉아 있다I'm feeling down"와 같이 표현한다. 하지만 때로는 행복함을 표현하기 위해 양손을 위로 번쩍 벌려 든다거나, 슬픔을 표시하기 위해 어깨를 아래로 축 내려뜨리는 등, 제스처로도 나타낸다. 그렇지 않은가? 레이코프와 존슨은 우리의 사고와 언어 그리고 행동은 거의 모두 이 같은 1차적 은유들과 그것들이 각각 복합적 은유complex metaphor들을 구성함으로써 이뤄지고 있다고 주장한다. 두 저자가 제시한 1차적 은유들을 몇 가지 더 소개하면 다음과 같다.

애정 깊게 안길 때 느끼는 따뜻함이라는 경험에서 나온 '애정은 따뜻함Affection is warmth'이라는 1차적 은유는 "They greeted me *warmly*(그들은 나를 따뜻하게 맞이했다)"처럼 이와 유사한 수많은 은유적 표현들을 만들어낸다.

시각을 통해 정보를 얻은 경험에서 나온 '아는 것은 보는 것Knowing is seeing'이라는 1차적 은유는 "I *see* what you mean(당신이 의미하는 바를 알겠다)"처럼 역시 이와 유사한 다양한 은유적 표현들을 낳는다.

또 대상을 손에 쥐고 조작함으로써 정보를 얻은 경험에서 나온 '이해하는 것은 쥐는 것Understanding is grasping'이라는 1차적 은유는 "I've *never been able to grasp* transfinite number(나는 결코 초한수超限數를 이해할 수 없었다)"처럼 이와 유사한 많은 은유적 표현들을 가능케 한다.[8]

레이코프와 존슨에 따르면, 이와 같이 일상적인 경험을 통해 필연적으로 생겨난 정신적 코드, 곧 1차적 은유들이 수백 개가량이 있으며, 그것들이 다양한 언어적 표현들로 나타나 우리의 일상적 사고와 언어 그리고 사회·문화적 행위들의 거의 모든 것을 구성한다.[9]

이 말은 우리의 사고와 언어에서 은유가 차지하는 범위와 비중의 크기를 일깨우는 말이자, 왜 우리가 첫 번째 생각의 도구로 은유를 선택했는지를 깨우쳐주는 말이기도 하다. 은유가 가장 원초적이고 근본적이며 필연적인 생각의 도구이기 때문에 우리의 사고와 언어에 그렇게 광범위하고 중요하게 자리 잡았다는 뜻이다. 그렇다면 은유를 이해한다는 것은 우리의 일상적 사고와 언어 그리고 사회·문화적 행위들을 이루는 정신적 코드를 이해한다는 의미이기도 하다. 바로 이것이 우리가 지금부터 은유에 대해 좀 더 알아보아야 하는 이유다.

은유를 떠받치는 두 개의 기둥

• • •

아리스토텔레스는 《시학》에서 은유를 "어떤 것에다 다른 낯선 어떤 것에 속하는 이름을 옮겨놓는 것epiphora"[10]이라고 정의했다. 어려운 말이 아니다. 앞서 셰익스피어가 시간을 "민첩하고 교활한 파발마"라고 표현한 것을 보자. 파발마擺撥馬는 소식을 전달하는 사람이 타는 말馬이다. 즉, 파발마는 말에 속하는 이름이다. 그런데 그것을 시간에다 옮겨놓음으로써 새로운 의미를 만들어냈다.

이것이 은유다. 레이코프와 존슨이 "은유의 본질은 한 종류의 사물을 다른 종류의 사물의 관점에서 이해하고 경험하는 것이다"[11]라고 규정한 것도 그래서다. 오늘날 학자들은 은유를 보통 '대상이 가진 본래의 관념으로는 전달할 수 없는 의미를 표현하기 위해 유사한 특성의 다른 사물이 가진 관념을 써서 표현하는 비유법'이라고 설명한다.

우리는 여기서 '유사한 특성의 다른 사물이 가진 관념을 써서'라는 말에 우선 주목해야 한다. 은유의 본질은 원관념과 보조관념 사이의 유사성類似性이다. 셰익스피어는 '시간'이라는 원관념과 '파발마'라는 보조관념이 함께 갖고 있는 '빠르다'라는 유사성을 효과적으로 이용했다. 이 유사성(빠르다)이 원관념(시간)의 본질을 더욱 잘 드러내는 역할을 한다. 아리스토텔레스가 《시학》에서 "은유에 능하다는 것은 서로 다른 사물들의 유사성homoiosis을 재빨리 간파할 수 있는 것"[12]이라며, 유사성을 알아차리는 재능의 중요성을 강조한 것이 그래서다.

그렇지만 은유는 유사성만으로 충족되지 않는다. 아리스토텔레스는 "어떤 것에다 다른 낯선 어떤 것"이라는 표현을 썼는데, 이때 그가 말한 '낯선allotrios'이라는 단어는 '일상kyrion에서 벗어남', '다른 사실을 나타냄'이라는 뜻을 가졌다. 은유는 보조관념에 원관념이 갖고 있지 않은 비유사성, 곧 어떤 '낯선' 것이 필히 들어 있어야 한다. 그래야 은유의 역할 가운데 다른 하나인 '의미의 변환'이나 '확장'이 이뤄진다. 아리스토텔레스가 《수사학》에서 "우리는 유사하지 않지만 첫눈에는 [그러한 사실이] 명백히 드러나지 않는 사물들로 은유를 만들어야 한다"[13]고 강조한 것이 그래서다.

셰익스피어의 은유에서도 보조관념인 파발마에는 '빠르다'라는 유사성만 들어 있는 것이 아니다. 원관념인 시간과는 전혀 낯선 '소식을 전한다'라는 비유사성이 함께 들어 있다. 이 '낯선' 것 때문에 '시간은 민첩하고 교활한 파발마'라는 은유가 '시간이 민첩하고 교활하게 소문을 퍼트린다'라는 새로운 의미를 창조해낸다. 그리고 바로 이 '새로운 의미의 창조'가 우리를 새로운 사고와 언어의 세계로 이끈다.

진 코언G. Cohen이나 길버트 라일G. Ryle과 같은 학자들은 은유적 표현이 지닌 비유사성을 각각 '의미론적 무례함' 또는 '범주의 오류'라고 지적했다. 그럼에도 아리스토텔레스의 정의에서 '낯선 어떤 것'으로 명시되어 있는 이 무례함과 오류는 은유적 표현의 필수적인 요소다. 프랑스의 철학자 리쾨르P. Ricoeur, 1913~2005가《살아 있는 은유》에서 "은유는 일상 언어에서 드러나는 것과는 다른 현실의 장을 발견하고 열어 밝혀주는 데 기여한다"[14]며 은유의 비유사성에서 나오는 창조적 기능에 주목한 것이 그래서다.

리쾨르의 말에서 눈에 띄는 것이 "다른 현실의 장을 발견하고 열어 밝혀"라는 표현이다. 알고 보면 이것은 '언어가 세계를 열어 밝힌다'라는 독일의 철학자 하이데거의 해석학적 사유를 리쾨르가 은유 이론에 적용해서 만든 말이다. 은유가 가진 창조적 기능이 바로 이 '열어 밝힘erschlossenheit, 開示性'에서 나온다. 은유는 단순히 대상을 미화하는 것이 아니라 하나의 '세계' 내지 '다른 현실의 장'을 열어 밝힌다.

예를 들어, 보들레르C. P. Baudelaire, 1821~1867의 시에 나오는 "자연은 사원이다La nature est un temple"라는 은유는 '신성함'이라는 자연의 다른 현실의 장을 열어 밝힌다. 그럼으로써 우리를 자연에 대한 새로운 사고와 언어의 세계로 이끈다. 이처럼 은유는 다른 현실의 장을 열어 밝힘으로써 우리의 일상과 세계의 진부함을 떨쳐내며, 우리가 세상을 보는 눈을 바꿔놓는다. 리쾨르는 이처럼 기존의 범주를 깨고 새로운 범주를 찾아내는 것이 "은유의 힘"[15]이라고 했다. 창의성이 그 어느 시대보다 요구되는 오늘날 우리가 반드시 기억해두어야 할 것이 있다. 은유가 모든 창의성의 원천이다!

정리하자면, 은유에는 원관념과 보조관념 사이에 존재하는 유사성과 비유사성이 적당한 긴장 관계를 유지하며 들어 있어야만 한다. 앞서 살펴본 인지과학자 포코니에와 터너의 표현을 빌리자면, 은유는 원관념을 구성하는 정신 공간 1과 보조관념을 구성하는 정신 공간 2에서 대응 요소와 비대응 요소가 함께 혼성 공간으로 투사되어 만들어져야 한다. 은유는 원관념(예: 시간)과 보조관념(예: 파발마) 사이의 유사성을 통해 원관념의 본질(예: 빠르다)을 드러내고, 비유사성을 통해 의미의 변환 내지 확장(예: 소문을 퍼트린다)을 창조해낸다. 유사성과 비유사성이 은유를 떠받치는 두 개의 기둥이다.

역사적으로 보면, 인간 정신이 아직 깜깜한 어둠 속에 있었던 '여명기黎明期'에는 유사성이 더 강조되었다. 이제 곧 보게 되겠지만, 고대 그리스에서 은유는 서로 다른 두 사물을 그들이 가진 유사성으로 묶어 그 유사성 안에서 보편성(본질 또는 진리)을 찾아내는 생각의 도구로 쓰였다. 그러나 예컨대 귀납법과 같은 보편성을 탐구하는 다른 생각의 도구들이 개발된 이후 점차 변해, 특히 오늘날에는 은유가 '다른 현실의 장'을 열어 밝힘으로써 창조적 기능을 하는 도구로서 더 주목받고 있다.

호메로스의 은유

...

이스탄불의 고대 오리엔트 박물관에 보관 중인 점토판 가운데 하나에는 기원전 2000년경, 즉 호메로스보다 약 1,200년 전에 살았던 수메르의 왕이자 장거리달리기 경주의 우승자인 슐기Shulgi, 기원전 2094~기원전

2047 재위가 자신을 위해 지은 찬미가가 적혀 있다. 여기에도 은유적 표현들이 이미 들어 있다.

슐기는 우르 제3왕조 창시자인 우르 남무Ur-Nammu, 기원전 2112~기원전 2095 재위의 아들로 고대 세계를 통틀어 가장 특출한 군주 가운데 하나다. 그가 용맹하고 달리기를 잘하는 자신의 탄생을 "용에게서 태어난 사나운 눈의 사자가 나다" 또는 "길 떠난 당나귀가 나다. 도로에서 꼬리를 휘젓고 있는 말馬이 나다"라고 묘사했다.[16] 이것이 바로 4,000년 전에 나타난 은유적 표현들이다.

은유는 이처럼 오래되었다. 호메로스도 아킬레우스나 헥토르와 같은 영웅들을 종종 사자, 말, 소와 같은 동물들을 이용한 은유를 통해서 표현했다. 이를테면 아가멤논에게는 "마치 소 떼 중에서 출중한 황소 한 마리"[17]라는 은유를, 그리고 오디세우스에게는 "흰 암양들의 큰 무리 속을 / 누비고 다니는 털북숭이 숫양"[18]이라는 은유를 사용했다. 슐기처럼 '말'을 사용한 은유를 호메로스는《일리아스》에서 파리스를 묘사하는 데 사용했다.

> 마치 아름답게 흘러가는 강물에서 늘 멱 감곤 하던
> 마구간의 말이 구유에서 먹이를 실컷 먹고 나서
> 매어둔 줄을 끊고 우쭐대며 들판 위로 질주할 때와 같이[19]

어떤가? 슐기의 은유보다 더 세련되고 멋지긴 하지만 새로운 것은 아니다. 그럼에도 호메로스의 은유에는 우리가 곰곰이 살펴보아야 할 중요한 것이 들어 있다.

독일의 고전문헌학자 브루노 스넬B. Snell, 1896~1986의《정신의 발견》

에 의하면, 고대 그리스어의 은유적 표현에는 두 가지가 있다. "은유는 그 기능성에 관련하고 있든가, 아니면 인상의 유사성에 관련하고 있다. 다시 말하여 동사를 통해 나타나는 동작이거나, 혹은 형용사를 통해 나타나는 속성과 관련하고 있다."[20] 스넬은 이 둘을 각각 '동사적 은유'와 '형용사적 은유'라고 이름 붙였다. 그런데 알고 보면 스넬이 말하는 동사적 은유가 우리가 앞서 '그렇게 표현할 수밖에 없는' 사회·문화적 은유라고 이름 붙인 것에 해당하고, 형용사적 은유가 '어떤 표현을 더 돋보이게' 하려고 문학에서 사용하는 수사적 은유에 대응한다.

오해를 방지하기 위해, 여기서 미리 짚고 넘어가야 할 것이 하나 있다. 고대 그리스인들은 은유를 후대의 수사학자들처럼, 그리고 오늘날 우리처럼 직유, 환유, 제유 등과 구분하지 않았다는 사실이다. 오히려 그것들을 모두 포괄하는 근원적이고 대표적인 개념으로 은유를 이해했다. 아리스토텔레스가《수사학》에서 다음과 같이 설명한 것이 그 증거다.

직유는 또한 은유다. 이 둘 사이의 차이는 아주 작기 때문이다. 우리가 (아킬레우스에 대하여) '그는 사자처럼 그를 향해 돌진했다'라고 말하면 직유다. 그러나 '한 마리 사자가 그를 향해 돌진했다'라고 말하면 그것은 은유다. 둘 모두 용감하기 때문에 우리는 아킬레우스를 전용된 의미에서 한 마리 사자라고 부른다.[21]

우리도 이 책에서 은유라는 용어를 이처럼 넓은 의미로 사용할 것이다. 그리고 이러한 용법은 오늘날 조지 레이코프와 마크 존슨과 같

3부 | 생각을 만든 생각들

은 인지언어학자와 인지철학자들이 은유를 "어떤 하나의 정신적 영역을 다른 정신적 영역에 의해 개념화하는 방식"[22]이라고 폭넓게 규정해 사용하는 것과도 일치한다.

스넬에 의하면, 초기 그리스어에서는 형용사적 은유가 매우 빈약했다. 기쁨을 경쾌하고, 높고, 넓다는 이미지로 표현하고, 고통을 무겁고 좁고 강압적이라는 이미지로 표현하는 정도로밖에 발달하지 않았다. 그러다가 호메로스, 헤시오도스와 같은 서사시인들과 아르킬로코스, 사포와 같은 서정시인들이 활동한 기원전 8세기 이후에 이르러서 형용사적 은유가 다양한 비유들(특히 오늘날 우리가 말하는 직유)을 통해 비로소 확산되었다.

예를 들면 "눈보다 더 희고 날래기가 바람 같았습니다"(《일리아스》, 10권 437행), "상아보다 흰"(《오디세이아》, 18권, 196행), "풀보다 파랗고"(사포, 《단편》, 2. 14행), "달처럼 빛나고 있구나"(사포, 《단편》, 98. 7행), "마치 태양처럼 보인다"(사포, 《단편》, 1. 40행) 등이 그렇다. 기원전 7세기경부터 열린 서정시 시대에 널리 사용된 사포의 은유들은 호메로스가 아킬레우스는 '마치 태양처럼', 그의 투구는 '별처럼', 그의 방패는 '달처럼' 빛난다고 한 표현에서 이미 전례를 찾을 수 있다.[23]

그렇지만 스넬은 이 같은 형용사적 은유에는 "필연성이 없다. 이 필연성이야말로 그 은유를 철학적으로 의미 깊게 하는 것이다"[24]라며, 고대의 은유, 특히 호메로스 은유의 본질이 형용사적 은유가 아니고 동사적 은유라는 점을 분명히 했다. 이 말이 정확히 무엇을 뜻하는가는 스넬의 동사적 은유의 필연성에 대한 설명을 들어보면 드러난다.

스넬에 의하면, 사고와 언어가 아직 발달하지 않은 여명기 그리스어에서는 불, 물, 바람과 같이 생명이 없는 대상의 움직임을 표현하기가 쉽지 않았다. 그래서 고대인들은 그것들을 '필연적으로' 사람(또는 동물의 행동)에 견주어서(이른바 의인화personification하여) 은유적으로 표현할 수밖에 없었다. 예를 들면 '불이 살아난다'나 '불이 죽는다', 또는 '물이 달린다', '바람이 분다'와 같은 표현 등이 그렇다. 스넬은 우리가 신화에 등장하는 불의 신, 강의 신河神, 바람의 영靈 등의 존재를 이해하는 길이 이 같은 은유적 표현에 있다고 했다.

그뿐 아니다. 동사적 은유는 인간의 정신적 현상을 파악하고 표현하는 데도 필수불가결했다. 스넬은 호메로스 시대의 그리스어에서는 은유가 하는 일 가운데 이 역할이 가장 중요하다고 했는데, 예를 들면 이렇다. 영혼을 '숨을 쉬다'나 '입김을 불다'에서 나온 '프시케psychē'로, 정신을 무엇인가를 '본다' 또는 '반영한다'는 의미의 '누스nous'로, 지식을 '보았음'을 뜻하는 '에이데나이eidenai'로, 이해함은 '듣는 것'을 의미하는 '쉬니에나이sunienai'로 표현한 것 등이다. 뿐만 아니라 사유의 '과정', '방법', '진행'은 거의 '길'이라는 이미지를 통해서 표현된다.[25]

원초적 은유, 즉 스넬이 '동사적 은유'라고 부르고 우리가 '사회·문화적 은유'라고 이름 붙인 호메로스의 은유는 그 자체로는 전달할 수 없는 대상이나 현상을 표현하기 위해 '어쩔 수 없이' 인간이 가진 유사한 특성을 표현하는 관념들을 대신 사용하여 전달하는 방법으로 개발되었다. 이 '어쩔 수 없음'이라는 성격을 스넬이 '필연성'이라 표현한 것이다. 당연히 '어떤 표현을 더 돋보이게' 하려고 문학에서 사용하는 형용사적 은유 또는 수사적 은유에는 이 같은 사회·문화적 필연성이 없다.

호메로스 은유의 본질인 동사적 은유에서 중요한 것은 원관념과 보조관념 사이의 '외형적' 유사성이 아니라 그 '본질적' 유사성이다. 따라서 호메로스가 '아킬레우스는 사자다'나 '헥토르는 종마다'라는 은유를 사용했다고 해도, 그것은 아킬레우스와 헥토르의 외모가 사자나 종마와 유사 내지 동일하다는 뜻이 아니다. 용맹, 위엄, 아름다움과 같은 이 영웅들의 본질이 사자나 종마와 비슷하거나 같다는 것을 표현하고 있을 뿐이다.

다른 인물들에 대해서 사용하는 '뻔뻔스러운 개', '완고한 당나귀', '겁 많은 사슴'과 같은 은유들도 마찬가지로 외형적 유사성과는 무관하다. 당연히 태풍, 파도, 바위와 같은 자연물을 보조관념으로 사용한 은유들을 통해서 호메로스가 표현하고자 하는 것도 오직 태풍의 '거칢', 파도의 '거셈', 바위의 '굳건함'과 같은 본질적 유사성이다.[26]

여기서 주목해야 할 흥미로운 사실은, 스넬이 《정신의 발견》에서 든 동사적 은유의 예들이 앞서 레이코프와 존슨이 《몸의 철학》에서 제시한 '1차적 은유'의 예들과 거의 같다는 것이다. 예컨대, 2,800여 년 전 그리스에서 이미 지식을 '보았음'을 뜻하는 '에이데나이'라는 동사적 은유로 표현했다는 스넬의 연구와 '아는 것은 보는 것Knowing is seeing'이라는 은유적 개념이 1차적 은유라는 레이코프와 존슨의 주장이 맞아떨어진다. 스넬은 호메로스의 작품에 나타난 고대 그리스어 은유들을 문헌학적 방법을 통해 연구했고, 레이코프와 존슨은 현대인이 사용하는 영어 은유들을 인지신경학 내지 인지언어학적 방법을 동원해 연구했는데도 말이다.

이것이 무엇을 의미하는가? 그것은 두 저서의 저자들이 입을 모아 강조했듯이, 이 같은 은유들이 우리의 사고와 언어에서 '필연적'일 뿐 아니라 '1차적'이고 '보편적'이라는 사실이다. 달리 말해 스넬이 말하는 동사적 은유, 레이코프와 존슨이 말하는 1차적 은유가 시간과 장소를 불문하고 우리의 사고와 언어를 이루는 기본 틀, 곧 정신적 코드라는 증거다. 앞서 우리가 '호메로스 스타일'에서 이미 확인했듯이, 호메로스가 몰두한 것은 오직 대상의 본질이자 탁월함, 곧 보편성을 파악하고 밝히는 일이었다. 여기서 호메로스의 은유가 생각의 도구로서 하는 역할이 비로소 드러난다.

그렇다! 호메로스에 있어서 은유는 원래 보편성을 파악하고 밝히는 도구로서 개발되었다. 그런데 역시 앞에서 충분히 살펴보았듯이, 보편성이란 대상의 본질로서 시간과 공간을 초월해 모든 것에 두루 통하거나 미치는 성질을 뜻한다. 때문에 보편타당성이라고도 불리는 그것이 '자연을 이해하여 조종하고 인간을 설득하여 움직이는 힘'을 가졌다. 이 말은 보편성을 파악하고 밝히는 호메로스의 은유가 그의 서사시에서뿐 아니라, 훗날 소크라테스 이전 철학자들에 의해 서서히 모습을 드러낼 자연과학과 논리학과 같은 학문들(이때에는 물론 이런 구분 없이 모두가 철학이었다)에서도 핵심적 역할을 한다는 뜻이기도 하다. 얼핏 들어 생소하겠지만, 사실이다.

진리와 은유의 은밀한 관계

• • •

레이코프와 존슨은 《삶으로서의 은유》에서, 오늘날 다양한 분야의 연구자들이 "시학과 법학, 심리학, 물리학, 컴퓨터과학, 수학, 철학의 한가운데 개념적 은유가 있음을 밝혀냈다. 그들의 연구는 은유가 다음과 같은 지적인 학문 분야에서 어떻게 우리의 사고방식을 구조화하는

가—나아가 그러한 학문 분야에서 어떤 사고가 허용되는가—를 보여준다"[27]면서 그 내용을 일일이 나열했다.

은유가 거의 모든 학문 분야에서 우리의 사고방식을 구조화하는 생각의 도구로 사용되고 있다는 내용이다. 이에 대한 자세한 설명은 레이코프와 존슨의 《몸의 철학》과 《삶으로서의 은유》에 맡기고 건너뛰고자 한다. 지면을 아끼고 싶은 데다, 서문에서 밝혔듯이 이 책은 딱딱한 이론은 가능한 한 피하고 실용적인 이야기를 하고 싶기 때문이다.

그럼에도 은유가 어떻게 호메로스의 시대뿐 아니라 오늘날까지도, 또 문학에서뿐 아니라 학문 전반에서까지도, 다시 말해 수사의 문제뿐 아니라 진리의 문제에서까지도 핵심적 역할을 담당하게 되었는가에 대해서는 짧게나마 짚고 가고자 한다. 먼저 《탈무드》에 나오는 우화 하나를 소개하고 싶다.

아주 먼 옛날에 진리가 태어났다. 그는 자기가 진리임이 너무나 자랑스러워 태어난 모습 그대로 벌거벗은 채 사람들 앞에 나타났다. 그러자 사람들은 민망한 나머지 어이가 없다는 듯이 그를 받아들이지 않았다. 그러던 어느 날 진리는 사람들이 앞다투어 반기는 어떤 이를 보았다. 은유였다. 그래서 진리는 은유에게 하소연했다.

"형제여, 자네는 참 좋겠네. 하지만 나에게는 모든 것이 끝났다네. 나는 이미 나이가 들었고 노쇠하여 모두가 나를 피하고 있네."

그러자 은유가 대답했다.

"당신이 말하는 것은 사실이 아니오. 사람들은 당신이 나이가 들었기 때문에 멀리하는 것이 아니라는 말이오. 나도 나이가 들긴 당신과 마찬가지라오. 내가 비밀 하나 가르쳐주겠소. 사람들은 나처럼 화려한 옷을 입고 다니는 것을 좋아합니다. 내가 내 옷을 빌려주겠소."

진리는 은유의 조언을 따라 그가 건네는 화려한 옷을 걸쳐 입었다. 그러자 사람들이 그를 따뜻하게 반기며 맞았다. 이후부터 진리와 은유는 서로 떨어질 수 없는 친구가 되어 함께 다니기 시작했다.[28]

진리는 은유라는 옷을 입고서야 비로소 우리에게 파악된다는 뜻이다. 과연 그런가? 그렇다면 이 말이 의미하는 것이 구체적으로 무엇인가?

우리는 앞에서 호메로스의 은유는 원래 유사한 것을 통해 그 안에 들어 있는 본질을 파악하여 보편성을 밝히는 생각의 도구로서 개발되었다는 것을 알았다. 여기에 은유가 학문과 맺는 관계에 대한 해답이 있다. 그것이 자연과학이든 철학이든, 학문이란 본디 대상의 보편성을 밝혀내는 작업이다. 이 점에서 보면, 은유와 학문이 하는 일이 일정 부분 같다. 보다 정확히 말하자면, 학문은 은유를 통해서 보편성을 밝혀낸다. 바로 이런 의미에서, 모든 학문이 은유적이라는 레이코프와 존슨의 말이 나왔다. 오늘날에는 이런 생각이 무척 새롭고 특이하게 들리지만, 고대에는 전혀 그렇지 않았다.

예컨대 아리스토텔레스는 《수사학》에서 "우리는 유사하지만 첫눈에는 [그러한 사실이] 명백히 드러나지 않는 사물들로 은유를 만들어야 한다. 그것은 예를 들어 철학에서도 멀리 떨어져 있는 사물에서 유사함을 인식하는 것이 올바르게 사유하는 사람의 특징인 것과 마찬가지다"[29]라고 은유와 철학의 유사성을 강조했다. 그런데 이때 아리스토텔레스가 말하는 철학이 오늘날 우리가 말하는 학문이다. 또 《시학》에서는 같은 말을 다음과 같이도 표현했다. "시는 역사보다 철학적이다. 왜냐하면 시는 보편적인 것을 말하는 경향이 더 많고, 역사는 개별적인 것을 말하기 때문이다."[30]

아리스토텔레스의 이 같은 말들은 은유와 철학이 모두 "올바로 사유하는 사람의 특징"인 유사성을 통해 보편성을 추구한다는 것을 이야기하고 있다. 동시에 이 말들은 은유가 레이코프와 존슨이 앞에서 열거한 시학, 법학, 정치학, 심리학, 물리학, 컴퓨터과학, 수학과 같은 다른 학문에서 무엇을 하는지도 알려준다. 은유는 이들 개별 학문들 안에서 서로 다른 둘 사이에 존재하는 본질적 유사함을 통해서 보편성이 보다 확실히 드러나게 하는 역할을 한다. 우리는 이 같은 은유의 역할을 통해 인류 정신의 여명기에 학문이 애초 어떻게 생겨났는가를 추적해볼 수 있다.

당신도 알다시피, 호메로스의 시대에는 학문이 없었다. 오직 신화만 있었다. 탈레스로부터 시작하는 소크라테스 이전 철학자들의 잠언에 와서야 신화가 학문으로, 시가 과학으로 바뀌기 시작했다. 《정신의 발견》에서 스넬은 호메로스의 시에서는 자연과학과 연관된 은유가 '단 하나'밖에 발견되지 않는다고 증언했다. 《일리아스》에서 글라우코스가 말한 "인간들의 각 세대는 나무의 잎사귀처럼 소멸되어간다"가 바로 그것이다.[31] 소멸은 인간이나 나무 잎사귀나 구분 없이 모든 생명체에 적용되는 자연법칙이기 때문이다.

글라우코스의 입을 통해 표현된 이 은유는 예컨대 "눈보다 더 희고 날래기가 바람 같았습니다"와 같은 형용사적 은유와는 아주 다르고, "아킬레우스는 사자다"와 같은 동사적 은유와도 조금 다르다. 이 은유는 대상의 본질을 밝히는 동사적 은유이긴 하지만, 그 가운데 유일하게 자연의 본질에 대해 언급하고 있기 때문이다. 이 같은 '자연학적 은유'는 탈레스가 "지구는 통나무가 물에 뜨는 것처럼 물에 떠 있다"라고 가르친 이래 이오니아 자연철학에 와서야 본격적으로 발견된다.

예를 들어 "태양은 종잇장처럼 평평하다", "벌겋게 달아오른 쇳덩이를 물에 담그면 커다란 소음을 내듯이, 공기가 구름을 가르려고 할 때에도 번개가 굉음을 일으킨다"와 같은 아낙시메네스Anaximenes, 기원전 585~기원전 525의 잠언들이 그렇다. 하지만 그들의 텍스트가 잘 보존되어 있지 않기 때문에, 우리는 자연학적 은유들을 기원전 5세기에 활동한 엠페도클레스Empedocles, 기원전 490~기원전 430의 잠언에서 주로 찾아볼 수 있다.

"태양의 빛은 메아리처럼 달로부터 되돌아온다", "달은 수레바퀴가 굴대의 주위를 도는 것처럼 지구의 주위를 선회한다", "물을 담은 용기를 빙빙 돌릴 때 물은 용기에 머물러 있는 것처럼, 지구도 역시 하늘의 궁륭이 빠르게 회전할 때 떨어지지 않는다", "뜨거운 관을 통과하는 물이 데워지는 것처럼, 온천수는 지구 내부의 격렬하게 불타는 부분을 통과하기 때문에 생겨난다"와 같은 말들이 그것이다.

보다시피 이들 잠언에는 '~처럼'이라는 표현으로 나타나는 은유(오늘날 우리는 직유라고 한다)가 반드시 들어 있는데, 이것들은 두 대상 사이에 존재하는 본질적 유사함을 통해서 보편성을 드러낸다는 점에서 호메로스의 동사적 은유와 같다. 다만 그 내용이 자연법칙을 다루고 있다는 점이 다르다. 이 같은 자연학적 은유에서 자연철학이 나왔고, 훗날 자연과학이 시작했다. 아니, 사실상 모든 학문이 이처럼 은유로부터, 은유와 함께 시작했다. 한마디로 은유가 모든 생각의 모태다.

천재가 되는 법, 천재를 기르는 길

・・・

아리스토텔레스는 지금으로부터 2,400년 전쯤, 그러니까 까마득한 옛날에 살았다. 그럼에도 오늘날까지도 거의 모든 대학 교재의 첫 장은 그의 말을 한마디쯤 다루고 시작한다. 대부분의 학문들이 그로부터 시작했다는 뜻이다. 이 점에서만 보더라도 그는 천재들 가운데 천재였다. 그런 그가 천재의 속성에 관한 은밀한 비밀을 엿보게 하는 말을 《시학》에 살짝 흘려놓았다.

> 이것만은 남에게 배울 수 없는 것이며, 천재의 표상이다. 왜냐하면 은유에 능하다는 것은 서로 다른 사물들의 유사성을 재빨리 간파할 수 있다는 것을 뜻하기 때문이다.[32]

은유에 능한 것이 천재만이 가진 정신적 특성이라는 뜻인데, 현대 철학자 리쾨르도 역시 이 비밀을 눈치챈 듯하다. 그가 《살아 있는 은유》에 "유사한 것을 알아채고 관찰하고 보는 것, 거기에 시학과 존재론을 하나로 만드는 시인들의 그리고 철학자들의 정신적 섬광이 존재한다"[33]라고 썼기 때문이다.

이런 말들이 나온 배경은 아마 당신도 어렴풋이 짐작할 수 있을 것이다. 은유가 하는 일들에 대해 이미 살펴보았기 때문이다. 그것을 한마디로 요약하자면, 은유는 유사성을 통해 '보편성'을, 비유사성을 통해 '창의성'을 드러내는 천재적인 생각의 도구다. 아리스토텔레스와 리쾨르가 주목한 것이 바로 이것이다.

그런데 유감스럽게도 아리스토텔레스의 말 가운데 틀린 곳이 한

군데 있다. "남에게 배울 수 없는 것"이라는 구절이 그렇다. 이것은 그가 은유의 중요성을 강조하려고 한 과장이거나, 그게 아니라면 다른 사람들이 따라오지 못하게 하려고 한 '사다리 치우기'로 보인다. 은유는 학습을 통해 배울 수 있다는 것이 현대 교육심리학자들의 공통된 견해다. 그렇다면 우리는 은유를 어떻게 배울 수 있을까?

은유의 학습을 위해 우선 추천하고 싶은 것은 시詩 읽기다. 우리와 우리의 아이들이 자주 시를 읽고, 즐겨 낭송하고, 가능하다면 외우자는 것이다. 당신도 잘 알다시피, 시는 (우리가 이 책에서 아리스토텔레스를 따라 은유라고 싸잡아 사용하고 있는 직유, 환유, 제유, 풍유, 상징 등) 각종 다양한 수사법들의 일대 향연이다. 따라서 시를 읽고, 낭송하고, 외우는 것은 은유라는 생각의 도구를 익히는 지름길이 된다.

호메로스의 《일리아스》와 《오디세이아》 읽기는 이미 앞에서 추상적 범주화 교육을 설명할 때에도 권했다. 그렇다고 해서 은유를 배우기 위해서는 군이 호메로스, 아르킬로코스, 사포의 시 같은 고대 그리스 시만을 골라 읽어야 한다는 뜻이 아니다. 서점에 가면 동서고금의 좋은 시들이 담긴 시집을 쉽게 구할 수 있다. 각자의 취향대로 골라, 예컨대 '한국의 명시'를 운운하는 시 모음집을 하나 구입해서 자주 읽고, 즐겨 낭송하고, 처음부터 끝까지 외워보자! 아이들에게는 동시집을 한 권 손에 들려주자! 그리고 칭찬이나 포상과 같은 적합한 교육적 방법을 사용해서 아이들이 그것을 낭송하고, 역시 외우도록 해보자.

오늘날 각광을 받고 있는 뇌신경과학에 의하면, 반복적 시 낭송 또는 암송이 은유를 구사할 수 있는 뇌를 만든다. 정말이냐고? 그렇다! 뇌과학 100년의 연구 결과 중 대표적인 3가지를 꼽을 때마다 빠짐없이 들어가는 것이 있다. '뇌신경가소성neuroplasticity'이다. '뇌는 고정되어 있지 않고 변화한다'는 뜻이다. 무척 단순해 보이는 이 말 안에 실로 경이로운 인간 뇌의 비밀이 내재되어 있다. 뇌신경과학자들은 인간의 뇌가 새로운 것을 배울 때마다 신경세포들이 새로운 연결망을 만들어낸다는 것을 확인했다.

우리의 뇌는 외부에서 들어온 정보에 의해 생각을 만들 뿐 아니라 그 생각에 의해 스스로를 형성해가는 열린 구조로 설계된 시스템이다. 따라서 뇌는 경험에 따라 형태(크기와 구조)가 크게 바뀐다.[34] 우리는 3부 3장 〈문장〉에서 이에 대해 자세히 살펴볼 것인데, 인지신경과학자인 매리언 울프M. Wolf는《책 읽는 뇌》에서 다음과 같은 상징적인 예를 들어 설명했다.

뉴런의 차원에서 보았을 때, 중국어를 읽는 사람은 영어를 읽는 사람과 전혀 다른 뉴런 연결을 사용한다. 중국어 사용자가 처음으로 영어를 읽을 때, 그 사람의 뇌는 중국어에 기초한 뉴런 경로를 사용한다. 중국어 독서를 함으로써 문자 그대로 '중국어를 읽는 뇌'가 형성되었기 때문이다.[35]

그렇다면 우리가 시를 읽고, 낭송하고, 외운다는 것은 단순히 감성적 취향을 고양시키는 일이 아니다. 우리의 뇌 안에 은유를 창출하는 뇌신경망neural network을 새롭게 구축하는 작업이다. 누구든 시(또는 동시)를 자주 낭송하고 모두 외우고 나면, 그의 뇌 안에 아리스토텔레스가 '천재의 표상'으로 지목한 은유적 사고를 할 수 있는 신경망이 형성된다. 그 결과 (경험을 통해 단언컨대) 말과 글의 표현력이 점차 달라지고 설득력이 높아진다. 자신도 모르는 사이 창의력도 발달할 것이다.

그런데 표현력과 설득력, 그리고 창의력을 기르는 것은 군이 천재가 되려는 야망을 가진 사람이 아니라 해도 오늘을 사는 사람이면 누구나 바라고 원하는 일이 아니던가? 설령 당신이나 당신의 아이가 자연과학을 전공한다고 해도 말이다. 왜냐하면 우리에게 이미 다가온 시대가 분야를 가리지 않고 설득력과 창의력을 요구하기 때문이다.

여기서 궁금해지는 것이 하나 있다. 시에서 은유가 가진 표현력과 설득력 그리고 창의력은 구체적으로 어디서 오는 것일까? 다시 말해 은유가 만들어내는 천재성의 비밀은 정확히 무엇일까? 그것은 알고 보면 시인들이 은유를 통해 자기가 표현하려고 하는 내용을 '이미지화imaging, 形象化'하는 데서 나온다.

그렇다! 이미지는 힘이 세다. 당신이 생각하는 것보다 훨씬 강하다. 이미지는 말이나 글로는 표현할 수 없는 것까지도 상상하게 하고 이해시킨다. 대부분의 시적詩的 또는 통찰적 은유들은 이 힘을 통해 탁월한 표현력, 설득력, 창의력을 드러낸다. 과연 그럴까? 그렇다면 왜 그럴까?

은유와 이미지

· · ·

기원전 6세기에 활약한 여성 시인 사포Sappho, 기원전 612~?는 사랑을 다음과 같이 읊었다.

　　다시 사랑이 온다. 사지를 부수고 고문하는

▲ 로런스 알마 타데마, 〈사포와 알카이오스〉, 1881, 월터스 미술관.

달콤하고 고통스런 그는 내가 이길 수 없는 괴물이다.

이 시에서 사포는, 보이지는 않지만 느껴지고, 온몸에 고통을 주지만 도저히 거부할 수도 없는 사랑을 '내가 이길 수 없는 괴물'이라는 은유로 이미지화해 생생히 보여주었다. 그럼으로써 "사포 이전의 사랑은 불탄 적이 없다"라는 찬사를 이끌어냈고, 고대 그리스 최고의 뮤즈muse가 되었다.

그 후 2,600년쯤 지나, 서정주 시인이 〈다시 밝은 날에 ─춘향春香의 말 2〉에서 사포가 묘사한 '내가 이길 수 없는 괴물'을 '신령님'으로 다시 형상화해 노래했다.

신령님…….

처음 내 마음은

수천만 마리

노고지리 우는 날의 아지랑이 같았습니다.

번쩍이는 비늘을 단 고기들이 헤엄치는

초록의 강 물결

어우러져 나르는 애기 구름 같았습니다.

신령님…….

그러나 그의 모습으로 어느 날 당신이 내게 오셨을 때

나는 미친 회오리바람이 되었습니다.

쏟아져 내리는 벼랑의 폭포,

쏟아져 내리는 소나기 비가 되었습니다.

서정주 시인은 아직 사랑이라는 격랑에 휩쓸리지 않은 춘향의 평온하면서도 설레는 마음을 '봄날의 아지랑이', '맑고 투명한 강 물결', '떠다니는 아기구름'이라는 은유로 표현했다. 즉, 눈에 보이지 않는 열여섯 살 처녀의 마음을 아지랑이, 강물, 구름이라는 시각적 이미지로 묘사한 것이다. 또 이몽룡을 만나 첫사랑에 휩싸인 춘향의 마음을 '미친 회오리바람', '쏟아져 내리는 벼랑의 폭포', '쏟아져 내리는 소나기 비'라고 역시 이미지화하여 표현했다. 그럼으로써 첫사랑의 전율과 환희가 단번에 우리의 가슴을 파고들게끔 했다.

이처럼 시는 표현하고 싶은 말을 가장 짧은 언어로 형상화한 이미지들을 모아놓은 '은유의 보물창고'이다. 영국 왕정복고기를 대표하는 시인 존 드라이든J. Dryden, 1631~1700도 "이미지를 만들어낸다는 것은 그 자체만으로도 시의 생명이자 정점"이라며 시에서 이미지화의 중요성을 강조했다. 때문에 시를 읽고 또 외우면 자기도 모르는 사이에 자신이 하고 싶은 말을 이미지를 통해 짧고 간단하게 표현하는 훈련을 하는 셈이다.

그렇다, 이것이다! 자기가 전하려고 하는 내용을 이미지화하는 것! 알고 보면, 바로 이것이 시인뿐 아니라 동서고금의 뛰어난 사상가, 종교인, 정치가, 웅변가나 문장가들이 가장 즐기는 말하기와 글쓰기의 비법이다. 이 말을 할 때마다 내가 자주 드는 예가 있다. 로마의 노예였지만 놀라운 정신력과 뛰어난 인격으로 후기 스토아 철학의 거두가 된 에픽테토스Epiktetos, 55?~135?의 가르침이다.

입구가 좁은 병 속에 팔을 집어넣고 무화과와 호두를 잔뜩 움켜쥔 아이에게 어떤 일이 일어나겠는지 생각해보라. 그 아이는 팔을 다시 빼지 못해서 울게 될 것이다. 이때 사람들은 '과일을 버려라. 그러면 다시 손을 빼게 될 거야'라고 말한다. 너희의 욕망도 이와 같다.

어떤가? 이 글에는 욕망을 버려야 행복을 얻을 수 있다는 스토아 철학의 심오한 지혜가 '병 속에 팔을 집어넣어 무화과와 호두를 잔뜩 움켜쥐고 우는 아이'라는 이미지를 통해 명료하고도 설득력 있게 표현되어 있지 않은가?

하나의 은유가 이미지를 통해 하나의 사유 체계 전체를 보여준다! 미다스의 '손', 이카로스의 '날개', 프로크루스테스의 '침대'와 같은 수

많은 신화적 은유에서 '손', '날개', '침대'와 같은 이미지들이 하는 일이 바로 그것이다. 어디 그뿐이겠는가! 자신의 사상을 이미지를 통해 일목요연하게 보여주는 능력은 탁월한 학자들이 지닌 공통점이다.

플라톤의 '동굴', 아리스토텔레스의 '자연의 사다리', 데카르트의 '전능한 악마', 다윈의 '생명의 나무', 니체의 '유희', 애덤 스미스의 '보이지 않는 손', 프로이트의 '말馬', 마르크스의 '유령', 하이데거의 '숲길', 하이에크의 '미끄러운 경사길'과 같은 헤아릴 수 없는 학문적 은유들을 보라! 요컨대 천재들은 자신의 사상을 은유를 통해 선명하고 매혹적인 이미지로 표현한다. 이것이 그들의 성공 비결 가운데 하나다.

우연한 기회에 '청소년 시 낭송 축제'를 참관한 경험이 있다. 당신도 알다시피 시 낭송은 일반적으로 조용한 분위기에서 음악과 함께 낭랑한 목소리로 (간혹 열정적인 톤으로 외치는 사람도 있다) 시를 낭독하는 식으로 진행된다. 그래서 응당 그러려니 하고 갔다. 생각했던 대로 전통적인 방식으로 낭송을 하는 청소년들도 있었다. 그런데 그 가운데 상당수는 전혀 달랐다. 그들은 몇 명씩 팀을 이뤄 시의 내용을 유튜브 동영상으로, 힙합으로, 또는 각종 퍼포먼스를 통해 이미지화하여 보여주었다. 어떤 학생은 이상李箱의 시 〈오감도〉를 컴퓨터 게임으로 만들어가지고 나왔다.

어떤가? 놀랍지 않은가? 아마 그럴 것이다. 그래서 나는 이 같은 행사가 전국의 모든 학교에서 정기적으로 열렸으면 하는 바람을 갖고 있다. 나는 이 학생들이 시에 관심이 있다고 해서 장래에 전업 시인이 될 것이라고 생각하지 않는다. 간혹 그런 학생이 나올 수도 있겠지만, 아마 대부분이 다른 분야에서 자신의 진로를 개척해나갈 것이다. 그리고 그들은 어디서 무엇을 하든 각자 자기가 하는 일을 '창의적으로'

그리고 '탁월하게' 해나가리라고 믿는다. 왜냐하면 그들은 이미 자신의 생각을 이미지화하는 훈련을 쌓았기 때문이다.

세계적인 신경학자 호레이스 바로우H. Barlow는 두 동료와 함께 쓴 《이미지와 이해》에서 이미지가 가진 힘을 다음과 같이 서술했다.

> 화가, 디자이너, 엔지니어들이 공통적으로 고민하는 오랜 문제가 있다. 누군가의 마음속에 있는 생각이나 사실을 어떻게 다른 사람의 마음에 옮겨놓는가? 어떻게 이 마음의 수혈은 이루어지는가? 그것은 이미지를 통해서다. 거기에는 그림이나 도형의 형태도 있지만, 말, 시연試演, 음악이나 춤의 형태도 있다.[36]

당신의 생각은 어떤가? 혹시 당신은 이미지화가 문학이나 인문, 사회과학 또는 예술 분야에서나 그 같은 효과를 발휘하지 않겠느냐고 생각할 수도 있다. 그런데 아니다! 교육심리학자나 인지과학자들이 쓴 일련의 저술들, 예컨대 《생각의 탄생》, 《다중지능》, 《마음의 틀》, 《글자로만 생각하는 사람, 이미지로 창조하는 사람》 등을 보면 당신도 생각이 달라질 것이다.

글자는 느리고 이미지는 빠르다

• • •

미국 댈러스대학교 토머스 웨스트T. G. West 교수는 《글자로만 생각하는 사람, 이미지로 창조하는 사람》에서 "글자는 느리고 이미지는 빠르다"면서 다양한 분야에서 이루어진 최신 과학 발전들을 예로 들어

'시각적 사고'가 왜 수학이나 자연과학에서도 창조성의 핵심일 수밖에 없는지를 설명했다. 그리고 아인슈타인, 레오나르도 다빈치, 마이클 패러데이, 제임스 맥스웰, 앙리 푸앵카레, 토머스 에디슨, 막스 플랑크, 리처드 파인먼 등 숱한 수학자, 과학자들의 고백적 진술을 통해 시각적 또는 이미지적 사고의 뛰어남을 강조했다.[37]

예를 들어 알베르트 아인슈타인A. Einstein은 한 설문지 답변에서 "직감과 직관, 사고 내부에서 본질이라고 할 수 있는 심상·image이 먼저 나타난다. 말이나 숫자는 이것의 표현 수단에 불과하다"며 자연과학적 사고에서도 이미지의 우선성을 강조했다. 노벨상을 수상한 물리학자 리처드 파인먼R. Feynman도 같은 의미에서 "내가 문제를 푸는 과정을 보면 수학으로 해결하기 전에 어떤 그림 같은 것이 눈앞에 계속 나타나서 시간이 흐를수록 정교해졌다"라고 고백했다.

요점은 다양한 이미지를 사용하는 '시각적 사고'가 자연과학자들이 창조적인 작업을 할 때에도 필수적이라는 사실이다.[38] 웨스트는 그가 '우뇌형 사고방식'이라고도 부르는 시각적 사고를 다음과 같이 규정했다.

시각적 사고란 머릿속으로 이미지를 만들어내거나 떠올려 그것을 조작하고, 덮어씌우고, 해석하고(비유 등의 방법으로), 유사한 형태와 연관 짓기도 하고, 회전시키고, 크기를 늘리거나 줄이기도 하고, 하나의 익숙한 이미지에서 다른 이미지로 단계적으로 변형시키기도 하는 사고방식이라고 정의 내릴 수 있다.[39]

그런데 이 같은 일들은 시인이, 화가가, 조각가가, 그리고 작곡가가 각자 그들의 작업을 할 때 항상 하는 일들이 아니던가? 그리고 우리는 이 같은 작업을 은유라고 부르지 않던가? 시각적 사고를 '패턴 인식', '문제 해결', '창조성'과 같은 의미로 규정하는 웨스트는 다음과 같은 말도 덧붙였다.

우리의 취지에 맞춰 패턴 인식을 두 개나 그 이상의 사물들 속에서 형태적 유사성을 알아차리는 능력이라고 가정해보자. 비슷한 타일 디자인이든, 가족들의 닮은 얼굴이든, 반복되는 생물학적 성장 사이클 그래프든, 시대의 역사적 유사성이든 상관없다.[40]

'두 개 이상의 사물 속에서 형태적 유사성을 알아차리는 능력'이라는 말에 주목하자. 어디서 들어본 말이 아닌가? 그렇다! 우리는 앞에서 아리스토텔레스가 은유를 '천재의 표상'으로 규정하며 똑같은 말을 한 것을 보았다.

그래서 도달한 결론은 이렇다! 인문학자든, 사회과학자든, 자연과학자든, 예술가든, 모두가 자신들의 창의적인 작업에 은유라는 생각의 도구를 사용한다. 웨스트 교수에 의하면, 서로 다른 사물들의 유사성을 재빨리 간파함으로써 얻어지는 은유는 (좌뇌가 주관하는) 언어를 통해서보다는 (우뇌가 주도하는) 패턴 인식을 통해 먼저 우리에게 모습을 드러낸다. 우리의 뇌가 개념적 혼성을 할 때, 새로 입력된 요소들의 패턴을 인지해 그것을 바탕으로 은유를 만들어내기 때문이다. 이것이 "글자는 느리고 이미지는 빠르다"라는 그의 선언이 뜻하는 바다.

에덜먼은《뇌는 하늘보다 넓다》에서 우리가 지금까지 한 이야기를 뇌신경과학 언어로 다음과 같이 정리했다.

뇌는 심지어 언어보다 먼저 패턴 인식에 의해 기능하기 때문에, 뇌는 이른바 '전은유적pre-metaphorical' 능력들을 생산한다. 그런 유추 능력들은 특히 나중에 언어로 전환되었을 때에는 신경망의 퇴행성에서 비롯되는 연합성에 의존한다. 그 결과로서 발생하는 은유 능력의 산물들은 불가피하게 모호한 반면 매우 창조적일 수 있다.[41]

유치원이 대학원보다 중요한 이유

...

20세기가 전문 지식의 시대였다면, 21세기는 창의적 사고의 시대라는 것은 이제 누구나 아는 상식이 되었다. 그것은 창의적인 천재들이 예전에는 가난에 시달렸던 것과는 달리, 오늘날에는 어마어마한 부와 명예를 한꺼번에 거머쥐고 있다는 사실로도 입증되고 있다. 예컨대 당신도 잘 아는《해리포터 시리즈》를 쓴 조앤 롤링J. K. Rowling은 불과 10년 만에 단 7권의 소설로 천문학적인 부를 축적했다.

창의성은 오늘날 이미 우리의 경제와 사회를 움직이는 거대한 능력으로 부각되고 있고, 앞으로 점점 더 막강한 권력으로 작용할 것이다. 따라서 오늘날 교육에서 창의성이 그 무엇보다도 중요시되는 것은 당연하다. 그런데 지금까지 살펴본 대로, 서로 다른 사물이나 사건들의 유사성(동일성이 아니다!)을 재빨리 간파하는 능력이 창의성을 기르는 데 다른 무엇보다도 탁월한 효과가 있다. 따라서 학습을 통해 은유라는 생각의 도구를 능숙하게 다루도록 하는 일은 어른, 아이 가릴 것 없이 누구에게나 매우 중요하다.

그렇지만 여기서는 다른 누구보다도 아이들에게 은유가 하나의 생각의 도구라는 인식을 심어주고, 그것을 능숙하게 다루는 방법을 교육시키는 일이 매우 중요하다는 것을 강조하고 싶다. 이유는 두 가지인데, 하나는 현실적인 것이고 다른 하나는 이론적인 것이다.

먼저 현실적인 이유는 이렇다. 교육학과 경제학을 융합하여 28세에 하버드대학교 종신교수가 되었고, 2013년 3월 젊은 경제학자에게 주는 '존 베이츠 클라크 메달'을 받은 라즈 체티R. Chetty의 조사에 의하면, 지금의 저소득층 가정이 미래의 중산층 가정이 되려면 어릴 때 우수한 교육을 받아야 한다. 체티는 1980년대에 태어난 1만여 명을 대상으로 조사한 결과, "어렸을 때 얼마나 질 높은 교육을 받는지가 평생 소득을 좌우"하며, "누구나 가는 유치원 교육이 일부만 가는 대학원 교육보다 중요하다"는 결론에 도달했다. 이것이 사실이라면 은유같이 중요한 교육을 소홀히 하거나 미룰 이유가 무엇인가?

아이들에게 은유를 교육시켜야 한다는 이론적인 이유는 은유가 범주화를 통해 생겨난 첫 번째 생각의 도구이자 다른 모든 생각의 도구들의 모태이기 때문이다. 2부 1장 〈생각 이전의 생각〉에서 살펴보았듯이, 모든 생각의 시원인 범주화도 유사성을 통해 이뤄진다. 이 점에서 범주화와 은유가 같다. 범주화는 대상들의 유사성을 통해 개념을 만들어내고, 은유는 원관념과 보조관념의 유사성을 통해 원관념의 본질을 드러낸다는 점이 다를 뿐이다.

여기서 주목하고자 하는 것은, 포코니에와 터너, 레이코프와 존슨과 같은 인지과학자들이 주장하는 대로 우리의 뇌에서는 은유가 범주화 다음에 자연스레 일어난다는 사실이다. 다시 말해 우리의 뇌는 범주화를 통해 생겨난 개념들을 가만히 놓아두지 않고 마구 섞어서 (인지과학자들이 말하는 개념적 혼성을 하여) 부지런히 은유들을 만들어낸다. 이 같은 사실은 대강 5세 전후의 미취학 아동들이 '끊임없이' 은유들을 만들어내는 것을 보아도 알 수 있다.

이 아이들이 만드는 은유는 때로는 천재적이고 또 때로는 부적절하기도 하지만, 아이들은 정말이지 쉴 새 없이 개념들을 연결하고 섞어 은유를 만들어 말하거나 논다. 취학 전 아이들의 말이나 행동이 때때로 터무니없는 것이 대개 그래서다. 예를 들어 아이들은 작대기를 말馬이라고 타고 다니는 시늉을 내며, 바나나를 전화기라고 들고 다니고, 새끼줄을 뱀이라며 갖고 논다. 그러다 6세 이후부터 학교에 다니면서 점차 부적절하거나 불합리한 은유를 순화해가는데, 그러면서 은유의 사용도 함께 줄어든다.

왜 그럴까? 주된 이유는 나이가 들면서 은유 능력이 점차 떨어진다는 데 있다. 하지만 이에 못지않게 영향을 미치는 것이 있다. 유사성이 아니라 동일성을 기반으로 하는 교육에 의해 아이들이 점차 길들여지기 때문이다. 다시 말해 교육은 작대기는 말이 아니고, 바나나가 전화기가 아니며, 새끼줄이 뱀이 아니라는 것을 아이들에게 자연스레 깨우쳐준다. 이것은 당연히 필요한 교육과정이긴 하다. 학문은 물론이고 모든 이성적 판단은 동일성의 원칙, 곧 'A는 A이다'라는 동일률과 'A는 ~A가 아니다'라는 모순율을 기반으로 하기 때문이다.

그러나 그것을 통해 아이들이 아리스토텔레스가 말하는 천재의 표상인 '서로 다른 사물들의 유사성을 재빨리 간파할 수 있는 능력'을 빠르게 상실해간다면, 대안이 필요한 것이 명백하다. 설득력과 창의력이 필수적인 시대적 요구에 비춰보면, 이 같은 현상은 개인적으로뿐 아니라 사회적으로도 손실이 아닐 수 없기 때문이다. 내 생각에는 '이것을 취하되 저것도 버리지 말아야 한다'는 지혜가 해법이다. 초등학교 시기부터 아이들에게 은유를 스스로 만들고 능숙하게 다루도록 별도의 학습을 시켜야 한다는 뜻이다.

로마의 시인 호라티우스Horatius, 기원전 65~기원전 8는 "통에 채워진 첫 번째 포도주는 오랜 시간 뒤에도 술통에서 그 향기를 풍기는 법"이라는 말을 남겼다. 어릴 때 받은 영향이 오래 지속된다는 뜻인데, 은유교육과 연관해서도 다시 새겨보아야 할 교훈이다. 문제의 심각성과 대책의 중요성을 강조하기 위해 더불어 소개하고 싶은 심리 실험이 있다.

산과 포플러는 어떤 공통점이 있나요

· · ·

우리는 앞에서 비고츠키 학파의 2인자인 루리야가 우즈베키스탄과 키르기지아 오지에서 광범위한 탐사 실험을 하고 그 결과를《비고츠키와 인지 발달의 비밀》에 상세히 남겨놓았다는 것을 알았다. 또한 그의 연구 결과에 따르면, 글을 읽거나 쓰지 못하는 문맹과 잠시나마 교육을 받은 사람의 범주화 체계가 전혀 다르며, 교육 수준에 따라 색조 분류, 기하학적 도형 분류, 추상적 분류 등에서 범주화 능력이 크게 차이가 난다는 사실도 알았다. 그렇다면 은유와 연관된 실험에서는 어떤 결과가 나왔을까?

루리야는 먼저, 우리가 대상에서 유사성을 발견하는 일이 비유사성을 찾아내는 일보다 어렵다고 전제한다. 이 같은 사실은 알프레드 비네A. Binet와 다른 심리학자들의 고전적 연구들이 오래전에 입증했다는 말도 덧붙였다. 그 이유는 비유사성은 단지 대상의 물리적 자질을 비교하기만 하면 드러나지만, 유사성은 대상들의 자질을 비교한 다음 둘 사이의 공통점을 찾아내는 언어적이고 논리적인 추론 과정을 거쳐야만 얻어지기 때문이다.[42]

그래서 루리야는 유사성을 판별하는 능력을 검사하는 실험만 하기로 계획하고, 여느 때와 마찬가지로 피실험자들을 세 그룹으로 나누어 실험을 실시했다. 오지 마을 출신의 농부들(문맹), 집단농장 활동가들(거의 문맹), 학교교육을 받은 젊은이들, 셋이다. 실험은 예컨대 "장미와 오이는 어떤 공통점이 있나요?", "닭과 개, 둘 다를 위해 사용할 수 있는 한 낱말이 있나요?"와 같이, 주어진 두 사물 사이의 유사성을 판별하기 위한 단순한 비교와 추론을 필요로 하는 질문을 하는 식으로 진행했다.[43]

검사 결과, 오지 마을 출신의 문맹인 농부들은 다른 두 집단과 달리 질문 자체를 회피하려 하거나, 유사성을 찾는 데 어려움을 보였다. 예컨대 마크수드(38세, 문맹)라는 노동자를 상대로 한 실험 중 일부를 소개하면 다음과 같다.[44]

Q. 닭과 개는 어떤 공통점이 있나요?
A. 그것들은 비슷하지 않아요. 닭은 다리가 두 개고, 개는 네 개예요. 닭은 날개가 있지만 개는 없어요. 개는 귀가 크지만 닭은 작아요.

Q. 당신은 그 둘이 무엇이 다른지에 대해 말하셨어요. 그것들의 비슷한 점은 무엇인가요?
A. 그것들은 비슷하지 않아요.

Q. 닭과 개, 둘 다를 위해 사용할 수 있는 한 낱말이 있나요?

A. 없어요. 물론 없지요.

Q. 닭과 개, 둘 다에 어울리는 낱말이 무엇일까요?

A. 모르겠는데요.

Q. 동물이라는 낱말이 어울리나요?

A. 네.

마크수드는 닭과 개 사이에 있는 비유사성은 쉽게 알아차렸지만 유사성을 찾아내지는 못했다. 실험자가 닭과 개라는 종種을 모두 포함하는 '동물'이라는 유類의 이름을 골라서(이것을 일반화라 한다) 알려주자, 그때서야 그 둘의 유사성으로 받아들였다. 이 실험은 그냥 방치할 경우 우리의 은유 능력이 얼마나 퇴화할 수 있는가를 보여준다. 다른 예로 카드지 말(45세, 문맹)이라는 농부를 상대로 한 실험은 이렇게 진행되었다.[45]

Q. 산과 포플러에는 어떤 공통점이 있나요?

A. 산이요. 이게 산이에요. 하지만 포플러는 물을 먹기 때문에 자라지요. 만약에 우리가 산에 포플러를 심으면, 포플러는 자라지 않을 거예요. 그러려면 좋은 토양이 필요해요.

Q. 어떤 면에서 그것들이 비슷한가요?

A. 당신이 멀리 떨어져서 본다면 산은 크지만 포플러는 작아요.

Q. 그렇지만 거기에는 비슷한 게 있잖아요?

A. 조금 비슷하네요. 포플러도 크네요.

2부 1장에서 범주화를 다루면서 이미 살펴보았듯이, 산도 크고, 포플러도 크다는 사실에서, 두 대상들의 공통점인 '큰 것'이라는 개념을 이끌어내는 일을 '추상화abstraction'라 한다.

일반화와 추상화는 모두 우리의 정신이 범주화에 의해 구분한 대상들을 보다 더 큰 묶음으로 묶는 작업이다. 하지만 누구에게나 추상화는 일반화보다 어렵다. 카드지 말의 경우도 그렇다. 아마 당신도 갑자기 '산과 포플러는 어떤 공통점이 있나요?'라는 질문을 받았다면 조금은 당황했을 것이다. 우리가 '산처럼 큰 나무(또는 빌딩)'와 같은 은유를 종종 접하거나 사용하면서도 말이다. 하지만 카드지 말도 실험자의 유도에 의해서 두 대상 사이에 존재하는 유사성을 찾아내는 데 성공했다.

일반화와 추상화는 모두 대상들 사이에 존재하는 유사성을 찾아냄으로써 이뤄지지만, 그 가운데 추상화가 모든 창의적 작업의 산실이라는 점에서 특히 중요하다. 추상화란 간단히 말해 '복잡한 대상 또는 대상들에서 단 하나의 공통된 특징만을 제외하고는 모두 제거함으로써 어떤 새로운 의미를 발견해내는 작업'이다.

시인, 소설가들이 글을 쓰고 반드시 필요한 부분을 제외하고는 반복해 덜어내는 작업, 화가들이 대상의 본질만 남겨두고 단순화하는 일, 실험과학자들이 반복하는 실험을 통해 복잡한 현상들로부터 어떤 원리를 찾아내는 작업, 이론물리학자들이 자연을 수식으로 표현하는 일들이 모두 추상화를 통해 이뤄진다. 그리고 그 밑에는 '대상들 사이에 존재하는 유사성'이라는 발판이 깔려 있다. 아리스토텔레스가 '서로 다른 사물들의 유사성을 재빨리 간파할 수 있는 능력'을 천재의 표상으로 삼았다는 것을 다시 한 번 떠올리게 하는 대목이다.

루리야의 실험 결과는 우리에게 적어도 두 가지의 의미 있는 정보를 던져준다. 하나는 설사 서로 다른 사물이나 사건들의 유사성을 간파할 수 있는 능력을 상실한 사람이라 하더라도 교육자 또는 조력자의 도움만 약간 있다면 그것을 회복 내지 향상시킬 수 있다는 것이다. 다른 하나는 루리야가 실험에서 사용한 '질문 응답법'을 적당히 개량한다면 좋은 은유 학습 도구가 될 수 있다는 것이다.

은유의 학습을 위해서는 앞에서 이미 시 읽기와 낭송 및 암송을 권했다. 그것이 매우 효과적인 방법임에는 의심의 여지가 없다. 그렇지만 은유의 중요성을 감안한다면, 이 밖의 다양한 학습 방법들도 따로 개발되어야 하는 것도 자명하다. 물론 그것은 교육학자들이 신중히 연구해야 할 전문 분야지, 철학을 하는 사람이 왈가왈부할 일은 아니다.

그럼에도 불구하고 루리야의 실험 결과와 지금까지 우리가 살펴보았던 포코니에와 터너의 뇌신경과학적 이론, 그리고 레이코프와 존슨의 인지과학적 주장을 근거로 조심스레 한 가지 방법을 제안하고 싶다. 이름하여 '차라의 부대주머니 훈련법'인데, 핵심은 우리가 은유를 만들 때 뇌에서 일어나는 과정, 곧 개념적 혼성을 임의적으로 훈련하자는 것이다.

차라의 부대주머니 훈련법

• • •

우리는 앞에서 우리의 뇌가 개념들을 마구 섞어 새로운 개념을 만들어내는 개념적 혼성을 할 때 '선택적 투사'라는 적당한 조정 작업이 실행된다는 것을 알았다. 따라서 우리의 뇌는 신문 기사를 적당히 잘라 그 안에 든 낱말들을 오려서 부대주머니 안에 넣고 흔들어 섞은 다음 그 조각을 아무거나 하나씩 꺼내 적으면 시가 된다는 다다이즘 시인 트리스탕 차라의 시 짓기 방법과 다르게 작동한다는 결론에 도달했다. 그럼에도 차라의 시 짓기 방법은 약간 변형하기만 하면 은유를 학습하고 훈련하는 데 매우 유용하게 활용할 수 있다.

먼저 부대주머니에 하나의 낱말(예: TV, 책, 달, 죽음, 여행, 음식 등)을 적은 카드들을 넣고 섞어놓는다. 그리고 아이들에게 부대주머니 속에 손을 넣어 아무것이나 2장씩을 고르게 한다. 그다음, 그 낱말들을 'A는 B다'라는 문장의 기본 틀에 넣도록 한다. 만일 어떤 아이가 '책'과 '여행'이 적힌 카드들을 골랐다면 '책은 여행이다'나 아니면 '여행은 책이다'라는 은유 문장을 만들게 한다. 다른 아이가 달과 TV가 적힌 카드들을 골랐다면, 마찬가지로 '달은 TV다'나 아니면 'TV는 달이다'라는 문장을 만들게 한다.

그런 다음, 책과 여행, 또는 달과 TV 사이의 유사성들을 각각 찾아보게 한다. 그럼으로써 서로 다른 사물이나 사건들의 유사성을 재빨리 간파할 수 있는 능력을 훈련시킬 수 있다. 얼핏 생각하면 위에서 고른 낱말들 사이에는 아무 유사성이 없어 보인다. 하지만 곰곰이 다시 생각해보면 그렇지 않다. 가령 책과 여행 사이의 유사성으로는 '시작과 끝이 있다는 것', '그것을 즐기려면 일정한 돈과 시간을 지불해야 한다는 것', '무엇인가를 배울 수 있다는 것' 등을 들 수 있을 것이다.

원칙적으로 유사성을 전혀 찾을 수 없는 두 단어는 없다. 단지 찾아낸 유사성이 일반적으로 수긍할 수 있느냐 아니냐가 다를 뿐이다. 달과 TV 사이에도 마찬가지다. 얼핏 보면 이들 사이에 유사성이 전혀 없어 보인다. 그렇지만 곰곰이 생각해보면, 가령 '모두가 함께 바라본다는 것', '그것을 보며 무엇인가를 느끼거나 생각한다는 것' 등을 들 수 있다. 당신도 알다시피, "달은 TV다"는 비디오아트의 거장 백남준이 한 말이다.

그다음에는 비유사성도 찾아보게 한다. 그럼으로써 좋은 은유 또는 리쾨르가 말하는 '살아 있는 은유'가 무엇인지를 깨닫게 한다. 책과 여행 사이의 비유사성으로는 '책은 이동하면서 볼 수 없지만, 여행은 이동해야만 즐길 수 있다'는 것을 들 수 있다. 달과 TV 사이의 비유사성으로는 '달은 하늘에 있지만 TV는 땅에 있다'는 것을 들 수 있다.

여기서 아이들은 자신들이 찾은 비유사성을 이용해 위에서 만든 문장들을 더 '좋은' 또는 '살아 있는' 은유로 만들 수도 있다. 가령 '책은 앉아서 하는 여행이다'나 '여행은 다니면서 보는 책이다'라든지, 또는 '달은 하늘에 걸린 TV다', 'TV는 땅에 놓인 달이다'처럼 말이다. 이 같은 방법을 통해 때로는 탁월한 시인이나 학자 또는 기발한 광고 전문가가 만들었을 법한 은유가 탄생하기도 한다.

물론 '차라의 부대주머니'를 이용한 이 방법은 무작위적으로 행해지기 때문에 부적절하거나 공감하기 어려운 조합을 만들어내기도 한다. 위의 예에서 만일 어느 아이가 '죽음'과 '음식'이 적힌 카드를 골랐다면, 그 아이는 '죽음은 음식이다'나 '음식은 죽음이다'라는 문장을 만들 것이다. 이 경우에 아이는 두 낱말 사이에서 유사성과 비유사성을 찾아내기가 쉽지 않을 것이고, 설령 찾아낸다 해도 자연스럽지 않을 것이다. 그것은 좋은 또는 살아 있는 은유가 아니라는 표시다. 그러나 무엇이 부적절한 은유이고, 그것이 왜 부적절한지를 아는 것도 역시 좋은 학습이 될 수 있다.

자, 어떤가? 내가 '차라의 부대주머니 훈련법'이라고 부르고자 하는 이 방법이 은유를 학습할 수 있는 하나의 좋은 방법이 되지 않겠는가? 이 학습법의 장점은 부대주머니에서 낱말을 무작위로 골라내게 함으로써 무엇보다도 은유 만들기의 심리적 부담감을 극복하게 한다는 것이다. 다시 말해 이 방법은 은유가 탁월한 시인이나 천재들만이 구사할 수 있는 어떤 특별한 것이 아님을 인식하게 하여, 아이들이 은유와 친근해지게 할 것이다. 나아가 은유라는 생각의 도구를 사용하는 능력, 곧 아리스토텔레스가 천재성으로 꼽은 서로 다른 사물이나 사건들의 유사성을 재빨리 간파할 수 있는 능력을 크게 향상시켜 줄 것이다. 그렇다면 이 방법이 아이들뿐 아니라 당신에게도 유용함은 두말할 필요가 없다.

처음에는 '차라의 부대주머니'를 이용하지 않고, '사랑은 괴물'이라는 사포의 은유나 '시간은 파발마'라는 셰익스피어의 은유 등과 같이 이미 만들어진 탁월한 은유들을 이용해서도 같은 학습을 실행할 수 있다. 다시 말해 우리는 사랑과 괴물, 시간과 파발마 사이의 유사성과 비유사성을 묻고, 대상의 본질과 새로운 의미가 얼마나 잘 드러났는지를 따져볼 수도 있다. 그러면 천재들의 은밀한 비밀이 훤히 드러나 보일 것이다. 아이들과 함께 훈련을 할 경우에는 동시童詩에 나오는 은유를 사용해야 함은 물론이다.

전하고자 하는 요점은, 어떤 방법을 쓰든지 우리와 우리의 아이들이 이 같은 은유 학습을 통해 시대적 요구인 표현력과 설득력, 그리고 무엇보다도 창의력을 향상할 수 있다는 것이다.

2장

아르케 – 원리

모든 지식은 관찰로부터 시작한다.
우리는 세계를 정밀하게 관찰할 수 있어야 한다.
그래야만 행동의 패턴들을 구분해내고,
패턴들로부터 원리들을 추출해내고,
사물들이 가진 특징들에서 유사성을 이끌어내고,
행위의 모형을 창출할 수 있으며, 효과적으로 혁신할 수 있다.
― 로버트와 미셸 루트번스타인

원리原理 역시 중요한 생각의 도구다. 혹시 당신은 지금 우리가 살고 있는 세계가 과학적으로 이해하거나 지배할 수 있는 장소처럼 느껴지는가? 오늘날 우리가 살고 있는 세상이 임의로 조종하거나 구성할 수 있는 대상으로 생각되는가? 그렇다면 그것은 원리라는 생각의 도구 덕분이다! 아니면 혹시 당신은 지금 어떤 개인적 또는 사회적, 경제적, 정치적 문제에 당면해 있는가? 그래서 그 문제를 합리적으로 해결하고 싶은가? 그렇다면 문제를 해결할 수 있는 원리라는 생각의 도구를 찾아야 한다.

예컨대 유클리드의《원론》에 적힌 기하학 원리들과 같은 수학적 원리, 아이작 뉴턴I. Newton, 1642~1727의 《자연철학의 수학적 원리》에 나오는 운동의 법칙과 같은 자연과학 원리들, 그리고 수요와 공급의 법칙이나 그레셤의 법칙과 같은 경제 원리 등이 그렇듯이, 원리란 우리가 그것을 통해 세계를 이해하고 구성하고 조종하거나 지배할 수 있게 하는 생각의 도구다. 또한 우리가 당면한 크고 작은 문제를 합리적으로 해결할 수 있게 하는 생각의 도구이기도 하다.

우리가 아는 한, 지금으로부터 2,600년 전쯤 소아시아 반도에 있는 밀레토스Miletos 사람 탈레스Thales, 기원전 624~기원전 545가 원리라는 생각의 도구를 처음으로 개발했다. 플라톤은 그의 대화록《프로타고라스》에서 탈레스를 그리스 문명의 여명기를 연 '그리스 7현인'[1] 가운데 하나로 꼽았다. 2세기 후반에 활동했다고 짐작되는 디오게네스 라에르티오스D. Laertios가《그리스 철학자 열전》에서 전하는 다음과 같은 탈레스의 잠언들을 들어보면 그럴 만도 하다.

> 가장 오래된 것은 신이다. 신은 태어난 존재가 아니기 때문이다.
> 가장 아름다운 것은 우주다. 신이 만든 것이므로.
> 가장 큰 것은 공간이다. 모든 것을 포함하니까.
> 가장 빠른 것은 마음이다. 모든 것을 꿰뚫으니까.
> 가장 강한 것은 운명이다. 모든 것을 지배하니까.
> 가장 현명한 것은 시간이다. 모든 것을 밝게 드러내기 때문이다.[2]

이 밖에도 탈레스는 가장 어려운 일은 "자기를 아는 것"이라고 했고, 가장 쉬운 일은 "남에게 충고하는 것"이라고 했으며, 가장 유쾌한 일은 "매사가 순조롭게 흘러가는 것"이라고 했고, 가장 진기한 것은 "나이 든 독재자"라고 했다. 가장 올바르고 정의롭게 사는 일이 무엇이냐는 물음에는 "우리가 비난하는 다른 사람의 행위를 우리 스스로하지 않으면 된다"라고 답했고, 가장 행복한 사람이 누구인가 하는 물음에는 "몸이 건강하고, 정신이 지혜롭고, 성품이 순수한 사람"이라고 답했다.

탈레스의 생애와 사상은 그리스 여명기의 다른 철학자들과 마찬가지로 후대 사람들의 저술 속에 인용문 형태로 남아 있는 단편들을 통해서 부분적으로 전해지고 있다. 플라톤, 아리스토텔레스, 헤로도토스, 심플리키오스, 프로클로스, 그리고 디오게네스 라에르티오스 등의 저술들에 흩어져 있는 단편들을 모아보면, 탈레스가 7현인들 가운데서도 '가장 현명한 사람'으로서 생전뿐 아니라 사후에도 그리스인들의 존경을 받은 것이 분명하다. 델포이 신전에 새겨져 있어 훗날 소크라테스가 인용해 사용함으로써 유명해진 "너 자신을 알라"라는 말도 그가 한 것으로 전해진다.[3]

여기까지 종합해보면 탈레스는 플라톤이 전하는 대로 삶의 지혜를 가르친 전형적인 현인처럼 보인다. 어쩌면 그가 정치가였는지도 모른다. 나머지 현인 6명이 모두 정치가이기 때문이다. 하지만 이 모두가 탈레스에 대한 성급한 판단들이다. 아리스토텔레스는 탈레스를 그의 스승과 전혀 다르게 보았다. 그는 탈레스를 7현인에 속하는 다른 현인들과 확연히 구분하여, "자연에 관한 탐구를 헬라스 사람들에게 알게 해준 최초의 사람"[4] 또는 "그런 철학의 창시자"[5]로 새롭게 평가했다. 요컨대 탈레스는 자연철학의 시조라는 말이다. 전해 내려오는 단편들을 보면 그 또한 그럴 만하다.

3부 | 생각을 만든 생각들

탈레스 스타일

...

기록에 의하면, 탈레스는 젊어서 이집트를 여행했다. 그의 고향인 밀레토스는 에게해를 마주한 소아시아 반도 서쪽 끝자락에 자리하고 있어 일찍부터 이집트로 가는 뱃길이 열려 있었다. 탈레스는 이집트에서 기하학을 배웠다.[6] 그의 탁월함은 당시 이집트의 이런저런 잡다한 기하학 지식들을 수용하는 데 그치지 않고, 그것을 하나의 '원리'로 만들어 현실적인 문제 해결에 적용했다는 데에 있다.

아리스토텔레스의 제자인 히에로니무스Hieronymus가 전하는 바에 의하면, 탈레스는 한낮에 자신의 키와 그림자의 길이가 일치하는 때에 맞춰 피라미드의 그림자 길이를 잼으로써 그 높이를 측정했다.[7] 나중에 플루타르코스Ploutarchos는 그가 땅에 일정한 길이의 막대기를 세워서 그 그림자를 재고 닮은 삼각형 원리를 이용하여 피라미드 높이를 쟀다고 전했다. 어쨌든 같은 원리다.

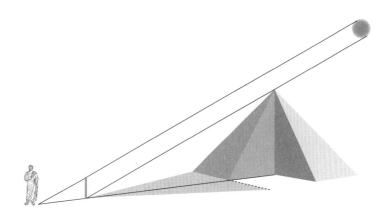

▲ **피라미드의 높이 재는 탈레스(플루타르코스에 따름)**

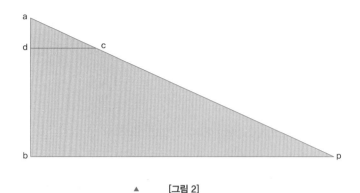

[그림 2]

탈레스는 또 바다에 떠 있는 배가 해안과 떨어진 거리를 측정하기도 했다고 알려져 있다.[8] 그러나 그가 어떤 원리를 이용해 거리를 측정했는지는 알려지지 않았다. 수학자 헤스Heath는 탈레스가 '한 변의 길이와 그 변 좌우의 각이 같은 두 삼각형은 서로 합동이다'라는 원리를 이용해 이 문제를 풀었을 것으로 추측했다. 그럴 수 있다. 왜냐하면 이 원리는 탈레스 자신이 직접 발견한 5가지 기하학 정리[9] 가운데 하나이기 때문이다. 풀이 과정은 아마 다음과 같이 진행되었을 것이다.

탈레스는 그림 2에서처럼 일정한 거리, 예를 들어 100미터 떨어진 해안의 두 지점 a와 b에서 각각 배와 이루는 두 각 ∠a와 ∠b를 재고 (이때 그림과 같이 ∠b를 직각으로 하면 편리하다), 한 변의 길이가 1미터이고 그 변 좌우의 각이 ∠a와 ∠b가 되도록 삼각형을 그린 다음, 그 삼각형의 꼭짓점에서 밑변까지의 길이를 재어 100배로 늘렸을 것이다.

진위 여부야 어떻든 이 이야기를 통해 우리가 알 수 있는 것은 탈레스가 원리란 무엇이며, 그것이 무엇을 할 수 있는지를 분명히 알고 있었다는 사실이다.

그뿐 아니다. 탈레스는 바빌로니아와 페니키아로부터 천문학과 기상학을 들여와 연구했다. 그가 페니키아의 귀족 가문 출신이라는 이야기는 그래서 나왔다. 그는 기원전 585년 5월 28일에 일어날 일식을 예언했고, 황도가 기울어져 있다는 것을 발견했으며, 동지冬至와 하지夏至를 알리는 태양의 지점至點들과 그 편차를 계산했다. 해와 달의 크기를 추정했으며, 뱃사람들이 항해할 때 북쪽을 알아보는 데 이용하는 별자리를 큰곰자리에서 작은곰자리(북두칠성)로 바로잡았다.[10]

천체를 탐구하는 망원경 같은 기구들이 존재하지 않았다는 것을 감안하면, 탈레스가 얼마나 열정적으로 그리고 주도면밀하게 천체를 관찰하고 기록하고 연구했는지를 짐작할 수 있다. 이런 지식들의 탐구는 분명 삶의 지혜를 전하려는 현인들이 하던 일은 아니다. 탈레스는 자연을 관찰하고, 그것을 바탕으로 원리를 만들고, 그 원리를 현실 생활에 적용하려고 노력했다. 바로 이것이 고대 그리스에 새로운 바람을 불러일으킨 '탈레스 스타일'이다! 이와 연관해 플라톤이 《테아이테토스》에서 짤막하게 소개하고 디오게네스 라에르티오스가 비교적 상세히 전한 일화가 있는데[11] 이야기로 꾸미면 다음과 같다.

벌겋게 달군 쇳덩이 같던 태양이 이윽고 에게해 바닷속으로 가라앉았다. 그러자 삼시에 밤이 찾아왔다. 하늘이 갑자기 검푸른 비단 옷감을 한 자락 펼치더니 그 위에 수많은 별들을 뿌려놓았다. "별 보기 딱 좋은 밤이야!" 탈레스가 집을 나서며 외쳤다. "밤마다 그렇게 말씀하시잖아요." 트라케 출신 하녀가 따라 나서며 투덜거렸다. 밤마다 별을 관찰한다면서 산등성이를 오르는 노인의 시중들기가 잔뜩 못마땅한 눈치다.

하지만 탈레스는 못 들은 척 하늘만 바라보고 걸었다. 그러다 길가 웅덩이에 빠지며 벌렁 나둥그러졌다. 깊진 않았지만 크게 놀란 탈레스가 큰 소리로 도와달라고 외쳤다. 그를 부축해 꺼낸 후 하녀가 조롱하듯 물었다. "탈레스 님, 당신은 발밑에 있는 것조차 분별하지 못하시면서 어떻게 하늘에 있는 것을 알 수 있다고 생각하세요?" 탈레스가 하녀에게 뭐라 답했는지는 알 수 없다. 하지만 그가 얼마나 관찰에 몰두했는지는 알 수 있다.

그에 관한 다른 일화들도 몇 가지 전해오는데, 모두 탈레스 스타일의 특징을 여실히 보여준다. 탈레스는 이집트 나일강 삼각주에 해마다 홍수가 생기는 시기가 에테시아 북풍이 부는 때와 일치한다는 것을 관찰을 통해 알아냈다. 그리고 이 북풍이 강물이 범람하는 원인이라고 결론지었다. 나일 강물이 바다로 흘러드는 것을 북풍이 막기 때문이라는 것이다.[12] 그는 또 지진이 일어나는 원인을 땅이 마치 나뭇잎처럼 물 위에 둥둥 떠 있어 물의 운동에 따라 움직이기 때문이라고 설명했다.[13] 요컨대 탈레스는 자연현상을 주의 깊게 관찰한 다음, 그것에서 합리적인 결론을 이끌어내려고 노력했다.

세월이 가며 탈레스가 내린 결론들 가운데 일부가 잘못되었다는 것이 밝혀졌다. 예컨대 탈레스보다 150년쯤 늦게 활동한 헤로도토스는 《역사》에서 어느 해에는 역풍이 불지 않는데도 나일강이 범람하고, 같은 조건에 있는 시리아와 리비아에 있는 여러 강들은 역풍이 불어도 범람하지 않는다는 사실을 들어 그를 비판했다.[14] 하지만 그것은 그리 중요하지 않다. 옳은 관찰에서 그릇된 결론을 이끌어내는 일은 현대 과학자들에게서도 비일비재하게 일어나기 때문이다. 중요한 것은, 당시 사람들이 홍수나 지진의 원인을 신에게서 찾았던 것과는 달리 탈레스는 처음으로 자연의 원리를 통해 설명하려고 시도했다는 사실이다.

탈레스를 "자연에 관한 탐구를 헬라스 사람들에게 알게 해준 최초의 사람"으로 평가한 아리스토텔레스의 말이 그래서 나왔다. 저명한 과학사가인 윌리엄 와이트먼W. Wightman이 그를 "자연의 다양한 현상들을 자연 안에 있는 어떤 것의 변환으로 설명하려고 한 최초의 인물"[15]로 평가한 것도 역시 그래서다. 탈레스에 의해서 인류가 처음으로 '신화에서 학문으로' 의미 있는 한 걸음을 떼어놓았는데, 이때 그가 개발해 사용한 생각의 도구가 바로 '원리'이다.

탈레스는 자연의 뒤에서 그것을 움직이는 것은 예측할 수 없는 변덕스러운 신이 아니라, 파악할 수 있고 통제할 수 있는 자연적 원리라고 믿었다. 그리고 관찰과 실험 그리고 사고를 통해 그것을 찾으려 노력했다. 다시 말해 그는 신화로부터 벗어나 자연현상을 합리적으로 설명하고 세계의 다양한 현상들 속에서 보편성을 탐구하여 그것이 가진 힘을 현실 생활에 이용하려고 애썼던 축의 시대 사람이다. 우리가 이 같은 탈레스 스타일의 참신함과 중요성을 실감하기란 거의 불가능하다. 왜냐하면 우리는 이미 이 같은 사고, 곧 원리라는 생각의 도구에 익숙해 있기 때문이다. 하지만 기원전 6세기, 탈레스의 시대에는 그 같은 생각이 매우 생소했다.

원시적인가, 시원적인가

...

탈레스 이전의 사람들은 호메로스적 세계관을 갖고 살았다.《일리아스》와《오디세이아》에서 볼 수 있듯이, 당시 사람들은 모든 자연현상과 인간사의 뒤에는 언제나 신들의 뜻이 자리하고 있다고 생각했다. 멀리 갈 것 없다.《일리아스》1권의 서두만 보아도 알 수 있다. 아킬레우스가 자기의 전리품인 여자를 빼앗아간 아가멤논을 죽이려고 칼을 빼려고 할 때, "빛나는 눈의 여신 아테네"가 뒤에서 그의 머리를 낚아채고는 귓속말로 다음과 같이 말린다.

> 나는 그대의 분노를 가라앉히려고 하늘에서 내려왔다. 그대가
> 내 말에 복종하겠다면 말이다. 그대들 두 사람을 똑같이 마음속으로
> 사랑하고 염려해주시는 흰 팔의 여신 헤라가 보내셨다.
> 그러니 자, 말다툼을 중지하고 칼을 빼지 말도록 하라.
> 오직 앞으로 일어날 일들에 관해 말로 그를 꾸짖도록 하라.
> 내가 지금 그대에게 하는 말은 반드시 이루어질 것인즉,
> 지금 이 모욕으로 말미암아 빼앗은 선물들이 세 배로 그대에게
> 돌아가게 되리라.[16]

그러자 아킬레우스가 칼을 거둔다.《오디세이아》에서도 마찬가지다. 불충한 하인을 죽이려는 오디세우스에게 역시 아테네가 나타나참고 잠자리에 들 것을 권하자 순순히 복종한다.

이처럼 호메로스적 인간들은 개인에게든, 국가에서든, 자연에서든, 일어나는 모든 사건들의 뒤에는 세계와 인간사를 의미 있게끔 구성하

▲ 페테르 파울 루벤스, 〈아킬레우스와 아가멤논의 불화〉, 1603~1605, 보이만스 반뵈닝언 미술관, 로테르담. 중앙에 아가멤논이 앉아 있고, 왼쪽에 나이 든 노인 네스토르가 그에게 조언하고 있다. 아킬레우스가 칼을 뽑으려는 순간, 뒤에서 아테네 여신이 말리고 있다.

는 올림포스 신들의 뜻이 있다고 믿었다. 바꿔 말해 당시 사람들은 자연과 인간사 안에는 그것을 지배하는 자연적 또는 도덕적 내지 사회적 원리가 있고, 인간의 정신 안에는 그 원리들을 파악할 수 있는 힘이 있다는 점을 미처 깨닫지 못했다. 요컨대 호메로스적 인간들은 원리라는 생각의 도구를 아직 알지 못했다. 이러한 자각은 탈레스를 비롯한 이오니아의 자연철학자들에게서 처음으로 나타났다.

그럼에도 우리가 주목해야 할 것은 이와 같은 호메로스의 신화적 사유들도 그 이전 시대의 사람들이 가졌던 생각, 곧 자연과 인간을 움직이는 힘이 어떤 난폭한 마법적 수단이나 신비한 주술에서 나온다는 원시적 사고에서는 이미 커다란 한 걸음을 옮겨놓았다는 사실이다. 물론 자연과 인간에 대한 호메로스의 신화적 또는 은유적 사유와 설명은 탈레스 이후 철학자들, 특히 오늘날 우리의 입장에서 보면, 어리석고 터무니없는 것으로 여겨질 수 있다.

그러나 다시 생각해보자. 오늘날 우리들의 합리적 또는 과학적 사유와 설명도 역시 일상적으로 일어나는 모든 현상 뒤에는 뭔가 '본질적인 어떤 것'이 있다는 생각을 기반으로 한다는 것을 알 수 있다. 그렇다면 다를 게 무엇인가? 단지 그 숨어 있는 본질적인 어떤 것이 무엇이냐 하는 내용만 다를 뿐이다. 호메로스의 신화적, 은유적 사유에서는 그것이 신의 뜻이라고 설명하는 반면, 탈레스 내지 현대인의 합리적, 과학적 사유에서는 그것이 자연의 원리라고 규정하는 것이 다를 뿐이다.

당시 이집트 사람들이 나일강의 범람을 저승의 왕이 된 오시리스 Osiris가 일으킨다고 신화적으로 이해하는 것을, 탈레스는 강물과 반대 방향으로 부는 에테시아 북풍 때문이라고 합리적으로 설명하려고 했다. 또 당대 그리스 사람들이 지진이 일어나는 이유가 포세이돈의 분노 때문이라고 이해했던 것을, 탈레스는 땅이 그것을 떠받치고 있는 물의 운동에 따라 움직이기 때문이라고 설명했다. 호메로스가 아킬레우스와 오디세우스의 분노를 가라앉힌 것이 아테네의 만류와 약속 때문이라고 설명했던 것을, 오늘날 우리는 그들이 그리한 것이 그들 자신의 이성에 의한 합리적 판단 때문이라고 이해할 뿐이다.

이런 관점에서 보았을 때, 호메로스적 언어를 통해서 파악하는 자연과 인간에 대한 신화적, 은유적 사유를 단순히 '미개한 것'이나 '원시적原始的인 것'으로 평가할 수는 없다. 그것은 다가올 합리적, 과학적 사유의 시각과 지평을 열어준 '시원적始原的인 것'으로 이해해야 마땅하다. 생각의 방식이라는 관점에서 보았을 때, 호메로스의 신화적, 은유적 사유가 자연과 인간의 보편성, 곧 원리를 찾으려는 생각의 첫 단계였고, 탈레스로부터 시작하는 합리적, 과학적 사유는 그다음 단계였다.

억센 털 암퇘지로 만든 여인

...

여기서 한 가지 간단히 그러나 분명히 밝히고 가고 싶은 것이 있다. '아르케'라는 말의 의미가 그것이다. 고대 그리스 사람들은 아르케를 원리, 원소, 기원, 통치권 등 다양한 의미로 사용했다. 그러나 우리의 이야기와 연관해 들여다보면, 아르케는 크게 보아 두 가지의 의미가 있다. 하나는 일상적으로 일어나는 모든 '현상' 뒤에서 그것을 조종하고 지배하는 '원리'라는 것이고, 다른 하나는 만물이 그것으로부터 나와 다시 그것으로 돌아가는 '기원' 내지 '원소'라는 것이다. 소크라테스 이전 철학자들은 이 두 가지의 의미 가운데 어느 하나로, 또는 두 가지를 섞어 사용한 것으로 보인다.

역사적으로 살펴보면, 세월이 흐름에 따라 아르케에 원리보다 원소라는 의미가 강해지는 경향도 알 수 있다. 때문에 그들이 아르케라는 말을 사용할 때, 그 의미가 조금씩 달랐다. 예컨대 물이 아르케라고 규정한 탈레스와 수가 아르케라고 했던 피타고라스에게는 원리라는 의미가 우선적이다. 하지만 무한자無限者가 아르케라는 아낙시만드로스에게는 만물의 기원이라는 뜻이 압도적이다. 물, 불, 공기, 흙 등 이 네 가지가 아르케라는 엠페도클레스에게는 만물을 구성하는 궁극적 원소라는 의미가 강했다.

때문에 덧붙여 밝히고 싶은 것이 한 가지 더 있다. 소크라테스 이전 철학자들이 아르케가 그 '무엇'이라고 했을 때, 그것이 단순히 세계를 구성하는 '물질적인 재료'라고 생각하는 것은 잘못이다. 탈레스가 물이라는 말로 의미했던 것이 단순히 오늘날 우리가 생각하는 '물질로서의 물'이 아니라는 사실이다. 그것은 아리스토텔레스가 《형이상학》에서 탈레스에 대해 다음과 같이 언급한 것을 보아도 알 수 있다.

> 탈레스는 그런 철학의 창시자로서 만물의 근원을 물이라고 말했는데, 아마도 모든 것의 자양분이 축축하다는 것과 … 그리고 이것에 의해 모든 것이 생존한다는 것을 보고 이런 생각을 가졌을 것이다.[17]

이 말은 그가 탈레스가 말하는 물을 물질적 재료로서의 물이 아니라, 어떤 다른 의미로(예컨대 생명력으로) 이해하고 있었다는 것을 말해준다. 물론 앞서 언급한 대로, 세월이 가며 아르케에 대한 해석이 달라졌다. 예컨대 아리스토텔레스보다도 400년쯤 후에 활동한 로마의 정치가이자 철학자 세네카Seneca, 기원전 4?~65는 아르케를 단순히 물질적 재료로 간주하고 "탈레스의 생각은 적절하지 않다"[18]고 비판했다. 그러나 그것은 탈레스가 말했던 아르케와는 세월의 흐름만큼이나 거리가 먼 것이다. 비단 탈레스의 물뿐만이 아니다. 아낙시만드로스의 무한자, 아낙시메네스의 공기, 헤라클레이토스의 불, 엠페도클레스의 4원소도 마찬가지다.

어쩌면 당신도 지금까지 소크라테스 이전 철학자들이 말하는 아르케가 오늘날 우리가 생각하는 물질이라고 생각했는지 모른다. 그것은 대부분의 철학 서적에 그렇게 오해하게끔 '간단히' 적혀 있는 데다가, 학교에서 잘못 가르치기 때문이다. 그러나 아르케를 어떤 물질적 재료로 생각하는 것은 소크라테스 이전 철학자들을 '시원적 사고자'가 아니라 '원시적 사고자'로 얕잡아 보는 것이 된다. 그들은 그렇게 터무니없거나 무지몽매하지 않았다.

탈레스의 물에 대한 아리스토텔레스의 해석에서 보듯이, 당시 그들이 말하는 '아르케'는 오늘날 우리가 생각하는 물질로서의 물, 무한자, 공기, 불, 흙이 아니라, 그것들이 가진 각각의 어떤 특징적 성질이나 원리, 곧 그것들의 '보편성'을 가리킨다. 어떻게 그리 단정할 수 있냐고? 증거가 될 만한 연구들이 있는데, 독일의 고전문헌학자 헤르만 프랭켈H. F. Fränkel, 1888~1977의 《초기 희랍의 문학과 철학》이 그중 권위를 인정받는 하나다.

프랭켈은 이 책에서 고대 그리스에서 '물질'이라는 개념 자체가 이들 자연철학자들보다 훨씬 나중에 '형식' 내지 '힘'이라는 개념에 대한 대립 개념으로 생겨났다는 것을 확인해준다. 정확히 말하면, 탈레스보다 200년쯤 후인 플라톤과 아리스토텔레스 시대부터 물질이라는 용어가 그것의 성질과 분리되어 사용되었다.[19] 고대 초기의 분류는 오히려 성질에 따른 것이었다는 것이 그의 주장이다.

프랭켈은 탈레스와 동시대에 활동한 고대 그리스의 서정시인 세모니데스Semonides, 기원전 7세기경가 여인들의 유형을 분류해서 서술하고 있는 부분을 예로 들어 자신의 주장을 증명했다. 세모니데스가 신이 '억센 털 암퇘지로 여인을 만드니'나 '못된 사기꾼 여우로 여인을 만들되' 또는 '다른 여인은 꿀벌이며'와 같이 어떤 종류의 여자들이 '돼지', '여우' 또는 '꿀벌'로 만들어졌다고 노래했을 때, 그가 물질적 재료에 대해 말한 것이 아니고 그것들이 각각 가진 보편적이고 특징적 성질을 가리킨다는 것이다. 그는 다음과 같이 덧붙였다.

> 탈레스의 학설을 이해하고자 할 때, 동시대의 세모니데스는 그런 방식의 사유에 대한 정보를 제공해주는 가장 오랜 증인이다. 세모니데스가 땅으로부터 만들었거나 바다로부터 만들어진 여자에 대해 말하고 있는바, (이때) '땅'은 수동적이고 둔중하며 활기가 없는 성질을 가리키며, '바다'는 능동적이고 변덕스럽고 또 외적인 동인이 없이 스스로 변화하고 움직이는 자발적인 성질을 가리킨다.[20]

프랭켈의 이 같은 주장은 우리가 앞에서 살펴보았던 호메로스의 은유(예컨대 '아킬레우스는 사자다', '헥토르는 종마다' 등)들이 대상의 외형적 유사성이 아니라 본질적 유사성을 드러낸다는 사실과 같은 맥락에서 이해할 수 있다. 그렇다! 우리는 그것을 일종의 은유로 받아들여야 한다. 다시 말해 만물의 근원을 탈레스가 물, 아낙시만드로스가 무한자, 아낙시메네스가 공기, 헤라클레이토스가 불이라고 했을 때, 그것들은 일종의 은유이며 각각 물의 '생명력', 무한자의 '편재성'과 '포괄성', 공기의 '가변성', 불의 '역동성'과 '소멸성' 등과 같이 그것들이 가진 보편적 성질 내지 원리라는 의미를 내포하고 있었다고 이해해야 한다.

탈레스, 셜록 홈스, 제갈공명의 비밀

...

앞서 밝힌 대로, 원리는 그것을 통해 우리가 자연과 사회를 이해하고 예측하여 문제를 해결할 수 있게 하는 생각의 도구다. 게다가 하나의 원리는 자신과 정합하는 다른 원리들과 모이거나, 또는 그런 원리를 창조하여 우리의 사고 체계, 나아가 학문 전반을 구성한다. 이 말은 우리가 원리라는 생각의 도구 없이는 합리적 사고와 행위는 물론이고 일체의 문제 해결과 학문을 할 수 없다는 것을 뜻한다. 때문에 인간은 부단히 원리를 만들어 그것을 통해 세계를 이해하고 조종하며 살아간다. 그렇다면 원리는 어떻게 만들어질까?

우리는 막연히 어떤 원리의 발견 내지 창조는 천재들의 전유물로 여기는 경향이 있다. 하지만 그것이 만들어지는 과정을 곰곰이 살펴보면 꼭 그런 것만은 아니다. 원리라는 생각의 도구는 면밀한 관찰과 치밀한 사고를 통해 만들어진다. "미지의 것은 모두 훌륭해 보인다 omne ignotum pro magnifico est"라는 고대의 격언이 있지 않은가! 원리를 만들어내는 사람들이란, 그가 천재이든 아니든 모두 열정적 관찰자이자 동시에 주의 깊은 사고자일 뿐이다.

당신도 잘 아는 명탐정 셜록 홈스를 떠올려보자. 뜬금없이 왜 홈스냐고? 알고 보면, 우리가 원리를 발견하려 할 때 해야 하는 일이 탐정이 일하는 방법과 똑같기 때문이다. 정말이냐고? 그렇다! 왜 그런지 알아보자. 다음은 영국의 추리소설 작가 아서 코넌 도일A. C. Doyle, 1859~1930이 쓴《붉은 머리 연맹》가운데 일부다.

"도대체 어떻게 다 알아내셨습니까?"

윌슨이 자리에서 벌떡 일어나 홈스에게 물었다.

"예컨대 제가 막노동을 했었다는 걸 어떻게 아셨지요? 실은 제가 처음으로 시작한 일이 배를 만드는 목수 일이었으니 그건 성경말씀만큼이나 옳은 말입니다만."

"당신의 손을 보고 알았지요. 오른손이 왼손보다 한 사이즈 더 크지 않습니까? 오른손으로 일을 했고, 그 결과 근육이 더 발달된 것이지요."

"아, 그렇군요. 그럼 제가 프리메이슨 회원인 건요?

"당신이 프리메이슨단의 엄격한 규율을 위반하고 가슴에 호弧와 컴퍼스 모양의 핀을 달고 있으니까요. 제가 그것을 보고 알았다고 한다면 당신을 모욕하는 것처럼 들릴까 염려되는군요."

"아, 깜빡 잊었군요. 그렇지만 글씨를 쓰는 필경사라는 건요?"

"당신의 오른쪽 소매 중 5인치 정도가 닳아서 반들반들해졌고, 왼쪽 팔꿈치 근처에는 책상에 대기 위해 부드러운 천이 덧대진 걸 보면 그 밖에 뭘 생각할 수 있겠습니까?"

"아, 그렇군요. 그럼 제가 중국에 있었다는 것은 어떻게 아셨습니까?"

"오른쪽 손목 위에 있는 물고기 문신은 중국에서나 할 수 있는 것입니다. 제가 문신에 대한 연구를 조금 했고 그 방면에 글도 쓴 적이 있지요. 물고기 비늘을 분홍색으로 섬세하게 칠하는 기술은 중국에서만 찾아볼 수 있습니다. 게다가 시곗줄에 중국 동전까지 달고 계시니, 이 문제는 더 간단해진 셈이지요."

홈스의 말이 끝나자, 자베스 윌슨은 한참 동안 웃었다.

"이것 참, 처음에는 선생님께서 뭔가 대단한 것을 해내셨다 생각했는데, 이제 보니 아무것도 아니군요."

1887년에서 1927년 사이에 나온 총 60편에 달하는 모험담의 주인공인 셜록 홈스는 시대를 뛰어넘어 지금까지도 변함없이 사랑받는 전설적인 탐정이다. 홈스는 거의 대부분의 경우 자신이 전개한 천재적 추리의 비밀을 위에서 보는 바와 같이 낱낱이 공개한다. 이것이 이 소설을 읽는 재미를 더하기도 하는데, 자베스 윌슨의 말대로 듣고 보면 다 알 만한 이야기다. 요컨대 홈스가 보인 천재성의 비밀은 단지 면밀한 관찰과 치밀한 사고에 숨어 있다. 그래서 홈스도 조수 왓슨에게 "만약 내가 계속해서 이렇게 모든 것을 솔직히 밝힌다면 나의 그나마 작은 명성은 난파선처럼 사라지고 말 걸세"라고 엄살을 떨었다.

　《삼국지》를 흥미진진하게 만드는 책사 제갈공명은 또 어떤가? 공명이 적벽대전을 승리로 이끌었던 때를 생각해보자. 그가 하늘에 제사를 지냄으로써 바람을 부른 것이 아니다. 공명은 그때 즈음에 동남풍이 불 것을 미리 알고 있었다. 아마 매년 경험을 통해 바람이 부는 시기, 방향, 강도, 지속 기간 등을 잘 아는 어떤 관찰력이 뛰어난 사람의 말을 귀담아들었을 것이다(《삼국지》 원본에 그리 나와 있다). 그리고 치밀한 계획 아래 화공火攻을 펼쳐 10배가 넘는 조조의 대군을 무찔렀다.

　이렇듯 추리든, 전략이든, 원리든 모든 천재적인 통찰들을 이끌어내는 과정을 파헤쳐 살펴보면, 그 안에는 면밀한 관찰과 치밀한 사고가 밑을 떠받치고 있다. 이에 연관해 보면 매우 흥미로운 일화가 하나 전해온다. 아리스토텔레스가 《정치학》에서 전하는 탈레스에 관한 이야기다.

　당시 밀레토스 사람들은 탈레스가 현명하다는 것을 알고 있었지만, 그의 지식이 돈이 되지 않는다는 사실도 알고 있었다. 그래서 그의 학문이 아무 쓸모가 없다고 비난했다. 그러자 탈레스는 천체를 관찰한

다음, 이듬해에 올리브가 풍작이 될 것을 미리 예측했다. 그리고 돈을 모아 밀레토스와 인근 키오스 지방에 있는 기름 짜는 기계들을 모두 값싸게 예약했다. 이듬해 예상대로 올리브가 대풍작을 이뤄 기름 짜는 기계의 수요가 폭증하자, 그는 자신이 원하는 가격으로 기계를 임대해 주어 큰돈을 벌었다.[21]

아리스토텔레스는 탈레스가 한 일이 "돈벌이를 위한 책략의 일종"이라고 소개하면서, "철학자들도 마음만 먹으면 쉽게 부자가 될 수 있지만, 그것이 그들의 진지한 관심사가 아니라는 것을 보여주었다"[22]고 평했다.

그런데 이 일화를 우리의 이야기와 연관해 생각해보면, 원리란 어떻게 만들어지는가를 알 수 있다. 원리는 (탈레스가 천체를 관찰했듯이) 자연과 사회에서 무엇이 일어나고 있는지를 관찰하고, (탈레스가 이듬해에 풍작이 될 것을 예측했듯이) 그 관찰 결과를 사고하고 추론하여 만들어지며, (탈레스가 그 예측을 이용해 돈을 벌었듯이) 그 결과가 자연과 사회에서 일어나는 사실 또는 변화에 맞아떨어질 때 비로소 완성된다. 요컨대 관찰―추론―검증이 원리가 탄생하는 일반적인 과정이다.

필드 노트와 자연 관찰 일기의 위력

...

관찰이 먼저다! "모든 지식은 관찰로부터 시작한다. 우리는 세계를 정밀하게 관찰할 수 있어야 한다. 그래야만 행동의 패턴들을 구분해내고, 패턴들로부터 원리들을 추출해내고, 사물들이 가진 특징들에서 유사성을 이끌어내고, 행위의 모형을 창출할 수 있으며, 효과적으로 혁신할 수 있다."[23] 이것은 로버트와 미셸 루트번스타인R. & M. Root-Bernstein 부부가 함께 쓴《생각의 탄생》에서 관찰의 중요성을 강조하며 한 말이다.

옳은 말이다. 관찰을 통해 패턴을 발견하는 것이 원리 창조의 출발이다. 패턴은 공간적으로, 또는 시간적으로 반복되는 유사한 특성을 통해 파악된다. 주목하자! 여기에서도 다시 머리를 내미는 것이 유사성이다! '범주'와 '은유'의 기반인 유사성은 이런 방식으로 '원리'를 창출해내는 데도 기여한다. 자연과 사회에 관한 지식들은 관찰을 통해 공간적으로 또는 시간적으로 반복해 나타나는 유사성들을 발견하여 반복되는 "패턴들을 구분해내고, 패턴들로부터 원리들을 추출"해냄으로써 구성된다.

이런 이유 때문에 관찰은 자연과학자에게든 사회과학자에게든 필수적이지만, 그 밖의 사람들에도 관찰은 필요하다. 예컨대 은유도 관찰을 통해 "사물들이 가진 특징들에서 유사성을" 이끌어냄으로써 만들어진다. 그래서 시인들에게도 관찰은 요구된다. 환자들의 증상을 면밀히 관찰해야 정확한 진단을 얻을 수 있다. 그래서 의사들에게도 관찰은 중요하다. 시장의 변화에 관한 '모형을 창출'하여 효과적으로 혁신하는 일도 역시 면밀한 관찰을 기반으로 한다. 그래서 경영인들에게도 관찰은 긴요하다.

그렇다면 우리의 관심은 당연히 어떻게 하면 우리와 우리의 아이들이 각 분야의 천재나 전문가들과 같은 관찰력을 기를 수 있을까 하는 것으로 쏠린다. 항간에는 다양한 해법들이 이미 제시되어 있다. '의문을 가져라', '문제의식을 가져라', '사소한 것을 놓치지 마라', '호기심을 가져라' 등이 그것이다. 그런데 이런 권고들은 막연하고 추상적이다. 게다가 너무 많다. 지키기 어렵다는 뜻이다.

각 분야에서 위대한 업적을 남긴 탐구자들의 충고는 이것들과는 사뭇 다르다. 그들은 이구동성으로 "필드 노트field note를 만들어라!"라고 현실적이고 구체적인 방안을 제시한다. 역사상 가장 탁월한 천재 반열에 들어가는 레오나르도 다빈치가 평생 그랬듯이, 또 비글호를 타고 5년 동안 갈라파고스제도를 탐사했던 찰스 다윈이 그랬듯이, 위대한 탐구자들은 모두 열정적인 필드 노트 작성자들이었다!

필드 노트라니? 들판으로 나가란 말인가? 아니다! 필드는 '들판, 야외'라는 뜻 외에 '현장, 현지, 싸움터, 경기장'이라는 의미도 갖고 있다. 아프리카에서 침팬지를 연구하거나 북극에서 제비갈매기를 추적하는 생물학자에게는 필드가 당연히 숲이나 바다겠지만, 요리사에게는 조리실이고, 사회학자들에게는 사회문제가 발생하는 현장이며, 운동선수를 지도하는 교사나 지도자에게는 훈련장과 경기장이고, 경영인에게는 시장이나 공장이 될 것이다.

한마디로 "책상 위의 책과 보고서, 그리고 서류를 치우고 현장으로 나가라!"가 탁월한 탐구자들이 가장 먼저 하는 말이고, "그것이 무엇이든 세밀하게 기록해라!"가 다음으로 덧붙이는 말이다. 그곳이 어디든 관찰 대상이 있는 현장이 '필드'이고, 그것이 무엇이든 직접 보고 듣고 실험하고 기록한 것이 바로 필드 노트다. 따라서 필드 노트는 우리말로 '현장 기록 노트' 내지 '관찰 기록 노트'라고 번역되어야 할 것이다.

기록하는 방법은 다양하다. 전통적으로는 종이와 연필을 사용해왔지만, 오늘날에는 노트북, 태블릿 PC와 같은 휴대용 컴퓨터를 사용하기도 하고, 디지털 카메라나 캠코더 같은 영상 장비를 동원하기도 한

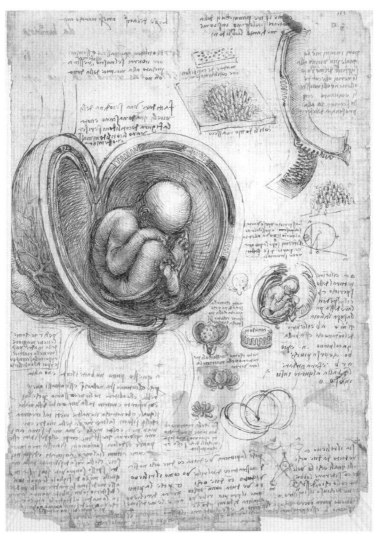

▲ 다빈치가 남긴 드로잉 중 모태 안에 웅크린 태아의 모습. 다빈치는 700여 점의 관찰 드로잉을 남겼다.

다. 중요한 것은 무엇으로 기록하느냐가 아니라, 자기가 관찰하는 대상과 목적에 적합하게 여러 가지 요소들을 서로 효율적으로 연계하여 가능한 한 세밀하게 기록해야 한다는 것이다. 그 이유는 기록되는 정보의 현재적 가치 때문만이 아니라 언제, 어떻게 다시 사용될지 모르는 미래적 가치 때문이다. 그보다 더 중요한 이유는 대부분의 새로운 통찰은 세밀히 기록하는 과정에서 얻어지기 때문이다.[24]

이와 연관해서 흥미로운 사실은, 뛰어난 관찰자들(이 가운데는 저명한 자연과학자, 사회과학자뿐 아니라 시인, 소설가, 무용가와 같은 예술가들도 들어 있다)은 단순히 글로 기록하거나 사진을 찍는 것 외에 드로잉drawing, 곧 그림 기록의 중요성을 입을 모아 강조한다는 것이다. 이유는 간단하다. 대상을 직접 그리는 과정에서 더욱 세밀한 관찰과 풍부한 발견, 그리고 깊이 있는 이해가 가능해지기 때문이다.

루트번스타인 부부는 윌리엄 블레이크, 괴테, 새커리, 체스터턴, 토머스 하디, 브론테 자매들, 레르몬토프, 알프레드 테니슨, 조지 듀 모리에, 시어도어 화이트, 톨킨, 헨리 밀러, 에드워드 커밍스 등과 같은 저명한 시인과 소설가들이 그림이나 조소와 같은 시각예술을 공부한 것은 결코 우연이 아니라고 했다.[25] 그리고 화가이자 소설가인 윈덤 루이스W. Lewis가 "데생 기술은 전적으로 과학적인 것이라고 할 수 있습니다. 그것은 소설을 쓰는 일에도 도움이 됩니다"[26]라는 말을 덧붙여놓았다.

그림 그리기가 관찰 기능을 향상시킨다는 것은 과학자들 사이에서도 오래전부터 널리 알려져 있다. 루이 파스퇴르, 조지프 리스터, 프레더릭 벤팅, 찰스 베스트, 앨버트 마이컬슨, 헨리 브래그, 메리 리키, 데즈먼드 모리스, 콘라트 로렌츠 등과 같은 위대한 과학자들이 모두 공식적인 미술교육을 받은 것으로 알려져 있다.[27] 개미 연구로 명성을 얻은 하버드대학교의 생물학 교수 에드워드 윌슨E. O. Wilson은 관찰에서 그림 그리기의 중요성을 다음과 같이 강조했다.

그림을 그리면 사진을 찍을 때보다 훨씬 더 자신이 관찰하는 대상에 직접적으로 몰입하게 된다. 그림은 자신이 본 것을 재창조하는 것이지 단순히 기록하는 것이 아니다.[28]

분야를 막론하고 탁월한 관찰자들의 말들을 한마디로 정리하자면 이렇다. 그려라, 그리지 못한 것은 보지 못한 것이다! 그리기는 어떤 것을 보는 것이 아니라 어떤 것을 보이게 하는 작업이다. 같은 이유에서 화가이자 교사이기도 한 클레이 워커 레슬리C. W. Leslie와 과학과 환경 교육자인 찰스 로스C. E. Roth는 아름답고도 흥미로운 동식물 그림들로 가득 찬 자신들의 공저 《자연 관찰 일기》에서 아동과 청소년들에게 자연 관찰 일기 쓰기nature journaling를 강력하게 권한다.

'journaling'이란 저자들이 일기日記를 뜻하는 영어 'journal'을 동사형태로 만들어 사용한 신조어다.[29] 요컨대 두 저자가 말하는 '자연 관찰 일기 쓰기'란 자신을 둘러싸고 있는 자연 세계를 관찰하고, 이해하고, 느낀 것들을 정기적으로 기록하는 일이다. 저자들은 자연 관찰 일기를 쓰면 얻을 수 있는 이득을 아래와 같이 늘어놓았다.[30]

과학적이고 심미적인 관찰력
창조적이고 능숙한 글쓰기
생각하고 관찰하는 것들의 얼개를 짜고 표현하기

직관력과 분석력

탐구심, 독창성, 통합력

고찰, 침잠

명상, 집중, 자기 치유

자연과 사는 곳에 대한 더욱 깊이 있는 이해

함께 나누는 가족 체험

새로 체험하는 것에 스스로를 열어놓는 길

배우면서 발견하는 자기 자신의 목소리

자신감과 자신을 표현하는 능력

물론 자연 관찰 일기를 쓴다고 해서 위에 열거된 이득들을 단번에 모두 취할 수는 없을 것이다. 그럼에도 불구하고 자연 관찰 일기를 쓰는 것은 원리 탐구를 위해 다목적적이고 효율적인 교육임에는 의심의 여지가 없다. 아동과 청소년들이 자연 관찰 일기 쓰기를 습관화한다면, 이후 그들이 어느 분야에서 무슨 일을 하든 남다른 성과를 얻어낼 수 있을 것도 분명하다. 그들은 이미 관찰력과 글쓰기, 직관력과 분석력, 그리고 탐구심, 독창성, 통합력 등을 스스로 훈련해왔기 때문이다.

지식을 얻고 원리를 만드는 데서 관찰의 중요성은 아무리 강조해도 지나치지 않다. 그렇다고 해서 관찰만으로 원리를 만들어낼 수 있는 것은 아니다. 여기에 치밀한 사고가 곁들여져야 한다. 그렇다! 원리란 관찰과 사고라는 2개의 날개로 날아오르는 새다. 다음 두 가지의 역사적 사례를 살펴보면 그 사실이 더욱 분명해진다.

사고 없는 관찰, 관찰 없는 사고

...

미국 컬럼비아대학교의 소장품 가운데 '플림프톤 322Plimpton 322'이라는 이름이 붙은 고대 바빌로니아 유물이 있다. 지금으로부터 약 3,900년에서 3,600년 사이에 쐐기문자로 기록된 점토판인데, 1945년에 지금의 이라크 남쪽 센케레 유적지에서 발견되었다.

크기는 13×9×2센티미터이고, 그 안에는 피타고라스 3쌍pythagorean triple이 15개 적혀 있다.[31] 피타고라스 3쌍은 [3, 4, 5], [5, 12, 13]처럼 직각삼각형을 이루는 3변의 길이를 묶어놓은 3개의 숫자쌍을 말한다.

아쉽게도 점토판이 깨져 일부만 남아 있는 데다 피타고라스 3쌍을 이루는 3개의 숫자 가운데 2개씩만 적혀 있다. 그림 3에서 보듯이, 맨 오른쪽 줄은 단순히 번호 순서를 매긴 것이고, 그 옆 두 줄은 직각삼각형의 빗변과 다른 한 변의 길이를 나타내고 있다. 예컨대 [119, 169, 1], [3367, 4825, 2], [4601, 6649, 3], [12709, 18541, 4], [65, 97, 5]와 같은 식이다. 이것들을 완전한 피타고라스 3쌍으로 복원하면 [120, 119, 169, 1], [3456, 3367, 4825, 2], [4800, 4601, 6649, 3], [13500, 12709, 18541, 4], [72, 65, 97, 5]가 되어야 한다. 하지만 플림프톤 322에 적혀 있는 내용들이 피타고라스 3쌍이라는 것을 확인하는 데는 아무 문제가 없다.[32]

플림프톤 322는 바빌로니아 사람들이 '피타고라스 정리'를 만든 그리스인 피타고라스Pytagoras, 기원전 582~기원전 497보다 적어도 1,000년 이전에 피타고라스 3쌍에 대해 알고 있었다는 것을 알려준다.

그런데 그들은 왜 피타고라스처럼 그 자료들을 하나의 원리로 만들지 못했을까? 그 이유는 간단하다. 2부에서 이미 살펴보았듯이, 고

119	169	1
3367	4825 (11521)	2
4601	6649	3
12709	18541	4
65	97	5
319	481	6
2291	3541	7
799	1249	8
481 (541)	769	9
4961	8161	10
45	75	11
1679	2929	12
161 (25921)	289	13
1771	3229	14
56	106 (53)	15

▲ [그림 3] 플림프톤 322 사진과 해석본

대 바빌로니아인들은 경험과 관찰을 통해 피타고라스 3쌍을 이루는 숫자쌍들을 개별적으로 발견했다. 그리고 그것들을 모아 산술표 arithmetical table를 만들어 건축이나 측량 같은 실용적인 용도로 사용했을 뿐이다. 그들은 이 자료들에서 하나의 보편적 원리를 찾아내려는 사고를 하지 않았다. 그리스인 피타고라스에 와서야 관찰을 통해 주어진 자료들을 논리적 추론으로 '직각삼각형의 빗변의 제곱은 다른 두 변의 제곱을 합한 것과 같다'라고 표시되는 기하학적 원리를 만들어낸 것이다.

덴마크의 천문학자 튀코 브라헤T. Brahe, 1546~1601의 경우도 마찬가지다. 그는 놀라운 인내력과 끈기를 가진 관찰자였다. 천체망원경이 개발되기 전인 시절, 제대로 된 행성의 운행표를 만들 수 있는 길은 육안으로 별들을 지속적으로 관측하고 자와 컴퍼스를 통해 측정한 행성의 위치와 행성들 사이의 거리 및 각도들을 기록하는 방법뿐이었다. 때문에 브라헤는 '직각기cross-staff'와 '반경radius'과 같은 관측용 장비를 제작하는 데 많은 노력과 비용을 들였고, 독일과 이탈리아 각지를 돌아다니며 관측에 관한 견문을 넓히기도 했다.

1576년에 브라헤는 덴마크의 국왕 프레데리크 2세의 후원을 얻어 '우라니보르그Uraniborg'(우주의 성城이라는 뜻)라는 천문대를 세웠다. 그리고 그곳에서 행성들의 운행을 지칠 줄 모르고 관찰하고 기록했다. 그는 진실로 열정적인 관찰자이자 위대한 필드 노트 작성자였다. 1576년에서 1597년 사이에 그가 수집한 행성들에 관한 방대한 자료들이 무려 수천 가지에 이르러 당대에 이미 전설이 되었다. 하지만 그는 그것들에서 행성 운행에 대한 그 어떤 보편적 원리도 이끌어내지 못했다.

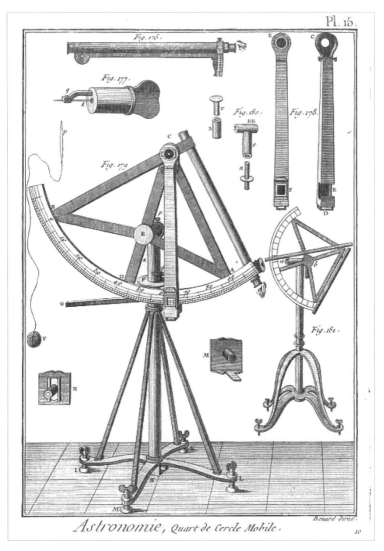

Pl. 16.

Fig. 176.

Fig. 177.

Fig. 180.

Fig. 178.

Fig. 179.

Fig. 181.

Astronomie, Quart de Cercle Mobile.

Benard direx.

근대의 천문 관측 기기들

반면에 브라헤의 제자인 독일인 요하네스 케플러J. Kepler, 1571~1630
는 놀라운 상상력과 끈기를 가진 사유자였다. 케플러는 시력이 나빠
결코 뛰어난 천체관측자가 될 수 없었다. 그래서 그는 사고와 상상력
을 발휘하여 행성의 운행을 설명해내려고 시도했다. 케플러는 우선
브라헤가 측정해 모아놓은 엄청난 관측 자료들을 물려받았다. 그 다
음, 우주에는 숫자의 비례로 나타나는 어떤 법칙이 존재한다는 피타
고라스적 상상력과 유클리드의 기하학 원리들을 총동원해서 그것들
을 정리하는 작업을 실행했다.

케플러에게 주어진 과제는 튀코의 방대한 데이터로부터 그것을 모
두 포함하는 가장 간단한 곡선이 무엇인가를 알아내는 것이었다. 타
원궤도elliptical orbit를 그리는 행성 운행의 원리를 찾기 위한 케플러
의 계산 과정이 담긴 용지들이 지금까지 전해온다. 그런데 그의 작업
도 역시 상상을 불허할 정도로 방대해서, 전문가들은 컴퓨터를 동원
할 수 있는 현재로서도 해내기 쉽지 않을 정도라고 평가한다. 케플러
는 브라헤의 초인적인 관찰력과 자신의 비범한 사고를 종합해 이른바
'케플러 법칙'을 만들어냈다.[33]

이 두 가지의 역사적 사례는 원리의 발견에서 관찰이 얼마나 중요
한가를 알려줄 뿐 아니라, 동시에 관찰만으로는 어떤 원리도 만들 수
없다는 것을 깨닫게 해준다. 그렇다. 원리는 이렇게 면밀한 관찰과 치
밀한 사고를 통해서 만들어진다! 독일의 철학자 칸트의 《순수이성비
판》에서 가장 널리 알려진 구절이 "내용 없는 사고는 공허하며, 개념
없는 직관은 맹목이다"이다. 우리가 도달한 결론을 이 유명하고 의미
깊은 말을 따라 표현해보면, 다음과 같다. "관찰 없는 사고는 공허하
며, 사고 없는 관찰은 맹목이다."

▲ 케플러가 자신의 후원자인 루돌프 2세 황제와 행성의 궤도를 발견하는 일에 대하여 논의
하는 모습을 담은 그림. 루돌프 2세는 과학과 예술을 아낌없이 후원했다고 전해진다.

그렇다면 이제 우리의 관심은 자연히 원리를 탐구해내는 사고란
어떤 것인가, 단지 곰곰이 오래 생각해보면 된다는 말인가, 아니면 무
슨 특별한 방법이 있는가 하는 데 모아진다. 그렇다! 대부분의 창의적
이고 위대한 탐구자들은 그들만의 어떤 한 가지 특별한 생각의 방법
을 사용한다. 정말이냐고? 도대체 그것이 무엇이냐고? 이제부터 우리
의 이야기는 그 흥미로운 요지경 속으로 들어간다.

새로운 생각을 만들어내는 유일한 방식

· · ·

수수께끼를 하나 던지겠다. 다음 세 가지의 이야기에서 공통점은 무

엇일까? 해결의 실마리는 이 이야기들이 모두 한 가지의 생각 방법과 연관되어 있다는 데 있다. 곰곰이 살펴보라! 이 이야기들의 주인공은 모두 관찰을 통해 드러난 자료들로부터 어떤 특이한 사고 방법을 사용하여 보통 사람들은 상상조차 못할 새로운 사실들을 탐구해내고 있다.

* * *

홈스는 느긋하게 안락의자에 몸을 묻으며 담배 연기로 굵고 푸른 동그라미를 연속해서 만들어 보였다. 그가 말했다.

"예를 들면 나는 관찰을 통해 오늘 아침 자네가 위그모어 가에 있는 우체국에 다녀왔다는 사실을 알았네. 그리고 추론을 통해 자네가 전보를 쳤다는 것을 알게 됐지."

"어떻게 알았지? 둘 다 맞았네. 하지만 도대체 어떻게 그것을 알아냈는지 모르겠군…."

나는 말했다. 홈스는 내가 놀라는 것을 보고 쿡쿡 웃으며 말했다.

"그건 아주 간단하지. 정말 우스울 정도로 간단해서 설명하는 게 불필요하다고 느낄 정도라네. 하지만 그건 관찰과 추론의 경계를 명확하게 가르는 데 도움이 될 수 있겠어. 나는 자네의 발등에 황토가 묻어 있는 걸 관찰을 통해 알았네. 그런데 위그모어 가 우체국 건너편에는 도로 공사를 하느라 길을 파헤쳐놓아서 흙이 드러나 있지. 그 흙을 밟지 않고 우체국에 들어가기는 어려워. 그리고 그 유난히 붉은 황토는 내가 알기로는 이 근방에서 거기 말고는 없네. 여기까지가 내가 관찰한 것일세. 나머지는 추론해낸 것이지."

"내가 전보를 쳤다는 사실은 어떻게 추론했지?"

"나는 자네가 편지를 쓰지 않았다는 것을 알고 있었네. 오늘 아침

내내 여기 앉아 있었거든. 또 지금 자네 책상에는 우표와 두툼한 엽서 뭉치가 놓여 있네. 그러면 우체국에 가서 전보 치는 것 말고는 무엇을 할 수 있을까? 불가능한 것들을 모두 지워버렸을 때 남는 것 하나가 진실임이 틀림없네."

* * *

이탈리아 베로나 출신의 정치가이자 미술비평가인 조반니 모렐리 G. Morelli, 1816~1891는 1874년에서 1876년 사이에 독일의 〈조형 미술〉이라는 미술사 잡지에 이반 레몰리예프I. Lermolieff라는 가명으로 글을 연재했다. 그런데 그 가운데는 세계적인 박물관에 소장된 이탈리아의 명화들 가운데 상당수가 모조품이라는 것을 증명하는 내용이 들어 있어 파란을 일으켰다.

모렐리는 그림을 제대로 감정하려면, 화가의 가장 두드러진 특징에 주목해서는 안 된다고 했다. 왜냐하면 그런 특징은 누구나 알고 있어서 쉽게 모방할 수 있기 때문이라는 것이다. 예를 들어 인물들의 시선을 하늘로 향하게 한 페루지노Perugino의 화법이라든지, 레오나르도 다빈치의 여인의 미소 같은 것이 그렇다. 따라서 그보다는 오히려 사소한 것에 주목해야 한다는 것이 이른바 '모렐리 방법'이다. 그는 특히 화가가 속했던 화단에서 별로 중요하게 여기지 않았던 것들이 오히려 중요한 단서가 된다고 했다. 예를 들어 인물의 귓불이나 손톱, 손가락, 발가락의 모양 등이다.

독일 뮌헨대학교 의학과에서 해부학을 전공한 모렐리는 그의 〈이탈리아의 화가들〉이라는 논문에, 예컨대 보티첼리Botticelli, 코스메 투라Cosmè Tura 같은 거장들의 진품에서는 항상 발견되지만, 모조품에서

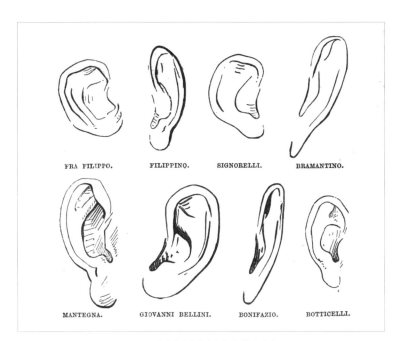

| FRA FILIPPO. | FILIPPINO. | SIGNORELLI. | BRAMANTINO. |

| MANTEGNA. | GIOVANNI BELLINI. | BONIFAZIO. | BOTTICELLI. |

▲　모렐리의 〈이탈리아의 화가들〉에서

는 결코 발견할 수 없는 특징적인 귀 모양, 손 모양 등의 스케치를 모아놓아 공개했다. 그리고 이것들을 근거로 유럽의 몇몇 주요 화랑에 걸린 그림들에 대한 새로운 감정을 내놓아 세상을 깜짝 놀라게 했다. 예컨대 드레스덴의 어느 화랑에 걸린 비너스 그림은 분실된 티치아노Tiziano Vecellio의 그림을 사소페라토Sassoferrato가 모사한 작품으로 알려져 있었는데, 그 그림이 조르조네Giorgione가 그린 진품이라는 사실을 증명해냈다.[34]

＊ ＊ ＊

요하네스 케플러는 당시 다른 천체물리학자들과 마찬가지로 행성이 완전한 원형 궤도를 돈다고 생각했다. 그러나 그의 스승 튀코 브라헤가 수집한 행성들에 관한 방대한 자료를 보고 그것이 원형 궤도설과 맞아떨어지지 않는다는 것을 발견했다. 그래서 그는 행성의 궤도가 원형이 아닐 수도 있다는 세 가지의 잠정적 가설을 세웠다. 이것이 그의 천재성인데 이에 대해 미국의 과학철학자 노우드 러셀 핸슨 N. R. Hanson, 1924~1967은 《과학적 발견의 패턴》에서 케플러가 브라헤의 데이터에서 타원궤도를 이끌어낸 방법이 "물리학에서의 모든 추론 reasoning의 전형"이라고 선언하고 다음과 같이 덧붙였다.

"《화성의 천체 운동에 관하여De Motibus Stellae Martis》는 튀코의 데이터에 대한 간결한 표현 그 이상이다. 이것은 또한 타원궤도 가설로부터 기하학적 결과들을 연역한 것(케쿨레kekulé식 사고)도 아니다. 케플러의 과제는 '주어진 튀코의 데이터로부터 그것을 모두 포함하는 가장 간단한 곡선이 무엇인가?' 하는 것이었다. 그가 마침내 타원을 발견했을 때 창조적 사상가로서 케플러가 할 일은 실제로 끝났다."[35]

우선 이 세 가지의 이야기를 갖고 시작하자. 첫 번째 이야기는 당신도 알다시피 코넌 도일이 쓴 《네 사람의 서명》 가운데 일부를 요약한 것이다. 두 번째는 이탈리아 볼로냐대학교의 역사학자 카를로 긴츠부르그C. Ginzburg의 〈단서와 과학적 방법〉이라는 논문에 나오는 이야기다. 그리고 마지막은 러셀 핸슨이 케플러가 행성의 타원궤도를 발견해낸 과정을 설명한 글에서 일부 발췌한 것이다.

어떤가? 이 세 가지의 이야기에서 홈스, 모렐리, 케플러가 모두 사용하고 있는 생각의 방법을 이미 알아챘는가? 그렇다면 당신은 대단한 사람이다. 하지만 아직 아니라면, 답을 찾기 위해 이야기들을 간단히 정리해보자.

홈스는 왓슨의 발등에 황토가 묻어 있는 것으로부터 그가 우체국에 가 전보를 보냈다는 사실을 알아냈다. 또한 모렐리는 드레스덴의 어느 화랑에 걸린 비너스 그림에 나타난 귀의 모양을 통해 그것이 조르조네가 그린 진품이라는 사실을 알아냈다. 그리고 케플러는 브라헤의 자료들을 보고 행성의 궤도가 타원형이라는 사실을 알아냈다. 이들은 도대체 무슨 방법으로 그것들을 알아냈을까? 이 탐구 방법이 무엇일까? 아마 당신은 이제 알아챘을지도 모르지만, 노심초사하는 마음으로 힌트를 두 가지만 더 주겠다.

* * *

1898년 9월 14일, 정신분석학의 시조인 지크문트 프로이트S. Freud, 1856~1939는 이탈리아의 아름다운 도시 밀라노의 서점가를 돌아다니고 있었다. 그는 고풍이 물씬 풍기는 어느 한 서점에서 1년 전에 이반 레몰리예프라는 필명으로 출간된 모렐리의 《이탈리아의 회화에 대한 역사비평적 연구》를 한 권 샀다. 6년 후인 1914년에 발표한 유명한 에세이 〈미켈란젤로의 모세〉에서 프로이트는 다음과 같이 썼다.

"그때 나는 그 러시아식 가명 뒤에 1891년에 사망한 모렐리라는 이름의 이탈리아인 의사가 숨어 있다는 것을 알고 매우 흥미를 느꼈다. 내가 보기에 그의 탐구 방법은 정신분석학의 기법과 밀접하게 관련되어 있는 것 같다. 그의 방법 역시 하찮게 보이고 또 주의를 끌지 않는 특징에서, 즉 우리의 관찰에서 보자면 쓰레기 더미인 것에서 은밀하게 감추어진 것을 알아내는 것이기 때문이다."[36]

이 말은 그가 개발한 정신분석학의 기법이 모렐리가 미술 작품들을 감정하는 방법에서 영향을 받았을 것이라는 짐작을 가능케 한다. 이 글에서 프로이트가 '하찮게 보이고 또 주의를 끌지 않는 특징' 또는 '쓰레기 더미인 것'이라고 한 그것이 훗날 그가 말하는 환자의 '증상'이고, 이것으로부터 "은밀하게 감추어진 것을 알아내는 것"이 그가 개발한 정신분석학이기 때문이다. 다시 말해 프로이트의 정신분석도 당신이 지금 찾고 있는 바로 이 탐구 방법을 사용한다. 이제 마지막 힌트다!

* * *

"그(갈릴레오)의 가설은 결코 데이터의 귀납적 요약이 아니었다. 또한 그가 실험으로 확인되는 관찰 언명을 연역할 수 있을 때까지 가설을 적극적으로 의심하지도 않았다. 갈릴레오는 자신이 30년 동안 경험했던 다양한 현상들을 등가속도 가설로 패턴화하였을 때 비로소 자신의 성공을 알았다. 그가 통찰력을 통해서 이룩한 추론의 진보는 하나의 궁극적인 물리적 설명에서 절정을 이루었다."[37] 핸슨의 《과학적 발견의 패턴》에 실려 있는 글이다. 갈릴레오 갈릴레이G. Galilei, 1564~1642가 중력가속도가 일정하다는 '등가속도의 원리'를 발견할 때에도 이 방법을 썼다. 핸슨은 이 탐구 방법을 "통찰력을 통해서 이룩한 추론의 진보"라고 평가했다.

자, 어떤가? 이제 누구나 다 알아챘을 것이다. 그렇다! 이 탐구 방법은 일찍이 아리스토텔레스가 《분석론 전서》에서 아파고게apagoge라고 불렀고, 미국의 철학자 찰스 샌더스 퍼스C. S. Peirce, 1839~1914가 가추법abduction 또는 귀환법retroduction, 가설hypothesis, 추정presumption 등

▲ 갈릴레오 갈릴레이가 의심스러운 표정을 한 수도사에게 자신의 이론을 설명하는 모습을 담은 그림.

으로 경우에 따라 다르게 불렀던 추론법이다.[38] 아리스토텔레스 이후 2,300년이나 잊혔던 가추법을 부활시킨 퍼스에 의하면 "가추법은 (우리가) 새로운 생각을 만들어내는 유일한 방식이다."

자네는 내 방법을 알고 있네

...

퍼스는 하버드대학교의 저명한 수학 교수의 아들로 태어나 실용주의 pragmatism를 창시한 철학자이자 수학자이고 논리학자이며 기호학자다. 하버드대학교에서의 전공은 화학이었지만 대부분의 천재들이 그렇듯, 그는 이것저것 가리지 않고 받아들이는 정신의 소유자였다. 라틴어에도 정통해 둔스 스코투스, 윌리엄 오컴 같은 중세 신학자들의 이론에도 밝았다. 그는 실로 근대 철학자들 가운데 영국의 베이컨, 프랑스의 데카르트, 독일의 라이프니츠와 견줄 만한 천재였다.

퍼스는 천재라는 수식修飾에 걸맞게 불운한 삶을 살았다. 살아서는 어느 곳에서도 교수로 초빙되지 못할 정도로 인정받지 못했고, 죽어서는 초라하지 않을 정도로 장례식을 치를 돈도 없었다. 퍼스가 죽은 후, 그의 부인은 훗날 1931년부터 1958년까지 출간되는 방대한 〈찰스 샌더스 퍼스 논문집〉의 원고 더미를 단돈 500달러에 하버드대학교에 팔지 않을 수 없었다. 퍼스의 논문집에는 철학, 수학, 논리학, 기호학, 과학적 방법론, 언어, 지식학 등에 관한, 지금 보아도 독창적인 연구들이 빼곡히 담겨 있다.

퍼스와 연관된 일화들 가운데 흥미를 끄는 것이 있다. 그가 탁월한 학자였을 뿐 아니라 홈스를 능가하는 추리 능력의 소유자였다는 사실이 그것이다. 미국의 기호학자인 토머스 시벅T. A. Sebeok과 진 우미커 시벅J. U. Sebeok의 에세이 《자네는 내 방법을 알고 있네》에 따르면, 퍼스가 추리 솜씨를 실제로 뽐낸 흥미로운 모험담이 당시의 신문 보도와 연관된 사진 자료들과 함께 기록으로 전해온다.

사건 내용을 요약하면 대강 이렇다. 퍼스가 여행 도중 시계와 외투를 잃어버렸다. 그는 가추법을 사용해 범인을 추정한 다음, 당시 명탐정으로 소문이 난 조지 뱅스G. H. Bangs에게 사건을 의뢰했다. 하지만 뱅스는 퍼스의 말을 믿지 못했다. 그러자 화가 난 퍼스가 뱅스를 데리고 혐의자의 집 앞으로 갔다. 퍼스는 뱅스에게 자기가 12분 안에 잃어버린 물건들을 되찾아오겠다고 말하고 혼자 집 안으로 들어갔다. 그 후 정확히 11분 45초 만에 퍼스가 나왔는데, 그는 정말로 자기가 잃어버린 시계와 외투를 갖고 있었다.[39] 어떤가? 이게 실제로 있었던 일이라니, 놀랍지 않은가?

　1868년에 쓴 논문 〈네 가지 무능의 몇 가지 결과들〉에서 퍼스는 데 카르트를 신랄하게 비판하면서 인간의 정신 활동에는 연역법deduction 뿐만 아니라 귀납법induction과 가추법이 있다는 것을 주장했다. 그리 고 1913년 MIT의 생물학 강사 프레더릭 우드F. A. Wood에게 쓴 편지에 서는 이 세 가지의 추론법 가운데 오직 가추법만이 새로운 지식을 '기 대할 수 있는 풍성함'을 갖고 있다고 역설하며 과학 탐구의 방법으로 추천했다.

　그렇다면 가추법이란 어떤 형식의 추론법인가? 우리들은 대개 논 리학에 대해 수학에 대해 그런 만큼이나 심리적 부담감을 갖고 있다. 하지만 그럴 것 없다. 퍼스는 다음과 같은 예를 들어 가추법을 다른 추론법들과 비교해 쉽게 설명했다.

　• 연역법
　법칙: 이 주머니에서 나온 콩들은 모두 하얗다.
　사례: 이 콩들은 이 주머니에서 나왔다.
　결과: 이 콩들은 하얗다.

　• 귀납법
　법칙: 이 콩들은 이 주머니에서 나왔다.
　사례: 이 콩들은 하얗다.
　결과: 이 주머니에서 나오는 콩들은 모두 하얗다.

　• 가추법

법칙: 이 주머니에서 나온 콩들은 모두 하얗다.

사례: 이 콩들은 하얗다.

결과: 이 콩들은 이 주머니에서 나왔다.

이 예들을 보면, 연역법은 결론이 이미 전제 안에 들어 있다. '이 콩들은 하얗다'는 '이 주머니에서 나온 콩들은 모두 하얗고 이 콩들은 이 주머니에서 나왔다'라는 전제에서 필연적으로necessarily 나온다는 뜻이다. 논리학자들은 이런 경우에 전제가 참이면 결론도 반드시 참이라는 의미에서 '진리 보존적'이라 한다. 추론의 확실성이 연역법이 가진 탁월한 장점 가운데 하나다. 다른 한 장점은 경험(실험과 관찰)에 의하지 않고도 결과를 정확히 알 수 있다는 것이다.

예컨대 삼각형의 내각의 합이 평각(180도)이라는 것을 증명하기 위해 각도기를 들고 세상의 모든 삼각형들의 각을 재고 다닐 필요가 없다. 당신도 알다시피, 삼각형의 한 꼭짓점을 지나 그 꼭짓점의 대변에 평행인 보조선을 하나 그은 다음 '엇각은 같다'라는 정리를 이용해, 오직 사고만으로 이끌어낼 수 있다. 탈레스가 바다에 떠 있는 배와의 거리를 계산해낸 것도, 천문학자들이 별과의 거리를 측정할 수 있는 것도 그 덕이다.

그런데 귀납법은 그렇지 않다. 지금까지 나온 콩들이 하얗다고 해서 그 주머니에서 앞으로 나올 콩들도 하얗다는 보장이 없기 때문이다. 귀납법에서의 결론은 전제를 양적으로 확장해 얻어진다. 그래서 귀납법에서 얻어진 결론은 '개연적으로 참probably true'이다. 전제가 참이라고 해도 결론은 반드시 참은 아니라는 의미다. 논리학자들은 이런 경우에는 '진리 확장적'이라는 용어를 사용한다.

이것은 분명 귀납법이 지닌 허점이다. 그런데 바로 이 허점이 귀납법의 장점이기도 하다. 경험에 의해서 얻어진 개연적인 지식이 오히려 실용적인 경우가 많기 때문이다. 만일 고대 이집트인들이 연역적 방법만을 고집했다면, 오늘날 우리는 기자Giza의 피라미드를 볼 수 없었을 것이다.[40]

가추법도 마찬가지다. 가추법이 이끌어낸 결론도 전제에서 필연적으로 나오는 것이 아니다. 콩들이 하얗다는 것만으로 그 콩들이 그 주머니에서 나왔다고 할 수는 없기 때문이다. 다른 주머니에서 나온 콩이라 해도 하얄 수가 있지 않은가. 따라서 콩들이 하얗다고 해서 그 주머니에서 나왔다는 결론은 단지 '개연적으로 참'이다. 그렇다면 가추법이 가진 장점은 무엇인가? 오직 가추법으로만 새로운 지식을 얻을 수 있다는 퍼스의 말은 또 무슨 뜻인가?

가추법은 결론이 전제에 들어 있는 내용이 아니라는 점에서 연역법과 다르다. 또 전제에 들어 있는 내용을 '양적으로' 확장한 것이 아니라는 점에서 귀납법과도 다르다. 퍼스가 든 예에서 '이 콩들은 이 주머니에서 나왔다'라는 결론은 전제의 내용을 '양적으로' 확장한 것이 아니라 전혀 새롭게 추측해낸 것이다. 한마디로 '예측'이다. 이 예측이 바로 가추법이 가진 장점이자 매력이다.

퍼스는 이 말을 "가추법을 통해 우리는 일반적인 예측을 할 수 있다. 그러나 그것이 꼭 성공하리라는 보장이 없다. 그럼에도 불구하고 예지prognostication의 방법으로서의 가추법은 우리의 미래를 이성적으로 다스릴 수 있다"[41]라고 표현했다. '미래를 이성적으로 다스릴 수 있는 있는 힘', 바로 여기서 새롭고 창의적인 지식이 나온다. 이제 우리의 관심은 당연히 어떻게 하면 우리도 가추법을 익혀 홈스, 모렐리,

케플러, 그리고 퍼스와 같이 창의적인 인물이 될 수 있느냐에 있다. 그렇지 않은가?

이제 보니 아무것도 아니군요
...

가추법에는 다양한 형식이 있다. 때문에 막상 당신이 가추법을 익히려고 한다면 약간 혼란스러울 수도 있다.《장미의 이름》으로 널리 알려진 이탈리아의 기호학자 움베르토 에코U. Eco는 가추법을 '지나치게 규범화된 가추법', '덜 규범화된 가추법', '창조적인 가추법(또는 메타-가추법)' 등 세 가지 유형으로 나누어 구분하기도 했다. 하지만 세 가지도 많다. 그래서 추천하고 싶은 것이 핸슨이《과학적 발견의 패턴》에서 정리한 형식이다. 핸슨에 따르면 가추법은 다음과 같은 형식으로 정리된다.[42]

① 관찰을 통해 어떤 특정한 현상 P를 알았다.
② 그런데 만약 H가 참이면 P가 설명된다.
③ 따라서 H가 참이라는 가설이 가능하다.

무슨 이야기인가? 위에서 든 예들을 핸슨의 형식에 맞춰보면 이해가 쉽다. 우선, 홈스의 가추법은 다음과 같았다. (아침에 편지를 쓰지 않았기 때문에) 왓슨은 편지를 부치러 우체국에 가지는 않았다. 그런데 만일 왓슨이 우체국에 가서 전보를 보냈다면 왓슨이 편지를 부치러 우체국에 가지 않았다는 것이 설명된다. 그러므로 왓슨이 전보를 보냈다는 가설이 가능하다.

또 모렐리의 추론은 이랬다. 드레스덴의 화랑에 티치아노의 작품이라고 걸린 비너스 그림의 귀 모양은 티치아노 그림의 귀 모양과 일치하지 않는다. 그런데 만일 그 비너스 그림이 조르조네가 그린 것이라면 그 그림의 귀 모양이 티치아노 그림의 귀 모양과 일치하지 않는다는 것이 설명된다. 그러므로 그 그림은 조르조네가 그린 진품이라는 가설이 가능하다.

케플러의 추론도 마찬가지다. 브라헤의 관찰 자료들은 당시의 표준 이론인 원형 궤도설에 일치하지 않는다. 그런데 만일 행성의 궤도가 타원형이라면 브라헤의 관찰 자료들이 원형 궤도설에 일치하지 않는다는 것이 설명된다. 그러므로 행성의 궤도가 타원형이라는 가설이 가능하다.

이렇듯 가추법은 관찰을 통해 드러난 어떤 특이한 현상으로부터 그것을 설명할 수 있는 가설을 결론으로 이끌어낸다. 그리고 그 가설이 당면한 문제들을 해결할 수 있는 새로운 원리와 지식의 세계로 우리를 안내한다. 이것이 가추법이 가진 '탐구적' 또는 '창의적' 성격인데, 바로 이런 성격 때문에 탐정, 감정사, 과학자들처럼 새롭고 창의적인 문제 해결 방법을 찾아내려는 모든 탐구자들이 가추법에 매료되는 것이다. 요컨대 가추법은 '문제 해결의 추론법'이자 '탐구의 논리'다.

그런데 혹시 지금 당신에게 《붉은 머리 연맹》에서 자베스 윌슨이 홈스에게 한 "이제 보니 아무것도 아니군요"라는 말이 떠오르지 않는가? 가설법이 알고 보니 별게 아니라는 생각이 들지 않는가 말이다. 만일 그렇다면, 그것은 당신에게 커다란 손실이다. 왜냐하면 그것은 당신이 당면한 문제를 해결할 방법을 찾지 않겠다는 의미이고, 나아가 어떤 새로운 원리나 지식을 탐구하는 창의적인 사람이 되길 포기했다는 것을 뜻하기 때문이다.

가끔은 특별한 것이 평범해 보이고, 위대한 것이 사소해 보이기도 하는 법이다. 이번이 바로 그런 경우다. 다시 한 번 생각해보기 바란다! 긴츠부르그는 〈단서와 과학적 방법〉에서, 사실인즉 거의 모든 문제 해결과 창의적인 탐구에는 가추법이 사용된다는 것을 다음과 같이 자세히 밝혔다.

사냥꾼들이 짐승의 발자취를 보고 사냥감을 추적할 때, 의사가 증상을 보고 병을 진단할 때, 점쟁이가 과거를 알아맞히거나 관상가가 미래를 예언할 때, 고고학자가 유물을 통해 과거의 생활상을 알아낼 때, 고생물학자가 뼈 몇 조각으로 멸종 생물의 모습을 재현해낼 때, 고문서학자가 고대 문자를 해독할 때, 정신분석가가 꿈을 해석할 때, 핵물리학자가 입자가속기와 감광판을 이용하여 입자의 성질을 알아낼 때, 기상청에서 날씨를 예측할 때, 낚시꾼이 찌로 물고기의 움직임을 알아낼 때 등이다.

한마디로, 관찰을 통해 문제를 해결하거나 새로운 사실들을 탐구하는 거의 모든 경우에 가추법이 사용된다는 말이다. 그 가운데 인상적인 구절 하나만 소개하고자 한다. 가추법의 기원을 짐작할 수 있기 때문이다.

수천 년 동안 인류는 사냥으로 먹고살았다. 끝없이 추적하는 과정에서 사냥꾼들은 눈에 안 보이는 사냥감의 모양이나 움직임을 그 흔적으로 재구성해내는 법을 터득했다. 예컨대 땅의 부드러운 곳에 찍힌 발자국이나 부러진 나뭇가지, 배설물, 나무에 걸린 털이나 깃털, 냄새, 웅덩이, 질질 흘린 침 등이 그 예가 된다. 사냥꾼들은 냄새를 맡고, 관찰하고, 아무리 사소한 흔적을 보더라도 그 뜻과 맥락을 알려고 애쓰게 되었다. 또한 그들은 그늘진 숲속이나 위험한 장소에서 (위험에서 벗어나기 위해) 순간적으로 복잡한 추론을 하는 법도 알게 되었다.[43]

긴츠부르그에 의하면, 홈스가, 프로이트가, 모렐리가, 그리고 바로 우리가 이 같은 사냥꾼들의 후예이자 여전히 이 같은 사냥꾼들이다. 이런 의미에서 본다면, 가추법이 인류가 개발한 최초의 추론법이다. 태고의 사냥꾼들이 '흔적'에서 "그 뜻과 맥락을 알려고" 애썼듯이, 홈스가 범인이 남긴 '단서'에서, 프로이트가 환자의 '증상'에서, 모렐리가 그림들이 가진 '특징'에서 그 숨겨진 의미 내지 원리를 찾아내 당면한 문제를 해결하는 데 가추법을 사용했다.

어디 그뿐인가! 《과학적 발견의 패턴》에서 핸슨도 과학자들이 보통 실험과 관찰을 통해 얻어진 개별적 자료들에서 보편적 법칙을 이끌어내는 귀납적 방법을 그들의 연구에 사용한다고 알려져 있지만, 사실이 아니라고 했다. 그들은 당면한 문제를 해결하기 위해 가추법을 사용한다. 특히 과학의 새로운 지평을 연 창의적인 과학자들의 경우에 더욱 그렇다는 것이다.

핸슨은 예컨대 갈릴레오가 가속도의 문제를 해결하려고 노력했을 때, 케플러가 타원형 궤도를 생각했을 때, 뉴턴이 물질과 빛의 입자적 본성에 대해 고심했을 때, 러더퍼드가 '토성 모형'의 원자구조를 받아들일 때, 아서 콤프턴A. Compton이 빛의 알갱이 구조를 제안할 때, 아인슈타인이 상대성원리를 고안했을 때, 폴 디랙P. Dirac이 반입자를 떠올렸을 때, 유카와 히데키湯川秀樹가 중간자를 예언했을 때, 그들이 사용

한 것이 가추법이었다고 주장했다. 사실상 모든 과학적 탐구에 이 방법이 사용되었다는 뜻이다.[44]

가추법은 이렇듯 모든 문제 해결과 창의적인 탐구에 사용되는 생각의 방법이다. 아니 달리 말하자! 가추법을 통하지 않고는 어떤 문제 해결도, 창의적 탐구도 불가능하다. 그래서 당신이 당면한 문제들을 해결하고 싶다면, 아니면 뭔가 새로운 원리나 지식을 창출하고 싶다면, 당신은 '고의적으로' 아니 '습관적으로' 가추법적인 사고를 해야 한다. 우리의 정신은 교육에 의해서 관습적으로 연역법을 사용하고, 경험에 의해서 습관적으로 귀납법을 사용하도록 길들여져 있다. 하지만 퍼스는 다음과 같이 잘라 말했다.

확실한 것은 우리의 모든 지식은 결국 하나의 순수한 가정으로부터 이루어졌으며, 귀납법은 (이미 만들어진 그 지식을) 보다 확실하고 세련되게 할 뿐이라는 사실이다. 가추법에 의지하지 않고서는 그저 막연히 바라보는 단계를 넘어설 수 없으며, 어떤 지식의 발전도 이룰 수 없을 것이다.[45]

그런데 여기에서 우리는 매우 놀랍고도 아주 흥미로운 사실을 하나 발견할 수 있다. 그것은 대부분의 탐구자들이 자신의 연구에 가추법을 사용했다는 것을 숨기고 싶어 한다는 것이다. 예컨대 뉴턴은 "나는 가설을 만들지 않는다Hypotheses non fingo"라고 호언했으며, 다윈은 자신이 귀납법을 사용해 진화론을 만들었다고 주장했고, 홈스도 "아니, 아니, 난 추측은 절대로 않는다네"라며 자신의 추리 방법이 연역법이라고 주장했다. 그들이 명백히 가추법을 사용했음에도 불구하고 말이다.

왜 그럴까? 바로 이것이 가추법이 그토록 오랫동안 그처럼 놀라운 일들을 해왔으면서도 일반인들에게는 전혀 주목받지 못한 이유이기도 한데, 그 이유가 뭘까? 그들은 도대체 무엇을 감추고 싶어 하는 걸까? 사다리 치우기일까? 아니면 가추법에 감추고 싶은 어떤 약점이라도 있는 것일까?

크고 단 참외가 어디 있으랴

· · ·

그렇다! 빛이 밝으면 그림자가 짙듯이, 가추법에도 숨기고 싶은 아킬레스건이 있다. 그것은 결론이 항상 '참true'은 아니라는 것이다. 그것이 천재들의 자존심을 긁었다. 앞서 밝혔듯이, 가추법에 의해서 얻은 결론은 '필연적 참'이 아니라 단지 '개연적인 참'일 뿐이다. 그래서 가설hypothesis이라고 한다. 이 때문에 벌어진 해프닝들이 하나둘이 아니다.

여기에서 다시 탈레스로 돌아가보자! 탈레스는 이집트의 나일강 삼각주에 해마다 홍수가 일어나는 시기가 에테시아 북풍이 부는 때와 일치한다는 것을 알아냈다. 그리고 나일 강물이 바다로 흘러드는 것을 북풍이 막기 때문이라고 결론지었다. 이때 탈레스는 다음과 같은 가추법을 사용했다.

이집트의 나일강 삼각주에 해마다 홍수가 일어난다. 만일 에테시아 북풍이 나일 강물이 바다로 흘러드는 것을 막는다면 나일강 삼각주에 해마다 홍수가 일어나는 현상이 설명된다. 그러므로 에테시아 북풍이 나일 강물이 바다로 흘러드는 것을 막는다는 가설이 가능하다.

그렇다! 탈레스가 우리가 아는 한 처음으로 가추법을 사용해 학문을 한 사람이다! 비록 나중에 그 가설이 '참'이 아님이 밝혀졌지만 말이다. 그런데 왜 이런 일들이 일어날까? 가추법의 아킬레스건은 그것을 형식화해보면 간단히 드러난다.

가추법의 형식화도 역시 다양한 방식으로 가능하지만, 그중 가장 간단한 것이 '$((p \rightarrow q) \cap q) \rightarrow p$'이다. 고전논리학에서 보통 '후건긍정식affirming the consequence'이라고 부르는 것인데, 이 형식을 위에서 소개한 핸슨의 언어로 표현하자면, '만약 p가 참이면 q가 설명된다. 관찰을 통해 어떤 특정한 현상 q를 알았다. 따라서 p가 참이라는 가설이 가능하다'가 된다. 우리가 일상적으로 사용하는 자연언어로는, 예컨대 '비가 오면 땅이 젖는다. 땅이 젖었다. 그러므로 비가 왔다'와 같은 추론이 이에 해당된다.

그런데 후건긍정식은 잘 알려진 대로 형식적 오류에 속한다. 이른바 후건긍정의 오류fallacy of affirming the consequence다. 이 말은 모든 가추법은 논리적으로 그것의 타당성validity이 인정되지 않는다는 것을 의미한다. 앞서 든 예를 가지고 설명하자면, 비가 오지 않았어도 누군가 물을 뿌렸으면 땅이 젖을 수 있고, 왓슨은 우체국에 전보를 보내러 가 아니라 친구를 만나러 갔거나 예금을 찾으러 갔을 수도 있지 않은가. 요컨대 다른 가능성이 얼마든지 있다는 뜻이다.

결국 이렇게 정리된다. 가추법은 가장 창의적인 추론법이지만 동시에 가장 오류 가능성이 높은 추론법이기도 하다. 티 없는 옥이 어디 있고, 크고도 단 참외가 어디 있으랴! 그렇다면 가추법을 사용한 수많은 천재들, 특히 가추법을 사용하고도 시치미를 뗀 뉴턴, 다윈, 홈스(또는 코넌 도일)는 이 사실을 몰랐다는 말인가? 아니다! 그들은 오히려 가추법의 아킬레스건에 대해 너무도 잘 알고 있었음에도 그리 시치미를 뗀 것이다. 엉큼하다고? 그건 또 아니다. 그들은 대책을 강구해놓고 그렇게 딱 잡아뗐었다.

홈스를 보자! 앞서 소개한 《네 사람의 서명》에서 홈스는 가추법의 아킬레스건을 알고 있었기에 "불가능한 것들을 모두 지워버렸을 때 남는 것 하나가 진실임이 틀림없네"라는 말을 곧바로 덧붙였다. 이 말은 우체국에는 왓슨의 친구도 없고 예금 업무도 취급하지 않아서, 왓슨은 우체국에서 오직 편지나 전보를 보내는 일만 할 수 있다는 뜻이다. 그런데 왓슨은 아침에 편지를 쓰지 않았기 때문에 전보를 보내러 간 것이 틀림없다고 추론한 것이다.

모든 다른 가능성이 제거된 경우, 오직 이런 경우에는 가추법을 통해 얻어진 결론도 필연적으로 참이 된다. 형식적으로 따져보아도 가추법($((p \to q) \cap q) \to p$)에서 모든 다른 가능성을 제거하면 연역법($((p \leftrightarrow q) \cap q) \to p$)이 된다. 위에서 든 예로 설명하면, '비가 오면 땅이 젖는다. 땅이 젖었다. 그러므로 비가 왔다'에서 물을 뿌렸을 경우와 같은 다른 모든 가능성을 제거하고 나면 '비가 올 때만, 오직 비가 올 때만 땅이 젖는다. 땅이 젖었다. 그러므로 비가 왔다'가 된다. 이런 경우에 얻어진 결론은 필연적으로 참이다. 그래서 홈스는 《창백한 병사》에서 또 다음과 같이 설명한다.

내가 생각하는 과정을 설명해주겠네. … 그 과정은 불가능한 것을 모두 배제하고 나면 남아 있는 것이 아무리 그럴듯해 보이지 않는다 할지라도 진실임에 틀림이 없다는 가정에서 시작한다네. 몇몇 설명이 가능한 경우가 생기는 것도 당연한 일인데, 이럴 때는 그것들 중 하나가 납득할 만한 지지를 얻어낼 때까지 검증을 해보는 노력을 해야 한다네.

그렇다! 탐정이든, 미술감정사든, 과학자든, 모든 탐구자들은 먼저 가추법에 의거해 가설을 만든 다음, 그 가설이 현실 세계와 맞는지를 실험과 관찰을 통해 "납득할 만한 지지를 얻어낼 때까지" 검증한다. 검증이 얼마나 철저히 이뤄졌느냐에 따라, 다른 가능성들이 얼마나 철저히 배제되었느냐에 따라, 다시 말해 여러 가능성 가운데 자신이 추정한 하나의 가설이 얼마나 납득할 만한 지지를 얻을 수 있느냐에 따라 결론이 '참'이 될 가능성이 높다.

검증이 옥에서 티를 없애고, 크고도 단 참외를 고를 수 있는 유일한 방법이다! 그래서 오늘날 과학자들은 가추법에 아예 검증 절차를 덧붙인 새로운 탐구 방법을 고안했다. 이른바 '가설연역법hypothetical deductive method'이다. 기회가 있을 때마다 "아니, 아니, 난 추측은 절대로 않는다네"라며 자신의 추리법이 가추법이 아니라 연역법이라고 우기던 홈스(실제로는 코넌 도일이겠지만)가 이 용어를 들었으면 매우 좋아했을 것이다.

가설연역법은 일반적으로 다음의 네 가지 단계를 거쳐서 실행된다.

① 조사 중인 대상이나 문제를 밝힌다.
② 문제를 해결할 수 있는 어떤 가설을 설정한다.
③ 그 가설이 현실 세계에 들어맞는 경우 일어날 예측을 내놓는다.
④ 그리고 실제 세계에 대한 실험과 관찰에 따라 자료를 수집하여

예측과 일치하거나 대응하면 수용하고, 아니면 수정하거나 폐기한다.

미네소타대학교 과학철학센터 소장인 로널드 기어리R. N. Giere는 《학문의 논리》에서 가설연역법에 따른 사고가 과학 이론을 세우는 데뿐만 아니라 '비판적 사고 능력을 기르고 일반적 과학 교양을 쌓는 데도' 도움이 된다는 것을 누차 강조했다. 그리고 가설연역법을 손쉽게 실행 및 평가할 수 있는 구체적인 틀形式을 제시했다. 일반적 가설연역법을 더 세분화한 형태인데, ① 현실 세계, ② 모델, ③ 예측, ④ 자료, ⑤ 부정적 증거, ⑥ 긍정적 증거로 이어지는 이른바 '6단계 프로그램'이다.[46] 기어리가 든 예 가운데 하나를 알아보기 쉽게 정리하면 다음과 같다.[47]

① 현실 세계: 영국의 천문학자이자 뉴턴의 친구이기도 한 에드먼드 핼리E. Halley는 1682년 어느 날 혜성 하나를 관찰했다. 이후 그는 자신이 관찰한 혜성의 궤도가 얼마나 큰지, 다시 돌아오는 데는 얼마나 걸리는지를 알고자 했다.

② 모델: 핼리는 1687년 출간된 뉴턴의 《프린키피아》에 나오는 뉴턴의 모델을 적용하기로 했다. 뉴턴의 모델은 두 점을 중심으로 하는 타원궤도 모델이었다.

③ 예측: 1682년에 관측된 혜성이 타원궤도를 그린다면 동일한 간격을 두고 다시 나타날 것이라는 예측을 할 수 있다.

④ 자료: 핼리는 이전에 나타난 혜성의 모든 자료를 조사한 결과 1530~1531년과 1606~1607년에 비슷한 궤도를 가진 혜성이 지

나갔다는 내용을 찾았다. 그 간격은 76년이었다.

⑤ 부정적 증거: 없다. 자료는 예측과 일치했다.

⑥ 긍정적 증거: 같은 자료로 얻을 수 있는 대안은 다른 혜성들이 우연히 76년 주기로 나타났다는 것인데, 그것은 불가능하다.

핼리가 기어리의 6단계 프로그램을 따라 혜성의 주기를 계산해냈을 리는 전혀 없다. 그러나 그가 핼리 혜성의 주기를 알아내는 데는 이런 사고 과정을 거쳤을 것이 분명하다. 그리고 이 혜성이 1758년에 다시 돌아올 것을 예측했다. 하지만 그는 그것을 보지 못하고 1743년 세상을 떠났다. 1758년 크리스마스 무렵에 그 혜성이 정확히 다시 나타나자, 핼리의 연구를 무시하던 프랑스 과학원은 고인에게 상을 수여했고, 혜성의 이름을 '핼리 혜성Halley's Comet'이라고 지었다.

움베르트 에코는 가추법에 관한 그의 에세이 〈아리스토텔레스의 뿔, 볼테르의 말발굽, 홈즈의 발등〉에서 "탐정들은 '메타-가추법'에 내기를 걸면서 그 대담성 때문에 사회로부터 보상받는다. 반면 과학자들은 그들의 가추법을 끈기 있게 검증함으로써 사회적으로 인정을 받는다"[48]라고 했다. 그렇다! 문제 해결을 위한 추론이자, 창의성의 논리인 가추법은 자기를 사랑하는 사람들을 결코 빈손으로 돌려보내지 않는다. 가추법 또는 가설연역법을 단순히 자연과학자들의 방법론 정도로 생각하지 말자. 가추법은 당신이 일상적 생활에서 마주하는 문제들의 해결뿐 아니라 창의적인 탐구에서도 분명 힘을 발할 것이다.

자, 이제 당신은 선택의 기로에 섰다. 당신이 당면하고 있는 문제나 탐구에 가설법을 사용할 것인가, 아닌가 하는 갈림길 말이다. 어떻게 할 것인가? 관건은 당신이 논리적으로 안전한 입장을 취하면서 미미

한 결과에 만족할 것인가, 아니면 논리적 오류 가능성을 받아들이면서 의미심장한 결과로 과감히 나아갈 것인가이다. 그런데 그것은 오직 당신이 어떤 사람이냐에 달려 있다.

만일 당신이 왓슨이 아니고 홈스 같은 사람이 되고 싶다면, 드레스덴의 비너스를 모사품이라고 감정했던 감정사가 아니고 모렐리같이 진품을 찾아내길 원하는 사람이라면, 행성의 운행에 관한 수천 가지 자료만을 모았던 브라헤가 아니고 그것에서 새로운 과학 원리를 발견해낸 케플러 같은 사람이 되고 싶다면, 다시 말해 창의적인 가설을 설정함으로써 새로운 지식과 원리를 만들어내고 싶은 사람이라면, 당신의 생각과 의사결정에 연역법이나 귀납법보다는 가추법이나 가설연역법을 '부지런히 그리고 과감하게' 사용해야 할 것이다. 물론 치밀한 검증을 덧붙여서 말이다. 그렇지 않은가?

북극곰은 무슨 색인가요

...

탈레스가 처음으로 개발해 학문에 사용한 이후, 가추법은 아낙시만드로스, 아낙시메네스와 같은 밀레토스학파 철학자들은 물론이거니와, 이후 예컨대 엠페도클레스, 아낙사고라스, 데모크리토스와 같은 소크라테스 이전 철학자들이 자연의 원리를 탐구하는 방법으로 자리 잡았다.

예를 들어 "땅(지구)은 어떤 것에도 떠받쳐지지 않은 채 공중에 떠 있으며, 모든 것들로부터 같은 거리만큼 떨어져 있기 때문에 머물러 있다"라는 아낙시만드로스의 잠언도 바로 가추법에 의해 얻어졌다.

마치 뉴턴의 중력이론을 염두에 둔 듯한 이 같은 주장은 지구가 추락하지 않기 위해 물 위에 떠 있다고 한 스승 탈레스의 주장을 반박한 것인데, 당시로서는 파격적이고 혁명적인 것이었다.

20세기를 풍미한 과학철학자 칼 포퍼K. Popper, 1902~1994도 《파르메니데스의 세계》에서 "아낙시만드로스의 이 같은 생각은 인간의 전 사상사 중에서 가장 대담하고, 가장 혁신적이며, 가장 놀라운 생각 중 하나다"[49]라고 높이 평가했다. 지금으로부터 약 2,600년쯤 전에 그가 어떻게 이런 생각을 할 수 있었을까?

당시에는 중력에 관한 아무런 관측이 없었기 때문에 아낙시만드로스의 주장이 관측 자료들에서 귀납적으로 얻은 결론일 수는 없다. 또 당시에는 중력에 관한 어떤 이론도 없었기 때문에 그것은 기존 이론으로부터 연역해낸 것이라고 볼 수도 없다. 그것은 오직 대담한 가추법에 의해 얻어졌다. 다시 말해 아낙시만드로스의 주장은 다음과 같은 사고 과정을 통해 얻어졌을 것이 분명하다.

만일 탈레스의 가르침대로 땅이 물 위에 떠 있다면, 물은 또 무엇에 의해 떠받쳐져 있어야 한다. 그런데 만일 어떤 것이 물을 떠받치고 있다면, 그것은 또 무엇에 의해 떠받쳐져 있는가? 이 같은 무한소급infinite regress을 끝낼 방법이 없는가? 하지만 만일 지구가 서로를 끌어당기는 모든 별들로부터 같은 거리만큼 떨어져 있다면, 이 문제가 해결된다. 그러므로 땅은 어떤 것에도 떠받쳐지지 않은 채 공중에 떠 있으며, 모든 것들로부터 같은 거리만큼 떨어져 있다.

이것이 무엇인가? 가추법적 사고다! 이후 다른 소크라테스 이전 철학자들의 자연에 관한 사고도 대부분 이런 식으로 전개되었다. 예컨 대 "빛은 메아리처럼 달로부터 되돌아온다", "달은 수레바퀴가 굴대의 주위를 도는 것처럼 지구의 주위를 선회한다"와 같은 엠페도클레스의 은유적 잠언들도 알고 보면 모두 이와 같은 가추법에 의해 얻어졌다.

물론 소크라테스 이전 철학자들의 잠언은 그것들이 아무리 놀라운 예지로 번뜩인다 하더라도 자연과학 이론으로 인정할 수는 없다. 그들의 주장은 실험과 관찰을 통한 검증 절차를 전혀 거치지 않았기 때문이다. 이것이 이들의 예지가 이후 과학의 발전으로 이어지지 못한 까닭이기도 하다. 따라서 오늘날 일부 고전학자들이 소크라테스 이전 철학자들의 우주론을 현대 천체물리학이나 양자물리학과 견주면서, 이들의 잠언이 현대 과학을 2,500년이나 앞서 펼친 것처럼 평가하는 것은 흥미롭긴 하지만 과장이다.

《그리스인 이야기》의 저자 앙드레 보나르가 "우리는 가끔 그리스인들이 과학을 발견한 것처럼 말한다. 하지만 그리스인들은 과학을 발견한 것이 아니라 과학적인 방법을 발견했을 뿐이다"[50]라고 일침을 놓은 것이 그래서다. 그럼에도 불구하고 보나르도 인정했듯이 고대 그리스인들이 '과학적인 방법'을 발견한 것은 사실인데, 그것이 바로 가추법이다. 우리가 소크라테스 이전 철학자들의 잠언들을 통해 다시한 번 확인하게 되는 것은 가추법이 가진 놀라운 능력이다.

여기서 잠깐 멈추자! 그리고 우리가 지식에서 개체발생이 계통발생을 반복한다는 전제 아래 이야기를 전개해가고 있다는 사실을 떠올려보자. 그러면 자연스레 도달하는 결론이 있다. 그것은 만일 누군가가 당면한 문제들을 해결하는 데나 어떤 새로운 원리를 탐구하는 데에 아직 가추법을 사용하고 있지 않다면, 그는 적어도 탈레스 이전 시대를 살고 있다는 이야기가 된다는 사실이다. 여기서 우리는 '어떻게 가추법을 익혀야 할까, 그리고 언제부터 또 어떻게 아이들에게 가추법을 교육해야 할까?'라는 결코 무시할 수 없는 문제에 도달하게 된다.

혹시 당신은 논리적 추론이란 나이와 함께 자연스레 발달하는 선천적 능력이기 때문에 교육 내지 훈련이 필요하지 않다고 생각할지도 모른다. 만일 그렇다면, 큰 잘못이다. 이미 앞에서 소개한 바 있는 비고츠키 학파의 심리학자 루리야의 광범위한 탐사 실험에 의하면, 논리적 추론 능력은 교육 내지 훈련받지 않으면 전혀 발달하지 않는다는 것이 증명되었기 때문이다. 무슨 소리냐고?

루리야는 우즈베키스탄과 키르기지아 오지 출신의 문맹인 15명과 단기간(1년 또는 2년) 교육을 받은 젊은이 5명에게 다음과 같이 논리적 추론을 요구하는 몇 가지 질문을 던졌다. 예를 들어, "귀금속은 녹슬지 않습니다. 금은 귀금속입니다. 그렇다면 금은 녹슬까요, 녹슬지 않을까요?"나 "토끼는 큰 숲에 삽니다. 도시에는 큰 숲이 없습니다. 도시에 토끼가 있을까요, 없을까요?" 또는 "북극은 눈이 있는 곳이고 그곳의 모든 곰은 털이 하얗습니다. 노바야젬랴는 북극에 있습니다. 노바야젬랴에 있는 곰은 무슨 색인가요?"[51] 등이다.

결과는 단기간이라도 교육을 받은 젊은이들은 별문제 없이 옳게 추론했지만, 교육을 받지 않은 오지 출신의 문맹인들은 대부분 답을 회피하거나, 문제를 반복하거나 또는 엉뚱한 말을 하는 등 논리적 추론을 하는 데 어려움을 겪었다. 특히 '북극곰' 문제처럼 경험해보지 않은 문제를 대했을 때 그런 경향이 더욱 심했다. 이 실험은 논리적 추론 능력도 직간접적 교육과 훈련을 통해 발달한다는 것을 증명해준다. 그렇다면 가추법의 훈련은 언제부터, 또 어떻게 이루어져야 할까?

가추법을 훈련하는 가장 탁월한 방법

...

아동심리학자 피아제에 의하면, 인간의 인지 발달은 개인차가 있지만 크게 보아 4단계로 구분된다. 0~2세의 감각 운동기sensorimotor period, 2~7세의 전조작기preoperational period, 7~11세의 구체적 조작기concrete operational period, 11세 이후, 주로 15세~20세의 형식적 조작기formal operational period다.[52] 그런데 베르벨 인헬더B. Inhelder와 수년 동안 공동으로 실행한 폭넓고 다양한 실험들을 통해 피아제는 논리적 추론이 형식적 조작기에 이르러서야 비로소 가능하다는 결론에 도달했다.[53]

피아제가 말하는 '형식적 조작'이란 추상적 사고의 특성으로서 보통 사춘기 이후에야 나타나는 인지 능력이다. 그것은 단순히 논리적 추론에 국한되지 않고, 정치, 경제, 사회, 철학 등과 같은 학문과 예술 전반에서 폭넓게 이뤄진다. 예를 들어 구체적 조작기의 아동이 어머니를 사랑하거나 친구를 미워할 능력만을 갖고 있는 데 비해, 형식적 조작기의 청소년은 평화를 사랑하거나 불평등을 미워할 수 있는 능력까지 갖추게 된다.

그런데 특이한 것은 그 이전 단계들에서 아동들이 보이는 인지 능력들과는 달리 형식적 조작 능력은 보편적이지 않다는 사실이다. 연구 결과, 서구 문화에서도 어떤 청소년들은 형식적 조작을 할 수 없는 것으로 나타났다. 또한 일부 비서구 문화에서는 루리야의 실험에서도 밝혀졌듯이 성인들마저도 같은 증상을 보였다. 이것은 누구나 나이를 먹으면 자연스럽게 논리적 추론을 할 수 있게 되는 것이 아니라는 것을 뜻한다.[54]

반면에 교육을 전혀 받지 못한 사람들 가운데서도 특정 분야에서는 뛰어난 논리적 사고를 하는 경우도 있다. 이와 연관해 매우 흥미로운 사례를 툴킨S. R. Tulkin과 콘너M. Konner의 연구 보고에서 찾을 수 있다. 두 사람은 사냥에 능숙한 칼라하리 부시먼들을 상대로 한 연구에서, 그들이 사냥을 할 때 높은 수준의 형식적 조작(더 정확히 말해 가추법 내지 가설연역법 사용)을 보여준다는 사실을 확인했다. 툴킨과 콘너는 다음과 같이 보고했다.

구체적으로, 동물을 추적하는 과정은 추론, 가설, 검증, 발견을 포함한다. 동물의 움직임, 타이밍, 상처를 입었는지 또 어떻게 상처를 입었는지, 또 어느 방향으로 얼마나 멀리 또 얼마나 빨리 갈 것인지 등을 결정하는 것은 모두 다음의 과정을 거친다. 즉, 가설을 세우고, 새 자료들을 대입해보고, 동물의 움직임에 대해서 이미 알고 있는 사실들과 통합시키고, 이에 맞지 않는 것들은 버림으로써 마침내 사냥감을 잡을 수 있는 합리적인 가설을 얻는 과정을 반복한다.[55]

어떤가? 놀랍지 않은가? 교육을 전혀 받지 못한 부시먼들이 앞에서 핸슨이 정리한 가추법 내지 기어리가 고안한 가설연역법의 '6단계 프로그램'을 거의 그대로 활용하고 있다고 하지 않는가! 이런 일이 어떻게 가능할까? 알고 보면 그들은 대를 이어서 사냥술을 익히면서 가추법을 스스로 터득한 것이다.

피아제에 따르면, 대개 사춘기를 기점으로 이뤄지는 뇌신경 발달이 형식적 조작의 기초를 제공한다. 그러나 이후 교육과 훈련 같은 사회적 영향과 개인의 관심과 취향 등이 형식적 조작 능력의 발달을 좌우한다. 따라서 5세 아동에게 논리적 추론을 가르칠 수는 없지만, 50세

성인이라고 해도 교육 내지 훈련받지 않으면 정상적인 논리적 추론을 할 수 없다. 게다가 개인적인 관심과 경험이 중요한 역할을 한다.[56] 칼라하리 부시먼들의 경우는 사냥을 해야만 생존할 수 있는 그들의 환경에서 기인한 사냥에 대한 지대한 관심이 오히려 정규교육을 받은 문명인들보다 더 훌륭하게 가추법을 사용하게끔 했다.

이 같은 연구 결과들은 우리가 가추법을 왜 별도로 훈련해야 하는가 하는 것뿐 아니라, 언제부터 아이들에게 교육해야 하는가도 명백하게 알려준다. 가추법을 별도로 훈련해야 하는 까닭은 오늘날 학교교육이 논리학 교육을 거의 하지 않는 데다, 논리적 추론을 자연스레 훈련할 수 있는 일반 교재들은 그 내용이 연역법이나 귀납법에 의해 전개되기 때문이다. 운이 좋은 매우 소수의 청소년들만이 그것도 단지 과학 실험 시간에 가설연역법을 잠시 경험할 뿐인데, 이 경우에도 그것이 과학 실험 외에도 폭넓게 쓰일 수 있는 문제 해결의 추론법이자 탐구의 논리라는 사실은 배우지를 못한다. 요컨대 오늘날 청소년들은 가추법을 배우고 훈련할 기회가 거의 없다. 어느 때보다도 창의성이 요구되는 시대에 전혀 부합하지 않는다.

언제부터 아이들에게 가추법을 교육해야 하는가에 대한 답은 당연히 형식적 조작기가 시작하는 청소년기부터다. 개인의 차가 있어 정확한 나이를 제시하는 것은 무리지만, 어쨌든 구체적 조작기가 끝나는 11세 이후가 되어야 추론을 가능하게 할 만큼 뇌신경 조직이 발달하기 때문이다. 하지만 교육이 뇌신경 조직의 발달을 촉진할 수도 있다는 관점에서, 원한다면 조금 앞당길 수도 있을 것이다. 이제 남은 문제는 가추법을 어떻게 교육 내지 훈련할 것인가이다. 먼저, 가추법을 별도로 교육 또는 훈련할 수 있는 프로그램을 개발할 수 있다.

피아제는 9세 남녀 아동 35명을 상대로 아이들도 알 만한 속담들과 그 속담들을 풀이한 설명들을 제시하고, 각 속담에 적절한 설명을 연결하도록 하는 실험을 한 적이 있다. 예컨대 "한 번 술 취하면 다시 취하게 된다"라는 속담을 주고, 그것에 대한 설명으로 '어떤 사람은 계속 술에 취한다'와 '오래된 습관은 고치기 어렵다' 중에서 하나를 고르고 이유를 말하도록 하는 방식이었다.[57]

여러 종류의 속담들을 통해 실험한 결과, 아직 형식적 조작기에 이르지 못한 9세 전후 아동들은 대부분 제대로 짝을 맞추지 못하거나 올바른 이유를 대지 못했다. 그런데 내 생각에는 피아제가 실행한 '속담-설명 짝맞추기' 실험은 그 자체로 또는 약간 변형해서 가추법을 훈련하는 방법으로 활용할 수 있다. 왜냐하면 핸슨이 '만약 H가 참이면 P가 설명된다'로 정리했듯이, 가추법이란 당면한 문제를 해결하기 위해 '설명의 대상으로부터 설명을 이끌어내는 추론법'이기 때문이다. 구체적으로 설명하면 이렇다.

가령 우리는 청소년기에 접어드는 아이들에게 익숙한 속담을 주고, '만약 설명 H가 참이면 속담 P가 설명된다'라는 형식에 주어진 속담을 대입한 다음, 설명 H를 찾고 그 이유를 말하게 하는 훈련법을 고안해보자.

예를 들어 "가는 말이 고와야 오는 말이 곱다"의 경우, "A가 참이면, 속담 '가는 말이 고와야 오는 말이 곱다'가 설명되느냐?"라고 묻자는 말이다. 필요하다면, A에 올 수 있는 몇 가지의 보기를 제공할 수도 있다. 이 경우에는 '내가 남에게 잘해야 남도 내게 잘한다'나 이와 유사한 내용이 A에 올 수 있는 답이다. 다시 말해 '내가 남에게 잘해야 남도 내게 잘한다'가 참이면, 속담 '가는 말이 고와야 오는 말이 곱다'

가 설명된다. 그렇지 않은가?

"개구리가 올챙이 적 생각을 못한다"라는 속담의 경우는, '지위가 높아지면 미천하던 때의 생각을 못한다'는 말이 참이면, 속담 "개구리가 올챙이 적 생각을 못한다"가 설명된다. 따라서 '지위가 높아지면 미천하던 때의 생각을 못한다'나 이와 비슷한 내용이 답이다. 물론 청소년들은 엉뚱하거나 기발한 대답을 할 수도 있다. 예컨대 '개구리는 기억력이 나쁘다'는 말이 참이면, 속담 "개구리가 올챙이 적 생각을 못한다"가 설명된다고 답할지도 모른다. 은유 능력이 뛰어난 시기이기 때문이다. 이 외에도 다른 기상천외한 가설들이 나올 수도 있지만, 어쨌든 이처럼 주어진 문제를 설명할 수 있는 가설들을 찾고 합리적인 이유를 대는 훈련 과정이 가추법을 교육하는 좋은 방법임에는 분명하다.

그렇지만 가추법을 훈련하는 가장 자연스러우면서도 탁월한 방법은 뭐니 뭐니 해도 '탐정소설 읽기'다. 예를 들어 코넌 도일, 애드거 앨런 포, 애거사 크리스티와 같이 뛰어난 작가들이 남긴 작품들은 흥미로울 뿐 아니라 좋은 가추법 훈련 교재이기도 하기 때문이다. 탐정소설은 피아제가 말하는 형식적 조작기에 들어선 사람이면 남녀노소를 가리지 않고 누구나 흥미롭게 읽을 수 있다는 장점도 갖고 있다.

대부분의 탐정소설들은 주인공의 추리 능력을 뽐내게 함으로써 이야기의 흥미를 더하려고 추리 과정을 공개하는데, 이것이 가추법을 교육 또는 훈련하는 데는 더할 나위 없이 도움이 된다. 미시간대학교의 사회학 교수 마르첼로 트루치M. Truzzi의 조사에 의하면, 60편에 달하는 홈스 시리즈에서 홈스가 자신의 추리 과정을 상세히 공개한 것이 총 217개나 된다. 《주홍빛 연구》에는 적어도 30여 건의 예가 있다.[58] 세어보지는 않았지만, 포나 크리스티의 작품들에도 주인공의 추리 과정이 상세히 공개되어 있기는 마찬가지다.

그렇다면 어떤가? 자료는 충분하지 않은가? 우선 탐정소설을 읽자! 그리고 주인공이 가추법에 의해 전개되는 자신의 추리 과정을 공개하는 부분을 찾아라! 그리고 그것을 앞에서 공개한 가추법이나 가설연역법 형식에 맞춰 분석해보라! 이보다 더 좋은 가추법 훈련은 없다. 그다음 남은 것은 오직 실용뿐이다.

그렇다! 가추법은 무척 창의적이고 매력적인 추론법이다. 당신도 당면하고 있는 문제들을 해결하고 새로운 원리를 탐색하는 데 자주 그리고 과감하게 가추법을 사용해보길 바란다. 무엇을 기대하든 그 이상의 결과를 얻을 것이다. 움베르토 에코가 장담했듯이, 가추법은 결코 당신을 빈손으로 돌려보내지 않는다. 당신이 홈스처럼 창의적이면서도 이성적인 매력을 듬뿍 지닌 사람이 되는 것은 덤으로 따라오는 작은 보너스일 뿐이다.

3장
—
로고스-문장

언어가 무엇인지
그리고 언어가 인간이라는 종에 어떤 일을 했는지
완전히 이해하지 못하는 한,
우리 자신도 세계도 이해할 수 없다.
언어는 분명 인간이라는 종을 만들고
우리가 사는 세계를 만들었다

— 데릭 비커턴

문장文章이 또 하나의 경이로운 생각의 도구다. 그것도 다른 어떤 것보다도 중요한 생각의 도구다. 문장이 서양 문명을 일구어온 '이성의 등뼈'이기 때문이다. 이 말을 듣고 아마 당신은 조금 의아해할지도 모른다. 만일 당신이 문장을 우리가 일상적으로 사용하는 글 정도로 여긴다면 말이다. 그래서 조금 퉁명스레 물을 수 있다. "문장이란 무엇인가?"

사전에는 대강 이렇게 나와 있다. 문장은 생각이나 감정을 언어로 표현할 때 완결된 내용을 나타내는 최소의 단위다. 주어와 서술어를 갖추고 있는 것이 원칙이나 때로는 생략될 수도 있다. 문장의 끝에는 마침표(.), 물음표(?), 느낌표(!)와 같은 종지점을 찍는다. 예를 들어 다음과 같은 것들이 문장이다.

철수는 학생이다.

철수는 군인이 아니다.

철수야, 몇 살이니?

철수는 참 똑똑하구나!

그렇다면 문장이 뭐 그리 중요한 생각의 도구일까? 그것이 어떻게 서양 문명을 만들어왔다는 것일까? 이런 의문이 다시 들 수 있다. 그런데 사실이다. 문장이라는 생각의 도구가 적어도 지난 2,500년 동안 서양 문명을 깎고 다듬어왔다. 그뿐 아니다. 이제 차츰 보게 되겠지만, 문장은 서구인들의 정신을 만들어왔다. 문장이 사람의 정신을 만들었다고? 고개가 더욱 갸우뚱해질 것이다. 그러나 고대 그리스에서 문장을 뜻하는 용어가 '로고스logos'라는 것을 알고 나면, 아마 당신도 생각이 조금 달라질 것이다.

로고스란 본디 무엇이던가? 오늘날 우리는 로고스를 보통 '이성'을 뜻하는 말로서 이해한다. 그리고 보통 '감정', '열정'을 뜻하는 파토스pathos와 견주어 사용한다. 하지만 그리스어 로고스는 오래전부터 이밖에도 말, 단어, 문장, 개념, 대화, 연설, 계산, 비례, 논리 등 여러 가지 의미로 사용되어왔다. 물론 한 번에 그런 뜻들을 모두 갖게 된 것은 아니다. 다른 낱말들과 마찬가지로 시대의 흐름에 따라 어의가 변천하며 차츰 늘어난 것이다.

우리가 확인할 수 있는 한, 그리스 문헌에 로고스라는 말이 처음 등장한 것은 기원전 8세기경에 활약한 호메로스와 헤시오도스의 작품에서다. 그런데 주목해야 할 것은 헤시오도스는 물론이고, 호메로스마저도 로고스라는 용어를 지금 우리가 생각하는 '이성'이라는 의미로 사용하지 않았다는 사실이다.

시카고대학교의 종교학 교수 브루스 링컨B. Lincoln의《신화 이론화하기》를 보면, 당시 사람들은 놀랍게도 로고스를 간교한 자나 여성, 약한 자, 미숙한 젊은이의 언어, 곧 '거짓말' 또는 '은폐된 말'이라는 뜻으로 사용했다.[1] 호메로스와 헤시오도스의 작품에 나오는 다음과 같은 구절들을 보자.

> A: "칼립소, 아틀라스의 딸이 그가 불행과 탄식을 억누를 수 있게 하였네.
> 한없이 부드럽고 유혹적인 로고이logoi(로고스의 복수)로,
> 그녀는 그를 이렇게 속여서 그는 이타카를 잊어버리게 되었네."

> B: "제우스는 그녀를 그의 마음속 꾀와
> 유혹적인 로고이로 속여, 자신의 배 안에 집어넣었다."

A는 호메로스의《오디세이아》에서 오디세우스가 칼립소의 유혹에 빠진 사건을 묘사한 구절이고, B는 헤시오도스의《신통기》에서 제우스가 메티스를 삼킨 것을 이야기하고 있다. 이 시구들에 나오는 로고스는 이처럼 오늘날 우리가 생각하는 이성과는 거리가 멀고, '유혹하는 말' 내지 '거짓말'이라는 의미로 사용되었다.

왜 그랬을까? 이유는 이렇다. 그때는 신화myth의 시대였다. 우리말로 신화神話로 번역되는 그리스어 뮈토스mythos는 호메로스와 헤시오도스와 같은 시인들이 세상의 시초와 신들의 행위를 노래로 부른 운문 형식의 언어다. 그런데 당시 사람들은 시인들이 자신의 경험이나

뜻에 따라 노래한다고 생각하지 않았다. 시인들은 음악과 시의 여신인 뮤즈(그리스 신화에서 뮤즈는 인간이 알지 못하는 모든 것을 안다)에게 영감을 받아 인간에게 전한다고 믿었다.

호메로스가 《일리아스》를 "노래하소서, 여신이여! 펠레우스의 아들 아킬레우스의 분노를"이라는 구절로 시작한 것이 그래서다. 그는 이제부터 전개될 노래가 자기의 노래가 아니라 뮤즈의 노래라는 것을 미리 알린 것이다. 또 《오디세이아》에서 시인 페미오스가 "나를 가르친 것은 나 자신이지만 신은 나의 마음에 다양한 노래들을 심어주셨습니다"라고 말하는 것도 역시 그래서다. 이런 이유로 뮈토스가 믿을 만한 말, 고집 세고 강한 자의 말, 또는 진리를 대변하는 신의 언어로 인정되었고, 반면에 인간의 언어인 로고스는 약하고 무책임한 자의 말, 유혹하고 꾀는 말, 거짓말 등으로 폄하되었던 것이다.[2]

그렇다면 더욱 이상하다. 고대 그리스인들은 문장을 약하고 무책임한 자의 말, 유혹하고 꾀는 말, 거짓말 등으로 생각했다는 말이 아닌가? 그렇다면 그것이 어떻게 서양 문명을 깎고 다듬은 생각의 도구가 되었다는 말인가? 분명 그것은 아닐 것이다. 이번 이야기는 여기에서부터 시작하자.

로고스의 반란

...

반란이 있었다. 그것은 신에 대한 인간의 반란, 신화에 대한 철학의 반란, 운문(서사시, 서정시, 비극)에 대한 산문(법조문, 아포리즘, 수사학)의 반란, 말에 대한 글의 반란이었다. 한마디로 뮈토스에 대한 로고스의 반란이었다! 그리고 마침내 역전이 일어났다. 로고스가 더 이상 약하고 무책임한 자의 말, 유혹하고 꾀는 말, 여성의 말, 거짓말이 아니고, 합리적인 언어 내지 논리적 추론 또는 그 안에 존재하는 보편성, 더 나아가 신적인 원리로까지 선포되었다.

'신화의 시대'에서 '철학의 시대'로 넘어가던 기원전 6세기경에 일어난 일이다. "내 말이 아니라 로고스에 귀를 기울여, 만물은 하나라고 말하는 것이 지혜롭다"[3]라고 선포한 사람은 헤라클레이토스 Hērakleitos, 기원전 540?~기원전 480?다. 그에게는 뮈토스가 아니라 로고스가 신의 언어이자 진리였다. 그리고 플라톤이 그 전통을 이어받았다. 플라톤은 뮈토스와 로고스를 대립시켜 뮈토스를 거짓된 지식인인 시인들의 언어로, 로고스를 참된 지식인인 철학자의 언어로 규정했다.《신화 이론화하기》에서 링컨은 이 같은 정황을 다음과 같이 표현했다.

> 헤라클레이토스가 옹호한 로고스—어느 주석자의 표현에 따르자면, "단지 언어가 아니라 합리적인 토론, 추론 그리고 선택, 즉 말과 사고와 행동으로 표현된 합리성"—는 그의 선대 그리스인들이 로고스로 간주했던 것과 다르다. 마찬가지로 플라톤이 깎아내리고자 했던 뮈토스도 헤시오도스와 호메로스가 이해했던 뮈토스와는 공통점이 거의 없다.[4]

'뮈토스로부터 로고스로'라는 구호를 내걸고 탈레스로부터 시작된 반란이 헤라클레이토스를 거쳐 플라톤에 와서 완성된 것이다. 드디어 신 대신 인간, 신화 대신 철학, 운문 대신 산문, 말 대신 글의 시대가 도래했다! 환희에 찬 승리의 기쁨을 플라톤은《국가》에서 크리티아스에게 교훈하는 소크라테스의 입을 빌려 다음과 같이 확인했다.

자넨 어린아이들에게 먼저 뮈토이mythoi(뮈토스의 복수)를 들려줘야 한
다는 것을 모르고 있는가? 그것은 대체로 거짓이지만 여전히 그 안에
약간의 진리를 포함하고 있다네. 그래서 어린아이들에게 체육을 가르치
기 전에 먼저 뮈토이를 가르치는 걸세.[5]

그렇다! 상황이 바뀌었다. 이제 뮈토스가 거짓말이 되었다. 그래서
플라톤이 구상한 이상 국가에서는 뮈토스가 진리에서 먼 어린아이들
이나 하층계급에게 권해졌다. 또 시인들은 국가의 하인으로 강등되거
나 추방되어야 하는 존재로 취급되었다. 시인이 군림하는 시대를 끝
내고 철학자의 시대를 여는 것이 탈레스로부터 플라톤에 이르는 고대
철학자들의 염원이자, 그들이 이룬 업적이었다.

링컨은 "그들이 씨름했던 핵심적 이슈는 진리 자체가 아니라 담론
적 권위"[6]였다고 분석했다. '뮈토스로부터 로고스로'라는 고대 그리
스의 정신사적 전환을 일종의 헤게모니hegemonie, 主導權 싸움이라는 측
면에서 조명한 것이다. 우리는 링컨이 말하는 헤게모니가 자연을 이
해하여 조종하고 사람을 설득하여 움직이는 보편성에서 나온다는 것
을 앞 장에서 이미 확인했다. 이제 바로 그 보편성을 획득하는 일을
인간의 언어인 로고스가 신의 언어인 뮈토스로부터 넘겨받은 것이다.

반란은 성공했고 혁명은 완성되었다! 그렇다고 해서 로고스의 지
위가 단번에 근대 이후 이성이 도달한 자리에까지 높아진 것은 아니
다. 어인 일인지, 혁명의 완성자인 플라톤마저 진리의 근원인 이데아
idea를 인식하는 능력은 로고스가 아니라 '통찰'을 뜻하는 '노에시스
noesis'나 '지성'을 의미하는 '누스nous'라고 규정했다. 그에게 로고스
는 단지 '논리적 추론을 이끄는 능력'을 뜻하는 용어였을 뿐이다. 한

마디로, 플라톤조차도 자연을 이해하여 조종하고 사람들을 설득하여 움직일 수 있는 헤게모니를 로고스에게 몽땅 떠넘기지는 않았다.

플라톤이 한 이러한 구분, 곧 진리를 인식하는 누스와 추론을 전개하는 로고스를 구분하고 여전히 누스의 헤게모니를 인정한 것은 플라톤 철학의 종교적 성격을 보여주는 징표다. 동시에 그것은 중세 1,000년 동안 지속된 신학과 철학의 관계를 암시하는 이정표이기도 하다. 비록 신이라는 이름으로 불리는 대상은 달랐지만, 신의 말씀에 인간의 이성을 무릎 꿇게 하는 일이 중세 신학자들의 임무였기 때문이다. 철학은 신학의 하녀philosophia ancilla theologiae여야 한다는 이탈리아 수도사 페트루스 다미아니Petrus Damiani, 1007~1071의 말이 그것을 상징한다. 그럼에도 불구하고 고대 그리스 철학자들이 '신화의 시대'를 마감하기 위해 일으켰던 로고스의 반란은, 새로운 시대를 알리는 찬란한 불꽃이었음에는 틀림이 없다. 그리고 그 불꽃의 한가운데서 문장이 태어났다.

그렇다면 '로고스로서의 문장'이란 과연 무엇인가? 한마디로 답하기 어렵다. 왜냐하면 그것은 로고스의 반란 이후 수백 년에 걸쳐 로고스의 의미가 변천함에 따라 서서히 모습을 드러냈기 때문이다. 그래서 우리는 이제부터 짧게나마 로고스의 변천사를 훑어보고자 한다. 그 과정에서 문장이 어떻게 해서 이성을 대표하는 생각의 도구가 되었으며, 어떻게 서구인들의 정신세계를 구축해왔고, 그 같은 사실이 의미하는 바가 무엇인지가 자연스레 드러날 것이다.

오늘날 우리가 사용하는 문장이라는 말은 다의적이다. 어떤 사람은 우리가 일반적으로 쓰는 글이 문장이라고 생각한다. 또 어떤 이는 시나 소설을 쓰는 문학인들이 쓰는 표현력이 뛰어난 글을 문장이라고 생각한다. 하지만 우리가 지금부터 이야기하려는 문장은 조금 다른 의미를 갖고 있다. 오해를 피하고 이야기를 분명히 하기 위해 서양 문명을 만들어온 로고스로서의 문장, 이성의 등뼈로서의 문장이 무엇인가부터 먼저 밝히고 시작하자. 길을 잃지 않기 위해 종착역부터 알고 떠나자는 뜻이다. 바로 그 종착역에 아리스토텔레스가 서 있다.

아리스토텔레스는 6권으로 된 그의 논리학 저서 《오르가논organon》 가운데 제2권인 《명제에 관하여》에서, 문장을 '로고스'라는 용어를 사용해 다음과 같이 명백히 규정했다.

> 모든 문장logos은 무엇인가를 나타낸다. 하지만 자연적인 도구organon 로서가 아니라, 앞서 말한 대로 합의에 의해서 그렇다. 하지만 문장이 모두 명제apophansis를 나타내지는 않고, 참이나 거짓이 들어 있는 문장 만이 명제를 나타낸다. 참이나 거짓이 모든 문장에 들어 있지는 않다. 예를 들어 기도문도 문장이지만, 참도 거짓도 아니다. 이런 문장은 제쳐 두자. 이런 것들에 대한 고찰은 수사학이나 시학에 더 적합하기 때문이 다. 지금 우리의 연구는 명제를 나타내는 문장을 다루고 있다.[7]

아리스토텔레스는 우선 문장이 자연적인 도구가 아니라 모든 사람이 합의에 의해 사용하는 인위적인 생각의 도구라는 점을 분명히 했다. 이어서 문장은 명제를 나타내야 한다고 했다. 명제命題란 참 또는 거짓으로 구분되는 생각을 말한다. 이 말은 우리가 일상적으로 사용하는 말이나 글 모두가 '로고스로서의 문장'은 아니라는 것을 의미한다.

앞에서 든 예들 가운데 '철수는 학생이다'와 '철수는 군인이 아니다'는 문장이다. 하지만 '철수야, 몇 살이니?'나 '철수는 참 똑똑하구나!'는 제외된다. 왜냐하면 그것들은 참과 거짓을 판단할 수 없기 때문이다. 당연히 시나 소설에 쓰이는 문장도 로고스로서의 문장은 아니다. 아리스토텔레스는 이런 문장들은 시학이나 수사학에서 다룬다고 했다.[8]

아리스토텔레스가 말하는 문장은 이처럼 언어의 한 특별한 형태다. 로고스로서의 문장은 사물이나 사건에 관한 정보라는 성격뿐 아니라 참과 거짓을 가릴 수 있는 논증적 특성도 함께 갖고 있어야 한다. 이제부터 우리가 이야기할 생각의 도구로서의 문장이 바로 이런 의미에서의 문장이다. 요컨대 형식적으로 표현하면, 문장은 명제의 언어적 표현이다. 일상 언어로 표현하자면, '근거 제시logon didonai'가 가능한 합리적 또는 논리적인 글이 이제부터 우리가 말하는 문장이다.

그런데 여기서 궁금해지는 것이 하나 있다. 언어에 이 같은 특별한 기능이 왜 생겨났을까, 우리가 사용하는 언어에 왜 정보 전달이라는 성격 외에 합리성 내지 논리성이 필요했을까 하는 것이다. 바꿔 말해, 사람들은 왜 참과 거짓을 가릴 수 있는 논증적 기능을 가진 언어가 필요했을까? 궁금하지 않은가? 당신도 나와 같은 생각이라면, 소개하고 싶은 흥미로운 연구가 있다.

거짓말한 자에게는 불행이
...

프랑스 국립고등전자통신학교의 인공지능과 인지과학 교수인 장 루이 데살J. L. Dessalles은 2006년에 두 동료와 함께 출간한《언어의 기원》가운데 한 장인〈언어행동학〉을 썼다. 이 글에서 그는 만일 동물

행동학자인 외계인이 지구를 방문한다면 인간이 동료들과 언어를 이용해 끊임없이 정보를 교환하는 것을 보고 매우 놀라 다음과 같은 의문들을 가질 것이라고 가정한다.[9]

인간은 어째서 습관적인 일과 차이 나는 사건들을 동료들에게 알려주려고 애를 쓰는 것일까? 어린아이조차 태어나 9개월에서 12개월 사이에 벌써 이런 행동을 시도하지 않는가? 인간은 왜 인터넷을 통해 자기 나라 축구팀이 이겼다거나 올림픽 경기 주최지가 자기 나라로 결정된 것을 알게 되면 다른 동료들에게 전하려고 복도로 뛰쳐나가는 것일까? 자신에게 아무 이득을 가져다주지 않는데도 말이다.

데살은 이 같은 가정과 질문들이 언어가 어떻게 생겨났는지, 인간이 어떤 목적으로 언어를 사용하는지를 편견 없이 관찰할 수 있는 좋은 방법이라고 했다. 이어서 우리가 사용하는 언어는 '사건적 기능'과 '논증적 기능' 두 가지의 역할을 담당하기 위해 생겨났다고 주장했다. 데살에 의하면, 사건적 기능은 흥미로워 보이는 정보라면 뭐든지 서둘러 동료들에게 알리는 역할을 한다. 그리고 논증적 기능은 그렇게 전해진 정보가 믿을 만한지를 검증하는 역할을 한다.[10]

다윈의 진화론에 의해 언어의 발생과 발전을 설명하는 데살은 언어가 가진 이 두 가지 기능이 모두 인간의 생존과 번식을 위한 장치였음을 주장한다. 먼저 '사건적 기능'을 담당하기 위해 언어가 개발되었다. 다른 동물들과 마찬가지로 예컨대 먹을거리가 있는 장소나 포식자가 다가온다는 정보 같은 유용한 정보들을 동료들에게 전하는 일을 하기 위해 언어를 사용하기 시작했다는 말이다. 데살은 아프리카에 사는 비늘꼬리치레라는 새가 포식자를 관찰하기 위해 보초를 서다가, 포식자가 나타나면 위험을 감수하고 동료들에게 알리고 함께 막아내

는 것을 예를 들어 설명했다.[11]

당신도 알다시피 동물들의 이 같은 행위에 대한 많은 사례들이 이 밖에도 널리 알려져 있다. 예를 들어 침팬지는 과일이 풍성한 나무를 보면 혼자서 먹지 않고 소리를 질러 무리를 모으고, 매가 나타나면 검은지빠귀 새는 자신이 노출될 위험을 무릅쓰고 동료들에게 신호를 보낸다. 심지어 가젤 영양은 들개나 사자 등이 나타나면, 위험을 무릅쓰고 스토팅stotting이라 불리는 이상한 뻗정다리 걸음을 하며 뛰어간다. 이것은 동료들에게 적의 출현을 알림과 동시에 적의 시선을 자신에게로 끌어 유인함으로써 동료들의 도주를 돕기 위해서다.

그런데 이런 유용한 정보를 동료에게 전하는 행동은 얼핏 보기에는 경쟁자를 돕는 것처럼 보이기 때문에 다윈의 이론에 어긋나는 것처럼 보인다. 하지만 데살은 아니라 한다. 집단생활을 하는 동물들의 경우 집단에 속해 있는 것이 그렇지 않은 것보다 훨씬 더 많은 생존과 번식의 기회를 제공하기 때문이다. 데살은 자신의 위험을 감수하고 동료들에게 유용한 정보를 제공한 비늘꼬리치레가 집단의 암컷들과 짝짓기를 하는 우두머리가 된다는 사실을 예로 들었다. 이런 이유에서 인간이 아닌 다른 동물들까지도 유용한 정보들을 서로 공유한다. 요컨대 정보의 공유가 집단뿐 아니라 자기 자신에게도 이롭기 때문에 동료들에게 정보를 전하는 행위가 생겨났다는 말이다.[12]

인간의 언어도 이렇듯 생존에 필요한 정보 전달 기능들을 담당하기 위해 생겨나 진화했다는 것이 데살의 설명인데, 그렇다면 뭔가 이상하다. 만일 언어가 지금 이야기한 대로 생존에 유용한 정보 전달 기능, 곧 데살이 말하는 '사건적 기능'만을 담당해왔다면 그가 말하는 '논증적 기능'은 발생하지 않았을 것이기 때문이다. 데살도 전해진 정보가 믿을 만한지를 검증하는 논증적 기능은 인간의 언어만이 가진 특성이라고 했다. 그 이유는 인간만이 자기를 과시함으로써 얻는 이득을 취하기 위하여 거짓 정보를 전하기 때문이라는 것이다.

물론 동물들도 과시 행위를 한다. 사자는 자신의 활력을 과시하기 위해 우렁차게 포효하고, 침팬지는 자기의 근력을 내보이기 위해 주변에 있는 물건을 두드리거나 발로 차서 큰 소리를 낸다. 그렇지만 이런 경우에는 정보 제공자의 활력과 근력을 따로 확인하려고 애쓸 필요가 전혀 없다. 이들이 내는 소리의 우렁참과 크기가 정직하게 정보를 전하기 때문이다.[13]

그런데 인간의 경우는 다르다. 아리스토텔레스가 언급했듯이 인간의 언어에는 참과 거짓이 있다. 그래서 사람들은 제공된 정보를 시험해볼 필요가 생겼다. 그 방법 중 하나는 직접 가서 확인하는 것이고, 다른 하나는 전해진 정보에 논리적 모순이 없는지를 시험해보는 것이다. 그 결과 인간의 언어에 논증적 기능이 생겨나 점차 발달했다는 것이 데살의 가설이다. 데살은 자신의 주장을 '정직한 신호 이론'이라 이름 붙이고, 다음과 같은 해석을 덧붙였다.

자기가 한 말과 관련된 부조리를 해결해내지 못하는 자에게는 불행이 따르리라! 그는 평범치 않은 사건을 얘기한 데 대한 이득을 주장할 수 없을 뿐만 아니라, 그 반대로 자신에 대한 신뢰성이 완전히 박탈되는 것을 보게 될 것이다. 반면 부조리를 탐지하거나 그 부조리를 해결할 수 있는 자는 사회적으로 보상을 받게 된다. 이런 보상은 호모사피엔스의 정치적 게임에도 포함된다. 왜냐하면 그들 개체들은 집단적 결정을 내리는 순간 정보를 유효하게 만드는 데에 있어서 소중한 존재들이기 때

문이다.[14]

언어학자에게 언어의 기원에 관한 주장들은 그것이 무엇이건(마치 물리학자에게 영구기관에 관한 주장들이 그렇듯이) 경멸과 짜증의 대상이라 한다. 특히 1866년 파리 언어학회가 이 주제에 대한 연구 정지를 선포한 이래 그런 경향이 고착되었다. 이유인즉 과학적이고 합리적인 이론을 만들기에는 증거와 자료가 턱없이 부족하기 때문이다. 그럼에도 데살의 가설에는 수긍이 가는 측면이 있다. 게다가 이 가설은 왜 논증적 기능을 탑재한 특별한 형태의 언어인 문장이 개발되었고, 그것이 점차 논리학으로 발전했는가를 어렵지 않게 추측할 수 있다는 매력을 갖고 있다.

물론 하나의 가설이다. 그렇다면 고대 그리스에서 문장이 개발되는 과정에서는 어떠했을까? 데살의 가설대로, 정보의 전달뿐 아니라 거짓 정보를 가려내기 위해서 논증적 기능이 담긴 문장이 개발되었을까? 반드시 그것만은 아닌 것 같다! 세월이 흘러 사회가 발전하고 문명이 발달하면서 그보다 중요하고 포괄적인 다른 요인이 생겨났다.

무엇이냐고? 차츰 확인하게 되겠지만, 그것은 다른 사람을 설득하여 움직이는 헤게모니를 갖기 위해서였다. 다시 말해 1부 1장에서 이미 언급한 보편타당성을 확보하기 위해서였다. 과연 그런지 살펴보자. 이제부터 우리는 기원전 8세기 중엽부터 기원전 5세기 중엽까지 약 400년에 걸친 문장의 개발 과정을 알아볼 터인데, 조금 먼 길이겠지만 유익하고 흥미로운 여정이 될 것이다. 무엇보다도 우리는 문장에 관한 매우 새롭고 중요한 것들을 발견하게 될 것이다.

하지만 딱 거기까지였다!

...

문장은 로고스의 반란이 있은 후, 신화에서 철학으로, 운문에서 산문으로, 말에서 글로 옮겨 가는 시대가 열림에 따라 서서히 모습을 드러냈다. 먼저 문자가 완성되었고, 산문이 등장했으며, 철학이 시작되었고, 문장이 모습을 드러냈다. 이 말은 문자의 사용이 산문의 발생과 연관되어 있고, 산문의 발달이 이성의 발생과 무관하지 않다는 것을 알려준다. 그런데 왜 그럴까? 이유는 이렇다.

말(음성언어)과 글(문자언어)은 생각이나 느낌을 밖으로 표현하게 한다는 점에서는 같다. 하지만 글은 말과 달리 문자를 통해 생각을 장기간 볼 수 있게 해준다는 장점을 갖고 있다. 말로 표현하면 우리의 생각은 그것이 말해지는 동안에만 존재한다. 그러나 글로 쓰면 생각은 사라지지 않고 남아 있어 재검토하거나 반성적으로 사고할 수 있게 한다. 그럼으로써 합리적 또는 이성적 생각이 확장되고 발달하게 한다. 신화는 운문verse 형식으로 음유시인들의 노래를 통해 전해졌고, 철학은 산문prose 형식으로 소크라테스 이전 철학자들의 글을 통해 개발되었다는 것이 그 역사적 증거다.

그리스인들이 인류 최초로 문자를 개발한 것은 아니다. 잘 알려진 대로, 최초의 문자는 기원전 3000년경 수메르인들에 의해 개발된 쐐기문자다. 그렇지만 재레드 다이아몬드J. Daimond가 《총, 균, 쇠》에서 확인했듯이, 기원전 8세기 중엽에 그리스인들은 세계에서 유일하게 모음(α, ε, η, ι, ο)이 있는 알파벳 문자를 갖고 있었다.[15] 그것은 한글보다 무려 2,200년가량이나 먼저 개발된, 당시로서는 그야말로 최고의 표음문자였다. 고대 로마인은 물론이고 오늘날 서구인들도 이 문자를 약간 변경하여 여전히 사용하고 있다.

돌이켜 살펴보면, 최초의 알파벳은 기원전 1500년 전쯤에 메소포타미아에서 생겨났다. 하지만 지금 사용되는 글자 가운데 상당수는 기원전 1100년경에 와서야 페니키아인들의 문서에서 발견된다. 그런데 페니키아 알파벳에는 당시 인근 언어인 고대 히브리어와 아람어 그리고 다른 북부의 셈계 언어가 그랬던 것처럼 모음이 없고 오로지 자음만 있었다.

알파벳에 모음이 없다는 것은 정상적인 산문이 아니라, 글을 쓴 사람만 알아볼 수 있는 암호나 전보용 약문과 같은 글밖에 표현할 수 없었다는 것을 상상할 수 있다. 이 같은 문자로는 지식의 생산과 축적은 물론이고 의사 전달마저 거의 불가능했다. 예컨대 bt라는 표기가 bat, bet, bit, but 가운데 어느 것을 뜻하는지는 오직 글을 쓴 사람이나 이

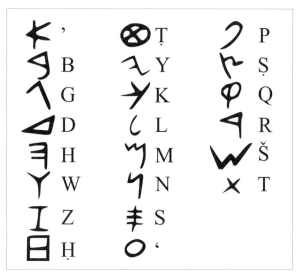

▲   **페니키아의 알파벳**

표기를 자주 보았던 소수의 사람만이 알 수 있지 않겠는가! 때문에 특별한 목적으로 글쓰기를 익힌 사제나 필경사들만 이 문자를 사용했다.[16]

그런 가운데 기원전 8세기부터 그리스인들이 페니키아인의 알파벳에서 자음을 들여오고 거기에다 모음을 위한 이런저런 기호들을 빌려다 자신들의 알파벳을 만들기 시작했다. 예를 들어 그리스어에서 [a]라는 모음으로 사용되는 문자 알파(α, alpha)는 페니키아에서 '황소'를 뜻하는 '알레프aleph'였다.[17] 그리스인들은 이런 방식으로 모음들을 창안함으로써 사제나 필경사뿐 아니라 누구나 쉽게 익혀 쓰고 읽을 수 있는 거의 완벽한 알파벳을 완성했다. 그런데 그것이 그들을 그때까지 누구도 밟아보지 못한 새로운 땅으로 인도했다. 무슨 소리냐고?

문자가 문명에 끼친 영향에 잠시 주목해보자! 《지식의 역사》의 저자인 찰스 밴 도렌의 표현대로, 지식을 말로 전하는 "구전 전통이 인류 문명을 멀리까지 이끌고 갔음은 사실이다."[18] 최초의 제국과 문명들은 문자 없이 건설되었다. 이집트 피라미드와 바빌로니아의 공중정원 같은 위대한 건축들, 그곳의 무덤과 왕궁 터에서 발견된 눈부신 예술품들, 《길가메시 서사시》와 같은 장대한 서사시조차도 글쓰기를 전혀 몰랐던 사람들에 의해 만들어졌다. 심지어는 고대 그리스의 가장 위대한 시인인 호메로스와 헤시오도스도 문맹이었다. 당시까지는 그리스인들도 역시 구전에 의지했다.[19]

하지만 딱 거기까지였다! 그리스인들은 자신들이 사용할 수 있는 완벽한 알파벳을 갖자마자, 생각을 붙잡아둘 수 있는 글이 순간 사라지는 말보다 더 믿을 만하며, 보다 뛰어난 생각의 도구가 될 수 있다는 사실을 즉각 이해했다. 이것이 그들이 다른 민족들과 다른 점이었다. 모두는 아니었지만 적어도 폴리스의 시민들은 기원전 8세기 중엽부터는 자기의 생각과 느낌을 말뿐 아니라 문자로 표현하기 시작했다. 기원전 740년경 만들어졌다고 추정되는 술항아리에는 "제일 날렵하게 춤추는 자가 이 항아리를 상으로 받으리라"라는 일상생활과 연관된 글귀가 새겨져 있는 것이 그 증거다.[20]

알파벳의 완성과 함께 그리스에서 문자의 민주화가 일어난 것이다! 2음절 내지 3음절을 6번 반복하는 6보격 형태의 운문이 아니라 우리가 일상적으로 하는 말을 그대로 문자로 옮긴 산문이 개발되기 시작했으며, 신화적 사고가 아니라 이성적 사고가 싹텄다. 그러자 학문이 생겨났고 문명 자체가 점차 문자 중심, 산문 중심, 이성 중심으로 바뀌어갔다. 그 과정에 문장이 탄생했다. 문자언어의 발달은 문화적 발달과 맥을 같이했다.

그렇다! 그리스적 사유(의식, 문화, 정신계)의 시작은 분명 알파벳의 발달과 연관되어 있다. 그것은 연대기적으로 따져보아도 역시 확인된다. 2부에서 우리는 고대 그리스 문명이 낳은 기적의 비밀이 기원전 8세기경부터 형성된 폴리스에 있다는 것을 살펴보았다. 폴리스의 형성, 알파벳의 완성, 그리고 이성의 출현 등 이 세 가지의 문명사적 사건이 거의 같은 시기에 상호보완적으로 일어났다. 로고스의 반란이 일어난 것은 그다음이고, 이어서 민주주의와 학문과 예술이 꽃피었다.

아낙시만드로스의 산문

...

문장의 출현과 연관해 우리가 여기서 먼저 살펴보아야 할 사람이 밀레토스의 아낙시만드로스_{Anaximandros, 기원전 610~기원전 546}다. 그는 탈레스의 제자였고, 최초로 지도를 만들었으며, 만물의 근원인 아르케가 무한자_{apeiron}[21]라고 규정한 사람이다.

아낙시만드로스가 말하는 무한자는 우선 시간적으로 "형성된 것도 아니고 사라지지도 않으며"[22], "죽음도 쇠퇴도 모르고"[23], 따라서 시작도 끝도 없는 영원한 어떤 것이다. 동시에 공간적으로는 광대무변하여 크기를 측정할 수 없으며, "우주 만물을 자신 안에 포괄하는"[24] 그 어떤 것이다. 따라서 만물이 그 안에서 생겨나 그 안으로 돌아가는 무한자는 "신적인 것으로서 만물을 포괄하고 횡단하며 보호하고 조종"[25]한다.

아낙시만드로스의 무한자 개념이 인류 문명사에 남긴 흔적은 지우기 어렵다. 이 개념이 우선 파르메니데스의 존재_{to on}, 플라톤의 선의 이데아, 그리고 신플라톤주의자 플로티노스의 일자_{to hen}라는 개념의 기원이 되었다. 이후 바로 이 개념이 신플라톤주의 철학을 끌어다 교리를 구축한 기독교로 들어가 기독교의 신_{Jehovah} 개념을 형성하는 데 지대한 영향을 미쳤다. 정말이냐고? 믿기 어렵다면 증거 하나만 예로 들겠다.

기독교에는 아낙시만드로스로부터 2,000년도 더 지난 1648년에 공포된 《웨스트민스터 신앙고백》이라는 교리서가 있다. 그 안에 다음과 같은 구절이 들어 있다.

신만이 모든 존재의 유일한 근원으로서 인간과 만물이 그에게서(로마서 11:36), 그를 통하여, 그리고 그를 위하여 존재한다. 그는 무엇이든지 자신이 기뻐하는 대로(요한계시록 4:11; 디모데전서 6:15; 다니엘 4:25, 35) 피조물

3부 | 생각을 만든 생각들

을 통하여, 피조물을 위하여, 그리고 피조물 위에 작용하기 위해서 모든 것을 주관하신다.

어떤가? 위에 잠시 소개한 아낙시만드로스의 무한자에 관한 교설과 흡사하지 않은가? 그뿐이 아니다. 현대에 와서는 양자물리학자들이 우주의 근원으로 설정한 소립자장(하이젠베르크는 이것에 포텐셜potential이라 이름 붙였다)을 설명할 때 무한자에 관한 아낙시만드로스의 가르침을 자주 인용하기도 한다. 그래서 이에 관해서는 흥미로운 이야기가 무척 많다. 하지만 유감스럽게도 지금은 그 이야기를 펼칠 자리가 아니다. 지금 우리의 관심사는 무한자가 아니라 문장이기 때문이다.

아낙시만드로스는 문장과 연관해서도 무한자 못지않게 주의를 끄는 사람이다. 테미스티오스의《연설집》에 의하면, 그가 산문으로 글을 써서 책으로 발표한 최초의 인물이기 때문이다.[26] '산문'과 '책'이라는 두 용어에 주목하기 바란다. 오늘날에는 누구나 산문으로 글을 쓰고 책을 출간하는 저자들도 많다. 그래서인지 일반인들은 물론이고 학자들까지도 아낙시만드로스가 무한자를 아르케로 지정했다는 데만 주의를 기울일 뿐, 산문으로 책을 썼다는 사실에는 도통 눈길을 주지 않는다. 그런데 그것은 커다란 잘못이다.

아낙시만드로스가 산문으로 책을 썼다는 것은 하나의 문명사적 사건이다. 아주 드물게 장 피에르 베르낭이 그것을 알아챘다. 그가 단순히 역사학자이거나 철학자가 아니라 역사학자이자 동시에 철학자이기 때문에 가능한 통찰이다. 그는《그리스 사유의 기원》에서 아낙시만드로스의 업적을 다음과 같이 평가했다.

아낙시만드로스에게 있어서 가장 중요한 사항은, 그가 비단 아르케 [근원]와 같은 중요한 말을 그의 어휘에 더하고 있다고 하는 사실뿐 아 니라, 또한 산문으로 글을 씀으로써 신들의 탄생의 시적 스타일과 단절 하는 것을 완결하였고, historia peri phuseos(자연에 관한 탐구)에 적합한 새 로운 문학적 장르로 이끌었다는 것이다.[27]

디오게네스 라에르티오스는 《그리스 철학자 열전》에서 최초로 그 리스어로 책을 쓴 사람은 아낙시만드로스가 아니고 그와 거의 동시대 를 살았던 페레키데스Pherecydes, 기원전 580~기원전 520라고 전했다.[28]

그러나 누가 먼저 책을 썼는지는 중요치 않다. 중요한 것은 아낙시 만드로스가 '산문 형식으로' 책을 썼다는 사실이다. 그럼으로써 산문 이 "자연에 관한 탐구에 적합한 새로운 문학적 장르"라는 사실을 보여 주었기 때문이다.

그럼, 이제 책이라는 말에 주목하자! 누구든 자신이 가진 지식을 책 으로 쓰려면 무엇이 필요할까? 문자와 그것을 기록할 수 있는 재료 다. 아낙시만드로스가 태어났을 때 그리스인들은 이미 산문을 구사 하는 데 조금도 부족함이 없는 알파벳 문자를 갖고 있었다. 이 점에서 아낙시만드로스는 이미 하나의 행운을 타고 태어났다. 그런데 좋은 일이건 나쁜 일이건 혼자 오지 않는 법이다. 그에게는 다른 행운까지 겹쳤다. 밀레토스에 태어난 것이 바로 그것이다. 무슨 소리냐고?

밀레토스는 지금은 해안선에서 9킬로미터쯤 떨어진 내륙에 자리한 도시다. 하지만 고대에는 다르다넬스해협의 남단, 마이안도로스강이 흘러들어가는 곳╫에 건설된 항구를 가진 도시국가였다. 황금빛 햇살 아래 보석처럼 반짝이는 에게해를 마주하고 있는 아름다운 이 도시가

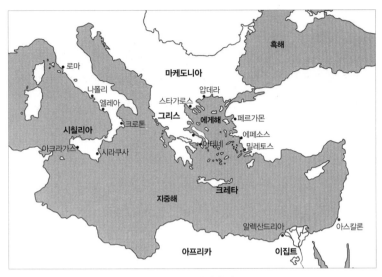

그에게 먼저 안긴 선물은 스승 탈레스를 만날 수 있는 행운이었다. 허나 그것이 다가 아니었다. 밀레토스는 그에게 또 다른 선물도 건네주었다. 파피루스papyrus였다!

밀레토스는 당시 이오니아에서 가장 크고 상업이 왕성했다. 기원전 8세기 중엽부터 이곳 사람들은 이미 이집트인들과 무역을 정기화하여 이집트의 풍부한 산물과 다양한 선진 문화를 받아들이기 시작했다. 지금은 밀레토스에서 이집트까지 비행기로 1시간이면 갈 수 있는 거리이지만, 당시로는 멀고 험한 바닷길을 건너야만 도달할 수 있었다. 때문에 이집트와의 무역은 그 같은 항해를 해낼 기술과 부를 축적한 아주 특별한 도시국가에서만 가능한 일이었다. 탈레스, 아낙시만드로스, 아낙시메네스, 피타고라스, 헤라클레이토스와 같은 최초의 철학자들이 모두 이 밀레토스 또는 그 인근에서 나온 것이 그래서다.

이집트에서 건너온 희귀한 산물들 가운데 금金을 제외한다면 당시 그리스인들의 눈을 송두리째 사로잡은 아주 특별한 물건이 하나 끼어 있었다. 나일 강가에서 자란 '파피루스'라는 이름의 식물을 가공해서 만든 얇고 질긴 물건인데 그 위에 글자를 적을 수 있었다. 파피루스는 수메르인들이 개발한 점토판과 달리 적은 부피 안에 많은 양의 정보를 담을 수 있는 데다, 가벼워서 두루마리 책으로 만들어 멀리까지 옮길 수 있는 장점을 갖고 있었다. 그리스 지식인들이 파피루스를 보고 환호한 것은 당연한데, 그 가운데 아낙시만드로스가 끼어 있었다.

알파벳의 완성과 산문의 발달, 그리고 그것을 기록할 수 있는 파피루스의 보급은 지식의 생산뿐 아니라 전달과 확산이라는 면에서도 가히 혁명적이라 할 수 있는 변화를 가져왔다. 산문으로 작성된 문헌들이 생산되어 널리 보급되기 시작했다. 바야흐로 문자가 지식 전달에 사용되기 시작했고 지식이 공간과 시간의 한계를 극복할 수 있게 된 것이다. 그러자 상업에 관련된 기록은 물론이거니와 기술이나 학문에 관련된 글들도 지중해 전역으로 빠르게 퍼져나갔다. 이전의 기록 매체였던 점토판이 주로 기록을 저장하는 기능을 했던 것과는 전혀 다른 결과를 파피루스가 불러온 것이다.

파피루스의 수입이 그리스 땅에 매체의 혁명을 일으켰다. 그러자 '첫 번째 지식의 폭발'이 일어났다. 지식의 폭넓은 확산과 공유, 그로부터 일어난 융합의 결과였다. 인류 문명사에서 이런 종류의 매체 혁명은 15세기에 인쇄술이 발명됐을 때 다시 일어났다. 이는 과학혁명과 계몽주의가 상징하는 '두 번째 지식의 폭발'을 이끌었다. 그리고 지금 인터넷과 정보기기의 발달과 함께 한 번 더 맹렬하게 불붙고 있다. '세 번째 지식의 폭발'이 일어나고 있는 것이다. 이런 의미에서 보면, 아낙시만드로스와 우리가 가진 행운은 그 성격이 같다. 인류사의 새로운 장을 펼칠 수 있는 가능성이 가진 행운 말이다!

우리는 아낙시만드로스가 《자연에 관하여》, 《땅의 회전》, 《붙박이별에 관하여》와 같은 책을 쓸 때나 지도를 그릴 때 분명 파피루스를 사용했을 것이라는 점을 확신할 수 있다. 그러나 파피루스는 쉽게 손상된다는 결정적 단점을 갖고 있어서, 그가 그린 지도는 물론이고 그가 썼다는 책들도 일절 남아 있지 않다. 우리가 《길가메시 서사시》와 같이 기원전 2000년 이전에 수메르인들이 남긴 기록을 볼 수 있는 이유는, 그들이 썩지 않는 무기질인 진흙 위에 쐐기문자를 새기고 그것을 구워서 내구성이 강한 점토판으로 만들었기 때문이다.

그나마 전해오는 소크라테스 이전 철학자들의 잠언은 후대의 저자들이 여러 작품들 속에서 단편적으로 인용한 것들이다. 그런데 그 저자들이 기원전 4세기 플라톤에서 6세기 심플리키오스에 이르기까지 약 1,000년 사이에 활동한 사람들이다. 그들이 남긴 잠언들은 이미 인용한 저자들의 문체와 문장으로 표현되었다. 때문에 우리는 아낙시만드로스의 산문이 정확히 어떤 형식이었는지, 즉 운문의 흔적을 어느 정도 덜어내고 참과 거짓을 가릴 수 있는 문장의 형식을 갖췄는지에 대해서는 알 수가 없다. 그렇지만 헤라클레이토스에 오면 그 윤곽이 어느 정도 드러난다.

헤라클레이토스와 델로스의 잠수부

• • •

헤라클레이토스(기원전 540?~기원전 480?)는 그리스가 과두정치에서 민주정치로 옮겨 가는 격동의 시기를 살았다. 밀레토스에서 북쪽으로 얼마 떨어지지 않은 에페소스Ephesos(우리말 성서에는 '에베소'로 나와 있다)에서 귀족으로 태어난 그는 어려서부터 정치권력의 충돌과 투쟁을 보면서 자라나 공적인 일에 개입하는 것이 얼마나 허망하고 부질없는 일인가를 깨달았다. 게다가 그의 친구이자 뛰어난 입법자이기도 했던 헤르모도로스가 시민 공동체에 의해 추방되자, 민주정치를 혐오하기도 했다.[29]

당시 에페소스는 활기가 넘치고 번창하던 도시국가였다. 지금은 터키 영토에 속해 있지만, 사도 바울이 기독교를 전파하던 시기에는 로마에서 네 번째로 큰 도시이기도 했다. 오늘날 에페소스를 찾아가보면 외곽 지대에 고대 도시의 일부가 유적으로 남아 있어 번창했던 때의 모습을 가늠케 한다. 거대한 원형극장과 허물어진 도서관, 대리석으로 포장된 길거리와 그 양옆으로 나란히 서 있는 주택들, 공중목욕탕과 공중화장실, 그리고 시장터와 사창가 등의 흔적을 볼 수 있다.

게다가 헤라클레이토스가 살았을 당시는 그리스 도시국가들에 민주주의 열풍이 불던 때여서 에페소스의 거리는 날마다 젊은이들이 떼를 지어 몰려다녔다. 그러나 헤라클레이토스는 군중 집단의 일원이되는 것을 극도로 경멸해서 자신이 물려받은 모든 권한을 동생에게 물려주고 세속을 벗어나 깊은 산으로 들어가 수도승처럼 살며 몇 권의 아주 난해한 책을 썼다.[30] 그는 누구에게도 배우지 않았고 어떤 제자도 두지 않았으며, 간혹 사람들이 그의 지혜를 빌리고자 뭔가를 물

▲ 에페소스 도서관 유적

으면 침묵으로 답했다. 그에게 군중은 "들을 줄도 모르고 말할 줄도 모르는 사람들"[31]이었다.

어느 화창한 날이었다. 한 무리의 젊은이들이 헤라클레이토스를 에워싸고 '어떻게 하면 폴리스의 화합을 이끌어낼 수 있겠는가?'를 물었다. 그러자 그가 단상으로 올라갔다. 그러고는 아무 말 없이 군중을 한번 둘러본 다음, 물이 담긴 잔을 하나 치켜들더니 그 위에 보릿가루를 뿌리고 나뭇가지로 휘휘 저어 단숨에 마셨다. 그리고 아무 말도 없이 자리를 떠났다. 이처럼 도도한 그의 태도는 무지한 군중에게뿐 아니라 심지어 당시 근동의 패권을 움켜쥔 황제에게도 마찬가지였다.[32]

페르시아 황제 다리우스 1세Darius I, 기원전 550~기원전 486가 도무지 이해할 수 없는 그의 저서를 읽고 헤라클레이토스에게 직접 강의를 듣고자 특사를 보내 황제로서는 더할 수 없이 정중한 서한을 전달했다. 디오게네스 라에르티오스가《그리스 철학자 열전》에 전하는 바에 의하면, 그 내용은 다음과 같다.

에페소스의 현자 헤라클레이토스께
히스타페스의 아들 왕 다레이오스

안녕하십니까? 귀하는《자연에 대하여》라는 책을 저술했는데, 그것은 이해하기가 어렵고 해석하기도 곤란합니다. 그 가운데 몇 부분을 귀하의 말에 따라서 해석한다면, 우주 전체와 우주 안의 현상에서 가장 신적인 운동에 의존하는 것에 대한 고찰을 가능하게 하는 것이 들어 있다고 확신합니다. … 그래서 히스타페스의 아들인 왕 다레이오스는 귀하로부터 직접 강의를 받아 그리스의 교양에 참여하기를 소망하는 것입니다. 그러므로 저와 만나기 위해 시급히 왕궁으로 오시길 바라는 바입니다. … 귀하에게 온갖 특권이 제공될 것이며 또 매일 훌륭한 의견을 진지하게 말해주신다면, 귀하의 권고에 걸맞은 영예로운 생활이 기다리고 있을 것입니다.[33]

헤라클레이토스는 일말의 망설임도 없이 "페르시아의 땅으로 갈 수 없습니다"라는 내용의 서한을 보내 거절했다. 자기는 깨달음은 없고 질투로 가득 찬 세상을 멀리하는 데다 화려해 보이는 것을 피하고 있기 때문이라는 것이 이유였다.

헤라클레이토스는 마치 델포이 신전의 신탁과 같은 문체로 쓴 139편의 단편을 남겼는데, 독일의 철학자 니체F. W. Nietzsche, 1844~1900는 "헤라클레이토스처럼 명료하고 분명하게 글을 쓴 사람은 아마도 없을 것이다"라고 평가했다. 하지만 그렇게 생각한 사람은 니체 한 사람뿐이다. "오르막길과 내리막길은 같다"[34], "시작과 끝은 같다"[35], "신은 밤이며 낮이고, 겨울이며 여름이고, 전쟁이며 평화이고, 포만이며 굶주림이다"[36], "[신은] 움직이면서 쉰다"[37], "우리는 있으면서 있지 않다"[38]와 같은 그의 잠언들을 누구도 명료하고 분명하다고 할 수는 없기 때문이다.

그러나 그의 대립적 형식의 문장들 안에 세계와 삶에 관한 비할 데 없이 은밀하고 심오한 지혜가 숨어 있었다. 그래서 헤라클레이토스에게는 '수수께끼를 내는 자', '어두운 자'라는 호칭이 항상 붙어 다녔고, 심지어 소크라테스마저 그의 사상을 이해하기 위해서는 심해에서 보물을 캐내어 올리는 "델로스의 잠수부가 필요하다"[39]고 평가했을 정도다. 디오게네스 라에르티오스가 전하는 다음과 같은 시구詩句도 그래서 나왔다.

에페소스 사람 헤라클레이토스의 책은
그 두루마리 한가운데까지 서둘러 펼쳐서는 안 된다.
그것은 답파하기 매우 어려운 길.
그곳에는 빛도 통하지 않는 깜깜한 어둠이 감돈다.
하지만 누군가 비의秘儀에 참여하는 자가
그대를 이끈다면 그 길은 밝은 태양보다 빛나는 길이 될 것이다.[40]

언어가 진리의 집이다

...

헤라클레이토스의 잠언들 가운데 우리의 이야기와 연관해 관심을 끄는 것은 다른 무엇보다도 '로고스'에 관한 것들이다.

"모든 일이 이 로고스를 따라 생기건만…"[41], "로고스는 세계의 변화를 조종하는 보편적 법칙이자 최고의 원리다. 우주의 주재인 로고스와 함께…"[42]라는 표현들에서 보듯이 그에게 로고스는 만물을 지배하는 원리arche다. 하지만 "나의 말에 귀를 기울이지 말고 로고스에 귀를 기울여라…"[43], "로고스를 들을 줄도 말할 줄도 모르는 사람들…"[44] 등에서 보듯이, 그에게 로고스는 또한 '언어logos'이기도 하다. 이 점에서 헤라클레이토스는 진리의 탐구에서 언어의 중요성을 알아차린 최초의 언어철학자라고 할 수 있다.

그렇다! 정확히 말해 그는 언어의 본질과 신비를 최초로 열어 밝힌 고대의 하이데거M. Heidegger다. 그것도 "언어가 말한다."[45], "본래 말하는 것은 언어이며 인간이 아니다"[46]라고 선포했던 후기 하이데거다. 뭐라고? 언어가 말을 한다니? 이게 또 무슨 엉뚱한 말인가? 아마 당신은 이렇게 묻고 싶을 것이다. 언어를 의인화해 표현한 하이데거의 은유적 표현이 생소하고 기괴하게 들릴 것이기 때문이다. 하지만 안심하시라! 내용인즉 전혀 그렇지 않다.

헤라클레이토스의 로고스가 그렇듯이, 하이데거가 말하는 언어는 우리가 일상생활에서 사물이나 사건에 대한 정보를 전하고, 상의를 하고, 협의를 이끌어내기 위해 사용하는 말이 아니다. 로고스라고 하든, 언어라고 하든, 그것은 자기 안에 진리를 담은 어떤 것, 곧 '진리의 담지자truth-bearers'다. 헤라클레이토스가 로고스를 두고 "진리를 말하는 것이 지혜"⁴⁷라고 교훈한 것이 그래서이고, 하이데거가 "언어가 존재의 진리의 집이다"⁴⁸라고 선언한 것도 그래서다.

그렇다. 모두가 다 그래서다! 헤라클레이토스가 "나의 말에 귀를 기울이지 말고 로고스에 귀를 기울여라"라고 가르친 것이 그래서이고, 하이데거가 "말하기sprechen는 무엇보다도 먼저 듣기hören다"⁴⁹라고 당부한 것이 그래서다. 헤라클레이토스가 "로고스가 공통적인 것[진리]임에도 불구하고 많은 사람들은 그들 자신의 독자적인 통찰이 있는 것처럼 생각"⁵⁰한다고 한탄한 것이 그래서이고, 하이데거가 "인간이 말하는 것은 그가 그때그때 언어에 응답하는 한에 있어서다"⁵¹라며 참된 말하기는 존재의 진리인 언어에 "응답해-말하기ent-sprechen"라고 강조한 것도 그래서다.

헤라클레이토스가 설파한 로고스가 곧 하이데거가 말하는 언어die sprache다. 헤라클레이토스와 하이데거, 두 사람의 주장에 따르면 인간은 로고스(또는 언어)를 먼저 듣고, 그것을 따라서 생각하고, 따라서 행동하고, 따라서 말해야 한다. 그것이 진정한 사유이고, 행동이고, 언어다. 이런 관점에서 보면, 하이데거의 후기 철학이 헤라클레이토스의 로고스 이론에 진 빚은 이루 헤아릴 수 없다. 만일 우리가 화이트헤드를 따라서 서양 철학을 플라톤 철학의 주석이라고 한다면, 하이데거의 후기 철학은 헤라클레이토스가 펼친 로고스론의 주석이라 해야 할 정도다.

여기서 우리의 이야기와 연관해 다시 한 번 꼭 집어 밝히고 가야 할 것이 있다. 헤라클레이토스가 처음으로 언어를 진리의 담지자로 규정했다는 사실이다. 진리는 세계 안에 있는 것이 아니라 언어 안에 있다. 언어가 진리의 집이다. 바로 이것이 헤라클레이토스의 생각이었고, 훗날 아리스토텔레스가 문장을 참과 거짓의 대상으로 삼은 토대가 되었다. 아리스토텔레스는《형이상학》에서 진리를 다음과 같이 정의했다.

있는 것을 없다고 말하거나 없는 것을 있다고 말하는 것이 거짓이요, 있는 것을 있다고 말하거나 없는 것을 없다고 말하는 것이 참이다.[52]

무척 단순해 보이고 조금 우스꽝스러워 보이지만, 지난 2,300여 년간 군림해온 이른바 '아리스토텔레스의 진리론'이다. 주목하고자 하는 것은 그가 "~라고 말하거나", "~라고 말하는 것"이라는 표현을 사용했다는 점이다. 그럼으로써 아리스토텔레스는 '참'이나 '거짓'이 될 수 있는 대상은 사물이나 사실이 아니고 우리의 사고와 언어임을 분명히 했다.

영국의 철학자 버트런드 러셀이 그의 저서《철학의 문제들》에서 명쾌하게 설명했듯이, 아무도 살지 않는 달을 생각해보라! 그곳에도 예를 들어 월석月石과 같은 사물과 낮에는 온도가 올라가고 밤에는 내려가는 것 같은 사실이 있다. 하지만 그곳에는 '참'이나 '거짓'은 없다. 월석을 월석으로, 더운 것을 덥다고, 추운 것을 춥다고 판단하고 표현할 사고와 언어가 없기 때문이다. 요컨대 세계 자체에는 진리도, 허위도 없다. 진리란 우리의 사고와 언어가 갖고 있는 고유한 특성이다. 이 말을 아리스토텔레스는《형이상학》에 다음과 같이 표현했다.

거짓과 참은 사물 안에 있는 것이 아니다. 그래서 예를 들어 좋은 사물이 참되고, 나쁜 사물이 거짓인 것이 아니다. 거짓과 참은 오직 우리

3부 | 생각을 만든 생각들

의 사고 안에 있다.[53]

　물론 아리스토텔레스의 '사고' 또는 '말'은 헤라클레이토스의 로고스가 항상 진리인 것과는 달리 참과 거짓으로 나뉜다. 그럼에도 그것들이 진리의 담지자인 것만은 분명하다. 바로 이것이 헤라클레이토스가 아리스토텔레스에게 끼친 지울 수 없는 영향이고, 생각의 도구로서의 문장이 형성되는 데 뚜렷이 기여한 바다. 한데, 그뿐 아니다. 문장과 연관해서 헤라클레이토스가 남긴 탁월한 업적이 하나 더 있다. 그의 잠언들에서 보이는 '동사와 형용사의 추상화'가 그것이다.

헤라클레이토스 스타일

. . .

추상화abstraction는 앞에서 잠시 살펴보았듯이 대상에서 어떤 특별한 성질을 추출하여 파악하는 것을 뜻한다. 예컨대 차가운 물, 차가운 눈, 차가운 얼음 등으로부터 '차가운 것'이라는 개념을 이끌어내는 것이 추상화다. 때문에 언어적 측면에서 보면 추상화는 '동사나 형용사를 명사형으로 만들어 사용하는 어법'이라고도 할 수 있다. '생각하다'와 같은 동사를 '생각하는 것'으로, '아름답다'와 같은 형용사를 '아름다운 것'으로 만들어 사용하는 어법이 추상화다.

　브루노 스넬의 《정신의 발견》에 의하면, 고대 시대를 통틀어 오직 그리스인들만이 동사와 형용사를 명사형으로 만들어, 곧 추상화하여 사용했다. 그것은 '~것'이라는 뜻을 가진 중성의 단수 주격 정관사 '토to'가 그리스어에 있었기 때문에 가능했다. 정관사 'to'의 사용은 호메로스의 작품들에서도 이미 나타난다. 예컨대 "현재의 것들, 미래의 것들, 과거에 있었던 것들"(《일리아스》, 1권, 70행)에는 'to'의 복수인 'ta'가 등장한다.[54] 그러나 이 경우는 정관사를 동사나 형용사를 명사화하는 데 사용한 것이 아니다. 정관사 'to'가 'to psuchron(차가운 것)', 'to noein(생각하는 것)' 등과 같이 추상화를 위해 쓰인 것은 헤라클레이토스에 와서부터다.

헤라클레이토스의 〈단편〉들에는 '생각하는 것'(〈단편〉 112와 113), '보편적인 것'(〈단편〉 2와 14), '이성적인 것'(〈단편〉 50)과 같은 표현들이 보인다. 스넬은 "그의 철학적 사고는 관사의 이러한 사용법에 의존하고"[55] 있다면서, 추상화를 헤라클레이토스의 사유가 보이는 특징적 요소로 규정했다. 그리고 이 같은 어법은 당시 다른 언어에서는 찾아볼 수가 없으며, 심지어 500년쯤 뒤 키케로M. T. Cicero, 기원전 106~기원전 43가 살았던 고전기 라틴어보다 훨씬 더 발전한 것이라 높이 평가했다.

실제로 키케로는 라틴어에는 그리스어의 'to'에 해당하는 정관사가 없기 때문에 아주 단순한 철학 개념을 라틴어로 재현하는 데도 어려움을 겪었다고 한다. 그리스어에서는 간결하고 자연스럽게 표현되는 개념도 완곡하게 고치지 않으면 라틴어로 표현할 수 없었기 때문이다. 예컨대 플라톤이 사용한 그리스어 '선한 것to agathon'이라는 표현을 세네카는 '[참으로] 선한 바의 그것Id quod[re vera] bonum est'이라고 옮길 수밖에 없었다.[56]

여기서 중요한 것은 어떤 언어가 어떤 개념을 얼마나 간결하고 자연스레 표현할 수 있느냐 아니냐 하는 것이 아니다. 언어가 문명을 낳는다는 사실이다. 고대 그리스어의 이 같은 표현이 고대 그리스의 과학과 철학을 낳았다는 뜻이다. 스넬은 다음과 같이 물었다.

만일 그리스어에 ('to'와 같은) 정관사가 없었다면 그리스에서 어떻게 해서 자연과학과 철학이 발전할 수 있었는지 도무지 확인할 수 없을 것이다. 과학적 사고라는 것이 '물이라는 것to hudôr', '차가운 것(차가움, to psuchron)', '생각하는 것(사고, to noein)' 등과 같은 어법이 없이 어떻게 가능할 수 있었겠는가?[57]

옳은 말이다. 고대 그리스어에 '차가운 것'과 같은 개념이 아예 없었다면 '모든 차가운 것은 열을 가하면 따뜻해진다'와 같은 과학적 원리나 "모든 차가운 것은 따뜻하게 되고 따뜻한 것은 차갑게 된다"와 같은 철학적 통찰을 이끌어내는 것이 어떻게 가능했겠는가. 만일 그리스어에 '아름다운 것'이라는 추상개념이 없었다면 '아름다운 것 자체'라는 플라톤의 발상이 어떻게 나왔겠으며, 플라톤의 이데아론이 어떻게 가능했겠는가?《파이돈》에서 플라톤은 소크라테스의 입을 빌려 다음과 같이 말했다.

> 만일 아름다움 자체auto to kalon 이외에 어떤 아름다운 것이 있다면, 그것은 다름 아닌 아름다움 자체를 부분적으로 갖고 있기 때문이며, 그 밖의 다른 어느 것 때문도 아닌 것이라네. 또한 모든 것이 다 그렇다고 나는 말하겠네.[58]

이것이 그리도 유명한 플라톤의 이데아론 또는 분유이론을 한마디로 축약해놓은 것이다. 플라톤이 말하는 '아름다움 자체'는 '아름다움의 이데아'를 가리킨다. 따라서 플라톤이 한 말은 예컨대 장미꽃이 아름다운 것은 그 안에 아름다움의 이데아가 부분적으로 들어 있기 때문이며, 그럼으로써 장미꽃은 아름다운 것들의 집합에 속하게 된다는 뜻을 갖고 있다. 그리고 이 같은 원리가 세상의 만물에 적용된다. 식탁에 놓인 접시가 둥글다면 그 안에 '원의 이데아'가 부분적으로 들어 있어서고, 때문에 접시는 원의 일원이 된다.

그렇다! 플라톤의 이데아론은 정관사 'to'를 사용하여 "형용사적인 것 혹은 동사적인 것을 개념적으로 확정"하는 어법이 없이는 불가능했다. 그리고 바로 이 어법이 '헤라클레이토스 스타일'이자 그의 탁월한 업적이다. 스넬의 말대로 이 어법에서 고대 그리스의 자연과학과 철학이 탄생했다. 그런데 스넬마저도 알아채지 못한 그의 뛰어난 업적이 하나 더 있다. 헤라클레이토스 스타일은 훗날 아리스토텔레스가 삼단논법syllogism을 고안할 때 문장의 범위를 확장하는 데도 결정적인 역할을 했다. 무슨 소리냐고?

앞서 언급한 것처럼 아리스토텔레스는 '인간은 동물이다'와 같이 'A는 B이다'라는 형식을 가진 것만을 문장으로 인정했다. 하지만 이처럼 '~이다'라는 연결사coupla로 이어진 문장은 우리가 사용하는 말들 가운데 극히 일부다. 그래서 아리스토텔레스는 예컨대 '인간은 죽는다'나 '꽃은 아름답다'와 같이 동사와 형용사로 이루어진 서술문들도 'A는 B이다'라는 연결사로 이어진 문장으로 만드는 작업을 해야 했다. 그래야 자신이 고안하고자 하는 "A는 B다. B는 C다. 그러므로 A는 C다"와 같은 삼단논법의 기본 틀에 적용할 수 있기 때문이다.

이때 그가 동원한 방법이 바로 정관사 to를 사용하여 동사와 형용사를 명사화한 헤라클레이토스 스타일을 차용하는 것이었다. 예컨대 그는 '인간은 죽는다'는 '인간은 〈죽는 것〉이다'로, '꽃은 아름답다'는 '꽃은 〈아름다운 것〉이다'로 변형시켜 'A는 B이다'라는 형식에 맞췄다. 앞에서 설명한 플라톤의 이데아론에 따라 설명하자면, '꽃은 아름답다'는 말은 '꽃에는 아름다움의 이데아가 들어 있다', 그렇기 때문에 '꽃은 〈아름다운 것〉에 속한다'가 된다.

아리스토텔레스는 《명제에 관하여》에서 '인간은 정의롭다'를 예로 들어 이 문장은 '인간은 ~이다'에 '정의로운 것'이라는 요소가 첨가되었다면서 '인간은 〈정의로운 것〉이다'로 만들었다. 그럼으로써 '인간은 〈정의로운 것〉에 속한다'라는 의미를 갖게 했다.[59] 아리스토텔레스가 만든 이런 식의 문장을 현대 기호 논리학에서는 $\forall(x)$ $(F(a) \rightarrow G(x))$라고 표현하고, '모든 x에 대해 x가 인간에 속하면 x는 정의로운 것에 속한다'라고 해석한다. 헤라클레이토스 스타일은 이런 방식으로 아리스토텔레스가 문장의 범위를 확장하여 삼단논법을 만드는 것을 도왔고, 멀리는 현대 논리학에도 기여했다.

헤라클레이토스 이후 문장의 개발에 도움을 준 것은 우리가 보통 '궤변론자'라고 부르는 소피스트sophist들이다. 그들은 주로 수사rhetoric를 연구하고 가르쳤던 사람들인데, 수사는 연설, 토론, 논증을 하는 기술로서 고대 사회에서는 가장 중요한 생각의 도구로 인정되었다. 우리는 3부 5장 〈수사〉에서 이에 대해 따로 자세히 알아볼 것이기 때문에 여기서는 우리가 지금 이야기하고 있는 문장과 연관된 것만 살펴보기로 하자.

프로타고라스 님이 왔어요

• • •

아직 어둠이 짙은 새벽이었다. 누군가 집 대문을 지팡이로 아주 세게 두드려댔다. 놀라 잠이 깬 소크라테스가 문을 열고 보니, 아폴로도로스의 아들이자 파손의 동생인 히포크라테스였다.

"소크라테스 님 일어나셨나요, 주무시고 계셨나요?"

"히포크라테스로군. 뭔가 나쁜 소식을 전하려고 온 것은 아니겠지?"

"아닙니다. 좋은 소식이에요."

"그랬으면 좋겠군. 그래 무슨 일인가? 무슨 일로 이 시간에 날 깨웠나?"

"프로타고라스 님이 왔어요."

"그저께 왔지. 자넨 이제 알았나?"

"네. 어제 저녁때요. 도망친 노예를 찾으러 오이노에에 갔다가 아주 늦게 돌아왔거든요. 그 소식을 듣고 즉시 달려오려고 했는데, 시간이 너무 늦어서 잠에서 깨어나자마자 이렇게 달려온 거예요."

"그게 자네와 무슨 상관인가? 프로타고라스 님이 자네에게 무슨 부정의한 행동이라도 한 건 아니지?"

"했고말고요! 그분은 자기 혼자만 지혜로우시고 저는 그렇게 만들어주지 않으니까요."

"걱정 말게. 장담컨대, 그분께 돈을 드리고 부탁하면 자네도 지혜롭게 만들어줄 거야."

"아이구야! 그렇게만 된다면 얼마나 좋겠어요. 그럴 수만 있다면 제 돈뿐 아니라 친구들 돈을 빌려서라도 남김 없이 쓸 텐데요. 여하튼 그분께 같이 가지 않으시겠어요?"[60]

이 이야기는 플라톤의 대화편《프로타고라스》의 서두에 나오는 한 장면을 짧게 축약한 것이다. 이것을 통해서 우리가 우선 알 수 있는 것은 프로타고라스Protagoras, 기원전 485?~기원전 410?가 당시 아테네에서(소크라테스도 그에게 가르침을 받으러 갈 만큼) 지혜로운 사람으로 대단히 존경을 받고 있었다는 사실이다. 또 그가 높은 수업료를 받았음에도 많은 젊은이들이 그의 가르침을 열광적으로 원했다는 것이다.

왜 그랬을까? 우리는 그 이유를 이어지는 이야기에서 찾을 수 있다. 히포크라테스의 간청에 프로타고라스를 만나러 간 소크라테스는 그를 보자 젊은 히포크라테스가 그에게서 무엇을 배울 수 있는지를 물었다.[61] 프로타고라스는, 자기는 젊은이들에게 억지로 산술, 천문학, 기하학, 음악, 문학을 가르치는 다른 선생들(자연철학자들, 특히 피타고라스 학파 사람들을 가리킨다)과는 다르다면서 다음과 같이 답했다.

> 내게로 온 사람은 자기가 배우러 온 바로 그것 말고는 다른 어떤 것에 대해서도 배우지 않을 것입니다. 개인 생활에 있어서의 좋은 처세술, 가능한 한 최고의 방법으로 집안을 경영하는 법, 그리고 공적 생활에 있어서는 폴리스의 일들에 관해서 가장 설득력 있게 연설하고 행동하는 법이라오.[62]

그렇다! 이것이다. 연설과 토론 및 논쟁을 설득력 있게 하는 기술, 바로 이것이 프로타고라스가 가르친 내용이자 당시 젊은이들이 그에게 열광한 이유다. 또한 바로 이것이 프로타고라스를 비롯한 소피스트들이 문장에 관심을 둔 까닭이기도 하다. 우리가 이 같은 사실에 주목해야 하는 이유는 문장에 대한 소피스트들의 연구가 모두 상대를 설득하기 위한 기술에 맞춰져 있기 때문이다.

'올바른 어법orthos logos'이라는 이름 아래 행해진 언어에 대한 소피스트들의 연구는 크게 보아 다음 세 부분으로 나누어진다. 하나는 상대를 설득함에 있어서 동일한 의미를 가진 단어들 가운데 가장 효율성이 높은 것을 찾아내는 동의어synonymy에 대한 것이고, 다음은 연설과 토론 및 논쟁의 중심이 되는 논증의 구조와 문장들이 어우러져 형성된 문단에 대한 것이다. 마지막으로 그들은 연설을 할 때에는 발성이 중요하다는 것을 알고 소리가 어우러지는 요소 중 하나인 음절syllable에 관해 연구했다. 이 점에서 보면 소피스트들은 단순한 수사학자가 아니라, 그리스 최초의 문법학자 내지 언어학자라고 할 수 있다.

숙련된 요리사가 육류를 다루듯이
· · ·

소피스트들의 연구 가운데 우리의 이야기와 연관해 주목하고자 하는 특별한 주장이 있다. 언어는 실재(또는 자연)를 보여주어야 하고, '언어의 구조는 사물들의 구조와 같아야 한다'는 것이다. 얼핏 들어 당연하고 평범해 보이지만, 아직 언어와 논리에 대한 연구가 거의 없던 당시로는 매우 참신하고 기발한 착상이었다. 그리고 이 생각은 놀랍게도 2,300년이라는 시간의 계곡을 훌쩍 건너뛰어 20세기 초반 서양 철학을 뿌리째 뒤흔든 루트비히 비트겐슈타인L. Wittgenstein, 1889~1951의 언어철학과 맞닿아 있다.

20세기 철학자들을 열광시킨 《논고》에서 비트겐슈타인은 문장은 '사실의 그림繪畵, bild'[63]이라면서 다음과 같이 선언했다.

한 이름은 한 사물을 나타내고, 다른 이름은 다른 사물을 나타내며,

그것들은 서로 연결되어 있다. 그래서 전체가 (마치 하나의 살아 있는 그림처럼) 사태事態, sachverhalt를 나타낸다.[64]

이 말에는 '언어의 구조'가 그것이 묘사하고 있는 '사실의 구조'와 일치한다는 형이상학이 깔려 있다.[65] 논리적 원자론logical atomism을 주장하던 초기 비트겐슈타인이 이 같은 생각을 한 것은 세계를 마치 그림처럼 그대로 반영하면서 참과 거짓을 계산할 수 있는 '완벽하고 명료한 이상언어'를 고안하기 위해서였다.

프로타고라스를 비롯한 소피스트들이 들으면 무척 기뻐했으리라 생각되지만, 그들과 비트겐슈타인은 여기까지만 일치한다. 언어의 구조와 사물의 구조가 같아야 한다는 소피스트들의 주장에는 분명 논리학으로 발전할 수 있는 씨앗들이 들어 있었다. 하지만 그런 주장을 한 그들의 목적은 논리적으로 작동하는 이상언어의 개발이 아니라, 단지 설득력 높은 자연언어의 구사였기 때문이다.

소피스트들은 단지 이름onoma (오늘날 용어로는 명사)을 다른 이름들과 구별하여 분류해놓은 것이 신이 사물을 다른 사물들과 구분하여 분류해놓은 것과 같아야 한다는 것만을 주장했다. 그것이 다른 로고스보다 '더 나은 로고스'여서, 광장에서 연설을 할 때나 재판에서 변론을 할 때 사람들을 보다 더 잘 설득할 수 있다고 생각했기 때문이다.

그래서 소피스트들, 특히 기원전 5세기에 활동한 프로디코스Prodicos는 '이름 구별하기'에 몰두했다. 나중에 플라톤이 디아이레시스diairesis (분할, 구분)라고 이름 붙인 이 작업은 오늘날 우리의 눈으로 보면 일종의 개념 분류법이다. 예컨대 인간과 인간이 아닌 것, 동물과 동물이 아닌 것을 구분하는 일이었다. 오늘날 우리로서는 이게 무슨 일거리가 될 만한 것인가 하고 생각되지만, 당시로서는 매우 중요한 일이었다. 이 같은 개념 분류가 없이는 누구의 말이 옳고 그른지를 따지는 논증이 불가능하기 때문이다.

그때는 인간 정신이 적어도 이 분야에서는 아직 어둠에 머물던 새벽이었다. 한마디로, '언어와 논리의 여명기'였다. 그래서 소피스트들은 이름 구별하기에 몰두했다. 소크라테스까지도 자기에게 언어와 이름 구별하기를 배우러 온 두 청년에게 다음과 같이 고백했을 정도였다.

> 만약 내가 가난하지 않았더라면 문법과 언어에 대해 완벽하게 가르쳐줄 (이건 프로디코스 자신이 한 말이네) 위대한 프로디코스의 50드라크마짜리 강좌를 들었을 텐데 말이지. 그리고 그랬더라면 자네들의 질문에 즉시 대답해줄 수 있었을 텐데 말이야. 그러나 사실 나는 1드라크마짜리 강좌밖에 못 들었고, 그렇기 때문에 그 문제들에 대한 해답을 모르네.[66]

프로디코스가 개발해 다른 소피스트들이 함께 사용했던 이름 구별하기는 한 이름(A)을 그것이 아닌 이름(~A)과 구별하기 위해, 예컨대 '인간과 인간 아닌 것(예: 동물)이 무엇이 다르냐?'라는 식으로 둘 사이의 차이점을 물어 탐구하는 방식으로 진행되었다. 이 방법이 플라톤을 거쳐 아리스토텔레스에게 전해졌다. 그리고 그것이 나중에 아리스토텔레스가 내린 '인간은 이성적 동물이다'라는 식의 정의, 이른바 '유와 종차에 의한 정의definition per genus et differentiam specifiam'의 초석이 되었다.

로고스의 논리적 성격을 밝혀가는 과정에서 소피스트들은 딱 거기까지 갔고, 그것도 그들에게는 먼 길이었다. 그것이 당시 사람들에게 얼마나 어둡고 험한 길이었는지를 가늠케 하는 일화가 전해온다.

플라톤의 사후 제자들이 아카데메이아에서 '인간'을 정의하기 위해 인간과 다른 동물들과의 차이점에 대해 토론했다. 그리고 "인간은 털 없는 두 발 달린 동물이다"라는 정의를 내려 자랑스럽게 대중들에게 발표했다. 그러자 다음 날, 어떤 사람이 털을 모두 뽑은 닭 한 마리를 던지면서 "여기 플라톤의 인간이 있다"라고 비웃었다. 그가 고대의 유명한 견유주의 철학자 디오게네스Diogenes, 기원전 400~기원전 323였다는 설이 전해온다. 알렉산드로스 대왕이 소원을 들어줄 테니 말하라고 하자, 햇빛이나 가리지 말아달라고 한 냉소적 품성을 감안하면 충분히 그럴 수 있겠다는 생각이 든다.

아카데메이아의 학생들은 크게 당황했다. 그래서 다시 모여 닭과 인간의 차이점에 대해 토론을 벌였다. 그 결과 얻은 결론이 '닭은 발톱이 좁고 인간은 넓다'는 것이었다. 둘 사이의 차이점을 알아낸 것이다. 그래서 다시 내린 정의가 "인간은 발톱 넓은 털 없는 두 발 달린 동물이다"였다. 누군가가 만든 우스갯소리겠다. 그럼에도 이 이야기는 소피스트들이 왜 이름 구별하기를 시작했으며, 그것이 당시로는 얼마나 어려운 일이었고, 이후 어떻게 발전하였나를 짐작하는 데 도움을 준다.

여기서 잠시 우리가 지금까지 살펴온 로고스의 변천 과정을 간단히 정리하고 가자. 상당히 먼 길을 걸어왔기 때문이다. 처음에는 호메로스의 서사시나 사포의 서정시와 같은 운문만 있었다. 그러나 알파벳의 완성과 로고스의 반란으로 산문이 생겨났고, 아낙시만드로스나 헤라클레이토스와 같은 소크라테스 이전 철학자들이 산문을 발전시

컸다. 이후 프로타고라스와 같은 소피스트들이 그것에 논증적 기능을 담기 시작했다. 비로소 문장이 모습을 드러내기 시작한 것이다.

이후 문장은 논리학과 수사학으로 나뉘어 발전했는데, 그 갈림길에서 프로타고라스와 그의 추종자들은 기꺼이 수사학의 길을 선택했다 (이에 대해서 우리는 3부 5장의 〈수사〉에서 따로 살펴볼 것이다). 그리고 논리학으로 이어지는 다른 한 길은 프로디코스를 뒤이어 플라톤이 언어의 문제를 다룬 대화편 《크라틸로스》와 《테아이테토스》 등에서 개척했다. 그리고 그 두 길 모두를 아리스토텔레스가 각각 《수사학》과 《오르가논》에서 완성했다. 그러나 이것은 한참 뒤의 일이다.

플라톤의 언어철학은 종종 소피스트들의 종착점에서 출발했다. 그는 문장에 대해서 '로고스', 명사에 대해서 '오노마onoma', 동사에 대해서 '레마rhema'라는 용어를 처음으로 사용한 사람이다. 또한 문장이 명사와 동사로 이뤄진다는 것을 처음 규정한 것도 바로 플라톤이다. 그러니 엄밀히 말하자면, 소피스트들이 문장의 논리적 성격을 처음으로 발견한 사람들이고, 플라톤이 그것을 학적으로 발전시킨 사람이다. 그래서 이제 우리가 눈길을 돌려야 할 것은 플라톤이 개발한 변증법dialektikē이다.

플라톤이 심고 아리스토텔레스가 거둔 열매

• • •

플라톤은 변증법이라는 말을 시기별로 다양한 의미로 사용했다. 《메논》과 같은 초기 저술들에서는 변증법이 소크라테스의 '문답식 대화술elenchos'을 뜻했다. 예를 들어 "용기란 무엇인가?", "경건함이란 무엇인가?"와 같은 물음을 던지고 답을 찾는 것이다. 그러나 중기 저술인 《파이돈》에서는 우리가 3부 2장 〈원리〉에서 살펴본 가추법 내지 가설연역법과 같은 추론을 의미했다. 플라톤은 이것을 가설hypothesis이라고 불렀다.

우리가 주목하고자 하는 변증법은 《파이드로스》, 《소피스테스》와 같은 플라톤의 후기 저작들에 나타난 것이다. 소피스트들이 시도했던 '이름 구별하기', 곧 오늘날 우리의 용어로 '개념 분류법'이라고 할 수 있는 디아이레시스다. 물론 오늘날 우리가 개념이라고 부르는 것을 플라톤은 '참된 존재ontos on'인 이데아idea라고 생각했다. 때문에 그에게 디아이레시스는 개념들을 논리적으로 분류하는 논리학적 방법이라기보다는 이데아들 사이의 상호관계를 밝히는, 다시 말해 세계와 사물들의 구조를 알아내는 존재론적 분류법이었다.

이것이 무슨 이야기인가? 얼핏 어려운 이야기 같지만, 전혀 그렇지 않다. 플라톤이 대화편에서 든 예는 아니지만, 알기 쉽게 설명하기 위해 간단한 예를 들어 도식화하면 아래와 같다.

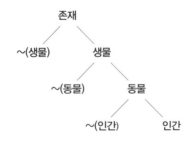

▲   [그림 4] 플라톤의 변증법 도식

프로디코스가 개발한 이름 구별하기를 플라톤이 체계화한 단순한 도식이다. 그럼에도 우리의 이야기와 연관해서 보면 놀라운 것이 한둘이 아니다. 왜냐하면 바로 이 도식 안에 우리가 알아보려는 문장의 기본 구조와 보통 아리스토텔레스의 삼단논법이라고 부르는 논리 체계의 씨앗들이 고스란히 담겨 있기 때문이다. 단지 숨겨져 있어 눈에 띄지 않을 뿐이다. 이것을 '플라톤의 변증법 도식'(또는 디아이레시스 도식)이라 부르고 기억해두자. 그 안에는 적어도 다음과 같은 것들이 들어 있다.

우선, 우리는 이 도식에서 플라톤이 《파르메니데스》 편에서 언급했고, 아리스토텔레스가 나중에 《오르가논》의 3권인 《분석론 전서》에서 정리한 '판단' 또는 '문장'의 구조를 읽을 수 있다. 무슨 소리냐고? 위 도식을 밑에서 위로 올라가면서 훑어보자. 그러면 우리는 아무 '경험 없이도' 올바른 판단과 문장을 만들 수 있다는 것을 알게 된다. 다시 말해 이 방법을 쓰면, '인간은 동물이다', '동물은 생물이다', '생물은 존재다'라는 판단 내지 문장이 자동적으로 얻어지는데, 알고 보면 이것이 'A는 B이다'라는 문장의 기본형이다.

어디 그뿐인가. 이 도식은 아리스토텔레스의 삼단논법이 어떻게 만들어졌는지도 한눈에 보여준다. 이 도식에서 밑에서부터 위로 한 칸씩 올라가면 '인간은 동물이다', '동물은 생물이다'라는 판단 또는 문장이 차례로 얻어지지만, 한 칸을 건너뛰어 올라가면 '인간은 생물이다'가 역시 자동으로 얻어진다. 이 셋을 연결하면 '인간은 동물이다. 동물은 생물이다. 그러므로 인간은 생물이다'라는 하나의 논증이 된다. 이것은 '바버라modus barbara'라고 부르는 삼단논법의 대표적 형식이다.

생물

동물

인간

▲　[그림 5] 벤다이어그램

　그런데 앞에서 '헤라클레이토스 스타일'을 설명하며 언급했듯이, 플라톤의 이데아론에 의하면 '인간은 동물이다'라는 문장은 '동물'의 이데아가 인간 안에 들어 있다는 것을 나타낸다. 또한 바로 그렇기 때문에 위 도형diagram에서 보듯이 인간은 동물이라는 집합에 포함된다. 마찬가지로 동물에는 생물이라는 이데아가 들어 있고, 그렇기 때문에 동물은 생물의 집합의 일원이다.

　영국의 논리학자 존 벤J. Venn, 1834~1923이 고안했다고 해서 '벤다이어그램venn diagram'으로 불리는 이 도형은 19세기부터 아리스토텔레스의 삼단논법을 설명하는 데 주로 사용되어왔다.

　그런데 깜짝 놀랄 만한 일이 있다. 플라톤이 2,300년 전에 이미 벤다이어그램과 매우 흡사한 도형을 그의 머리 안에 그리고 있었다는 사실이다. 플라톤은《파르메니데스》편에서 개념 간의 논리적 관계를 나타내는 이런 도형을 설명하며 "범포帆布(범선의 돛으로 쓰이는 헝겊)를 겹쳐놓는 것 같다"[67]라는 표현을 사용했다. 벤다이어그램에서 동그라미로 표시되는 개념의 외연을 플라톤은 '일정한 면적을 가진 헝겊'에 비유해 표현한 것이다.

그래서 만일 누군가가 플라톤에게 '인간은 동물이다'나 '아테네 사람은 그리스인이다'와 같은 문장을 도형으로 표현해보라고 요구했다면, 그는 동물(또는 그리스인)을 가리키는 큰 헝겊 위에 인간(또는 아테네 사람)을 표시하는 작은 헝겊을 포개놓았을 것이다. 어떤가? 진정 놀랍지 않은가? 천재란 이런 것이다! 플라톤은 이런 도형이 '인간은 동물이다'라는 언어적 표현과 '인간은 동물에 속한다'라는 사실의 '중간자中間者, ta metaksy'라고 설명했다. 도형이 문장과 사실의 중간에서 그 둘을 매개한다는 뜻이다.

이 같은 사실들은 플라톤이 자신의 변증법을 단순한 개념분류 체계가 아니라 논리적 추론을 이끌어낼 수 있는 체계로도 파악하고 있었다는 것을 알려준다. 그러나 플라톤은 디아이레시스로부터 삼단논법과 같은 논리 체계를 창안해내지 않았다. 그의 주된 관심은 세계와 사물이 어떻게 이루어졌으며, 또 우리가 그것들을 어떻게 인식하는지를 규명하는 이데아론의 완성에 있었기 때문이다.

그럼에도 여기서 우리가 놓치지 말아야 할 것이 있다. 플라톤이 'A는 B다'라는 문장이 'A이면 B다(A→B)'라는 논리 형식으로 표현된다는 것을 알아차린 첫 번째 사람이라는 사실이다. 그가 알아낸 언어와 논리, 그리고 그 둘을 매개하는 벤다이어그램이 갖고 있는 '흥미로운' 삼각관계는 영민한 그의 제자에게 맑은 하늘에 후려치는 벼락과 같은 경이로운 착상을 던져주었다. 잘만 하면, 우리가 일상적으로 사용하는 자연언어를 논리적으로 계산할 수 있게끔 바꿀 수 있다는 기발한 아이디어 말이다!

이 말을 가볍게 듣지 말자! 그리스어로 'logos'라는 용어로 표기되는 '언어'와 '논리'를 하나로 만드는 일은 플라톤 이후, 아리스토텔레스로부터 비트겐슈타인에 이르는 서양의 철학자와 언어학자들이 결코 포기하지 못하는 꿈이었다. 오늘날에도 일부 인지언어학자, 컴퓨터공학자, 인공지능학자들은 이 잡힐 듯 잡히지 않는 영원한 꿈(학자들은 이 작업을 '자연언어의 형식화formalization of natural language'라고 부른다)을 열정적으로 좇고 있다.

아리스토텔레스가 스승으로부터 변증법 도식에 대한 이야기를 들었을 때, 아마 그는 무릎을 탁 치며 환호했을 것이다. 바로 이 단순한 도식에서 자신의 업적 가운데 하나이자, 지난 2,400년 동안 서양인들이 사용해온 생각의 틀인 삼단논법을 고안해낼 생각을 떠올렸을 것이기 때문이다. 물론 아리스토텔레스는 스승의 변증법에서 한 걸음 더 나아갔다. 이 점에서는 그에게도 청출어람靑出於藍이라는 말이 어울린다.

아리스토텔레스는 플라톤이 문장의 기본 형식으로 규정한 'A는 B다'라는 형식을 네 가지로 확장했다. 현대 논리학에서 양화사quantifier라고 부르는 '모든'과 '어떤'이라는 한정사를 도입한 것이다. 그 결과 문장은 '모든 A는 B다', '모든 A는 B가 아니다', '어떤 A는 B다', '어떤 A는 B가 아니다'라는 형식을 갖게 되었다.[68] 차례로 전칭긍정판단(A), 전칭부정판단(E), 특칭긍정판단(I), 특칭부정판단(O)이라 부른다.

예를 들자면, '모든 인간은 동물이다'는 전칭긍정판단이고, '모든 인간은 동물이 아니다'는 전칭부정, '어떤 인간은 동물이다'는 특칭긍정, '어떤 인간은 동물이 아니다'는 특칭부정판단이다. 이 네 가지의 형식이 우리가 일상적으로 사용하는 자연언어를 논리적 언어로 만들기 위해 아리스토텔레스가 씌운 견고한 멍에다. 그의 삼단논법에서는 자연

언어의 모든 다양한 표현들이 이 네 가지 형식에 맞춰져 작동한다.

아리스토텔레스는 이 네 가지 형식이 가진 서로 간의 관계를 밝히고, 그것들을 서로 조합하여 다양한 종류의 삼단논법 형식과 규칙을 부지런히 개발했다. 하지만 우리의 이야기는 여기서 멈춘다. 지금 우리는 논리학이 아니라 문장에 대해 이야기하고 있기 때문이다.

정리하자면, 문장은 시종일관 우리가 생각들을 논리적으로 전개하고 분석하고 검증할 수 있게끔 진화해왔다. 그 목적이 아낙시만드로스나 헤라클레이토스와 같은 철학자들에게는 산문을 쓰기 위해서였고, 소피스트들에게는 자연과 사물의 질서에 합당하게 말함으로써 설득력을 높이기 위해서였다. 아리스토텔레스에게는 논리학을 구축하기 위해서였고, 초기 비트겐슈타인에게는 이상적인 논리 언어를 만들기 위해서였다. 그리고 오늘날 인지언어학자와 인공지능학자들은 컴퓨터가 인간의 언어를 이해하게 하기 위해서다. 하지만 이들 모두의 한결같은 꿈은 문장을 통해 우리의 생각을 논리적으로 만드는 것이다. 물론 자연언어는 의사소통이라는 들판에서 제멋대로 뛰노는 야생마 같아서 아직까지는 그 꿈을 완전하게 이루지는 못했을지라도 말이다.

그럼에도 문장은 우리가 생각을 논리적으로, 합리적으로, 다시 말해 이성적으로 전개할 수 있는 가장 보편적이고 효율적인 도구다. 형식논리학 체계가 자연언어를 담기에는 너무 경직되어 있어, 그 적용 범위가 매우 한정되기 때문이다. 그렇다! 우리는 은유를 통해 창의력을 키울 수 있다. 그러나 논리력을 향상시킬 수는 없다. 우리는 오직 문장을 통해서 논리력을 폭넓게 향상시킬 수 있다. 물론 수학이나 오늘날 중요시되는 코딩coding도 논리력을 향상시킨다. 하지만 의사소통과 설득력의 핵심인 언어적 논리력은 오직 문장을 통해서만 획득할 수 있다. 그렇다면 이제 우리의 관심은 구체적으로 '문장이 가진 어떤 요소가 우리의 논리력을 향상시킬까?'와 '우리가 어떻게 하면 그것을 획득할 수 있을까?'에 모아진다.

노란색 장미도 거기에 포함돼요

• • •

브루노 스넬이 《정신의 발견》에서 지적한 대로 "논리적인 것을 표시하는 언어적 수단은 비교적 후기에 들어서서 발전하게 되었다." 소피스트들에 와서야 비로소 궤도에 올랐기 때문이다. 물론 그렇다고 해서 그 이전에는 논리적 사고가 전혀 없었던 것은 아니다. 스넬의 말대로 "원초적 상태에서는 논리적인 것이 '암묵적으로만' 언어 속에 나타나고 있었다." 이른바 '언어와 논리의 여명기'였다.

지식의 개체발생은 계통발생을 반복한다는 것이 우리의 전제다. 인류 지성사에서 소피스트까지에 이르는 '언어와 논리의 여명기'는 아동들의 인지 발달 과정에도 분명 존재한다. 그 시기는 피아제가 전조작기preoperational period라고 이름 붙인 대강 2~7세다. 피아제의 지속적이고 광범위한 실험들 가운데 지금 우리의 이야기와 연관해 흥미를 끄는 것이 있는데, 이 실험은 다음과 같이 진행되었다.[69]

실험자가 노란색 장미꽃 4개와 다른 색 장미꽃 4개, 그리고 또 다른 꽃들이 역시 4개가 있는 그림을 보여주고 6세인 아이에게 물었다.

"노란색 장미꽃 묶음과 다른 색 장미꽃 묶음 중 어느 것이 더 클까?"

"노란색 장미 묶음이 더 클 거예요."

대답을 한 후, 그 아이는 노란색 장미와 다른 장미를 세어보았다. 그리고 모두 4개씩 있음을 알고 답을 수정했다.

"아니에요. 똑같아요."

다시 실험자가 물었다.

"이번에는 장미 묶음과 꽃묶음 가운데 어느 것이 더 클까?"

"둘 다 똑같아요."

이 아이는 아직 노란색 장미가 장미에 속하고, 장미는 꽃에 속한다는 사실을 인지하지 못하는 것이다. 그런데 같은 질문을 9세가 된 아이에게 했더니 답이 달랐다. 첫 번째 질문에 아이는 "물론 장미 묶음이지요. 노란색 장미도 거기에 포함돼요"라고 답했고, 두 번째 질문에도 역시 "꽃 안에 장미도 포함돼요"라고 답했다. 9세가 된 아이는 노란색 장미든 다른 색 장미든, 모두 장미 안에 포함된다는 것과 모든 장미가 꽃 안에 포함된다는 사실을 이미 인식하고 있었던 것이다. 피아제는 6세 아이에게는 아래 도식과 같이 종種과 유類에 따라 분류하

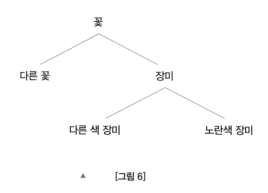

▲　　[그림 6]

는 분류화classfication 능력이 없지만, 9세인 아이에게는 그런 능력이 생겼다는 것을 말해준다고 분석했다.[70]

그림 6을 보자. 어떤가? 어디서 본 도식 같지 않은가? 그렇다! 우리가 앞에서 살펴본 '플라톤의 변증법 도식'이다. 우리는 앞에서 이 도식이 문장과 연관해 어떤 의미를 갖고 있는가를 이미 살펴보았다. 이 도식은 '노란색 장미는 장미다'와 '장미는 꽃이다'라는 문장의 구조를 나타내 보여준다. 따라서 9세인 아이가 "노란색 장미도 거기에 포함돼요"나 "꽃 안에 장미도 포함돼요"라고 대답을 했다는 것은 그 아이가 이미 그 같은 논리적 구조를 알고 있으며, 그것을 문장으로 구성할 능력을 갖고 있다는 것을 알려준다.

피아제가 규정한 인지 발달 단계를 따라 구분하자면, 꽃이 그려진 그림을 보고 분류화를 할 수 없는 6세 아이는 '전조작기'에 머물고 있지만, 9세 아이는 피아제가 나눈 7~11세의 아동들이 머무는 '구체적 조작기'에 속해 있다. 그리고 그는 곧 보통 11세 이후 아동들이 도달하는 '형식적 조작기'에 이를 것이며, '노란색 장미는 장미다. 장미는 꽃이다. 그러므로 노란색 장미는 꽃이다'와 같은 논리적 추론을 할 수 있게 될 것이다.

그런데 여기서 잠시 생각해보자. 6세와 9세 사이에 무슨 일이 있었는가? 다시 말해 무엇 때문에 6세 아이가 하지 못한 분류화를 9세 아이는 해낼 수 있을까? 피아제는 아이들의 인지 발달은 무엇보다도 생물학적 요인에 의해 좌우된다고 믿었다. 즉, 아이들이 전조작기에서 구체적 조작기로 옮겨 가려면 뇌신경의 발달이 먼저 이뤄져야 한다는 것이다. 물론 그렇다. 하지만 이에 결코 못지않은 중요한 요인이 따로 있다.

교육이다. 더 정확히 말하자면 교육을 통한 문장 읽기와 쓰기 훈련이다. 보통의 아이들은 6세 이후에 초등학교에 입학하여 문자 읽기와 쓰기를 훈련받는데, 대부분의 교육심리학자들은 문자의 사용이 아동들의 정신 발달에 결정적인 영향을 미친다고 강조한다. 예컨대 비고츠키와 그의 학파 연구자들에 의하면, 읽기와 쓰기 같은 문자의 사용이 아동들의 고등 정신 기능의 발달에 결정적인 역할을 한다.

루리야가 중앙아시아에서 실행한 대규모 탐사 실험의 결과도 읽고 쓰는 능력을 갖지 못한 사람은 추상적, 논리적 조작을 거의 할 수 없을 뿐 아니라, 역사 인식과 자아 인식마저 심각하게 결여되어 있다는 것이었다. 요컨대 글은 단순히 종이 위에 쓰인 말이 아니다. 그것은 아이들을 좀 더 높은 수준의 사고로의 '폭발적인 도약'을 이끈다. 잭 구디J. Goody와 루스 피네건R. Finnegan 같은 현대 심리학자들은 자신들이 내놓은 이 같은 주장을 '대분수령이론great divide theory'이라 부른다.[71] 글 읽기와 쓰기가 인지 발달의 거대한 전환점이 된다는 뜻이다. 같은 이야기를 조금 다르게 조명해보자.

우리는 앞에서 기원전 8세기 중엽 그리스인들이 모음을 갖춘 완벽한 알파벳문자를 갖게 되었을 때, 어떤 일이 일어났는가를 살펴보았다. 산문이 개발되기 시작했으며, 신화적 사고가 이성적 사고로 바뀌었다. 기원전 6세기경에는 학문이 생겨났고 문명 자체가 점차 문자 중심, 산문 중심, 이성 중심으로 바뀌어 기원전 5세기에는 이른바 '그리스 기적'이 이뤄졌다. 지식에서 개체발생은 계통발생을 반복한다는 관점에서 보면, 아이들이 글을 익혀 글 읽기와 쓰기를 시작할 때가 바로 그 시기다. 마이클 콜M. Cole과 페그 그리핀P. Griffin 같은 심리학자들은 바로 이 같은 의미에서 소위 '문화 증폭설'을 주장했다. 내용인즉

아이들이 문자를 익히는 시기에 그들의 정신 발달에 문화적인 증폭이 일어난다는 것이다.[72]

이처럼 비고츠키와 그의 뒤를 잇는 현대 심리학자들에 의하면, 문자는 글을 배우는 아이들의 정신 발달에 결정적인 영향을 미친다. 그 이유는 대강 다음과 같다.[73]

우선, 문자는 사고를 좀 더 명확하게 한다. 읽기는 아동들이 다른 사람의 생각을 받아들이게 하는 것뿐 아니라, 그것을 이해하기 위하여 혼동이나 잘못이 없는지를 점검하게 한다. 또 쓰기는 단순히 자기 생각을 표현하게 할 뿐 아니라 아동들로 하여금 처음으로 독자의 입장이 되어서 자신의 생각에서 부족한 것이나 잘못을 발견하게 한다. 그럼으로써 말하기와는 전혀 다른 아동들의 고등 정신 기능이 발달하게 한다.

문자는 또한 생각을 좀 더 의도적이고 구체적으로 만든다. 당신도 알다시피 우리가 말할 때는 어조, 표정, 몸짓 등 공통적으로 처해 있는 상황 등의 도움을 받는다. 그러나 글을 읽거나 쓸 때는 그 같은 도움이 매우 제한되어 있기 때문에 더 많은 정보가 필요하다. 따라서 글을 읽을 때는 말을 들을 때보다 더욱 많은 상상력과 집중력이 필요하고, 글을 쓸 때는 생각을 더욱 신중하고 구체적으로 표현해야 한다.

마지막으로, 글은 아동들에게 언어의 구성요소와 그것들이 맺는 구조를 구체적으로 알게 한다. 모든 글에는 낱말 간의 관계, 문단의 의미 사이의 관계를 지배하는 규칙이 있다. 보통 문법 또는 보다 세분해서 통사론syntax이라고 하는데, 아이들은 말을 배우고 사용하면서 언어의 기본적인 구조를 익히게 되지만, 글을 읽고 쓰면서 그것을 구체화하게 된다.

여기서 잠깐, 통사론이라는 말에 주목하자! 통사론의 사전적 의미는 단어가 결합하여 형성되는 구句, 절節, 문장의 구조나 기능을 연구하는 문법이다. 이제 곧 드러나겠지만, 그것은 지금까지 우리가 문장의 논리적 구조라고 이야기해온 것과 다르지 않다. 그런데 근래 괄목할 만한 발전을 보이는 뇌신경과학에 의하면, 통사론이 아이들의 정신 발달에 미치는 영향의 중요성은 우리의 상상을 훌쩍 뛰어넘는다. 그것은 단지 언어를 정확하게 구사할 수 있느냐 아니냐의 문제에 머무르지 않는다.

통사론, 곧 우리가 말하는 문장의 논리적 구조는 우리의 모든 이성적 사고들, 다시 말해 에덜먼이 규정한 고차적 의식 내지 비고츠키가 말하는 고등 정신 기능이 제 길을 찾아가게끔 하는 일종의 '정신의 지도'로 작용한다. 그뿐만 아니라 우리의 뇌 구조를 구축한다. 이게 무슨 엉뚱한 소리냐고 묻고 싶겠지만, 사실이다. 도대체 무슨 소린지 이제부터 살펴보자.

자연과 사물들의 질서에 합당한 정신의 모형
...

워싱턴대학교의 신경생리학자 윌리엄 캘빈W. H. Calvin은 《생각의 탄생》에서 "통사론이 사람다운 지능을 판가름한다는 데에는 의심의 여지가 없다. 통사론이 없다면 우리는 침팬지보다 영리할 것이 없다"[74]라고 단언한다. 그는 동료인 올리버 색스O. Sacks가 수화조차 배우지 못하고 자란 11세 청각장애 소년 조지프에 대해 묘사한 다음과 같은 말을 인용했다. 그리고 이것이 통사론이 없는 사람의 삶이 어떠한지를 잘 말해준다고 했다.

조지프는 보고 구별하고 분류하고 사용할 수 있다. 지각에 대한 분류나 일반화와 관련해서는 아무 문제도 없다. 그러나 한 걸음 더 나아가 추상적인 개념을 마음에 새기고 반성하고 놀고 계획 세우는 일은 못하는 것처럼 보였다. 그는 완전히 융통성이 없는 것처럼 보였다. 이미지나 가설이나 가능성을 다룰 수도 없었다. … 소년은 동물이나 유아처럼 현재에 얽매여 있으며, 글자 그대로 즉각적인 지속 속에 갇혀 있는 것처럼 보였다.[75]

통사론을 익히지 못하면 다른 동물들과 마찬가지로 일체의 추상적, 논리적 사고를 할 수 없을 뿐 아니라, 심지어 과거, 현재, 미래와 같은 시간관념도 갖지 못한다는 말이다. 당연히 역사의식과 자기의식도 결여된다. 이것이 무엇을 의미하는가? 그것은 언어, 더 정확히는 문장이 시간의식, 역사의식, 자기의식과 같은 고차적 의식(에델먼) 내지 고등 정신 기능(비고츠키)을 형성한다는 뜻이다. 믿기 어렵겠지만 뇌신경과학적으로 확인된 사실이다.

에델먼 같은 뇌과학자들에 의하면, 우리의 공간의식은 시각을 통해 구성되지만 시간의식은 청각을 통해 형성된다. 어린아이들의 뇌에서는 말소리가 시작되면 주의를 끄는 청각신호들이 특이점을 형성하여 청각장auditory field이 만들어진다. 청각신호가 순차적으로 주어지는 속성(시간성)을 갖고 있기 때문에 어린아이들의 뇌에서 형성된 청각장에 '이전-이후'와 같은 시간성이 형성된다. 이것은 시각신호들이 가진 공간적 속성이 시각장visual field에 '상-하-좌-우'와 같은 공간성을 형성하는 것과 같은 이치다.

예를 들어 글이 우리 눈에 들어올 때는 우리는 그것을 공간적으로 파악한다. 그러나 말이 우리의 귀에 들어올 때는 시간적으로 인식한다. 이러한 현상은 우리의 뇌가 좌뇌와 우뇌, 둘로 나뉘어 있는 것과 연관되어 있다. 일반적 얼굴과 패턴 인식, 몸짓, 크기, 비율과 같은 시각적 이미지와 공간적 관계는 우뇌에서 처리한다. 그러나 언어, 논리, 산수와 같은 순차적이고 시간적인 인식은 좌뇌에 특화되어 있다. 요컨대 우뇌는 그림이나 이미지를 통해 공간적으로 생각하고, 좌뇌는 단어와 숫자를 통해 시간적으로 생각한다.[76]

그럼, 책을 읽는 것은 어떨까? 책은 보통 왼쪽에서 오른쪽으로, 그리고 위에서 아래로 읽기 때문에 당신은 그것이 시각적이고 공간적인 지각 행위라고 생각할 수 있다. 하지만 아니다. 책을 읽는다는 것은 단어들을 순서대로 인지하여 의미를 파악하는 과정이기 때문에, 뇌신경과학적 관점에서는 오히려 청각적이고 시간적인 지각 행위다. 이런 의미에서 보면 책을 읽을 때 소리를 내어 낭독朗讀하는 것이 묵독默讀보다 훨씬 더 효과적이다. 일찍이 프랑스 철학자 앙리 베르그송H. Bergson, 1859~1941이 박사 학위논문인 《의식에 직접 주어진 것들에 관한 시론》에서 간파했듯이, 수를 세는 것도 마찬가지다. 예컨대 양羊의 수를 세는 행위는 시간적인 지각 행위지만 그것을 공간에 투사하여 공간적인 지각 행위처럼 의식한다.

뇌신경과학자들은 아이들이 언어를 습득하면서 뇌에 시간장이 형성되고, 시간장이 형성되면서 과거를 인식하고, 과거의 기억을 통해 현재를 이해하며, 또 과거에 대한 인식과 현재에 대한 이해가 모여 미래에 대한 개념이 생겨난다는 것을 확인했다. 이렇게 형성된 과거-현재-미래라는 시간의식이 자연환경에 얽매인, 다시 말해 즉각적인 현재만 존재하는 동물적인 상태에서 벗어나게 한다. 에덜먼은 이것을 "시간이라는 독재자로부터 해방"이라는 말로 표현했는데, 이 같은 시간의식 안에서 우리는 비로소 매순간 상황을 판단하고 앞으로 해야 할 행동을 선택하게 된다. 그리고 이 같은 판단과 선택이 차츰 자기의식과 역사의식을 형성한다.[77]

전하고자 하는 요점은, 이 모든 일을 언어가 한다는 사실이다. 때문에 언어가 아예 없거나, 침팬지처럼 미약한(통사론이 없다는 의미이다) 동물들에게는 시간의식도 없거나 미약하다. 동물들은 단지 시각을 통해 얻어진 장면들이 마치 스냅사진처럼 존재하는 현재라는 독재자에 얽매여 산다. 조지프가 그런 것처럼 지각에 대한 분류(예: 어떤 것이 먹을 수 있는 것인지 아닌지, 어느 것이 다가가야 할 것인지 아닌지 등)는 할 수 있지만, 추상적인 개념을 마음에 새기고, 과거를 반성하고 미래를 계획하는 일은 하지 못한다. 당연히 시간의식, 역사의식, 자기의식이 없다. 한마디로, 언어가 인간을 인간이게 한다! 인지생물학자인 마투라나는 이 말을 다음과 같이 했다.

자기의식, 의식, 정신 따위는 언어 안에서 일어나는 현상들이다. 따라서 그것들 자체는 오직 사회적 영역 안에서 일어난다.[78]

그렇다! 이것이 언어가, 정확히는 문장이 하는 일이다. 문장은 자신의 논리적 구조인 통사론을 통해 인습적이고 일상적인 말의 순서나 문법에 맞는 단어의 사용을 정하는 역할을 훌쩍 뛰어넘는 일을 한다. 그것은 우리의 뇌 안에 프로디코스, 플라톤, 아리스토텔레스로부터 비트겐슈타인에 이르는 철학자들이 한결같이 추구했던 '자연과 사물들의 질서에 합당한 정신의 모형'을 형성하게 한다. 우리가 언어의 논리적 구조, 또는 자주 그저 문장이라고 불러온 이 정신의 패턴을 캘빈은 '정신적 문법'이라고 부르며, 그 중요성을 다음과 같이 강조했다.

> 통사론은 보다 정교한 정신을 만들기 위해 사용하는 것처럼 보인다. … 따라서 통사론은 항목들(대개 단어들) 사이의 관계를 여러분의 근원적인 정신의 모형pattern 속에 구성하는 일과 관련된 것으로서, 표면적인 내용, 즉 주어-동사-목적어의 어순이나 어형의 변화 따위에 대한 것이 아니다. 이런 표면적인 내용은 일종의 단서에 불과하다.[79]

캘빈이 말하는 통사론은 문법grammar이 아니라 정신의 모형pattern이다. 우리의 뇌는 언어를 통해 언어의 법칙이 아니라 자연과 사물들의 질서에 합당한 정신의 모형을 형성한다. 그런데 우리가 주목해야 할 것은 캘빈이 조지프의 경우를 소개한 곳에서 "다른 비슷한 사례들 역시 언어를 구사할 수 있도록 본래부터 갖추어진 소질도 초기 유년기 동안 연습을 통해 개발해야 함을 말해준다"라는 말을 덧붙였다는 사실이다.

피아제, 비고츠키와 같은 심리학자들뿐 아니라, 캘빈과 같은 다수의 뇌신경학자들은 아이들이 어른들의 언어에 귀를 기울임으로써 (귀가 들리지 않는 아이들은 손짓이나 몸짓 언어를 관찰함으로써) 대개 생후 18개월 전후부터 통사론을 익히기 시작한다고 한다.[80] 이런 현상이 촘스키N. Chomsky처럼 선천적으로 일어난다는 학자들도 있고, 스키너B. F. Skinner처럼 후천적으로 생긴다는 학자들도 있지만, 어쨌든 그것은 아이들에게 보편적으로 일어난다.

조지프의 경우를 통해 알 수 있듯이, 이때부터 아이들에게 가능한 한 통사론적으로 정확한 문장을 들려주는 일이 중요함에는 의심의 여지가 없다. 왜냐하면 그것을 통해 아이들이 자신의 마음에 정신의 모형을 재생산하기 때문이다. 캘빈은 미국으로 이주한 사람들을 상대로 한 조사를 근거로, 7세 이전에는 통사론을 완벽히 익힐 수 있고, 7세에서 15세까지는 어느 정도 오류를 범하는 정도로 익힐 수 있지만, 15세가 넘으면 온전한 통사론을 익히기가 거의 불가능하다고 증언했다.[81]

책 읽어주는 아빠, 책 베껴 쓰는 아이

• • •

그럼 어떻게 하는 것이 캘빈이 말하는 정신적 문법을 익히는 데 가장 효율적일까? 답은 간단하고, 실행은 쉽다. 아이에게 소리 내어 '책을 읽어주는 것'이다! 책은 문장으로 이뤄져 있고, 문장은 통사론에 맞춰 쓰였기 때문이다. 이런 관점에서 보면, '책 읽어주기'는 아이에게 단순히 언어를 가르치거나 이야기를 들려주는 행위가 아니다. 그것을 통해 아이의 시간의식, 역사의식, 자기의식과 같은 고차적 의식 내지 고등 정신 기능을 일깨우고, 아이의 뇌가 정신적 문법을 재생산하도록 하는 매우 중요한 작업이다.

앞서 설명했듯이, 뇌과학에서는 인간의 뇌가 새로운 것을 배울 때마다 신경세포들이 새로운 연결망과 경로를 만들어낸다는 것이 증명되었다. 우리의 뇌는 컴퓨터에 내장된 하드디스크가 아니다. 인간 뇌 구조의 핵심적 특성은 경험에 따라 크기와 구조가 바뀌는 가소성

plasticity이다. 뇌는 계속 변한다. 뇌는 외부에서 들어온 정보에 의해 생각을 만들 뿐 아니라, 그 생각에 의해 스스로를 만들어 확장해가는 시스템이다. 이처럼 외부의 정보에 의해 스스로 형태를 달리하는 시스템을 컴퓨터 과학자들은 '열린 구조open architecture'라고 부른다.

이런 의미에서 미국 터프츠대학교에서 인지신경과학과 아동 발달을 연구하는 매리언 울프는 《책 읽는 뇌》에서 "사람의 뇌는 유전적 자원이 제한되어 있음에도 훌륭한 오픈 아키텍처open architecture의 예가 된다"[82]라고 주장했다. 이어서 "독서는 뇌가 새로운 것을 배워 스스로를 재편성하는 과정에서 탄생한, 인류의 기적적인 발명이다"라고 역설했다. 이것이 우리가 아이들에게 책을 읽어주어야 하는 뇌과학적 이유다.

물론 아이가 문자를 익혀 스스로 책을 읽는다면 더 바랄 것이 없다. 따라서 아이들이 되도록 일찍 문자를 익히게끔 하는 것이 좋다. 피아제, 비고츠키, 몬테소리, 그리고 이후 연구자들은 학령기 이전 3~5세의 아이들에게 이미 문자를 익힐 능력이 있다는 데 입을 모은다.[83] 하지만 이 시기 아이들은 설령 문자를 익혔다고 하더라도 독서를 하기 위한 능력, 예컨대 흥미와 인내심이 부족하다. 때문에 책 읽어주기가 여전히 필요한데, 관건은 문장을 통해 아이의 뇌에 고등 정신 기능과 정신적 문법이 형성되도록 하는 데 있다.

한 가지 더불어 밝히고 싶은 것이 있다. 행동신경학자 노먼 게슈윈드N. Geschwind는 대부분의 아이들이 7세까지는 독서와 연관된 뇌의 피질 부위가 충분히 발달되어 있지 않다는 것을 밝혔다. 모든 일이 그렇듯이 예외는 있는 법이지만, 게슈윈드의 주장은 다양한 다른 연구 결과들이 뒷받침하고 있다. 영국의 독서 연구학자 우샤 고스와미

U. Goswami와 그녀의 연구팀이 내놓은 연구 결과가 그 한 예다. 그들은 서로 다른 3개의 언어에 대한 연구를 통해, 5세부터 독서를 시킨 아이들이 7세부터 독서를 시작한 아이들보다 성취도가 오히려 낮다는 사실을 발견했다.[84]

이것이 우리가 글을 읽을 줄 아는 아이들에게도 책을 읽어주어야 하는 뇌과학적 이유다. 이제 차츰 드러나겠지만, 부모들이 이 같은 사실을 인지하는 것이 중요하다는 것은 아무리 강조해도 부족하다. 하지만 책 읽어주기가 가진 긍정적 효과는 여기서 그치지 않는다. 뜻하지 않게 따라오는 선물들이 사실은 배보다 배꼽이 더 크다 할 정도다! 아이를 품에 안거나 무릎에 앉히고 책을 읽어준 경험이 있는 사람들은 누구나 안다. 그것이 아이에게, 그리고 자기 자신에게 얼마나 유익하고 행복한 일인지를!

아이에게는 우선 부모로부터 사랑을 받는다는 느낌에서 오는 정서적 안정감이 생긴다. 또 어휘력이 향상된다. 상상력이 풍부해진다. 글쓰기의 기본을 익히게 된다. 독서에 대한 흥미와 습관이 길러져 언젠가는 스스로 책을 읽게 된다. 이해력이 향상되어 학교 교육에 도움이 된다. 그리고 부모에게는 무엇보다도 아이와의 애정 어린 유대감을 유지할 수 있는 행복이 주어진다. 아이의 고등 정신 기능이 일깨워지고, 어휘력, 상상력, 이해력 등이 차츰 성장하는 것을 지켜보는 기쁨은 오히려 덤이다.

다음은 스트릭 갤러린S. Gallerien의 《책 읽어주는 어머니》에 실린 글이다. 상상해보라! 만일 이 글이 당신의 아이가 쓴 것이라면, 당신은 아이에게 무엇을 더 바라겠는가!

당신에게는 실로 엄청난 재산이 있을지 몰라.

보석 상자와 황금 궤짝이 있을지도 모르지.

그래도 절대로 나보다 더 부자일 수는 없을 거야.

내게는 책 읽어주시던 어머니가 있었으니.

19세기 영국의 자유주의 사학자이자 문장가였던 액턴 경Lord Acton, 1834~1902은 "읽을 때만 배우는 것이 아니다. 글을 쓸 때에도 그만큼 배운다"라는 말을 남겼다. 우리의 이야기와 연관해서 보아도 옳은 말이다. 그래서 이제는 쓰기다! 읽기가 문장을 익히는 수동적 수단이라면, 쓰기는 능동적 방법이다.

앞에서 비고츠키도 분명히 했듯이, 말하기와 달리 글쓰기는 어조, 표정, 몸짓, 공통적으로 처해 있는 상황 등의 도움을 받지 못하기 때문에 글을 쓸 때는 누구나 생각을 더욱 신중하고 구체적으로 표현해야 한다. 무엇보다도 통사론과 문법의 규칙을 제대로 지켜 완결성을 높여야 한다. 때문에 누구든 글을 직접 써보면, 자신의 문장이 얼마나 허술한지를 자연스레 깨닫는다. 우선 나부터 그런데, 이것이 우리가 글짓기를 꺼리는 주요 원인이기도 하다.

그래서 등장한 것이 글쓰기를 위한 전문가들의 저서와 그 안에 들어 있는 다양한 금언들이다. 예컨대 '단문으로 써라', '주어와 술어가 호응하게 써라', '조사를 바로 써라', '수식어는 제 위치에 간결하게 써라', '한 문장에 한 가지 내용만 담아라' 등, 수도 없이 많다. 신문과 방송에 사용되는 보도문의 기본 틀로 주어진 '누가-언제-어디서-무엇을-어떻게-왜'라는 육하원칙five W's and one H도 그중 하나다. 그러나 글쓰기를 배우는 아이들은 물론이거니와 정규교육을 받은 성인이라

해도 이것들을 모두 파악해 제대로 지키기는 어렵다. 그래서 권장하고 싶은 것이 '베껴 쓰기'다.

베껴 쓰기의 목적도 역시 흔히 생각하는 것처럼 본문의 암기나 문체의 모방에 있지 않다. 오히려 에델먼이 규정한 고차적 의식 내지 비고츠키가 말하는 고등 정신 기능을 일깨우는 문장의 논리적 구조를 보다 적극적으로 정신에 각인하는 데 있다. 곧, 앞서 캘빈이 말하는 정신적 문법을 익히는 것이 목표다. 이런 목적을 위해서라면, 글을 처음 배우는 아동들이 교과서를 베껴 쓰는 것과 성인들이 신문 기사나 사설, 칼럼과 같은 글을 베껴 쓰는 것은 매우 효과적이고 바람직하다. 같은 맥락에서 이제는 지금까지의 이야기를 근거로 문장의 논리적 구조를 일목요연하게 보여주는 도식을 하나 고안해 제시하고자 한다.

꽃게를 닮은 문장 도식

...

처음부터 시작하자. 세상에는 다양한 문장들이 있다. 그러나 모든 문장의 기본 형태는 단 하나다. 곧, 'A는 B이다'이다. 이때 문법적으로는 A가 주어이고 B가 술어다. 그런데 우리말에서 술어는 '어찌한다'(동사), '어찌하다'(형용사), '무엇이다'(연결사), 이 세 가지의 유형밖에 없다. 차례로 예를 들자면 '철수가 잔다', '철수가 착하다', '철수는 학생이다'가 전부이다. 설마라고 생각할지 몰라도 사실이다.

그런데 우리는 앞에서 아리스토텔레스가 동사와 형용사를 명사화하는 '헤라클레이토스 스타일'을 이용해 이 세 가지의 문장 유형을 모두 'A는 B이다'라는 형식으로 정리한 것과 우리가 그것을 벤다이어그램으로 그릴 수 있다는 것을 알았다. 이 말은 우리말 문장의 모든 유형이 'A는 B이다'라는 형식으로 정리되고, 그것이 논리적 추론이 가능한 벤다이어그램으로 그려질 수 있다는 것을 뜻한다. 어떤가, 놀랍지 않은가?

그렇다! 우리는 아리스토텔레스를 따라 위에서 든 예들을 차례로 '철수는 [자는 것]들의 집합에 속한다', '영이는 [예쁜 것]들의 집합에 속한다', '철수는 [학생]들의 집합에 속한다'라고 'A는 B이다'라는 형식으로 표현하고, 벤다이어그램을 그릴 수 있다.

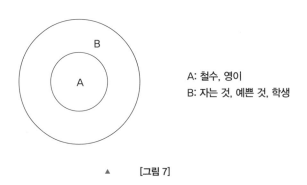

A: 철수, 영이
B: 자는 것, 예쁜 것, 학생

▲　　[그림 7]

벤다이어그램을 그릴 때 학생, 인간, 동물과 같은 일반명사는 원으로 표기하고 철수, 영이와 같은 고유명사는 'x'로 표시하는 것이 보통이다. 하지만 우리는 이런 구분을 하지 않기로 한다. 이처럼 술어의 집합 B가 주어 또는 주어의 집합 A를 내포하고 있는 것이 'A는 B이다'라는 문장의 기본 형식이다. 물론 이 벤다이어그램은 주어(예: 철수) 외에도 술어의 집합(예: 학생)에 속한 요소들(예: 다른 학생들)이 더 있다는 것을 보여준다.

혹시 당신은 지금 고개를 갸우뚱할지 모른다. 예를 들어 '철수는 영이를 사랑한다'나 '철수는 영이에게 꽃을 선물한다', 또는 '철수가 아름다운 영이와 결혼한다'와 같이 목적어가 있거나 수식어가 붙은 문장들은 어떻게 그런 식으로 표현할 수 있는가 하는 생각이 들기 때문이다.

그런데 만일 아리스토텔레스가 그 말을 듣는다면, 그것은 아무 문제가 될 것이 없다고 답할 것이다. 그는 '철수는 영이를 사랑한다'라는 문장은 '철수는 [영이를 사랑하는 것]들의 집합에 속한다'로, '철수는 영이에게 꽃을 선물한다'는 '철수는 [영이에게 꽃을 선물하는 것]들의 집합에 속한다'로, '철수가 아름다운 영이와 결혼한다'는 '철수는 [아름다운 영이와 결혼하는 것]들의 집합에 속한다'로 만들어, 역시 벤다이어그램으로 그릴 수 있기 때문이다.

전하고자 하는 요점은 이렇다. 모든 문장은 'A는 B이다'라는 형식으로 정리되며, 벤다이어그램으로 그려질 수 있다! 그리고 주어와 술어 외에 문장에 남아 있는 요소들은 모두 주어 또는 술어에 붙어 그것을 꾸미는 '수식어'다. 주어에 붙는 수식어는 형용사(형용사구, 형용사절)이고, 술어를 꾸미는 수식어는 부사(부사구, 부사절)다. 그런데 이 책에서는 수식어들 가운데 언제(시간), 어디서(장소), 무엇을(대상), 어떻게(방법), 왜(이유, 목적), 무엇으로(도구)와 같은 것들을 '규정어'라고 부르고자 한다. 뒤에서 설명할 이런 수식어들의 특별한 역할을 강조하기 위해서다.

예를 들어 '철수는 저녁에 소파에서 잔다'라는 문장은 '철수는 잔다'라는 기본형에 시간과 장소를 제한하는 규정어가 붙어 있다. 형식적으로는 '철수는 [저녁에 소파에서 자는 것]들의 집합에 속한다'라고 표현된다. 또 '철수는 아름다운 영이를 사랑한다'는 '철수는 사랑한다'라는 기본형에 대상을 나타내는 '영이'라는 규정어와 그것을 꾸미는 '아름다운'이라는 수식어가 붙었다. 따라서 형식적으로는 '철수는 [아름다운 영이를 사랑하는 것]들의 집합에 속한다'라고 표현된다. 따라서 이런 문장들의 벤다이어그램도 그림 7의 기본형으로 간단히 그릴 수 있다. 하지만 이런 경우 수식어와 규정어가 나타나도록 자세히 그리려면 조금 복잡해진다.

'철수는 [저녁 후에 소파에서 자는 것]들의 집합에 속한다'는 철수가 우선 [자는 것]들의 집합에 속하지만, 그중에서도 [저녁에 자는 것]들의 집합에 속하고, 그것도 [저녁에 소파에서 자는 것]들의 집합에 속해야 하기 때문이다. '철수는 [아름다운 영이를 사랑하는 것]들

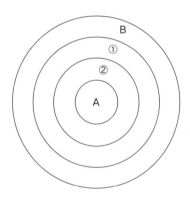

▲　[그림 8] 도식에서 A는 주어, B는 술어. ①과 ②는 각각 수식어나 규정어가 붙은 술어다. 예) '철수는 저녁 후에 소파에서 잔다'에서는 [철수]가 A이고, [자는 것]이 B이다. [저녁 후에 자는 것]은 ①이고, [저녁 후 소파에서 자는 것]이 ②이다. [철수는 아름다운 영이를 사랑한다]에서는 [철수]가 A이고, [사랑하는 것]이 B이며, [영이를 사랑하는 것]이 ①이고, [아름다운 영이를 사랑하는 것]이 ②이다.

의 집합에 속한다'도 마찬가지다. 철수는 일단 [사랑하는 것]들의 집합에 속하지만 그중에서도 [영이를 사랑하는 것]들의 집합에 속하고, 그것도 [아름다운 영이를 사랑하는 것]들의 집합에 속한다는 것을 표시해야 하기 때문이다. 이 같은 문장을 벤다이어그램으로 그리면 그림 8과 같아진다.

이 도식에서 보듯이 벤다이어그램은 수식어나 규정어가 2개만 되어도 커지고 복잡해진다. 그리고 어떤 원이 주어의 수식어나 규정어인지, 아니면 술어의 수식어나 규정어인지도 알 수가 없다. 그래서 이보다 더 많은 수식어나 규정어가 있는 복잡한 문장도 일목요연하게 볼 수 있는 도식을 그림 9와 같이 고안해보았다.

이 도식은 문장의 몸체인 기본형(주어─술어)의 좌우 양쪽에 여러 개의 팔이 달려 있어 마치 꽃게crab의 형상을 연상시킨다. 문장이 가진 팔들의 수는 수식어나 규정어들의 수에 따라 문장마다 달라진다. 주어에 수식어나 규정어가 많을 때는 주어에 달린(독자 쪽에서 보아 왼쪽) 팔이 많아지고, 술어에 수식어나 규정어가 많을 때는 술어에 달린(독자 쪽에서 보아 오른쪽) 팔이 여럿이 된다. 술어에 달린 오른팔이 많은 것

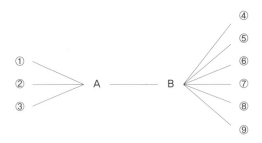

▲　　[그림 9] 문장 도식

이 보통이다.

'멋지고 착한 철수가 오늘 저녁에 차를 보내 독거노인들을 음식점으로 초대했다'라는 문장은 주어에 딸린 수식어가 '멋지고', '착한', 2개이고, 술어에 딸린 규정어가 '오늘 저녁에'(시간), '차를 보내'(방법), '독거노인들을'(대상), '음식점으로'(장소), 4개다. 따라서 도식은 그림 10과 같이 그려진다.

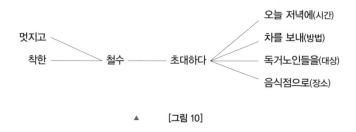

▲   [그림 10]

이 같은 방식으로 우리는 보다 복잡한 문장도 도식으로 만들 수 있다. 이것을 편의상 '문장 도식sentence schema'이라 부르기로 하자. 팔이 여럿인 꽃게를 닮았다는 뜻에서 '꽃게 도식crab schema'이라 해도 좋다. 내 생각엔, 이 도식은 문장의 논리적 구조를 보여주는 데 다른 어느 것보다도 적합하다. 하지만 문장 도식에는 이보다 훨씬 중요한 효용이 따로 있다. 그것이 무엇일까?

문장의 구조가 정신의 구조를 만든다
...

여기서 잠깐! 문장 도식을 보고, 누군가는 일찍이 독일의 수학자이자 논리학자 고틀로프 프레게G. Frege, 1848~1925가 1879년에 출간한 그의 《개념 문자》에서 고안한 도식을 생각해낼 수 있다. 또 어떤 사람은 촘스키가 《통사 구조》와 《통사 이론의 양상》에서 개발한 변형생성문법transformational generative grammar의 구조를 떠올릴 수도 있다. 개념 문자는 오늘날 우리가 술어논리라고 부르는 논리 형식의 근간이고, 변형생성문법은 어순과 어형의 변화와 무관한 언어의 심층구조deep structure를 형식화한 것이다.

그래서 문장 도식의 효용에 대한 설명에 앞서 분명히 하고 싶은 것이 하나 있다. 이 도식은 술어논리와 무관하고, 변형생성문법과도 다르다는 사실이다. 문장 도식은 오히려 캘빈이 '정신적 문법'이라고 이름 붙인 정신의 모형patten을 구성하는 일과 관련되어 있다. 이 도식에서 뻗어 나온 팔 하나하나가 곧 우리의 정신적 세계가 가진 구조와 가능성을 표시해준다.

예컨대 '언제'라는 시간의 팔은 시간의식의 유무, '어디서'라는 공간의 팔은 공간의식의 유무, '왜'라는 이유의 팔은 목적의식이나 인과관계에 관한 의식의 유무와 연관되어 있다. 다시 말해 시간의식이 아직 생기지 않은 아이의 말에는 '언제'라는 표현이 없고, 공간의식이 없는 아이는 '어디서'라는 표현을 사용하지 않으며, 목적의식이나 인과관계에 관한 의식이 아직 생기지 않은 아이의 언어에는 '왜'나 '왜나하면~'이라는 표현이 없다.

당연히 아이가 어릴수록, 정신적 문법이 결여되어 있을수록 그의 언어에 문장의 팔들이 부족하다. 그의 세계가 그만큼 단순하고 구조와 법칙이 결여되어 있다는 뜻이다. 말을 처음 배우는 유아들은 주어-술어를 잇는 팔마저 없이 "맘마", "파파", "왔다"와 같은 단어만을 겨우 소리 낸다. 이후 "엄마 왔다"와 같은 주어-술어로 연결된 문장의 기본형을 말하기 시작하고, 차츰 자라면서 문장의 팔들인 이런저런 수식어와 규정어를 붙여 표현한다. 피아제가 아동들을 상대로 한 실험들 가운데 이와 연관해 흥미로운 것이 있다.

피아제는 어느 날 구체적 조작기(대강 7~11세)의 아동들이 대화에서 인과관계를 거의 언급하지 않는다는 특이한 사실을 발견했다. 아동들은 'a 때문에 b가 일어났다'와 같은 표현 대신에 'a와 b가 일어났다'고 말했다. 예를 들어 한 아동은 요정이 왕자들을 백조로 만들어버렸다는 이야기를 "한 요정이 있었어, 아주 나쁜 요정. 그들은 백조가 되어버렸어"라고 표현했다. 이 아동은 요정이 왕자들이 백조가 된 원인이라는 인과관계를 설명하지 않았다.[85]

그래서 피아제는 이 시기의 아이들에게는 아직 인과의식이 생기지 않았나 하고, 6~10세 아동 40명을 상대로 실험을 수행했다. 아동들에게 '왜냐하면'으로 끝나는 미완성 문장을 주고 이를 완성토록 하는 실험이었다.[86]

예를 들어 "물이 뜨거워진다. 왜냐하면~"이라는 문장을 주었더니, 한 아동이 "가스불을 켰기 때문이죠"라고 대답했다. 피아제는 계속해서 "가스불을 켰다. 왜냐하면~"이라는 문장을 주는 식으로 실험을 진행하며 아동들에게 인과관계를 말하도록 했다. 결과는 대부분의 아동들이 인과관계를 제대로 표현하지 못하는 것으로 드러났다. 이 아이들의 정신과 그것의 반영인 문장에는 아직 원인과 결과를 이어주는 팔이 형성되지 않았다는 의미다.

피아제의 실험 결과는 우리에게 매우 중요한 사실 하나를 알려준다. 그것은 '육하원칙'을 단순히 신문 기사와 같은 보도문을 쓸 때 지켜야 하는 실용적인 글쓰기 방법 정도로 보아서는 안 된다는 것이다. '누가-언제-어디서-무엇을-어떻게-왜'라는 육하원칙은 우리의 정신이 자신의 내면에 자연과 사물의 질서에 합당한 세계를 만드는 데 사용하는 팔들이다. 우리는 이 같은 문장의 팔들을 통해 우리의 정신 안에 하나의 세계를 짓는다.

통사론을 "보다 정교한 정신의 모형을 만들기 위해 사용하는 것"이라고 규정한 신경생리학자 캘빈도 같은 의미에서 다음과 같이 주장했다.

> 이 (정신의) 모형은 '누가, 무엇을, 누구에게, 왜, 언제, 그리고 어떤 방법으로 했는가' 하는 것과 관계가 있다. 아니면 적어도 이 정교한 이해를 전달하고자 한다면, 이런 관계에 대한 정신 모형을 언어의 정신적 문법으로 해석해야 할 것이다.[87]

이 말을 가볍게 생각하지 말자. 아이들의 인지 발달과 연관해서는 더욱 그렇다! 문장의 팔들은 아이들의 정신이 자기 안에 시간과 공간을 만들고, 대상과의 관계를 파악하게 하고, 원인과 결과를 연결 짓고, 이유와 목적을 설정하며, 수단과 방법을 강구하게 한다. 다시 말해 아이들의 언어 안에 나타나는 언제(시간), 어디서(장소), 무엇을(대상), 어떻게(방법), 왜(이유, 목적), 무엇으로(도구, 수단)와 같은 규정어 하나하나가 그들의 정신 안에 세계를 짓는 도구들이다.

그런데 문제는 이미 앞 장 곳곳에서 확인했듯이, 논리적 추론은 물론이고 시간의식을 바탕으로 하는 역사의식, 자기의식과 같이 형식적 조작기에 생기는 인지능력들은 자연발생적이지 않다는 것이다. 바꿔 말해 우리의 언어에서 언제(시간), 어디서(장소), 무엇을(대상), 어떻게(방법), 왜(이유, 목적), 무엇으로(도구, 수단)와 같은 규정어로 나타나는 문장의 팔들은 나이가 들어감에 따라 자연적으로 생겨나지는 않는다. 믿기 어렵겠지만, 사실이다. 캘빈이 소개한 조지프의 경우가 바로 그 대표적 사례인데, 이 같은 현상은 우리가 앞에서 이미 살펴본 루리야의 다양한 탐사 실험들에서도 번번이 확인되었다.

문맹이냐 아니냐, 그것이 문제다

· · ·

루리야가 1931년과 1932년에 우즈베키스탄과 키르기지아 오지에서 실시한 광범위한 탐사 실험에서 얻은 결과들을 종합해보면, 실로 의미심장하고 또한 충격적이다. 오지의 문맹인들의 경우에는 비록 그들이 노인이 되었을지라도, 색조 분류, 기하학적 도형 분류, 일반화, 추상화 등에서부터 언어적, 수리적 추론에 이르기까지, 거의 모든 정신적 가능성들(에덜먼의 고차적 인식이자 비고츠키의 고등 정신 기능)이 발달하지 않았다는 것을 보여주었기 때문이다.

루리야는 그 원인을 "사회적 삶의 조건"과 "기본적 지식의 습득"의 결핍에서 찾았다.[88] 정규적이든 비정규적이든 학습을 받지 못하면 "인지 과정의 가장 중요한 형태들(지각, 일반화, 연역, 추리, 상상력, 자신의 내적 삶 분석)"이 '정상적으로' 발달하지 않는다는 뜻이다. 그러나 우리는 루리야의 실험에서 이 같은 결론에 이르게 한 피실험자들이 조지프처럼 수화조차 배우지 못한 청각장애인들이 아니고, 일상적 대화를 하는 사람들임을 상기할 필요가 있다. 그들은 단지 문맹일 따름이다. 그렇다면 루리야가 말하는 사회적 삶의 조건과 기본적 지식 습득의 결핍은 정확히 무엇을 말하는 것일까?

관건은 피실험자들이 문맹이냐 아니냐에 있었다! 그들은 단지 읽기와 쓰기를 통해 문장의 구조, 곧 캘빈이 말하는 정신적 문법을 익힐 기회를 갖지 못한 사람일 뿐이다. 여기서 문장이 우리의 정신에 세계를 구성하며, 문맹은 그런 일을 하는 문장의 팔들이 형성되는 것을 저해한다는 사실이 확인된다. 다시 말하면, 루리야의 대규모 탐사 실험들은 문장을 익히지 못한 문맹인들의 정신 안에는 자연과 사물의 질서에 합당한 세계가 만들어지지 않는다는 사실을 여실히 보여준 사례라 할 수 있다. 혹시 당신이 내 말을 수긍하기 어렵다면, 더불어 소개하고 싶은 다른 중요한 연구가 있다.

포르투갈의 뇌과학자들이 마치 루리야가 그랬듯이 외딴 시골 지방에 사는 주민들 가운데 사회적 또는 정치적 이유 때문에 학교에 다닐 기회가 없었던 60대 사람들을 연구했다. 연구자들은 나중에나마 글을 깨우친 사람들과 완전히 문맹인 사람들, 두 그룹으로 나누어 똑같은 언어 문제를 주고 브레인 스캔brain scan을 해보았다. 결과는 실로 놀라웠다. 문제를 푸는 동안, 글을 깨우친 사람들은 정규교육을 받은 보통 사람들처럼 측두엽의 언어 영역이 활성화되었다. 그런데 문맹 집단에 속한 사람들은 그것을 전두엽 영역을 이용해 처리했다. 거의 비슷한 환경에서 살아온 시골 사람들의 뇌가 문맹이냐 아니냐에 따라 언어를 전혀 상이한 방법으로 처리했다. 문맹이 전혀 다른 뇌를 만들었다는 뜻이다.[89]

루리야는 인간의 자기 인식self-awareness이 사회적, 역사적 발전의 산물이라는 전제 아래, 자기분석과 자기평가에 대한 실험도 실시했다. 대상은 이번에도 오지 마을 출신의 문맹인 농부 20명과 집단농장의 구성원 15명, 그리고 기술학교 학생 17명이었다. 실험은 "당신은 사람들이 모두 같다고 생각하세요, 아니면 다르다고 생각하세요?", "당신은 자신의 단점이 무엇이라고 인식하고 있나요?", "당신은 어떤 사람인가요?", "당신 자신에 대해 변하거나 개선해야 할 점이 무엇이라고 느끼세요?"와 같이 단순한 물음을 던져주고 답을 듣는 식으로 진행되었다.[90]

결과는 오지 마을 출신의 문맹인 농부들은 거의 대부분이 질문을 회피하거나 제대로 파악하지 못하고 그저 외적 환경 또는 일상생활과 연관된 대답만 하는 것으로 파악되었다. 나머지 사람들은 거의 별문제 없이 대답을 했다. 이 실험도 역시 읽기와 쓰기를 통해 문장의 논리적 구조, 곧 정신적 문법을 익히지 못하면 자기가 누구인지, 어떤 장단점을 가졌는지, 또 무엇을 개선해야 하는지를 의식하는 자기 인식에도 도달하기 어렵다는 사실을 알려준다.

정리하자면, 문장은 단순한 생각의 도구가 아니다. 우리의 정신 안에 세계와 그의 질서를 구성하게 하는 생각의 도구다. 정신이 문장을 만드는 것이 아니다. 문장이 정신을 만든다! 이것이 문장이 지금까지 살펴본 다른 생각의 도구들과 다른 점이자, 중요한 발견이다. 힌두교에서는 브라흐마brahma가 여러 개의 팔로 우주와 그것의 질서를 창조한다고 한다. 비유하자면, 문장이 우리의 정신 안에서 바로 그런 일을 하는 브라흐마이고, 문장의 팔 하나하나가 곧 세계를 짓는 브라흐마의 팔들이다.

앞서 소개한 꽃게 모양의 문장 도식은 자연과 사물들의 질서에 합당한 정신적 문법을 일목요연하게 드러내 보여준다. 따라서 아이들은 이것을 통해 세계와 그 질서를 이해하고 그것에 합당한 정신적 문법을 익힐 수 있다. 그래서 나는 아이들에게 문장을 '문장 도식'에 맞춰 표현하고, 그중 간단한 것은 벤다이어그램으로 그려보게 하는 훈련이 필요하다고 생각한다. 피아제의 실험 방법을 응용해 우리는 다음과 같은 방법을 고안해볼 수 있다.

예를 들어 아이들이 "나는 공부한다"라는 문장의 기본형에 언제(시간), 어디서(장소), 무엇을(대상), 어떻게(방법), 왜(이유, 목적), 무엇으로(도구)와 같은 문장의 팔들을 하나씩 붙여보도록 유도하자는 것이다. 즉, "나는 공부한다. 언제~", "나는 공부한다. 어디서~", "나는 공부한다. 무엇을~", "나는 공부한다. 왜~" 등과 같은 질문을 주어 답하게 하고, 하나씩 팔을 달게 하는 방법이다. 어린 아동들에게는 커다란 꽃게 그림을 그려놓고 그것에 이런저런 팔들을 붙이게 하는 것은 어떨까?

이런 식으로 가능한 한 많은 팔을 오른편 술어 쪽에 달게 하고, 또 왼편 주어 쪽에도 "어떠어떠한… 나는 공부한다"라는 질문을 던져 다양한 팔을 달게 한다. 그리고 그리 복잡하지 않은 문장은 벤다이어그램으로도 그려보도록 한다. 아이들은 이 같은 학습을 통해 문장의 문법적 구조가 아니라 논리적 구조를 쉽게 익힐 수 있을 것이다. 한 걸음 더 나아가 그들의 정신 안에 자연과 사물들의 질서에 합당한 구조적이고 입체적인 세계가 형성될 것이다.

자, 어떤가? 바로 이것이 문장이라는 생각의 도구가 하는 일이다. 실로 놀랍지 않은가? 캘빈이 《생각의 탄생》에 인용해놓은 미국의 언어학자 데릭 비커턴D. Bickerton의 말로 이 장을 마무리하고자 한다. 비커턴의 말에서 '언어'를 '문장'으로만 바꾼다면, 이것이 바로 내가 하고 싶은 말이기 때문이다.

언어가 무엇인지 그리고 언어가 인간이라는 종에 어떤 일을 했는지 완전히 이해하지 못하는 한, 우리 자신도 세계도 이해할 수 없다. 언어는 분명 인간이라는 종을 만들고 우리가 사는 세계를 만들었다.[91]

지휘자가 무대에 등장하여 지휘봉으로 세 번 지휘대를 친다.
혼돈으로부터 조화로운 음향이 솟아오른다.
지휘자는 사모스의 피타고라스다.

– 아서 케스틀러

수數가 또 하나의 강력하고 매혹적인 생각의 도구다. 원리와 마찬가지로, 수가 우리가 마주하는 대상들(자연, 사회 등)을 합리적인 패턴으로 드러나게 하여, 우리가 그것을 이해하고 조종하게 하기 때문이다. 또한 마치 은유가 그런 것처럼, 수가 없이는 우리의 일상적인 사고도 언어도 거의 불가능하기 때문이다. 우리는 아침부터 저녁까지 수를 통해 사고하고 대화하며 가정생활부터 직장생활에 이르기까지 온통 수에 둘러싸여 살고 있다. 단지 공기가 그렇듯이 느끼지 못할 뿐이다.

예컨대 수는 오늘이 언제인지, 지금이 몇 시인지, 해가 언제 뜨고 언제 지는지, 날씨가 어떨지를 알려준다. 수는 병원에서 의사들이 질병을 찾아내거나 치료하게 하고, 건축가들이 빌딩을 짓게 하며, 컴퓨터, 자동차, 비행기, TV, 핸드폰을 만드는 것을 도와준다. 또한 수는 주식시장에서 애널리스트들이 주가의 등락을 예측하게 하고, 경영학자들이 물자 분배를 최적화하게 하며, 뇌신경학자가 뇌기능 모형을 구성하게 할 뿐만 아니라, 컴퓨터 아티스트가 작품을 만들게도 한다. 어디 그뿐인가. 쇼핑과 같은 우리의 일상적 경제활동을 가능케 하는 것으로부터 달나라를 여행하고 화성과 목성으로 탐사선을 보낼 수 있게 하는 것이 모두 수다.

그러니 만일 인류가 수라는 생각의 도구를 개발하지 못했다면, 오늘날 우리의 일상생활은 물론이고 인문학을 제외한 거의 모든 학문이 불가능했을 것이다. 인간의 사고는 극히 제한되었을 것이며, 현대 문명은 꿈도 꾸지 못했을 것이 분명하다. 이런 의미에서 보면, 수는 문장과 함께 문명을 떠받쳐온 또 하나의 거대한 기둥이다. 수학이 "인간이 얻을 수 있는 그 어떤 도구보다도 더 강력한 지적知的 도구"라는 데카르트의 말이 그래서 나왔다.

수가 이처럼 우리의 생활과 학문 그리고 문명 전반에 깊숙이 관여하고 있다는 사실은 그것이 아주 오래 전부터 개발되었으리라는 추정을 가능케 한다. 선사시대에도 각 부족은 구성원이 얼마나 되는지를 알아야 했고, 각 개인은 자기의 양羊이 몇 마리인지를 세어야만 했을 것이다. 인류학자들의 연구에 의하면, 수는 구석기시대에 처음으로 모습을 드러냈는데, 그것은 사물과 일대일 대응으로 표식을 남기는 단순한 형식이었다.

예를 들어 사람이나 양의 수에 따라 조약돌이나 나뭇가지를 쌓는다든지, 나무막대나 동물의 뼈에 새김눈을 긋는다든지 했다. 그리고 언제부턴지 사냥이나 싸움에 나간 사람들의 수대로 하나씩 조약돌을 쌓아두었다가, 그들이 돌아오면 다시 한 사람당 하나씩 치웠다. 남아 있는 돌은 당연히 사냥이나 싸움에서 돌아오지 못한 사람들의 수와

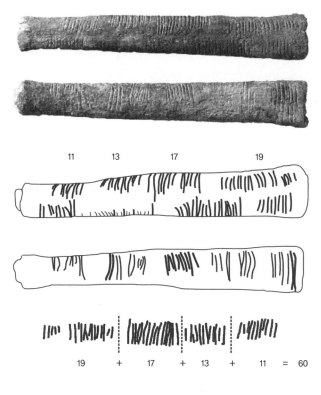

11 13 17 19

19 + 17 + 13 + 11 = 60

▲　　이상고에서 발견된 뼈와 새겨진 빗금들

일치했다. 구석기인들은 이처럼 조약돌을 사람 수대로 하나하나 쌓으면서 덧셈을, 그리고 하나하나 치우면서 뺄셈을 터득했을 것이다.[1]

　수가 기록된 가장 오래된 유물은 남아프리카 스와질란드에서 발견된 비비원숭이의 종아리뼈다. 이 뼈에는 29개의 눈금이 그어져 있는데, 고고학자들은 그것이 기원전 약 3만 5,000년경에 인류의 조상 가운데 누군가가 기록한 숫자일 것으로 추정한다. 이 외에도 체코에서 발견된 기원전 3만 년경의 늑대 넓적다리뼈에서는 5개씩 묶인 금이

둘로 나뉘어 있고, 우간다와 콩고 사이에 있는 에드워드 호숫가의 이상고Ishango에서 발견된 기원전 2만 년경의 뼈에서는 달의 주기와 관련된 듯 보이는 기록들이 발견된다.[2]

이처럼 오랜 시차를 두고 광범위한 곳곳에서 수를 새김눈으로 기록한 뼈들이 발견된다는 사실은 수가 얼마나 일찍부터 '생활의 도구'로 사용되었는가 하는 것뿐 아니라, 그것이 고대인들에게도 얼마나 중요하며 보편적이었는가 하는 사실도 함께 알려준다. 수와 셈법은 언제, 어디서나 차이가 없다. 지금도 한국 수학, 미국 수학, 인도 수학 따위는 존재하지 않는다. 수학은 인류 보편적인 언어다. 그렇지만 기원전 6세기에 피타고라스라는 인물이 나타나기 전까지 수만 년 동안에는 수가 엄밀한 의미에서 '생활의 도구'였을 뿐 '생각의 도구'는 아니었다. 무슨 이야기냐고? 이번 이야기는 여기서부터 시작한다.

자연의 수학화

• • •

기원전 7,000년경에 일어난 이른바 도시 혁명의 결과로 메소포타미아 지방에 세워진 도시국가들의 왕궁이나 신전에서 발견된 점토판들 가운데는 수와 관련된 것들이 상당수 들어 있다. 그런데 그것들은 대부분 토지를 측량하거나 세금 또는 이자 등을 계산하는 데 필요한 산술표 내지 회계판들이었다. 이러한 사실은 이때까지는 사람들이 수를 실용적인 용도에서만 사용하고 있었다는 것을 입증한다.

그러나 사모스 사람 피타고라스Pythagoras, 기원전 582?~500?는 달랐다. 그는 수arithmos가 우주를 구성하는 보편적 특성 내지 원리, 곧 아르케

arché라고 생각했다. "이익을 위한 것이 아닌 원형archetype으로서의 숫자"[3]는 그가 즐겨 사용하던 말 가운데 하나였다. 이제 곧 살펴보겠지만, 이 말을 통해 피타고라스가 전하고 싶었던 것은 수가 물질적 이득을 계산하는 생활의 도구가 아니고, 자연의 원리를 탐구하는 생각의 도구라는 것이다.

아리스토텔레스가 《형이상학》에서 전하는 바에 의하면, 피타고라스와 그 학파 사람들은 "모든 사물들이 수에 따라 형성되었다고 보았고, 수들이 자연 전체에서 으뜸가는 것이기 때문에, 수들의 요소가 존재하는 만물들의 요소들이며, 온 우주가 조화이자 수라고 믿었다."[4]

여기서 분명히 하고 가야 할 것이 하나 있다. 아리스토텔레스가 전한 이 말이 가진 '도발적인' 의미다. 그것은 우리가 수를 연구하면 우주 만물의 원리를 이해할 수 있다는 생각, 바꿔 말해 자연의 모든 원리가 수로 표현될 수 있다는 생각이다. 《철학의 탄생》의 저자인 콘스탄틴 J. 밤바카스C. J. Vamvacas는 피타고라스가 해낸 바로 이 생각을 '자연의 수학화'[5]라는 멋진 용어로 표현했다.

자연의 수학화라니! 수학과 물리학을 정규과정으로 교육받은 오늘날 우리에게는 이 같은 생각이 전혀 특별할 것이 없다. 하지만 당시로서는 이 같은 생각은 상상조차 할 수 없이 파격적인 것이었다. 그렇다. 바로 이것이다. 자연의 수학화! 이것이 바로 '피타고라스 스타일'인데, 그의 위대함이 바로 여기에 자리하고 있다.

'불확정성 원리'로 1932년에 노벨상을 받은 양자물리학자 하이젠베르크가 정확히 지적했듯이, 자연을 수학화하면 "자연에서 일어나는 무수하고 다양한 사건들을 1개의 등식에서 도출되는 무수한 해답들을 통해 수학적으로 충실하게 반영해낼 수 있기 때문이다." 만일 피타고라스가 이런 기발한 사유 스타일을 개발하지 않았더라면, 앞에서 언급한 대로 현대 문명과 생활 방식은 애당초 불가능했다.

영국의 철학자이자 수학자인 버트런드 러셀B. Russell, 1872~1970이 《서양철학사》에서 피타고라스를 두고 "사상의 영역에서 그처럼 커다란 영향을 끼친 사람을 나는 알지 못한다"라고 한 평가가 옳다면, 그 이유는 피타고라스가 역사상 처음으로 자연의 수학화를 시도했다는 사실에서 찾아야만 한다. 탈레스를 필두로 한 기원전 6세기 자연철학자들은 자연의 뒤에 그것을 지배하는 어떤 원리가 존재한다는 것을 알아냈다. 바로 이때 피타고라스가 나타나 그 원리들을 수학화할 길을 열어놓은 것이다. 그러자 혼돈 속에 놓여 있던 우주가 삽시에 코스모스로 변했다.

헝가리 출신의 영국 작가인 아서 케스틀러A. Koestler, 1905~1983는 신비로운 마술과 같은 피타고라스의 업적을 다음과 같은 은유적 표현으로 높이 평가했다.

기원전 6세기는 악기를 조율하면서 청중들의 기대감을 불러일으키는 오케스트라와 같다. 연주자들은 제각기 자신의 악기에만 몰두하면서 주변의 소음에 신경을 쓰지 않는다. 이윽고 긴장감이 넘치는 정적이 흐른다. 지휘자가 무대에 등장하여 지휘봉으로 세 번 지휘대를 친다. 혼돈으로부터 조화로운 음향이 솟아오른다. 지휘자는 사모스의 피타고라스다.[6]

탈레스와 마찬가지로 피타고라스의 생애와 사상에 대해서도 디오게네스 라에르티오스의 《그리스 철학자 열전》이나 이암블리코스 Iamblichus, 250~325의 《피타고라스학파의 생활에 관하여》와 같은 후세의 기록에 의존할 수밖에 없다. 그가 아무 저술도 남기지 않았거나, 설사 남겼다 해도 모두 유실되었기 때문이다.

이들의 기록에 의하면, 피타고라스는 탈레스보다 조금 늦게 밀레토스와 마주보고 있는 사모스Samos섬에서 태어났다. 헤로도토스가 "최초의 도시들 가운데 하나"라고 부른 이 섬은 《이솝우화》를 쓴 이솝, 쾌락주의 철학자 에피쿠로스, 그리고 수학자 아리스타르코스 등의 고향이기도 하다. 그리스 본토보다는 터키 영토의 서쪽 해안에서 가까운 섬인 사모스는 고대 그리스의 숱한 천재들을 낳은 복된 섬이었다.

이 섬에 가보면 출입항의 이름이 우선 피타고리오Pythagorio이고, 황금빛 햇볕이 넘실거리는 부두에는 왼손에 삼각자를 들고 오른손으로는 하늘을 가리키며 천공을 우러러보고 있는 피타고라스의 거대한 동상이 우뚝 서 있다. 이솝의 상도, 에피쿠로스의 상도 아니고, 피타고라스의 상이다! 그 덕에 누구든 그가 어떤 일을 한 인물인지를 알아차리는 데는 어려움이 없다. 소크라테스와 거의 같은 시대를 살았던 역사가 헤로도토스는 피타고라스를 일컬어 "그리스에서 가장 출중한 철학자"라고 평가했다.

피타고라스의 아버지 므네사르코스는 에게해와 지중해 연안 전역에 거래선을 가진 부유한 페니키아 상인이었다. 그 덕에 그는 어렸을 때부터 음악, 체육, 미술을 포함한 최상의 교육을 받았고, 청소년 시절에는 아버지의 장삿길을 따라 그리스, 이탈리아, 이집트 등 동부 지중해와 에게해 지역의 이름난 도시들을 여행할 수 있었다. 18세 때 아버지가 세상을 떠나자, 그는 고향을 떠나 밀레토스로 가서 당시 최고의 학자였던 탈레스와 아낙시만드로스의 밑에서 자연을 탐구하는 방법을 배웠다.

훌륭한 스승을 만난다는 것은 좋은 아버지 밑에 태어나는 것만큼이나 큰 행운이다. 피타고라스는 두 가지의 행운을 함께 가졌다. 탈레스와 아낙시만드로스로부터 그가 배운 것은 당연히 아르케에 관한 교설이었다. 그리고 그것은 훗날 적어도 2,500년 동안 서양 사상의 골격을 이루는 다음 두 가지의 사유를 잉태하고 있었다.

하나는, 자연에는 우리의 눈이나 귀를 통해 파악되는 '현상'과 정신에 의해 파악되는 '본질'이 따로 있다는 것이다. 나중에 플라톤은 이들을 각각 '가시적 세계ho horatos topos'와 '가지적 세계ho noētos topos'라고 이름 지어 구분했다. 다른 하나는 정신에 의해서 파악되는 그 본질이 우리가 지각하는 모든 현상들을 만들고 지배한다는 것이다. 이 같은 생각이 나중에 플라톤의 이데아idea, 아리스토텔레스의 형상eidos에도 들어 있으며, 그 후 서양 사상을 이끌었다. 피타고라스는 밀레토스의 자연철학자들로부터 이 두 가지의 사유를 아르케라는 개념으로 물려받아 후세에 전했다.

그런데 여기에서 궁금한 것이 하나 있다. 피타고라스는 왜 그 많은 것들 가운데 하필 '수'를 아르케라고 생각했나 하는 것이다. 다시 말해 그는 왜 "모든 사물들이 수에 따라 형성되었다고 보았고, 수들이 자연 전체에서 으뜸가는 원리"라고 규정했을까? 얼핏 보아도 수는 150년쯤 후에야 플라톤이 말하게 될 이데아에 오히려 가까울지언정, 그에게 직접적으로 영향을 끼쳤던 밀레토스의 자연철학자들이 아르케로 규정했던 물이나, 무한자 또는 공기와는 전혀 다른 개념이 아닌가! 물론 이것이 그를 위대하게 만든 이유이기도 한데, 그는 왜, 그리고 어떻게 그런 특별한 생각을 하게 되었을까?

쇠망치 소리에 담긴 우주의 비밀

...

출처가 불분명한 일화가 하나 전해 내려온다.[7] 그 이야기를 다음과 같은 해설을 곁들여 재구성해 살펴보면 피타고라스가 왜 수를 자연의 원리라고 규정했는지가 확연히 드러난다.

어느 날 피타고라스가 길을 가고 있는데 대장간에서 망치로 쇳덩이를 두들기는 소리가 들려왔다. 자세히 들어보니 망치들이 내는 소리가 모두 다르지만, 그날따라 단 한 번의 예외를 제외하고는 모든 소리들이 마치 하나의 음악처럼 조화를 이루고 있었다. 그가 대장간 안으로 들어가 요모조모로 주의 깊게 살펴보았더니, 그 이유는 망치의 재질이나 모양 때문이 아니었다. 그때 문득 망치의 무게가 서로 다르기 때문이라는 생각이 들었다. 알아보니, 우연히도 대장간의 망치들은 각각 6파운드, 8파운드, 9파운드, 12파운드였다.

피타고라스에 의해 시작되어 이후 발달한 화성학harmonics에 의하면, 두 망치의 무게 비율이 1:2(6파운드와 12파운드)를 이루면 한 옥타브 차이가 있는 8도 음정을 내고, 2:3(6파운드와 9파운드/8파운드와 12파운드)이면 5도 음정을, 3:4(6파운드와 8파운드/9파운드와 12파운드)이면 4도 음정을 만들어낸다. 때문에 만일 한 망치가 '도'라는 음을 냈다면, 나머지 망치들은 '파', '솔' 그리고 '높은 도'라는 음을 내고 있었던 것이다. '도'와 '솔'은 완전 5도를, '도'와 '파', 그리고 '솔'과 '높은 도'는 완전 4도를 이루지 않는가!

피타고라스는 바로 이것이 망치 소리가 조화롭게 들린 원인이라고

▲ 　대장간에서 망치의 무게 비율을 측정하고 있는 피타고라스

가정했다. 그가 이 생각을 한 순간, 그는 물리적 현상을 수학적으로 정식화한 (다시 말해 자연을 수학화한) 역사상 최초의 인물이 되었다! 그리고 그것은 실로 위대한 발견이었다. 양자물리학자 하이젠베르크는 《자연과학의 기초의 변천》에서 피타고라스의 "이 발견은 인간의 과학에 가장 강력한 추동력을 제공해주었다"라고 높이 평가했다.

그런데 이때 피타고라스를 더욱 기쁘게 한 것이 있었다. 이처럼 조화로운 세 협화음symphonia을 만들어내는 비율이 1:2, 2:3, 3:4처럼 숫자 1, 2, 3, 4로 이뤄져 있다는 사실이다. 왜냐하면 이 네 숫자가 함께

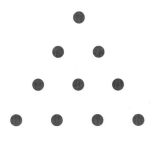

▲　**[그림 11] 테트락튀스**

모여, 평소 피타고라스가 우주의 질서kosmos를 상징한다고 여기는 테
트락튀스tetraktys를 구성하기 때문이다. 그는 그림 11과 같은 모양의
테트락튀스를 신성시했다. 피타고라스학파의 맹세가 "영원히 흐르는
자연의 뿌리이자 근본인 성스러운 테트락튀스를 우리의 마음에 전해
준 그의 이름을 걸고 맹세하오니…"[8]로 시작하는 것이 그래서다.

　집에 돌아온 피타고라스는 자신의 가설을 실험해보는 일에 착수했
다. 현악기의 줄들을 위의 비율로 늘인 다음 소리를 들어보고, 동일한
비율로 자른 나무 대롱들도 불어보고, 역시 같은 비율로 물이 담긴 용
기들을 두들겨도 보았다. 결과는 단 한 번의 예외도 없이 같았다. 같
은 비율은 같은 음정을 만들어내며, 그 같은 수의 비율이 인간의 감정
을 움직인다는 것이었다. 그러자 그의 눈앞에는 자신이 그토록 열망
했던 우주의 비밀이 한 폭의 그림처럼 펼쳐졌다. 마침내 피타고라스
는 우리가 지각할 수 있는 모든 자연적, 심리적 현상들의 뒤에는 수와
그들 사이의 비례symmetria가 존재한다는 확신을 갖게 되었다.

　수가 우주 만물을 구성하고 지배하는 보편적 성질 내지 원리, 곧 아
르케라는 피타고라스의 생각은 이렇게 탄생했다. 물론 이 이야기의

▲ 각각 무게가 다른 종, 물이 담긴 컵, 굵기가 다른 줄, 길이가 다른 파이프 등을 사용해 음의 비율을 실험하고 있는 피타고라스.

진위는 확인할 수 없다. 어쩌면 누군가가 만들어냈을지도 모른다. 그러나 아르키메데스Archimedes, 기원전 287?~기원전 212가 욕탕에서 알몸으로 뛰어나오면서 "유레카eureka(알았다)!"를 외쳤다는 일화나 뉴턴이 떨어지는 사과를 보고 만유인력법칙을 고안해냈다는 이야기가 그렇듯이, 이 이야기의 중요성도 그 진위에 있지 않고 그것이 무엇을 의미하느냐에 있다.

피타고라스의 대장간 일화가 가진 의미는 한마디로 수가 만물의 원리라는 것이다. 그렇다면 여기서 잠시 생각해보자. 피타고라스의 주장은 타당한 것일까? 만물이 정말 수와 그것들의 비례에 따라 형성되었을까? 수가 자연 전체에서 으뜸가는 원리일까? 바꿔 말해, 우주 만물을 구성하고 지배하는 보편적 원리가 바로 수일까? 자연의 수학화는 어디까지 가능할까? 당신의 생각은 어떤가?

신은 수학자인가

• • •

자연의 수학화는 피타고라스학파의 "수가 하늘과 자연을 만들어낸다"[9]라는 우주론과 "인간이 인식할 수 있는 모든 것들은 수를 지니고 있다"[10]라는 인식론에 두 발을 딛고 서 있다. 요컨대 수가 우주와 인간의 정신을 이어주는 튼실한 교량인 셈이다. 그래서 하는 말이지만, 만일 피타고라스가 "우주에서 가장 이해하기 어려운 것은 우주가 이해 가능하다는 점이다"라는 아인슈타인의 경탄을 들었더라면 어떻게 반응했을까? 짐작건대 그는 여느 때처럼 신비롭게 웃으며 "그것은 우주가 수로 만들어져 있고 우리의 영혼이 그것을 상기想起할 수 있기 때문이라네"라고 대답했을 것이다.

피타고라스의 이 같은 신념을 고대로부터 학자들은 플라톤주의platonism라고 일컫는다. '피타고라스주의pythagoreanism'라고 부르지 않고 플라톤주의라고 부르는 것이 이상하게 들리겠지만, 그 이유는 플라톤이 서양 문명에서 차지하고 있는 위치가 압도적이기 때문이다. 그러나 일찍이 러셀이 지적했듯이, 플라톤의 사상은 따져보면 피타고라스에게 되갚을 수 없을 만큼 큰 빚을 지고 있고, 플라톤주의는 애당

초 피타고라스주의라는 신성한 샘에서 흘러나왔다.

역사적으로 살펴보면, 수가 자연의 원리라는 피타고라스의 신념은 플라톤, 유클리드, 아르키메데스, 갈릴레이, 케플러, 뉴턴, 데카르트, 라이프니츠 등과 같은 걸출한 후계자들로 이어져 거대한 강물처럼 도도히 흘러내리며 서양 문명의 주축을 이뤄왔다. 그 과정에서 이들은 피타고라스로부터 물려받은 자신들의 전통을 하나둘씩 금언으로 만들었다. 예컨대 플라톤은 "신은 끊임없이 일하는 기하학자"라는 말을 남겼고, 이탈리아의 천체물리학자 갈릴레이는 "자연이라는 거대한 책은 수학의 언어로 쓰여" 있다고 했으며, 독일의 철학자 라이프니츠는 "하느님이 계산하시니 세계가 만들어졌다"라고 선언했다.

특히 케플러는 행성 운행에 관한 이른바 '제3법칙'을 발표하고 다음과 같이 감격적인 어조로 신을 찬양했다.

태양과 달과 행성들이 형언할 수 없는 당신의 언어로 하느님을 찬미하도다! 조화로운 천상 세계를 지으셨으니 그의 놀라운 일을 알고 있는 사람들아, 그분을 찬미할지어다. 사람들아, 그리고 내 영혼아, 창조주를 찬미하라. 그분으로 말미암아, 그리고 그분 안에서 모든 것이 존재하는도다. 우리가 알고 있는 모든 지식은 그분 안에 내재되어 있으니, 우리의 헛된 과학도 역시 그러하니라.[11]

정말 그럴까? 믿음이 클수록 의심도 큰 법이다. 그래서 미국의 천체물리학자 마리오 리비오M. Livio가 이 도발적인 물음에 도전했다. 그는 우선 스스로에게 이런 질문을 던졌다. "수학은 인간의 마음과 전혀 별개로 존재하는 것일까? 다시 말해 천문학자가 지금까지 알려지지 않은 은하를 새로 발견하듯, 우리는 그저 수학의 진리를 발견만 하는 것일까? 아니면 수학은 단순히 인간이 발명한 것일까?"[12] 그리고 자신의 저서《신은 수학자인가》에서 이에 대한 답을 시도했다.

리비오는 자연의 수학화를 가능케 하는 수의 불가사의한 능력이 두 가지 측면에서 증명되어왔다고 했다. 이른바 '능동적 측면'과 '수동적 측면'이다.[13]

능동적 측면은 자연의 원리를 캐내려는 과학자들이 실험과 관찰을 통해 얻은 자료들을 사고하여 이론을 만드는 과정에서 드러난다. 그들이 이용하고 개발하는 도구, 구성하는 모형, 기존의 주장들을 뒤집는 설명들이 궁극적으로는 수학에 의해 정리되고 표현되기 때문이다. 이 점에서 수학은 자연현상을 서술하는 보편적 언어다. 두 가지 대표적인 사례만 간단히 소개하면 이렇다.

당신도 잘 아는 영국의 물리학자 아이작 뉴턴은 '떨어지는 사과'라는 은유로 대변되는 다양한 자연현상(예컨대 조수간만 현상)들에 관한 관찰 자료들을 믿기 어려우리만치 간단명료하고 정확한 '3개의 수식'으로 정리했다. '뉴턴의 운동법칙'이라고 불리는 이 수식들을 담은 그의 책 제목이 '자연철학의 수학적 원리philosophiae naturalis principia mathematica'인 것이 그래서다. 이 수식들이 고전물리학의 문을 열었다.

또 19세기 스코틀랜드의 물리학자 제임스 맥스웰J. C. Maxwell, 1831~1879은 전자기학과 광학에 관한 방대한 실험 결과에 대한 자료들을 간결한 '4개의 방정식'으로 정리하여 현대 물리학의 기틀을 다졌다. 빙산의 일각에 불과하지만, 이 같은 두 가지 사실들은 "수가 하늘과 자연을 만들어낸다"는 피타고라스학파의 믿음이 정당하다는 것을 알려주는 좋은 근거가 된다. 요컨대 자연은 수학적 본성을 갖고 있다.

수가 가진 놀라운 능력을 증명하는 다른 한 측면은 수학자나 이론
물리학자들이 순수한 이론적 흥미 또는 필요성에 의해 만들어낸 수학
적 개념과 수식들이 공교롭게도 자연현상과 정확히 맞아떨어진다는
것을 통해 드러난다. 설령 당시에는 그렇지 않더라도 몇 년 또는 몇백
년이 지나 증명되는 경우도 허다하다. 리비오가 말한 수동적 측면인
데, 사실상 이것이 능동적 측면보다 더 신비롭고 불가사의하다.

아인슈타인의 일반상대성이론과 폴 디랙의 반입자론은 이론물리
학 분야에서 수학적 이론이 먼저 고안된 후에 그에 부응하는 자연현
상이 발견되는 믿기 어려운 일들이 종종 일어난다는 것을 보여준 대
표적 사례다. 널리 알려진 이야기이기에 역시 간략하게 설명하면 이
렇다.

1916년 발표된 아인슈타인의 '일반상대성이론General Theory of
Relativity'은 그 자체가 수학적으로 완벽하고 아름다운 데다 그것이 의
미하는 물리적 현상이 우리의 상식을 뛰어넘는 전혀 새로운 내용이었
기 때문에 처음부터 과학계 내외의 관심을 집중시켰다. 하지만 그 누
구도 증명할 수 없어 과학적 원리로 인정하는 데는 크고 작은 어려움
을 겪었다. 빛이 중력장에 의해 휜다는 아인슈타인의 예측이 그 가운
데 하나였다.

그러나 3년 후, 1919년 5월 29일에 케임브리지대학교 천문대장이
었던 아서 에딩턴A. Eddington, 1882~1944이 지휘하는 영국 왕립 학술원
소속 원정 탐사대가 서아프리카 해안에 있는 프린시페Principe라는 섬
에서 행한 개기일식 관측 실험을 통해 '빛이 태양과 같은 중력이 큰
천체 가까이를 지날 때는 휜다'는 것이 증명되었다.

1930년 발표된 폴 디랙의 반입자론anti-particle theory도 마찬가지다.

이 이론 역시 수학적으로 아무 모순이 없고 양자역학의 풀리지 않는 문제들을 설명하는 데 꼭 필요했다. 하지만 논문이 발표되자, 증명할 수 없다는 이유로 비난과 반발을 받았다. 특히 당시 양자물리학의 대부로 코펜하겐 학단을 이끌었던 닐스 보어N. Bohr, 1885~1962가 '코끼리를 생포하는 법'이라는 우화를 만들어 디랙의 이론을 희화적으로 평가했다.

보어는 코끼리들이 자주 물을 마시는 강기슭에 커다란 간판을 세우고 거기에 디랙의 반입자론을 써놓으면 코끼리들을 손쉽게 생포할 수 있을 것이라고 했다. 왜냐하면 코끼리가 물을 마시러 왔다가 간판에 쓰인 글을 보고 너무나 터무니없는 내용에 한동안 정신을 잃을 것이 분명하기 때문이라는 것이다.

그렇지만 불과 2년이 채 지나지 않아 1932년에 디랙의 이론을 전혀 모르던 캘리포니아 공과대학의 칼 앤더슨C. Anderson이 반입자를 찾아냈다. 그는 강한 전자장 안을 지나가는 우주선전자를 연구하던 중 전자의 반은 음의 전하를 갖는 입자에서 예측되는 진로 방향으로 꺾였지만, 나머지 반은 정반대 방향으로 꺾이는 것을 발견했다. 디랙의 이론에 의해 예측된 '양전기를 띤 전자', 즉 양전자positron가 발견된 것이다. 이듬해 디랙은 노벨상을 받았다.

어떻게 이런 일이 일어날까? 일반적으로 이야기해서, 천문학, 역학, 광학, 유체역학 등에서 가추법으로 가설을 세우고 수학적 계산만으로 도출한 예측들이 어떻게 관찰 내지 실험의 결과와 정확하게 일치할까? 도대체 어떻게 자연에서 일어나고 있는 일들이 우리가 책상 앞에 앉아 생각하고 예측하는 가설과 정확히 맞아떨어지는 것일까? 당신의 생각은 어떤가?

《신은 수학자인가》에는 이 밖에도 유사한 예들이 숱하게 실려 있지만, 그중 역시 대표적인 두 가지만 더 소개하겠다. 그동안 한번 생각해보시라, 어떻게 이런 일이 가능한지를!

독일의 수학자 게오르크 리만G. F. B. Riemann, 1826~1866은 역사에 길이 남을 '1854년 6월 10일 괴팅겐 강의'에서 유클리드의 평행선 공리를 부정하는 새로운 기하학의 기틀을 소개했다. 오늘날 흔히 '리만기하학' 또는 '구면기하학'이라고 불리는 이 이론은 순수한 수학적 가설이었다. 그런데 60년쯤 지나 아인슈타인이 우주의 구조를 설명하는 데 딱 들어맞는 도구로 사용되었다. 훗날 아인슈타인은 "기하학이 물리학에서 가장 낡은 분야라고 생각할지도 모른다. 그러나 기하학이 없었다면 나는 상대성이론을 만들어내지 못했을 것이다"라고 고백했다. 이때 그가 말한 기하학이 바로 리만기하학이다.[14]

수학의 불가사의한 능력을 증명하는 또 하나의 널리 알려진 사례가 '전자기-약력이론electro-week theory'이다. 미국의 양자물리학자 스티븐 와인버그S. Weinberg와 그의 두 동료는 1960년대 말에 전자기력과 약한 핵력을 하나로 통합하는 새로운 이론을 수학적으로 정립했다. 그런데 이 이론이 한 번도 관찰된 적이 없는 W^+, W^-, Z^0이라는 세 가지 입자의 존재를 예측했다. 이 입자들은 1983년에 이탈리아의 입자물리학자 카를로 루비아C. Rubbia와 시몬 판데르 메이르S. Meer가 주도한 입자가속기 실험을 통해 검출되었다. 이후 이들이 모두 노벨물리학상을 탄 사실은 말할 필요가 없다.[15]

그럼 생각해보자. 어떻게 이런 일들이 일어날 수 있을까? 수학이라는 도구를 활용하면 이미 존재하는 실험과 관찰의 결과들을 정확히 설명할 수 있을 뿐 아니라, 그때까지 전혀 몰랐던 새로운 통찰을 얻기도 하고, 한걸음 더 나아가 아직 일어나지 않은 일들까지도 정확히 예측할 수 있는 까닭은 무엇일까? 만일 수가 자연의 원리가 아니라면?

수학의 정체

...

자, 그렇다면 이제 수가 자연의 원리라는 피타고라스의 신념은 증명된 듯하다. 수학이 가진 불가사의한 능력을 감안하면, 당연히 그렇지 않은가? 그런데 아직은 아니다. 다른 곳도 아닌 수학 안에 이에 대한 강력한 반론이 존재하기 때문이다. 100년쯤 전에 수학에 커다란 재앙이 일어났다! 19세기 말에 '비유클리드 기하학'이 등장함으로써 수학이 단일한 체계가 아님이 증명되었다. 연이어 20세기 초에 괴델의 '불완전성원리'가 발표되면서 수학이 완전한 체계가 아님도 증명되었다.[16]

자세한 설명은 건너뛰지만, 이 같은 사실들이 의미하는 바는 분명하다. 그것은 수학이 자연의 원리 또는 진리를 발견하는 도구가 아닐 수 있다는 것이다. 왜냐하면 진리란 '단일하고 완전해야' 하기 때문이다. 그 이후 수학은 인간의 다른 생각의 도구들과 마찬가지로 불완전한 인간의 불완전한 발명품에 불과하다는 식의 주장들이 쏟아져 나왔다. 영국의 수학자 마이클 아티야M. Atiyah가 "인간이 물리적 세계의 요소를 추상화하고 이상화함으로써 수학을 창조했다"[17]라고 선언한 것이 그 한 예다.

우리가 앞서 3부 1장에서 은유에 대해 이야기하며 살펴보았던 《몸의 철학》과 《삶으로서의 은유》의 공저자인 조지 레이코프도 이에 동의한다. 그가 보기에는 수학도 문학과 다름없이 인간이 생존을 위해 만들어낸 은유에 불과하다. 레이코프는 물리학자 라파엘 누녜스R. Núñez와의 공저인《수학은 어디에서 왔을까》에서 "수학은 인간의 자연스런 일부다. 수학은 우리 몸과 두뇌와 나날이 살아가는 세상 경험 속에서 나왔다. … 수학의 초상화는 인간의 얼굴을 하고 있다" 등의 주장을 펼쳤다.[18]

수학이란 인간이 자연을 이해하고 조종하기 위해 만들어낸 도구라는 뜻인데, 오늘날 대부분의 인지과학자와 뇌신경과학자들의 생각도 이와 크게 다르지 않다. 그뿐 아니라 상당수의 수학자들도 수학의 확실성을 심각하게 의심하고 있다. 예컨대《수학의 확실성》의 저자인 미국의 수학자 모리스 클라인M. Klein, 1908-1992도 "우리는 불완전한 도구로 기적을 만들어내고 있는 것일까? 만일 인간이 기만당해왔다면, 자연도 마찬가지로 수학이라는 인간의 도구에 기만당할 수 있는 것일까?"[19]라고 가혹하게 물었다.

그럼에도 불구하고 수학은 이제까지 살펴본 것처럼 믿을 수 없을 정도의 효용성을 여전히 발휘하고 있으며, 그 영역을 오히려 점점 더 넓혀가고 있는 것도 역시 사실이다. 그래서《신은 수학자인가》의 저자도 풀리지 않는 의문이 아직 남아 있다고 한다. 그가 말하는 의문이란 "수학이 단지 인간의 발명품이고 인간의 마음을 벗어나서는 존재할 수 없는 것이라면, 어떻게 이 발명품의 수학적 사실이 수 세기 후에 나타날 우주와 인간에 관한 문제의 답을 기가 막히게 예견할 수 있을까?"[20]라는 것이다.

수학이란 자연의 원리 또는 신의 진리를 발견해내는 도구일까? 아니면 생존과 번영을 위해 우리가 발명해내는 도구일까? 아직은 모를 일이다. 수학자들마저 암중모색 중이다.

어쩌면 진실은 양극단의 중간 어디쯤에 있을지 모른다. 수학은 어느 정도는 자연의 본성이고, 어느 정도는 인간의 본성일 수 있다. 수학 가운데 일부는 발견되기도 하고 일부는 발명되기도 한다는 뜻이다. 하지만 양극단이 모두 옳을 수도 있다. 수는 자연의 본성이자 동시에 인간의 본성이라는 뜻이다. 왜냐하면 그것이 만물의 궁극적 원리이기 때문이다. 이 경우, 발견이냐 발명이냐 하는 것은 아무 의미가 없다. 바로 이것이 피타고라스의 신념이고, 플라톤이 기꺼이 이어받은 '피타고라스 스타일'이다.

그러나 아직은 아무것도 증명되지 않았다. 때문에 어떤 사람들은 여전히 '수학의 놀라운 효용성은 단지 특정 물리학 분야에만 일어나는 예외적인 현상이 아닌가?' 하는 의심을 표명하기도 한다. 만일 당신도 그렇다면 들려주고 싶은 흥미로운 이야기가 따로 있다.

피타고라스 스타일

• • •

어떤 우리 안에 토끼 1쌍이 있다. 토끼 주인은 이 토끼가 1년이 지나면 몇 쌍이나 되는지 알고 싶다. 조건은 성숙한 토끼 1쌍은 한 달에 한 번씩 새끼 1쌍을 낳고, 새끼 토끼 1쌍은 한 달 만에 성숙해져 둘째 달부터 또 새끼 1쌍을 낳는다. 자, 모두 몇 쌍이 될까? 조건이 부자연스런 이유는 이것이 실제로 있었거나 일어날 수 있는 일이 아니고, 중세 이탈리아의 수학자인 피사의 레오나르도Leonardo Pisano, 1180?~1250가 그의 《산술의 서》 12장에 실어놓은 퀴즈 형식의 수학 문

제이기 때문이다.[21]

답은 조금 지루하지만 다음과 같이 계산해보면 쉽게 구해진다. 애초 성숙한 토끼 1쌍을 갖고 있던 주인은 첫 달에는 성숙한 토끼 1쌍만 갖고 있다. 하지만 둘째 달에는 성숙한 토끼 1쌍, 새끼 토끼 1쌍, 모두 2쌍을, 셋째 달에는 성숙한 토끼 2쌍, 새끼 토끼 1쌍, 모두 3쌍을, 넷째 달에는 성숙한 토끼 3쌍, 새끼 토끼 2쌍, 모두 5쌍을 갖게 된다. 이렇게 이어지는 풀이가 끝나면, 1년 후엔 성숙한 토끼 233쌍과 새끼 토끼 144쌍을 합하여 모두 377쌍이 된다.

그런데 특이한 것은 이 문제의 답을 구하는 과정 안에는 1, 1, 2, 3, 5, 8, 13, 21, 34, 55, 89, 144, 233, 377 등으로 이어지는 수열이 하나 등장한다는 사실이다. 당신도 알다시피, 학자들은 이 수열을 '피보나치 수열fibonacci series'이라고 부른다. 19세기 프랑스 수학자 에두아르 뤼카E. Lucas, 1842~1891가 붙인 이름인데, 문제의 출제자인 피사의 레오나

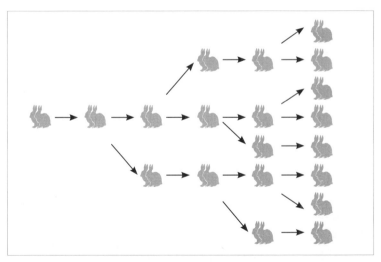

▲　　피보나치수열을 토끼로 도형화한 그림

르도가 태어난 가문의 이름이 피보나치이기 때문이다.

할리우드 영화로 만들어져 전 세계에서 흥행에 크게 성공한 댄 브라운의 소설《다빈치 코드》를 통해 더욱 널리 알려진 피보나치수열은 세 번째 이상의 수는 앞선 두 수의 합이라는 아주 간단한 패턴으로 구성되어 있다. 그렇지만 이 수열이 가진 의미는 그리 간단치 않다. 왜냐하면 아무런 질서도 없어 보이던 자연현상들이 신기하게도 바로 이 수열에 의해 설명되기 때문이다.

예컨대 세상의 거의 모든 꽃들의 꽃잎 수가 3, 5, 8, 13, 21, 34, 55, 89 등과 같은 피보나치 수들로 이뤄져 있다. 아이리스, 아네모네의 꽃잎은 3개다. 미나리아재비, 들장미, 패랭이꽃은 5개이고, 코스모스, 참제비고깔은 8개, 금잔화, 시네라리아는 13개, 애스터, 치커리, 해바라기는 21개, 제충국, 몇몇 데이지는 34개, 갓개미취, 국화과 식물들은 일반적으로 55개나 89개의 꽃잎을 갖고 있다.[22]

어디 그뿐인가? 세상에는 여러 종류의 솔방울, 예컨대 소나무, 전나무, 독일 가문비나무 등의 솔방울이 있지만, 그것들을 관찰해보면 대부분 좌에서 우로 돌거나, 우에서 좌로 도는 두 방향의 나선형 구조를 갖고 있다. 그런데 나선들의 개수가 5개이거나 8개, 또는 13개로 피보나치 수다. 해바라기의 머리에 들어 있는 씨앗들은 자라날수록 다양한 나선형 패턴들이 나타나지만, 어찌되었든 그 나선들의 개수는 피보나치 수를 따른다.[23]

1994년에 케임브리지대학교 출판부가 발간한《잎 차례》의 저자인 로제 장Roger V. Jean은 1만 2,500여 개의 표본을 통해 650여 종의 식물들을 분석해보았다. 그 결과 다중 잎사귀를 갖고 있거나 나선형을 이루는 식물들 가운데 92퍼센트 정도가 피보나치 수를 따른다는 사실

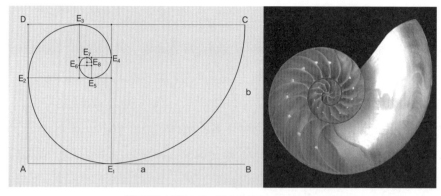

▲　　황금 나선과 앵무조개: 자연에서 찾아볼 수 있는 피보나치 나선

이 밝혀졌다. 이 밖에 다양한 나무들의 나뭇가지 배열이나, 수벌들의 가계도에도 피보나치 수가 등장한다. 달팽이와 앵무조개의 껍질이 그리는 나선 모양이 정확히 피보나치 수가 만들어내는 황금 나선(또는 피보나치 나선)을 그린다는 것도 잘 알려진 사실이다.

이 외에도 자연 속에 모습을 드러내는 피보나치 수는 무궁무진하다. 하지만 더 많은 사례들을 늘어놓고 싶은 생각은 없다. 전하고자 하는 요점은 도대체 어떻게 이런 일이 있을 수 있는가 하는 것이다. 중세의 한 수학자가 구상하여 만들어낸 산술 문제의 답을 구하는 과정에서 나온 숫자들이 어떻게 자연에서 수없이 발견되는 다중 잎사귀 현상이나 나선형 구조라는 특별한 패턴과 꼭 맞아떨어지는 것일까? 실로 놀라운 일이 아닌가?

수의 정체는 과연 무엇일까? 그것이 도대체 무엇이기에 물리적 현상뿐 아니라 생물학적 현상들까지도 수에 의해 설명되는가? 역시 모를 일이다. 하지만 만일 피타고라스가 이 이야기를 들으면 무슨 말을 할지는 알 수 있다. 그는 분명 '그것이 뭐가 놀랄 만한 일인가?' 하고 되물을 것이다. 왜냐하면 그에게는 수가 (우리가 숱하게 확인한 대로) 자연을 구성하는 근본원리이기 때문이다. 그리고 바로 이것이 피타고라스 스타일이다. 그런데 잠깐! 피보나치 수의 신비는 이것으로 끝나지 않는다.

기하학의 값진 보석
...

자연이 피보나치 수를 통해 설명될 수 있다는 사실은 그것을 처음 발견한 피사의 레오나르도 이후 700년도 더 지난 1990년대 초에야 비로소 알려졌다. 하지만 기원전 5세기에 세워진 그리스 아테네의 파르테논 신전이 황금비율golden ratio에 따라 세워진 것은 일찍부터 알려졌는데, 알고 보면 황금비율도 역시 피보나치 수와 관계가 있다.

정말이냐고? 그렇다! 피보나치수열의 이어진 두 수 가운데 앞의 수로 뒤의 수를 나눈 것을 '피보나치 비율'이라 한다. 그런데 피보나치 비율은 수가 커질수록 부단히 황금비율(ϕ=1.6180339887⋯)에 수렴한다. 예컨대 피보나치 비율 5/3는 1.666⋯이지만, 34:21는 1.61904⋯이고, 89/55는 1.61818⋯이며, 610/377은 1.618037⋯이다. 흥미로운 것은 천문학자 케플러도 황금비율(그는 유클리드를 따라 황금비율을 '외중비外中比'라고 불렀다)을 다음과 같이 높이 평가했다는 사실이다.[24]

기하학에는 두 가지의 귀한 보물이 있다. 하나는 피타고라스 정리다. 다른 하나는 외중비extreme and mean ratio에 의한 선분의 분할이다. 첫 번째는 황금가지에 비할 만하고, 두 번째의 것은 값진 보석이라고 부를 만하다.

왜 그랬을까? 이유가 있다! 우선, 황금비율은 고대로부터 다양한
예술 분야에서 아름다움의 기준이자 상징이 되어왔다. 1985년에 노벨
화학상을 받은 헤르트 하우프트만H. A. Hauptmann이 수학교육자 알프
레드 포사멘티어A. S. Posamentier, 수학자 잉그마 레만I. Lemann과 함께
쓴《피보나치 넘버스》에는 황금비율을 기초로 만들어진 다양한 예술
품들이 소개되어 있다. 그 안에는 수많은 건축물, 조각품, 회화는 물론
이고 음악까지 포함되어 있는데, 모두 탁월한 걸작들이다. 그 가운데
일부만 골라 열거해도 다음과 같다.

건축물로는 파르테논 신전 외에도 이집트와 멕시코의 피라미드, 프
로필라에움 신전의 아드리안의 문, 로마의 개선문, 독일에 있는 로마
시대의 궁궐인 쾨니히스할레, 프랑스의 샤르트르 대성당, 이탈리아
산타마리아 델피오레 대성당 등의 곳곳이 황금비율에 따라 지어졌다.
조각품으로는 고대 미술의 정점으로 평가되는 〈벨베데레의 아폴로〉
와 〈밀로의 비너스〉를 비롯한 숱한 그리스·로마시대의 조각품들의
배꼽 부분이 전체 조각상을 황금비율로 나누고 있다.[25]

회화에서도 레오나르도 다빈치, 미켈란젤로, 라파엘로, 알브레히트
뒤러, 보티첼리를 비롯한 르네상스 시대 화가들은 물론이고 쇠라, 몬
드리안, 니에메예르, 프리드펀손 등과 같은 숱한 현대 미술가와 건축
가의 작품 안에서도 황금비율이 발견된다. 심지어는 모차르트의 피아
노 소나타들, 베토벤의 교향곡들, 쇼팽의 전주곡들, 바그너의 〈트리스
탄과 이졸데〉 서곡, 벨러 버르토크의 작품들과 같은 다양한 음악 작품
안에서도 황금비율을 찾아볼 수 있다는 것이《피보나치 넘버스》저자

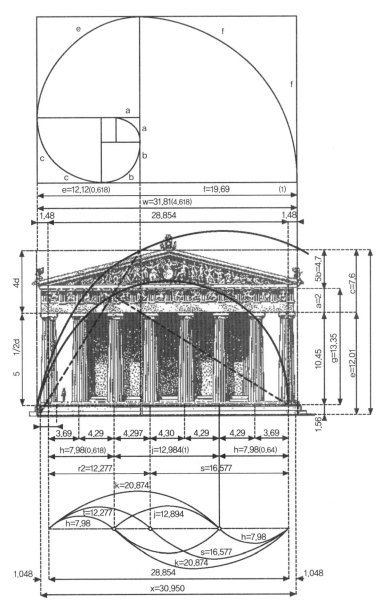

▲   파르테논에서 찾을 수 있는 황금비율: "고대 건축가들이 어느 정도까지 의도적으로 황금
비율을 사용했는지는 여전히 미스터리다"(《피보나치 넘버스》에서).

들의 연구 결과다.[26]

여기서 잠깐 이 같은 주장들에 만만치 않은 반론을 제기하는 학자들도 있다는 것을 짚고 가야겠다. 인터넷에서도 쉽게 찾을 수 있는 EBS 다큐프라임 〈황금비율의 비밀〉의 2부를 보면, 자연과 예술 작품에서 찾을 수 있는 황금비율을 '오류' 또는 '사기'로 간주하는 학자들의 견해가 여럿 소개되어 있다. 그럼 우리는 둘 중 하나를 거짓으로 보아야 할까? 내 생각에는 아니다! 그건 너무 단순한 생각이다. 왜냐하면 황금비율을 찬성하는 학자들과 반대하는 학자들의 차이는 대부분 그것을 측정하는 대상과 방법과 기준이 서로 다른 데서 오기 때문이다.

예를 들어 파르테논 신전 전면의 가로(45피트 1인치)와 세로(101피트 3.75인치)의 비율은 약 2.25여서 황금비율 1.618…에서 크게 벗어난다. 때문에 예술 작품에 황금비율이 나타난다는 주장에 반대하는 학자들은 파르테논이 황금비율을 따라 지어졌다는 것이 거짓이라고 주장한다.[27] 그러나 찬성하는 학자들은 (앞에서 소개한 그림에서 보듯이) 가로와 세로의 길이가 아닌 다른 다양한 곳들에서 황금비율에 가까운 비례들을 찾아낸다. 예컨대 신전의 왼쪽 끝에서 4번째 기둥 시작까지 거리(c=12.12)와 4번째 기둥 시작에서 오른쪽 끝까지 거리(f=19.69)의 비율 1.624…가 황금비율에 가깝다는 것이다.

여기서 우리가 알 수 있는 것은 자연과 예술 현상에서 황금비율을 찾을 수 있느냐 없느냐는 그것의 측정 대상, 방법, 기준에 따라 좌우된다는 사실이다. 어느 한쪽의 주장이 오류나 거짓이 아니라는 뜻이다. 물론 때때로 황금비율을 대상에다 억지로 끼워 맞추려는 것같이 보이는 경우가 없지 않다. 하지만 중요한 것은 우리가 마주하는 대상

(그것이 자연이든, 예술이든)에서 그것을 이해하고 조정할 수 있는 적절한 수학적 형식을 찾아내려는 의지와 노력이 아니겠는가?《피보나치 넘버스》에서 저자들이 얼마나 세밀하고 집요한 방법으로 자신들의 주장을 이끌어내는가를 보면 이 같은 생각이 더욱 굳어진다.

흥미로운 것은 EBS 다큐프라임 〈황금비율의 비밀〉의 2부에서 자연과 예술 작품에 존재하는 황금비에 관한 주장들이 마치 오류이거나 거짓인 것처럼 주장하는 마리오 리비오도 국제 피타고라스 상, 페아노 상 수상작인 그의 저서《황금비율의 진실》에서는 그렇게 단순하고 과격한 주장을 하지 않았다는 사실이다.

황금비율은 꽃잎의 배열부터 은하의 형태에 이르는 자연현상에서 제 위상을 차지하고 있다. 다른 한편에서는, 정오각형의 상징적 의미에 대한 피타고라스학파의 집착이 황금비율이 이상적인 아름다움의 보편적인 법칙이라는 (내가 보기에는) 잘못된 생각을 낳았다.[28]

요컨대 리비오는 숱한 사례들을 분석함으로써 황금비와 그것이 자연에 갖는 상관관계는 인정하고(EBS 다큐프라임 〈황금비율의 비밀〉의 2부는 리비오의 주장 가운데 이 점은 전혀 소개하지 않는다), 예술 작품과 갖는 관계는 조목조목 부정했다(〈황금비율의 비밀〉의 2부는 이 점을 조명했다). 때문에 그는 피보나치수열에서 유도되는 황금비율이 어떻게 그 많은 물리적 현상을 정확하게 설명할 수 있는가에만 집중한다. 그러나 리비오는 앞에서 소개한 다른 저서《신은 수학자인가》에서는 다음과 같이 의미심장한 결론을 내리기도 했다.

중요한 것은 우리의 강렬한 호기심과 불굴의 의지, 풍부한 상상력과 예리한 판단이 한데 어우러져 수많은 물리적 현상을 표현하는 적절한 수학적 형식을 찾아낼 수 있었다는 사실이다. … 유클리드 기하학은 공간에 대한 절대적인 진리를 표현하는 것이 아니라 인간이 인식하는 특정한 우주 안에서의 진리를 인간이 발명한 형식을 이용해 표현하는 것이다. 그러나 일단 제한적 상황을 이해하면 모든 공리는 참이 된다.[29]

그렇다! 중요한 것은 우리가 다양하고 수많은 현상들을 표현하는 적절한 수학적 형식을 찾아낼 수 있다는 사실이다. 바로 이것이 수학이 지닌 의미와 가치가 아니던가? 그리고 바로 그것이 피타고라스 스타일이 아니던가? 리비오의 말대로, 황금비율이 "꽃잎의 배열부터 은하의 형태에 이르는 자연현상에서 제 위상을 차지하고 있다"면, 수백만 년 동안 그 안에서 진화해온 우리의 미적 감각이 알게 모르게 황금비율에 맞춰져 있지 않을까? 그래서 예술가들이 자신도 알게 모르게 황금비율을 따라 작품을 만들게 되는 것이 아닐까? 그래서 우리들도 그들의 작품들을 알게 모르게 '아름답게' 또는 '안정적으로' 느끼게 되는 것이 아닐까?

아직은 모를 일이다. 그러나 역시 리비오가 언급한 대로 유클리드 기하학이 공간에 대한 절대적인 진리를 표현하는 것이 아니지만, 곡률이 0인 평면이라는 제한된 상황에서는 참이 아닌가! 그렇다면 황금비율도 제한된 상황을 설정하여 예술 현상을 표현하는 적절한 수학적 형식으로 받아들이지 못할 이유가 무엇인가? 어쩌면 예술 작품에서는 그 '제한적 상황'이 황금비율을 유클리드가 기하학적으로 날카롭게 정의한 황금비($\phi = 1.6180339887\cdots$)가 아니라, 피보나치수열에서 나타

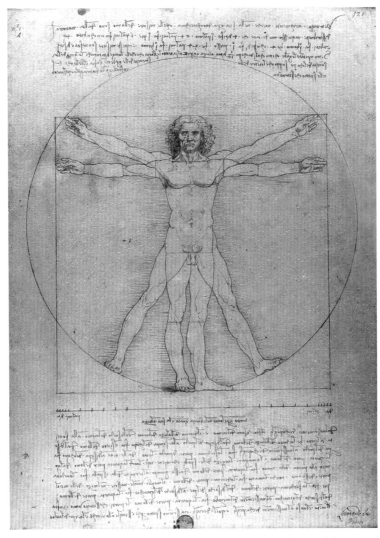

▲　레오나르도 다빈치가 그린 〈비트루비우스의 인체 비례도〉, 1490년경

나는 비율, 곧 수열 뒷자리에 오는 수를 앞자리 수로 나눈 비율들(1.5에
서부터 Φ=1.6180339887···에 수렴해가는 비율 모두)로 폭넓게 잡는 것일지도 모
른다.

일찍이 황금비율에 매료되어 《신성한 비율》이라는 루카 파치올리
의 저서에 삽화를 그리기도 했던 레오나르도 다빈치Leonardo da Vinci,
1452~1519는 그의 《회화론》을 "수학자가 아닌 자는 내 책들을 읽지 못
하게 하라"라는 말로 시작한다. 자신의 3대 판화 걸작 중 하나인 〈멜
랑콜리아〉에 황금비율과 연관된 기하학적 형상들을 그려 넣은 알브
레히트 뒤러Albrecht Dürer, 1471~1528도 "기하학을 모르면 아무도 완전한
예술가가 아니며 완전한 예술가가 될 수도 없다"고 역설했다.[30]

전하고자 하는 이야기의 핵심은 단순하다. 대장간 쇠망치 소리에서
음악의 기본 요소인 화음을 찾아낸 것, 바로 이것이 갈릴레이에서 아
인슈타인에 이르는 숱한 물리학자와 다빈치에서 몬드리안에 이르는
수많은 예술가가 기꺼이 뒤이은 피타고라스 스타일이다. 이런 의미에
서 보면, 피보나치 수는 피타고라스 스타일이 어떤 것인가를 생생히
보여주는 탁월한 사례라 할 수 있다.

자연의 수학화, 수학의 지각화

• • •

피타고라스가 살았을 당시 그리스어에는 수학이라는 말이 없었다. 오
늘날 수학을 뜻하는 영어 '매서매틱mathematic'의 어원인 그리스어 '마
테마타mathemata'는 단지 '배워야 할 것', '학문'과 같은 의미를 갖고
있었다. 그래서 피타고라스는 '수arithmos' 또는 '수들arithmoi'이라는

용어를 사용했는데, 그가 이에 대해 탐구한 것들은 우리가 오늘날 수학이라고 일컫는 학문과는 상당한 거리가 있었다. 그렇다면 그가 생각한 수학은 무엇인가?

피타고라스가 수 또는 수들이라는 표현을 통해 생각한 수학이 무엇인가를 이해하는 가장 쉬운 방법은 피타고라스학파 사람들이 수를 표기하던 방식을 살펴보는 것이다. 그들은 수를 우리가 사용하는 숫자, 곧 1, 2, 3, 4와 같은 상징적 기호symbol가 아니라 그림 12와 같은 구체적 형상figure으로 표시했다. 애초에는 조약돌psephos을 사용했고 나중에는 점(·)을 사용했지만, 수를 다음과 같이 시각적으로 나열하여 표기하는 방법은 시종 변하지 않았다.

피타고라스에 의하면, 이 그림에서 조약돌들이 나타내 보이는 대로 "숫자 1(α)은 점이고, 숫자 2(β)는 선이며, 숫자 3(γ)은 삼각형(면)이고, 숫자 4(δ)는 피라미드(입체)다."[31] 그리고 이 네 숫자가 모여 테트락튀스를 구성한다. 그리고 앞에서 보았듯이, 테트락튀스의 위에서부터 아래로 내려오면서 나타나는 수학적 비율 1:2, 2:3, 3:4는 모두 조화로운 음정들을 만들어낸다. 피타고라스는 음의 조화를 만드는 수학적 비례를 우주 만물의 질서에 관한 보편적 법칙으로 확장시켰다.

▲　[그림 12]

피타고라스는 "우주 안에 존재하는 질서를 근거로 우주를 코스모스kosmos라고 부른 최초의 인물"[32]이었다. 그에게 우주는 수에 의해 만들어진 완전하고 아름다운 조화harmonia 그 자체이며, 인간을 포함한 만물이 모두 이 질서와 조화의 지배를 받고 있다. 따라서 인체의 조화가 깨지면 질병이 생기고, 심리적 조화가 깨지면 마음이 병든다. 구성원들 사이의 조화가 흐트러지면 공동체가 무너지고, 자연의 조화가 허물어지면 자연이 망가진다.

요컨대 "조화는 수많은 것들이 혼합된 것 속의 통일이며, 다양한 뜻을 지닌 것들 사이에서 일어나는 의미의 결합이다."[33] 여기에서 피타고라스는 인간이 마땅히 지켜야 할 규범들을 이끌어냈다. 피타고라스학파 사람들은 개인생활에서는 금욕에 가까운 검소함과 신중함을 견지해야 하고, 공동생활에서는 타인에 대한 존중, 남녀평등, 약자에 대한 배려, 생명과 자연보호 등을 엄수해야 했다. 그래야만 '바르게 질서 잡힌 삶', '우주와 조화를 이루는 삶'이 된다고 생각했기 때문이다.

피타고라스와 그의 학파 사람들에게 수에 관한 탐구는 이처럼 '질서와 조화에 관한 학문'이었고, 물리학적, 미학적 의미뿐 아니라 의학적, 윤리적, 형이상학적 의미까지 갖고 있었다. 그들은 오늘날 우리가 말하는 수학과 과학 그리고 예술을 구분하지 않고 통합된 하나라고 보았고, 그것을 탐구하는 일을 지혜sophia에 대한 사랑philos, 곧 철학이라고 했다. 당신도 알다시피, 철학philosophia이라는 용어도 피타고라스가 처음 만들었다고 전해지는데, 이때 철학은 다름 아닌 질서와 조화에 대한 사랑이다.[34]

정리하자면, 피타고라스와 그의 학파 사람들은 수를 앞의 그림처럼 간단한 방법으로 시각화visualization함으로써 산술과 기하학을 연관시켜 생각할 수 있었다. 또 수적 비율과 음정의 관계를 파악하여 수를 청각화auralization함으로써 산술과 물리학을 연결시킬 길을 열었다. '수학의 지각화知覺化' 또는 이미지화imaging! 이 발상으로부터 자연의 수학화라는 사유가 가능해진 것이다. 자연의 수학화와 수학의 지각화가 피타고라스 스타일의 핵심이다.

나아가 그들은 수를 질서와 조화의 원리로 파악함으로써, 수학을 오늘날과 같은 분과 학문이 아니라 다른 여러 학문, 예술들과 연결하여 하나의 통합 학문으로 만들었다. 피타고라스학파의 개인과 공동체, 그리고 자연에 대한 엄격한 윤리의식이 여기서 나왔다. 요컨대 피타고라스는 수에 의미를 부여해 수학을 '철학화'했다. 그에게는 수학이 철학이고 철학이 곧 수학이다. 바로 이 점에서 피타고라스 스타일은 오늘날 우리가 당면해 있는 한 가지 심각한 문제를 드러내 보여주는 거울이 된다. 이제 그것이 무엇인지 잠시 살펴보자.

수학화냐, 수량화냐
...

자연을 수학화하려는 피타고라스 스타일은 자연을 신학화했던 중세에는 사라졌다가 16세기에 와서 이른바 과학혁명과 함께 다시 부활했다. 르네상스가 꽃피던 당시 이탈리아에서 수학 활동이 다시 활발하게 이루어지기 시작했다. 그 한가운데 피사Pisa대학교와 파도바Padova대학교에서 수학을 가르친 갈릴레오 갈릴레이G. Galilei, 1564~1642가 서 있었다. 그는 1623년 출간된《분석자》라는 책에 이렇게 썼다.

자연이라는 거대한 책은 수학의 언어로 저술되었고 그 알파벳은 삼각형, 원 등 여타의 기하학적 수식數式으로서, 그것들 없이는 우주의 단한 단어도 인간에게 이해될 수 없다. 사람들은 이런 것들을 알지 못한채 어두운 미로를 배회하고 있다.[35]

자연이 수학이라는 언어로 저술된 책이라고 보았다는 점에서 갈릴레이는 피타고라스의 위대한 계승자임이 분명하다. 그런데 그것은 갈릴레이 혼자만의 생각이 아니었다. 당시 사람들의 머릿속에는 수학이자연의 원리를 파악할 수 있는 도구라는 생각이 공통적으로 싹트고있었다. 그리고 바로 이때 피타고라스 스타일과는 전혀 이질적인 세계관이 함께 나타났는데, 훗날 근대적 사고의 근간으로 자리 잡은 기계론적 세계관mechanistic nature view이 그것이다.

기계론적 세계관을 이해하는 데 도움이 되는 상징물이 '시계時計'다. 왜냐하면 당시 사람들은 그 즈음에 발명된 자동시계를 통해 자연을 이해했기 때문이다. 케플러가 1605년 2월 10일 어느 지인에게 보낸 편지에 "내 목적은 천체라는 기계가 신이나 생물체 같은 것이 아니라 일종의 태엽장치라는 점을 보이는 데 있다"고 쓴 것이 그 한 예다.[36] 또 '보일의 법칙'으로 널리 알려진 17세기 영국의 과학자이자 철학자 보일R. Boyle, 1627~1691이 "자연은 스트라스부르에 있는 진기한 시계와도 같다. 거기에서는 모든 것이 아주 교묘하게 설계되어 기계가일단 작동하면 모든 것이 제작자의 계획에 따라 진행된다"[37]라고 쓴것도 그래서다.

기계론적 세계관과 함께 자연은 우리가 그 작동하는 법칙만 알면필요에 따라서 얼마든지 분해하고 조립할 수 있을 뿐 아니라 변형시킬 수도 있는 대상이 되었다. 당시로는 매우 새롭고도 대단한 생각이었다. 피타고라스가 그랬듯이, 고대와 중세 사람들은 자연을 분할할 수 없는 하나의 유기체로 보았고 신성하게 생각했기 때문이다. 하지만 근대인들은 자연을 하나의 기계처럼 분해, 조립, 변형하기 시작했고, 이에 맞춰 학문도 역시 해당 분야별로 분할했다.

그 결과 각 분야에서 전문인들이 탄생했고, 그들은 자연(여기에 인간이 포함되는 것은 말할 필요가 없다)에서 수에 의해 파악되는 물리적 현상만을 주시했을 뿐, 그것이 지닌 미학적, 형이상학적, 심리적, 윤리적 의미에는 눈을 감았다. 그들은 정밀하게 보았을 뿐 넓게 보지 못했고, 나무를 보았을 뿐 숲을 보지 못했다. 한마디로, 근대인들은 피타고라스적 의미에서 자연을 '수학화'한 것이 아니다. 그들은 단지 '수량화'했다.

자연의 수량화를 통해 근대인들이 얻은 것은 자연을 물리적 탐구의 대상으로 파악함으로써 자연과학이 발전할 수 있는 토대를 마련한 것이다. 수량화는 우리에게 정밀하고 확실한 사고를 가능하게 했다. 앞서 밝혔듯이, 만일 이 같은 수량화가 없었더라면 오늘날 우리가 빌딩을 세울 수도 없고, GPS로 길을 찾아갈 수도 없을 것이며, 인공위성으로 올림픽 경기를 중계할 수도 없다. 요컨대 현대 문명 전체가 불가능했다.

하지만 세상일에는 공짜가 없는 법이라, 얻은 것이 있으면 잃는 것도 있기 마련이다. 자연의 수량화를 통해 우리가 잃은 것들 가운데 다른 무엇보다 심각한 것은 자연을 '개발의 대상'이자 '정복의 대상'으로 봄으로써 오늘날 우리가 마주하고 있는 환경 파괴라는 파국의 불씨를 심었다는 것이다. 수로 계량된 자연은 산업의 발달을 위한 양적 대상일 뿐, 더 이상 보호하고 돌보아야 할 신성한 대상이 아니다. 수로 계량하는 인간은 자신의 탐욕을 실현하는 존재일 뿐, 더 이상 검소하고 신중하며, 타인에 대한 존중, 약자에 대한 배려, 생명과 자연보호 등을 실천하는 존재가 아니다. 그 결과 피타고라스가 교훈한 조화가 깨어지고 자연과 인간이 함께 병들어가고 있다.

독일의 철학자 하이데거가 20세기 중반에 이미 이와 같은 정황을 표현하기에 매우 적합한 용어를 제시했다. '몰아세움das Stellen'과 '닦달das Gestell'이 그것이다. 근대 이후 인간이 자연과 자기 자신을 기술적 제작과 조작의 재료로 몰아세우고 닦달한다는 뜻인데, 내 생각에는 근대인들이 개발한 자연의 수량화가 근본 원인이다. 하이데거는 그의 《기술과 전향》에서 다음과 같이 갈파했다.

예전에 농부들이 경작하던 밭은 그렇지 않았다. 그때의 경작은 키우고 돌보는 것이었다. 농부의 일이란 농토에 무엇을 내놓으라고 강요하는 것이 아니라 씨앗을 뿌려 싹이 돋아나는 것을 그 생장력에 내맡기고 그것이 잘 자라도록 보호하는 것이었다. 그러나 오늘날의 농토 경작은 자연을 닦아세우는, 다른 종류의 경작 방법 속으로 흡수되어버렸다. 이제는 그것도 자연을 도발적으로 닦아세운다. 경작은 이제 기계화된 식품공업일 뿐이다. 공기는 이제 질소 공급을 강요당하고, 대지는 광석을, 광석은 우라늄을, 우라늄은—파괴를 위해서든, 평화적 이용을 위해서든—원자력 공급을 강요당하고 있다.[38]

문제는 이러한 '몰아세움'과 '닦달'이 성한 곳에서는 토지든, 식물이든, 가축이든, 심지어는 인간까지도 더 이상 그것들이 전에 갖고 있던 고유한 자립적 본질, 혼을 갖춘 본질 또는 신에 의해 창조된 본질을 유지할 수 없다는 데 있다. 그 결과 사람들은 이제 사물들의 본질뿐 아니라 자신의 본질마저 상실해가고 있다. 모든 대상을 수량화하여 도구 또는 부품으로 취급하고, 그것에 적응하기 위해 자기 스스로의 본질마저 위장하여 가려버리기 때문이다.

그래서 하이데거는 "닦달은 본질적으로 위험으로서 존재하고 있다"[39]고 경고했다. 우리의 이야기와 연관시켜 보면, 하이데거의 경고는 자연의 수량화가 아니라 자연의 수학화를 추구했던 피타고라스 스타일로 돌아가라는 의미로 들린다.

철학자뿐 아니다. 20세기에는 양식 있는 과학자들도 역시 자연을 객관화, 수량화했던 근대적(또는 데카르트적) 사고에서의 전환을 종용했다. 양자물리학이나 인지생물학과 같은 새로운 과학들이 자연은 인간과 분리된 '객관적 대상'이 아니고, 오직 인간의 물음과 행위에 의해 드러나는 '상호주관적 현실'이라는 사실을 밝혀냈기 때문이다.

이 같은 새로운 세계관이 요구하는 것은 수를 통한 자연의 정복이 아니라 수에 의한 자연과의 조화, 곧 피타고라스 스타일이다. 요컨대 20세기에는 과학자들도 자연을 분리된 원자들의 조합으로 본 '데모크리토스 스타일'에서 자연이 하나의 거대한 조화, 곧 코스모스라고 간파한 피타고라스 스타일로 돌아가자고 외치기 시작했다.

예컨대 독일의 양자물리학자이자 철학자인 카를 프리드리히 폰 바이체커C. F. v. Weisäcker는 《세계, 과학, 현실》에서 우주의 근원인 소립자의 세계에서는 모든 것이 서로 연결되어 있다는 사실을 강조하면서 "세계는 사물들로 조합되어 있는 것이 아니다"라고 밝혔다. 또한 기계론적 세계관은 "유한한 인간의 지성이 길을 찾기 위해 자신이 속한 전체를 개별적 대상으로 분해"한 것일 뿐이라고 강하게 비판하며, 유기체적 세계관으로 돌아갈 것을 종용했다.

정보혁명이 불붙고 있는 21세기에 들어와서는 이와 또 다른 의미에서 피타고라스 스타일이 요구되고 있다. 당신도 알다시피 오늘날에는 근대의 특징인 분화와 획일적 사고 대신에 융합과 다각적 사고가 시대적 요구로 대두되고 있다. 컴퓨터와 휴대용 통신기기가 보편화되어 누구나 인터넷을 통해 불과 10년 전만 해도 전문가들만이 접할 수 있는 정보에 신속하게 접속할 수 있기 때문이다. 이제 필요한 것은 지식들의 분화가 아니고 융합이다.

토론의 산실이었던 폴리스에서 그리스 문명의 기적이 일어났고, 인쇄술의 발달이 종교개혁과 과학혁명을 불러온 것을 다시 상기하자. 역사가 증명하듯이, 활발한 정보의 접속과 융합은 언제나 새로운 변화를 이끈다! 그 어느 때보다도 정보의 접속과 융합이 광범위하고 활발하게 일어나고 있는 지금 이 시대가 불러올 거대한 변화가 무엇인지는 아직 분명치 않다. 하지만 그것 가운데 하나가 학문과 예술, 학문과 종교, 또 학문과 학문 간의 융합인 것은 분명해 보인다. 세계 유수의 대학들은 이미 학제 간의 벽을 허물고 융합 교육을 시작했다. 이것이 오늘날 우리가 수학을 다른 학문이나 예술들과 연결하여 사고하고, 그것에 미학적, 형이상학적, 윤리적 의미를 부과했던 피타고라스 스타일을 주목해야 하는 다른 하나의 이유다.

이와 연관해서 근래에 특히 눈길을 끄는 사안이 하버드 출신의 수학자이자 실리콘밸리의 데이터과학자였던 캐시 오닐C. O'Neil이 《대량살상 수학무기》에서 고발한 내용인데, 한마디로 '수학이 더 이상 가치중립적이지 않다'는 사실이다. 이유는 수학과 데이터, IT기술의 결합으로 만들어진 수학적 알고리즘은 어떤 데이터를 수집할지부터 무엇을 질문할지까지, 우리 자신의 가치관과 바람이 영향을 미치기 때문이다. 요컨대, 데이터 기반의 알고리즘 모형들은 수학에 깊이 뿌리내린 지극히 개인적인 의견이라고 할 수 있다는 것이다.

오닐에 의하면, 수학적 알고리즘은 인간보다 공정하며 개인의 권리와 이익을 보호한다고 알려져 있지만, 사실은 정반대다. 정부, 기업, 사회에 도입된 데이터 기반의 알고리즘 모형들은 사법, 교육, 노동, 보험 등, 사회 곳곳에서 '보이지 않는 손'이 되어 인종차별, 빈부격차, 지역차별 등 인간의 편견과 차별, 오만을 코드화해 불평등을 확대하고, 심지어 민주주의를 위협하고 있다. 오닐은 다음과 같은 말로 그의 책을 마무리했다.

데이터 처리 과정은 과거를 코드화할 뿐, 미래를 창조하지 않는다. 미래를 창조하려면 도덕적 상상력이 필요하다. 그런 능력은 오직 인간만이 가지고 있다. 우리는 더 나은 가치를 알고리즘에 명백히 포함시키고, 우리의 윤리적 지표를 따르는 빅데이터 모형을 창조해야 한다.[40]

내가 보기에는 오닐이 말하는 "윤리적 지표를 따르는 빅데이터 모형"이 바로 피타고라스 스타일이다. 이리 보나, 저리 보나 결론은 한 가지다. 이제 우리는 자연을 수학화하고, 수학을 철학화했던 피타고라스 스타일로 돌아가야 한다. 그리고 우리의 아이들에게 그것을 교육해야 한다. 몰아세움과 닦달에 의해 파괴된 자연과 인간의 본질을 회복하기 위해서도 그렇고, 불붙고 있는 정보혁명에 부응하기 위해서도 그렇고, 데이터 기반의 알고리즘 모형들의 노예로 전락하지 않기 위해서도 그렇다. 당신의 생각은 어떤가?

피타고라스 따라 하기

...

19세기 초 스코틀랜드에 마조리 플레밍M. Fleming이라는 신동이 있었다. 불과 여덟 살의 나이로 세상을 떠났지만 그는 9만 단어가 넘는 분량의 산문과 500행의 시가 담긴 일기를 남겼는데, 그것은 대강 100쪽 분량의 아동 책 10권과 동시집 2권에 해당한다. 그 안에는 다음과 같은 깜찍하고 귀여운 구절이 들어 있다.[41]

> 내가 지금 얼마나 끔찍하고 가혹한 고통을 겪고 있는지를 이야기하려 한다. 내게 이런 고통을 안겨준 것은 바로 구구단이다.

그렇다! 수학은 아동들뿐 아니라 대부분의 사람들이 가장 싫어하고 두려워하는 과목이다. 수학자들은 이런저런 (특히 수학이 논리적 사고를 형성시켜준다는) 이유를 들어 수학의 중요성을 강조하고, 교육 행정가들은 국가 경쟁력을 내세우며 수학교육을 강화해야 한다고 외치지만, 이 같은 사실들이 수학에 대한 공포를 덜어주고 흥미를 불러일으키지는 못한다. 때문에 수학교육자들에게 주어진 지상의 과제는 예나 지금이나 '흥미로운 교육법을 개발하는 것'이다.

여기서 드는 의문이 하나 있다. 수학자들은 수학이 하나의 언어라고 설명한다. 그렇다면 왜 아이들이 언어는 자연스레 배우는 반면에 수학은 그렇지 않을까 하는 것이다. 그 이유 가운데 결정적인 하나는 오늘날 아이들이 만나는 산술과 수학이 대부분 숫자라는 추상적 기호를 통해 이뤄지기 때문이다. 한마디로, 그것은 마치 기호논리학symbol logic이 그런 것처럼 무미건조하고 지루하다. 그래서 제시하고자 하는 교육 방법이 '피타고라스 따라 하기'다.

여기서 다시 '지식에서 개체발생은 계통발생을 반복한다'는 가설을 떠올려보자. 이런 관점에서 보면 처음 산술을 공부하는 아동 또는 수학을 배우는 청소년들은 지금으로부터 적어도 2,500년 전 피타고라스 이전에 살았던 사람들과 같이 '수학의 여명기'에 놓여 있다고 볼 수 있다. 모든 여명기는 어둡고 혼란스럽다. 그런데 피타고라스는 (아서 케스틀러가 간파했듯이) 자신의 독특한 수 이론을 통해 마치 마술사처럼 당시 사람들을 혼돈으로 가득 찬 세계로부터 질서와 조화로 이뤄진 코스모스의 세계로 인도했다.

'피타고라스 따라 하기'는 우리가 아이들에게 바로 이 같은 마술을 걸자는 뜻이다. 수학을 단지 계량과 계산의 도구로서가 아니라 자연과 사회 그리고 예술을 탐구하는 도구로서 인식하게끔 교육하자는 말이다. 다시 말해 피타고라스와 그의 학파 사람들처럼 가능한 한 수학을 이미지화하여 다른 학문 내지 예술과 연결시키고, 가능한 한 수학을 철학화하여 수학에 미학적, 형이상학적, 윤리적 의미를 부과하여 교육하자는 의미다.

문제는 그것이 어떻게 가능한가인데, 해답은 그들이 수를 표기하던 방식에서 찾을 수 있다. 앞에서 이미 소개했듯이, 피타고라스와 그의 학파 사람들은 수를 우리가 사용하는 숫자, 곧 1, 2, 3, 4와 같은 추상적 기호symbol가 아니라 조약돌을 사용해 구체적 형상figure으로 표시했다. 그리고 이 같은 형상화를 통해 산술과 기하학을 연관시켰다. 그

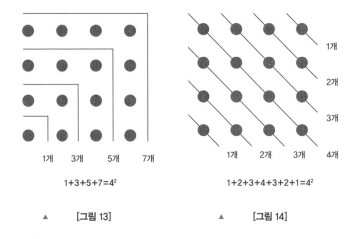

$$1+3+5+7=4^2$$

▲　　　[그림 13]

$$1+2+3+4+3+2+1=4^2$$

▲　　　[그림 14]

뿐 아니다. 그들은 계산마저도 이미지화했다. 그 방식은 대강 이렇다.

그림 13처럼 조약돌 하나를 놓아 숫자 1을 표시하고, 이 조약돌을 둘러싸는 기역자(ㄱ) 모양으로 조약돌을 놓으며 정사각형 형태를 이루어가면, 3, 5, 7…과 같이 홀수의 조약돌을 추가하게 된다. 그런데 이때 나타난 조약돌의 합, 즉 1+3+5+7…은 계산에 등장하는 숫자 종류의 개수(n)의 제곱(n^2)과 같다. 또 그림 14에서처럼, 이렇게 만들어진 조약돌 사각형을 빗금으로 합하면, 1+2+3+4+3+2+1이 되는데, 이것의 답은 합하는 숫자들 중 가장 큰 수의 제곱($4^2=16$)이다.

혹시 당신은 아이들에게 계산법을 가르치는 교과서와 계산 능력을 향상시키는 학습지들이 있는 데다, 심지어 아예 계산을 대신해주는 전자계산기까지 있는 요즈음, 이 같은 계산법을 아는 것이 무슨 의미가 있는가 하는 생각이 들 수 있다. 만일 그렇다면, 피아제가《아동기에 있어서 논리의 조기성장》에서 아동들에게 수학교육을 할 때 '조약돌을 사용하는 방법'에 단순히 계산학습을 뛰어넘는 다른 중요한 의미를 부여했다는 사실을 소개하고 싶다.

브라질 노상에서 캔디를 파는 아이들

· · ·

피아제에 의하면, 아동들은 조약돌처럼 '관찰할 수 있는observable 대상'과의 접촉에서 '구체적인' 물리적 지식뿐 아니라 '추상적인' 논리수학적 지식을 얻는다. 예를 들어 아동들이 벽돌 하나를 들어보고 그것이 '무겁다'는 것을 아는 것은 구체적인 물리적 지식이다. 하지만 벽돌 2개를 들어보고는 그것이 벽돌 하나보다 '더' 무겁다는 것을 아는데, 이처럼 어느 둘을 비교하여 '더more' 또는 '덜less' 무겁다는 관계를 아는 것은 추상적 지식인 논리수학적 지식이다.[42]

아동들은 이런 식으로 촉각, 시각, 청각 등 지각적 경험을 통해 물리적 지식뿐 아니라 논리수학적 지식을 얻어내는데, 이 과정이 피아제가 말하는 경험적 추상empirical abstraction이다. 그러나 경험적 추상만으로는 충분하지 않다. 논리수학적 지식은 조약돌을 놓거나 벽돌을 드는 것과 같이 경험에서 오는 경험적 추상뿐 아니라, 자신의 그런 행동에 대한 성찰reflection을 통해서 얻어진다.[43]

피아제는 자신의 친구가 어릴 때 정원에서 조약돌 10개를 한 줄로 나란히 늘어놓고 왼쪽에서 오른쪽으로 세거나, 거꾸로 오른쪽에서 왼쪽으로 세거나, 또 둥글게 원형으로 늘어놓고 세어도 모두 10개인 것에 놀랐다는 경험을 예로 들어 설명했다. 아이들은 각각 이와 유사한 경험들을 통해 수는 세는 순서나 놓인 배열이 바뀌더라도 변하지 않는다는 (우리에게는 너무나 당연한 일이지만 아이들에게는 아주 새로운) '기수基數

원리'의 핵심을 깨닫게 된다.[44]

이때 아이들의 정신에서 일어난 것은 단순한 경험적 추상이 아니다. 조약돌을 이리저리 옮겨놓은 자신이 한 행동에 대한 성찰에서 얻어진 성찰적 추상reflective abstraction이다. 경험적 추상과 성찰적 추상, 이 둘의 순환적 상호작용에 의해 추상적 지식인 논리수학적 지식이 생성되고, 아이들은 인지 발달의 최종 단계인 형식적 조작기에 진입하게 된다.

11세 이후, 주로 15~20세의 형식적 조작기에 도달하면 경험적 추상이 없이도 숫자나 점, 선, 삼각형, 원과 같은 추상적 기호 조작이 가능해져 성찰적 추상만으로도 논리수학적 지식을 얻을 수 있게 된다. 이 말은 적어도 형식적 조작기 이전까지의 수학교육은 장난감을 통해서든, 학습 도구들을 통해서든, 촉각, 시각, 청각 등 지각적 경험을 제공하는 방식으로 이뤄져야 한다는 것을 뜻한다. 이 단계에서는 구체적 대상을 조작하는 과정이 반드시 필요하다.[45]

이 시점에서 다시 한 번 강조하고 싶은 것이 있다. 앞 장들에서 루리야의 탐사 실험을 통해 이미 살펴보았듯이, 논리수학적 능력과 같은 형식적 조작 능력은 나이를 먹는다고 해서 저절로 발달하지 않는다는 사실이다. 어떤 식으로든 교육 또는 의도적인 훈련을 받지 않으면 획득되지 않는다. 더욱 심각한 것이 있다. 보통 2~7세의 전조작기부터 발달하는 은유 능력은 나이를 먹어서도 상대적으로 쉽게 개발하거나 회복할 수 있지만, 11세 이후에 진입하는 형식적 조작기부터 발달하는 논리수학적 능력은 그렇지 않다.

루리야와 그의 동료들은 우즈베키스탄과 키르기지아의 오지에서 온 문맹인들에게 다음과 같은 논리수학적 문제들을 제시했다. "어떤 마을까지 걸어서 가면 30분이 걸리고, 자전거를 타고 가면 5배 더 빨리 갑니다. 자전거를 타고 가면 시간이 얼마나 걸릴까요?" 그러자 주로 20대이거나 30대인 피실험자들의 대부분이 답을 회피하거나 틀린 답을 댔다. 동일한 실험자들에게 조약돌은 아니지만 피아제가 말하는 '관찰할 수 있는 대상'인 단추를 나누어주고 셈을 할 수 있도록 도와주어도 결과에는 큰 차이가 없었다.[46]

예외가 있었는데, 돈 30루블을 5명에게 나누어주는 문제는 단추를 사용해 쉽게 맞춘 경우였다. 또한 문제를 바꿔서 "아크 마자르까지 걸어서 가면 30분이 걸리고, 자전거를 타고 가면 6배 더 빨리 갑니다. 자전거를 타고 가면 시간이 얼마나 걸릴까요?"라고 추상적인 '어떤 마을'이나 'X 마을'이 아니라 피실험자가 잘 아는 '아크 마자르까지'나 '나만간까지'라고 구체적으로 물었을 때에는 정확하지는 않아도 비슷한 답을 대는 경우가 있었다.[47]

다양한 실험을 통해 루리야가 내린 결론은, 피실험자들이 문제를 계산하는 과정보다는 문제를 추상화하는 데 '심리적 어려움'을 느낀다는 것이었다. 그렇기 때문에 돈을 나누어주는 문제와 같이 피실험자들이 관심이 있거나 익숙한 문제, 또는 피실험자가 잘 아는 '아크 마자르까지'라고 물었을 때와 같이 구체적인 경우에는 심리적 어려움을 어느 정도 극복할 수 있는 것이다.[48]

우리는 3부 2장 '원리'에서 사냥을 해야만 생존할 수 있는 환경에 사는 칼라하리 부시먼들의 경우를 살펴보았다. 그들은 정규교육을 받은 문명인들보다 더 훌륭하게 가추법을 사용했다. 사냥에 대한 칼라하리 부시먼의 흥미와 관심이 추상적 사고에서 오는 심리적 거부감을 극복하게 한 것이다. 아이들의 수학교육과 연관해 매우 중요한 이야기인데, 같은 결론을 얻어낸 다른 연구들도 있다.

교육심리학자 캐러허D. W. Carraher와 슐리만A. D. Schliemann은 브라질 노상에서 캔디를 파는 6세에서 15세까지의 아이들이 어떻게 셈을 하는지를 조사했다. 이 연구에서 특히 흥미로운 것은 숫자를 제대로 읽지 못하는 아이들도 계산을 할 줄 안다는 사실이었다. 자세히 살펴본 결과 그들은 학교 수학시간에 하는 방식과는 전혀 다른 방법으로 계산을 했다. 그것은 수를 분해해서 '새롭게 정리하는 방식'이었다.

아이들은 예를 들어 '28+26'을 계산하기 위해 26에서 2를 덜어다가 28에 더해준 다음, '30+24'니까 54라고 답했다. 이것은 피타고라스학파 사람들이 조약돌을 이용해 했던 셈법이다. 캔디를 팔려는 아이들의 관심이 고대 셈법을 스스로 터득하게 한 것이다.[49]

그렇다! 칼라하리 부시먼과 브라질 노상에서 캔디 파는 아이들의 경우를 보더라도 해법은 오직 흥미와 관심을 이끌어내는 것이다. 이것이 우리가 수를 처음 대하는 아동들에게 추상적인 기호를 통한 계량과 계산이 아니라, 촉각, 시각, 청각 등 지각적이고 구체적인 경험을 통한 논리수학 교육, 곧 피타고라스 따라 하기를 시켜야 하는 이유다.

반대로 긍정적인 경우도 떠올려보자. 우리는 3부 1장 '은유'에서, 《글자만으로 생각하는 사람, 이미지로 창조하는 사람》의 저자 토머스 웨스트 교수가 '시각적 사고'가 왜 수학이나 자연과학에서도 창조성의 핵심일 수밖에 없는지 설명한 것을 살펴보았다. 아인슈타인, 레오나르도 다빈치, 마이클 패러데이, 제임스 맥스웰, 앙리 푸앵카레, 토머스 에디슨, 막스 플랑크, 리처드 파인먼 등 숱한 수학자, 과학자들이 그들의 창의적 아이디어를 맨 먼저 시각적 내지 청각적 이미지를 통해 떠올린 다음, 그것을 수식으로 표현한다는 것도 알았다.

정리하자면, 요점은 이렇다. 성인들과는 달리 아동들의 논리수학적 지식은 지각적 경험과 그에 대한 성찰에서 얻어진다. 아직 형식적 조작기에 이르지 않았기 때문이다. 이것이 많은 아동들이 수학을 기피하거나 두려워하는 이유다.

그러나 시각적 또는 청각적 이미지를 통해 어릴 때부터 심리적 거부감을 덜어주면 그것이 논리수학적 능력 향상의 원동력이 될 수 있다. 다시 말해 아이들의 논리수학적 능력을 향상시킬 수 있느냐 없느냐는 그들의 흥미와 관심을 이끌어낼 수 있는가 없는가에 달려 있다. 그런데 아이들의 흥미와 관심을 이끌어낼 수 있는 방법 가운데 탁월한 하나가 시각적 또는 청각적 이미지를 통해 수학을 교육하는 것, 곧 피타고라스 따라 하기다.

수를 패턴으로, 패턴을 이미지로

...

수학을 이미지화함으로써 다양한 학문들과 예술의 영역까지 연관시켜 교육하려는 생각의 획기적 전환과 과감한 실행이 필요하다. 모든 변혁이 그렇듯 쉬운 일은 아닐 것이다. 그렇지만 앞서 살펴본 '피보나치 수'가 그렇듯이, 모범이 될 만한 사례가 전혀 없는 것이 아니다. 게다가 컴퓨터과학이 발달하면서 수를 시각적 또는 청각적 이미지로 바꾸는 일이 용이해졌다. '피타고라스 따라 하기'라는 관점에서 보면, 이것은 사실상 하나의 혁명적 사건이다.

컴퓨터 그래픽이나 컴퓨터 음악이 그 대표적인 예이지만, 최근에는 자연과학뿐 아니라 인문사회과학도 점점 컴퓨터 시뮬레이션에 의존하고 있는 경향이 나타나고 있다. 이 같은 일들은 모두 컴퓨터를 통해 '수를 패턴으로, 패턴을 이미지로 바꾸는 작업' 또는 거꾸로 '이미지를 패턴으로, 패턴을 수로 바꾸는 작업'을 통해 이뤄진다. 이 일에 특히 몰두하고 있는 영국 워윅대학교의 수학 교수이자 카오스 전문가인 이언 스튜어트I. Stewart는 《자연의 수학적 본성》에서 다음과 같이 역설했다.

자연에서 나타나는 형태에 수학이 깊이 연루되어 있다는 생각은 다르시 톰프슨에게까지 거슬러 올라간다. 아니, 실제로는 고대 그리스, 어쩌면 바빌로니아 시대까지 그 뿌리가 뻗어 있을지도 모른다. 그러나 극히 최근에 들어서야 우리는 제대로 된 종류의 수학을 개발하기 시작했다. 이전까지의 수학 체계는 그 자체로 지나치게 경직되어 있었고, 연필과 종이의 제약 속에 갇혀 있었다.[50]

스튜어트가 말하는 '제대로 된 종류의 수학'이란 자연과 인간의 사고에 나타나는 "패턴을 인식하고 분류하고 이용하는 사고 체계"[51]다. 이런 수학이 하는 일이 바로 '수를 패턴으로, 패턴을 이미지로 바꾸는 작업' 또는 거꾸로 '이미지를 패턴으로, 패턴을 수로 바꾸는 작업'이다. 그렇다면 이것이 무엇인가? 그것은 바로 지금까지 우리가 살펴본 '피타고라스 스타일'이 아니던가! 컴퓨터가 피타고라스 스타일의 부활을 기술적으로 돕고 있다. 그 가운데 근래에 가장 인상적인 사례가 프랙털fractal이다.

프랙털은 프랑스 파리 출신 수학자 브누아 망델브로B. Mandelbrot, 1924~2010가 1975년에 출간한 《자연의 프랙털 기하학》에서 처음 소개함으로써 세상에 알려졌다. 유대계 리투아니아인으로 태어난 그는 2차 세계대전 중 독일 나치군을 피하며 견습 제화공으로 자라 구구단도 제대로 외우지 못했다. 하지만 그에게는 이미지를 떠올리는 기하학적 직관이 탁월해, 전쟁이 끝나자 에콜 폴리테크니크에 입학할 수 있었다.

1958년에 미국에 있는 IBM의 토머스 왓슨Thomas J. Watson 센터의 연구원이 된 그는 프랑스 수학자 가스통 쥘리아G. Julia, 1893~1978가 알아낸 매우 불규칙한 수열을 생산해내는 수식들을 컴퓨터를 통해 시각화해보았다. 예를 들면 '현재의 값(x_t)은 이전 값을 제곱하고 상수 C를 더한 것과 같다'는 뜻을 가진 수식($x_{t+1}=x_t^2+C$)을 시각화하자, 다음과 같은 환상적인 컴퓨터 그래픽이 나타났다.[52]

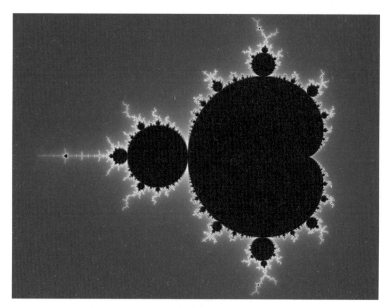

▲ [그림 15] 망델브로 집합이 그려낸 프랙털 형상

이후 망델브로는 같은 방법으로 고사리와 같은 양치류 식물의 모양, 나뭇가지들의 모양, 공작의 깃털 무늬, 눈송이 모양, 해안선의 모양, 구름과 산의 모습, 은하의 신비스런 모습 등 종래의 기하학으로는 표현할 수 없는 불규칙적이고 복잡한 자연현상들을 프랙털 공식으로 수식화할 수 있다는 사실을 알았다. 이 말은 적합한 프랙털 공식을 이용하면 자연물들을 컴퓨터 그래픽으로 재현해낼 수 있다는 뜻이기도 하다.

오늘날에는 전문가 또는 비전문가 할 것 없이 많은 사람들이 프랙털을 이용하여 다양한 이미지들을 그려내는 프랙털 아트fractal art를 제작하고 있다. 그뿐 아니라 작곡을 하기도 한다. 새들의 울음소리, 시냇물이 흐르는 소리, 심장박동 소리 등과 같은 자연의 소리 안에 들어 있는 프랙털 패턴을 수식으로 변환하여 컴퓨터를 통해 작품들을 만드는데, 이를 '프랙털 음악fractal music'이라고 한다.

프랙털은 이 밖에도 주식가격의 변동과 같은 불규칙한 사회현상들을 진단하는 데나 우리의 실생활에서도 다양하게 사용되고 있다. 예컨대 심장병 환자의 심장박동, 파킨슨병 환자의 걸음걸이, 우울증 환자의 뇌파 등, 각종 환자들의 이상 증상에서 나타나는 프랙털 패턴을 병의 조기 발견과 치료에도 활용하고 있다. 인터넷을 검색해보면 〈프랙털 기하학을 응용한 헤어 커트 연구〉라는 학위논문도 찾아볼 수 있다.

정리하자면 요점은 이렇다. 이제 수학적 대상들을 시각적으로든 청각적으로든 이미지화하는 일, 그리고 수학을 다른 학문과 예술, 더 나아가 실생활과 연결하여 의미를 부여하는 일이 가능해졌다. 따라서 우리는 그 일들을 부단히 시도해야 한다. 그리고 여기서 얻어진 결과물들을 이용하여 아이들에게 피타고라스 스타일 수학을 교육해야 한다. 그래야 아이들이 수학에 흥미를 가질 것이며, 수를 단순한 계량과 계산의 도구가 아니라 창의적인 생각의 도구로 활용할 수 있을 것이다.

다행히도 근래에 유행하고 있는 '창의적으로 사고하기'와 연관하여 수학적 개념들을 이미지화하고 다른 학문이나 예술과 연관시키려는 작업에 대한 관심이 조금씩 높아지고 있다. 대형 서점에 가면, 창의적 생각에 관한 논리학, 심리학, 뇌신경과학 등 각 분야의 저서들이 별도로 한 매대를 차지하고 있는 것도 종종 눈에 띄는데, 그 가운데 수학과 연관한 책들도 간간이 끼어 있다.

이런 종류의 책들 가운데 (내가 보기에는) 산호세주립대학교의 수학과 컴퓨터과학 교수인 루디 러커R. Rucker의 《사고 혁명》은 이 책에서 말하는 '피타고라스 스타일'을 이론적 측면에서 잘 조명하고 있다. 영국 수학회 정회원이자 법률가이기도 한 임영익의 《메타 생각》은 아이들에게 '피타고라스 따라 하기'를 훈련시키기에 좋은 예들을 다수 담고 있다. 또 누구나 흔히 사용하는 서류 작성 프로그램인 엑셀을 이용해 청소년들에게 프랙털 그래픽을 교육한 경험을 생생하게 서술한 《융합, 창의인성, 소통을 위한 프랙털과 카오스》라는 긴 제목의 서적도 있다. '피타고라스 따라 하기'를 위한 상황이 점차 좋아지고 있다는 뜻으로 해석된다.

이언 스튜어트는 《자연의 수학적 본성》의 말미에서 자신의 두 가지 계획을 밝혔다. 하나는 실용적인 것으로서 수학적 추상들을 시각적 이미지로 바꿔 보여주는 장치를 개발하는 것이고, 다른 하나는 이론적인 것으로서 이미지화할 수 있는 패턴들을 기본으로 하는 형태 수학(morphomatics, morphology mathmatics의 합성어)을 개발하는 것이다.[53]

내가 보기에는, 스튜어트가 현대 수학자들 가운데 피타고라스의 충실한 후계자들 가운데 하나다. 그의 꿈이 이루어지길 바란다. 그러면 '피타고라스 따라 하기'가 한층 용이해질 것이기 때문이다. 또한 그래야만 뉴욕대학교의 명예교수 모리스 클라인이 《수학, 문명을 지배하다》의 말미에 역설한 감동적인 말이 빛을 바래지 않게 될 것이다.

수학은 인간이 자연을 이해하고, 물리적 세계에서 일어난 혼란스런 사건들에 질서를 부여하고, 아름다움을 창조하고, 스스로 활동하고자 하는 건강한 두뇌의 자연적 성향을 만족시키고자 하는 인간의 노력으로부터 정확한 사고가 추출해낸 최고 순도의 증류수다. 수학 덕분에 존재하게 된 위대한 업적들로 다른 문명과 구분되는 바로 이 문명에 살고 있는 우리가 이러한 진술의 증인일 것이다.[54]

5장

레토리케-수사

> 수사학은 상위 문명이라고 칭해야 할 것에 접하도록 해준다.
> 그것은 역사와 지리적 의미에서 서구의 상위 문명이다.
>
> — 롤랑 바르트

수사修辭가 또 하나의 탁월한 생각의 도구다. 이 말이 조금 이상하게 들린다면, 수사에 대한 당신의 생각이 고정되었기 때문이다. 수사란 단지 표현을 돋보이기 위해 미사여구를 늘어놓는 것이 아닌가 하고 말이다. 그런데 아니다! 수사는 본디 설득을 위한 생각의 도구로 개발되었다. 비록 그것이 초기에는 호메로스와 같은 서사시인들, 사포와 같은 서정시인들, 아이스킬로스와 같은 극작가들의 작품들 속에서 문장을 꾸미는 미사여구들로 모습을 드러냈지만 말이다. 그러나 이때에도 수사의 궁극적인 목적은 '사람들을 설득하여 움직이는 것'이었다.

그렇다! 수사를 위한 초기의 기술은 문학적 표현을 사용하여 상대를 설득하는 미사여구법elocutio이었다. 호메로스의 《일리아스》를 보자. 호메로스는 사랑하는 아들 아킬레우스의 죽음을 예감한 여신 테티스의 슬픔을 다음과 같이 설득력 있게 묘사했다.

네레우스의 딸들이여, 나의 자매들이여! 그대들은 내 말에
귀를 기울여 내 마음속의 슬픔이 무엇인지 듣고 아세요.
아아, 가련한 내 신세여! 가장 훌륭한 아들을 낳은 어미의
슬픔이여! 나는 영웅들 중에서도 가장 뛰어난 나무랄 데 없는
아들을 낳았고, 그 애는 어린 나뭇가지처럼 무럭무럭 자랐어요.
나는 그 애를 과수원 언덕의 초목처럼 기른 뒤
부리처럼 휜 함선에 실어 일리오스로 보내 트로이아인들과
싸우게 했지요. 하지만 고향인 펠레우스의 집으로 돌아오는
그 애를 나는 다시 반기지 못할 거예요.[1]

어떤가? "어린 나뭇가지"와 같던 아들을 "과수원 언덕의 초목처럼
기른" 어미의 통곡이 들려오는 것 같지 않은가! 호메로스뿐만이 아니
다. 여성 시인 사포는 또 어땠는가? 그녀는 감히 다가갈 수 없이 고귀
하고 아름다운 여인을 "높이(과일 따는 사람의 손이 미칠 수 없는 곳에) 매달
려 있는 사과"라고 묘사했고, 그녀를 휘어잡는 사랑을 "괴롭고 달콤한
동물"이라고 표현하지 않았던가!

이렇듯 초기의 수사는 너 나 할 것 없이 미사여구(더 정확히 말하자면
은유적 표현)를 사용한 '감동시키기animos impellere'였다. 오늘날 학자들
은 이런 수사를 '문예적 수사'라 하는데, 그것이 기원전 8세기 호메로
스 이후 지금까지 부단히 이어져왔다. 이것이 우리가 지금도 수사라
고 하면 현란한 문학적 표현을 먼저 머리에 떠올리는 이유다.

그러나 기원전 5세기에 프로타고라스, 고르기아스, 히피아스와 같
은 소피스트들이 적극적으로 개발한 이래, 수사가 단순한 문학적 기
예가 아니고 설득의 도구로 탈바꿈하기 시작했다. 비결은 수사에 논

증을 끌어들인 것인데, 그 이유는 논리적으로 타당하지 않은 말은 그것이 아무리 감동적이라 하더라도 설득력이 떨어진다는 것이 점차 드러났기 때문이다. 이런 수사를 '논증적 수사' 또는 '수사적 논증'이라고 부르는데, 이것의 힘은 '감동시키기'가 아니라 '확증하기fidem facere'이다.

시간이 지남에 따라 아리스토텔레스, 키케로, 퀸틸리아누스와 같은 학자들이 논증적 수사를 부지런히 개발하고 연구했다. 그럼으로써 수사법이 수사학이 되었고, 문예적 수사와 논증적 수사가 그것을 떠받치는 두 기둥으로 자리 잡았다. 이후 수사학은 고대와 중세의 가장 강력하고 매력적인 학문으로 군림했는데, 그 강점은 실용성이었다. 기원전 1세기에 활동한 로마의 정치가이자 웅변가였던 키케로는 수사학이 가진 실용적 미덕을 다음과 같이 예찬했다.

정신과 귀에 이해하기 쉬운 생각과 효과적인 표현으로 꾸며지고 다듬어진 연설만큼 아늑한 것이 어디 있겠는가? 격분한 민중, 양심적인 재판관, 또 품위 있는 원로원이 한 사람의 연설로 조정될 수 있는 것보다 더 강력하고 더 웅장한 것이 어디 있을까? 나아가 간청하는 사람에게 도움을 주고, 매 맞는 사람을 일으켜 세워 구해주고, 위험을 모면케하고, 사람들이 시민법을 지키게 하는 것보다 더 제왕 같고, 더 고귀하고, 더 관대한 것이 있을까? 자기 자신을 보호하거나, 악당들에게 도전하거나 공격당할 처지에서, 이들을 물리칠 수 있는 무기를 항상 쓸 수 있는 것보다 더 필요한 것이 있을까?[2]

바로 이것이 고대와 중세에 사람들이 수사학에 열광한 이유다. 그러나 르네상스 이후부터 수사학은 차츰 사양길로 접어들 수밖에 없었다. 당신도 알다시피, 근대는 '확실성의 시대'였기 때문이다. 근대 사람들을 설득하여 움직인 것은 더 이상 수사가 아니라 수학과 논리학과 자연과학이었다. 격분한 민중, 양심적인 재판관, 또 품위 있는 원로원을 조정할 수 있는 것도 수와 논리와 과학이었고, 간청하는 사람,

　　　　　　　　　　　　3부 | 생각을 만든 생각들

매 맞는 사람을 도와주고 자신을 보호하고 악당과 맞설 수 있는 무기도 역시 그것이었다.

프랑스의 기호학자이자 문예평론가인 롤랑 바르트R. Barthes, 1915~1980가 수사학이 그 찬란한 빛을 잃어가던 1964년에 프랑스 고등연구원에서 개최한 세미나에서 〈옛날의 수사학〉이라는 의미 있는 글을 발표했다. 이 글에서 그는 선견지명을 갖고 수사학을 다음과 같이 평가했다.

> 수사학이—그 체계의 내적인 변화가 어떠했을지라도—고르기아스에서 나폴레옹 3세에 이르는 2,500년간 서양을 지배해왔음을 생각해보라. 부동적이고 무감각하고 불멸해 보이던 수사학과는 달리, 그것을 혼란에 빠트리지도 변질시키지도 못한, 태어나선 자라나고 결국 사라져버린 모든 것을 생각해보라. 아테네의 민주주의, 이집트 왕국, 로마 공화국, 로마 제국, 게르만의 대침입, 봉건제도, 르네상스, 왕정, 대혁명을 생각해보라. 수사학은 여러 정체, 종교, 문명들을 흡수했다. 또 르네상스 이후 시들해진 수사학이 사라지는 데는 3세기가 걸렸다. 그러나 아직도 수사학의 종말은 분명치 않다. 수사학은 상위 문명이라고 칭해야 할 것에 접하도록 해준다. 그것은 역사와 지리적 의미에서 서구의 상위 문명이다.[3]

바르트에게 수사학은 실천적 학문의 총화이자, 시들해지긴 했지만 결코 죽지 않는 상위 문명이다. 왜냐하면 그것은 마치 하나의 제국이 그렇듯이 2,500년을 내려오며 다양한 정치체제, 종교, 문명들을 흡수했기 때문이다. 바르트가 이 같은 생각을 "수사학의 제국"이라는 말에 담아 표현했을 때, 그것은 찬란했던 과거에 대한 서글픈 회상이거나 허무맹랑한 과장처럼 들렸다.

그러나 반세기가 지난 지금은 아니다! 상황이 바뀌었다! 수사학이 다시 살아나고 있다. 민주주의의 보편화와 함께, 그리고 포스트모던 시대의 도래와 함께 설득의 시대가 부활했기 때문이다. 정말인가? 지금부터 그 이야기를 하기로 하자.

설득의 여신 페이토가 가진 무기
...

혹시 당신은 지금 말이나 글로 상대를 설득해야 하는 위치에 있지 않은가? 그러니까 당신이, 예를 들어 고객들을 상대로 제품을 소개하거나 또는 상관과 동료들 앞에서 프레젠테이션을 해야 하는 직장인이 아닌가 말이다. 거꾸로 직원들을 설득하려는 상사이거나, 아니면 가정에서 가족들의 의견을 모으려는 가장이 아닌가? 그것도 아니면 리포트를 제출하고 토론이나 논술에 참가해야 하는 학생이 아닌가? 아마 당신은 그들 가운데 하나일 것이다. 그렇다면 당신에게는 수사가 필요하다. 아니다! 사실인즉 현대를 사는 우리 모두에게는 수사라는 생각의 도구가 필수적이다.

오늘날 우리는 매일같이 광장이나 체육관, 공회에 나가 연설하고 토론하고 논쟁하던 고대 아테네나 로마 사람들과 다를 바가 없다. 당신이 바로 파르테논 신전 앞에서 연설하는 페리클레스이고, 로마 원로원에서 토론하는 키케로다. 상대를 설득하느냐 못하느냐에 따라 모든 성패가 좌우된다는 점에서 그렇다. 권위의 시대는 갔다. 이제는 설득의 시대다! 우리는 모든 일상생활, 예컨대 회의, 상담, 교육, 광고, 면접 그리고 심지어 가정에서 배우자나 자녀들과 나누는 대화에서까지 상대를 설득해야만 한다.

만일 그렇지 못하면 직장에서, 사업에서, 학교에서 그리고 가정에서도 실패할 것이고, 곧바로 돌이킬 수 없는 어려움에 빠지게 된다. TV 토론 프로그램에서 유권자를 설득하지 못한 후보는 낙선하고, 상담에서 고객을 설득하지 못한 상인은 물건을 팔 수 없다. 면접에서 심사위원을 설득하지 못한 수험생은 취직할 수 없고, 가족을 설득하지 못하는 가장은 존경은커녕 사랑받지도 못한다. 어디 그뿐인가. 토론이나 논술에서 설득력을 발휘하지 못하는 학생은 경쟁에서 낙오된다.

셰익스피어의 비극적인 주인공 햄릿은 "죽느냐 사느냐 그것이 문제로다"라고 외쳤지만, 오늘날 우리는 '설득하느냐 못하느냐 그것이 문제로다'라고 외쳐야 한다. 고대 아테네 시민처럼 너 나 할 것 없이 설득의 여신 페이토에게라도 매달려야 할 처지이다. 그렇지 않은가? 이것이 우리 모두에게 수사라는 생각의 도구가 필요한 이유다. 그런데 여기서 새삼스레 드는 의문이 하나 있다. 페이토가 손에 든 무기의 비밀은 무엇일까? 다시 말해 사람들을 설득하여 움직이는 수사의 힘은 정녕 어디서 나오는가?

이 물음에 대한 가장 투명한 대답을 우리는 오늘날 어디에나 차고 넘치는 광고에서 찾을 수 있다. 현대 사회에서 수사라는 생각의 도구가 가진 놀라운 힘을 가장 쉽고 분명하게 확인할 수 있는 곳이 광고다. 이유는 간단하다. 영화는 평균 90분 상영되고, TV 쇼나 드라마는 대략 50분 방영된다. 하지만 예를 들어 TV 광고는 30초 이내에 메시지를 전달해야 한다. 당연히 가장 간단하고도 가장 강력한 설득 수단이 동원되지 않겠는가.

광고는 이미지와 영상과 같은 도상 기호와 말과 글 같은 언어기호를 통해서 대중을 설득하는 작업이다. 따라서 광고는 예로부터 각종 다양한 수사들의 경연장이자 축제다.

잠시 살펴보자면, 광고의 역사는 상업의 역사와 거의 같이 시작했다. 역사상 가장 오래된 광고는 고대 도시국가 테베(기원전 13~기원전 12세기)에서 발굴된 문서 가운데 포상금을 걸고 달아난 노예를 찾는 내용이라고 주장하는 학자도 있다.[4] 그러나 그것은 대중에게 일방적으로 알리는 고시告示일 뿐, 우리가 말하는 설득으로서의 광고는 아니다. 때문에 그 안에는 어떤 수사적 표현도 없다.

기원전 7~기원전 6세기 그리스에서는 국가에서 운영하는 공창公娼에서 일하는 여성을 '헤타이라hetaira'라고 불렀는데, 그 가운데 하나인 어느 여인이 남긴 구두에서 "나에게 오시오"라는 문구가 발견되었다.[5] 이것은 고시의 성격과 설득의 성격을 겸하고 있다. 그렇지만 본격적인 광고는 상업의 발달과 함께, 그리고 당연히 설득을 위한 수사와 함께 시작되었다. 고대 로마인들이 남긴 광고문 가운데 프랑스 남부 어느 지방 꽃가게의 광고문이 있다.

우리 가게는 연애를 하지 않는 사람에게는 꽃을 팔지 않습니다.[6]

반어법을 사용한 광고문인데, 지금 보아도 전혀 식상하지 않은 훌륭한 문예적 수사이다. 로마는 지중해 연안의 따뜻한 지방에 자리하고 있어 예전에도 지금처럼 거리마다 노점들이 많았다. 자연히 경쟁이 시작되었고, 당연히 광고가 발달했다. 다음과 같은 흥미로운 예도 전해온다.

> 두 냥을 쓰시면 아주 좋은 포도주를 드시게 됩니다.
> 그러나 넉 냥을 쓰시면 팔레르노 포도주를 드실 겁니다.[7]

21세기 자본주의가 번창한 남부 이탈리아 어느 지방에서나 나올 법한 이 광고문은 사실인즉 약 2,000년쯤 전에 폼페이 상인이 만든 것이다. 어떤가? 당장 팔레르노 포도주를 한잔 맛보고 싶은 호기심이 생기지 않는가? 만일 그렇다면, 당신의 호기심을 자극한 것이 과연 뭘까? 답은 수사다! 그것도 논증적 수사다! "논증이라고? 설마…" 하는 생각에 고개가 갸우뚱해질 수 있겠지만, 사실이다. 이 광고 안에는 다음과 같은 삼단논법이 들어 있기 때문이다.

> 값이 비쌀수록 좋은 포도주다.
> 팔레르노 포도주는 아주 좋은 포도주보다도 2배나 비싸다.
> ───────────────────────────────
> 그러므로 팔레르노 포도주는 아주 좋은 포도주보다
> 2배나 더 좋은 포도주다.

이 논증을 축약해 포도주 광고문으로 만든 것이다. 뒤에서 보겠지만, 아리스토텔레스는 논증적 수사 가운데 이 같은 수사법을 '생략 삼단논법'이라고 이름 붙였다. '값이 비쌀수록 좋은 포도주다'를 생략해 만들었기 때문이다. 어떤가? 고대의 광고에도 이미 논증적 수사법이 사용되고 있지 않은가?

그렇다, 논증적 수사법이다! 바로 이것이 설득의 여신 페이토가 가진 비장의 무기 가운데 하나다. 이 점에서는 2,000년이 지난 오늘날 우리가 자주 접하는 광고들도 다르지 않다. 예를 들어 '1,000만 관객 돌파', '1,000만 명이 사용하는 카드'라고 선전하는 광고들을 보자. 그 안에는 다음과 같은 논증이 들어 있다.

많은 사람이 사용하는 제품일수록 좋다.
A 영화(카드)는 1,000만 명이나 보았다(사용한다).

___

그러므로 이 영화(카드)는 그만큼 좋다.

'최단기 100만 권 돌파'라고 선전하는 베스트셀러 광고, '예약은 필수'라고 써 붙인 음식점 광고 안에도 똑같은 논증적 수사들이 들어 있다. 비록 겉으로는 드러나지 않게 숨겨져 있지만 말이다. 페이토는 논증이라는 자신의 무기를 자주 그리고 은밀하게 감춘다.

"저는 A 제품을 써요. 저는 소중하니까요"라는 광고문은 또 어떤가? 마찬가지다. 이 광고문에도 '자기 자신이 소중한 사람은 좋은 상품을 사용한다. 나는 소중하고 A 제품을 쓴다. 그러므로 A 제품은 좋은 상품이다'라는 논증이 들어 있다. 물론 여기에는 논증적 수사만 들어 있는 것이 아니다. 문예적 수사(보통 수사법이라 한다)도 함께 들어 있다. "저는 소중하니까 A 제품을 써요"라고 하지 않고 "저는 A제품을 써요. 저는 소중하니까요"라고 표현한 것은 도치법inversion이다.

어디 그뿐이랴! 피부가 고운 여인이 바르는 화장품, 몸매가 날씬한 여성이 마시는 저칼로리 음료, 분위기 있는 남성이 즐기는 커피, 성공한 중년이 타는 대형 자동차 등을 보여주는 식의 광고를 우리는 신문, 잡지, TV 등에서 매일같이 보며 산다. 이런 광고 가운데에는 이미지나 영상만을 보여줄 뿐 말이나 글은 전혀 또는 거의 없는 경우도 많다. 그럼에도 그 안에는 다음과 같은 나름의 논증이 들어 있다.

> 당신은 피부가 고운(또는 몸매가 날씬한) 여성이 되고 싶다.
> 피부가 고운(또는 몸매가 날씬한) 여성은 A 제품을 사용한다.
> ───────────────────────────────
> 당신도 A 제품을 사용해야 한다.

그렇다! 광고는 수사다. 그 뼈대는 논증적 수사이고, 그 살은 문예적 수사다. 이것이 30초짜리 광고가 3시간짜리 영화나 300쪽짜리 책보다 더 설득적인 이유다. 관건은 설득력이고, 설득을 위해서는 수사가 필요하다. 당신이 회사나 학교에서, 또는 가정에서 '설득력 있는 사람'이 되어 당신의 목표를 성취하고 싶다면, 지금 당장 수사를 익혀야 한다. 이제 당신은 우리가 왜 수사에 관해 좀 더 자세한 이야기를 해야 하는지 눈치챘을 것이다. 자, 그 이야기를 시작하자!

프로타고라스 스타일

* * *

"나는 사막에서 4년을 보내야만 했다. 그러나 이 4년은 내가 결코 후회할 수 없는 세월이었다." 이것은 프랑스의 고고학자 오귀스트 마리에트A. F. F. Mariette, 1821~1881가 1877년 출간한 《상上 이집트의 유적들》

▲ 　**오귀스트 마리에트**(왼쪽에 다리를 꼬고 앉아 있는 인물). 사카라의 세라페움을 발굴하였고, 카이로의 이집트 미술관 전신인 블라크(Bulaq) 미술관을 창설.

의 서두에 쓰여 있는 글이다. 여기에 적힌 4년은 1851년에서 1854년까지를 말한다. 그동안 그에게 무슨 일이 있었을까?

　마리에트는 루브르 박물관의 관료로 근무하다 고대 콥트성서 필사본 문서들을 수집할 임무를 띠고 이집트에 파견되었다. 하지만 그는 이집트에 도착하자마자 고대 이집트 역사와 유물들에 매혹되었다. 그래서 고문서를 모으기보다는 불모의 사막 멤피스와 사카라 지역을 헤집고 다니면서 유적 발굴에 힘을 쏟았다. 그리고 마침내 멤피스에서 프톨레마이오스 시대(기원전 305~기원전 30)에 국가의 신으로 숭배되던 황소를 모시는 세라페움Serapeum을 발굴해내 고고학자로 세계적인 명성을 얻었다.

그날도 여느 때와 다름없이 숯불 화로 같은 태양이 정수리 위로 열기를 쏟아부었다. 하지만 마리에트는 발굴을 강행했다. 그런데 사카라 제세르 왕의 계단형 피라미드 북서쪽에서 세라페움으로 연결되는 스핑크스 복도의 반월형 벽에서 또다시 뭔가가 나왔다. 모래 속에 파묻혀 2,000년도 넘게 잠자던 조각상들이었다. 우여곡절 끝에 1955년에야 일반인들에게 완전히 공개된 이 조각상들은 모두 열한 개로, 고대의 뛰어난 시인과 철학자들의 것이었다.[8]

정확한 연대는 알 수 없지만, 알렉산드로스 대왕의 부장이었던 프톨레마이오스Ptolemaeos, 기원전 323~기원전 283가 연 왕조 시대에 이 조각상들이 만들어진 것으로 밝혀졌다. 시인으로는 호메로스, 소포클레스 등이 있고, 철학자로는 탈레스, 헤라클레이토스, 프로타고라스, 플라톤이 들어 있었다. 그런데 여기에 매우 특이한 것이 있다. 고귀한 소크라테스와 위대한 아리스토텔레스가 빠지고, 한낱 궤변론자에 불과한 것으로 알려진 프로타고라스가 끼어 있다는 사실이다. 오늘날 우리의 관점에서는 깜짝 놀랄 만한 일인데, 그것은 헬레니즘 시대에는 수사학이 그만큼 높게 평가되었다는 사실을 증명해준다.

프로타고라스는 그가 살았을 당시 최고의 논쟁술을 갖고 있었고, 스스로를 소피스트sophist라고 부른 최초의 수사학자다.[9] 소피스트는 '현명하다'를 뜻하는 그리스어 '소포스sophos'에서 나온 말로 '현명한 사람'이라는 뜻을 갖고 있고, 주로 수사를 가르치며 비싼 수업료를 받았던 사람들이다. 그럼에도 아테네에는 (우리가 앞 장에서 본 히포크라테스가 그렇듯이) 그들에게 수사학을 배우려는 젊은이들이 몰려들었고, 특히 정치가, 변호사, 성직자, 교육자 그리고 배우들이 다투어 이 기술을 배웠다.

프로타고라스가 최초로 수업료를 받은 소피스트였고, 최초의 토론 대회라 할 수 있는 '논변 경시'를 연 사람이다.《논쟁의 기술》이라는 책을 남겼고, 우리가 알고 있는 한 최초로 논증을 위해 문장을 연구한 사람이기도 하다. 프로타고라스는 문장을 기도문, 의문문, 명령문, 그리고 서술문의 네 종류로 분류했다. 그는 연설을 효율적으로 하기 위한 문장들을 연구했기 때문에, 주로 서술문들이 어우러져 형성되는 문단의 논리적 구조를 연구한 것으로 알려졌다. 한마디로, 그는 논증적 수사를 연구한 것이다.

그렇다고 해서 프로타고라스가 논증적 수사를 처음으로 개발한 것은 아니다. 수사학에 논증을 처음 끌어들인 사람은 기원전 5세기 초에 시칠리아의 시라쿠사Syracusa에서 활동한 코락스Corax다. 다른 역사적 사건들과 마찬가지로 이 일에도 시대적 요구가 함께했는데, 바르트는 〈옛날의 수사학〉에서 이에 관해 다음과 같이 밝혔다.

> 수사학(메타 언어체로서)은 소유권 분쟁에서 생겨났다. 기원전 485년경 2명의 시칠리아 폭군인 겔론과 히에론은 시라큐즈Syracuse에 사람이 살도록 만들고 용병들의 몫으로 나눠주기 위해 강제 이주와 인구 이동과 토지수용을 시행했다. 그러나 그들이 민주주의의 봉기에 의해 전복되었을 때, 그래서 원래 상태로ante quo 사람들이 복귀하고자 할 때, 토지 소유권이 모호해졌기 때문에 많은 소송들이 발생했다. 이런 소송들은 새로운 유형의 것이 되었다. 즉 이 소송에는 저명한 민간 배심원들이 동원되었는데, 그들을 설득시키기 위해서는 그들 앞에서 [화술이 능란할] 필요가 있었다. 이 웅변술은 동시에 민주적이고 선동적인 성격, 재판적이고 정치적인(이후에 'délibératif'라고 불리어짐) 성격을 띠면서 급속히 교육

의 대상으로 설정되었다.[10]

코락스가 살았던 시기 시라쿠사, 곧 바르트가 말하는 시라큐즈에 참주정치가 몰락하고 민주정치가 들어섰다. 독재자들이 축출되고 자유화 바람이 불어, 몰수되었던 재산들을 청구하는 소송들이 줄지어 일어났다. 이때 정치 자문관이자 연설가로 이름을 떨친 코락스가 이 일에 열정적으로 참여했다. 그는 《기예》라는 최초의 수사학 책을 남겼는데, 법정에서 시민들이 자신의 요구를 변호하는 데 도움을 줄 목적으로 쓰였다. 그 자세한 내용은 전해지지 않지만, 우리는 코락스가 제자 테이시아스Teissias에게 교훈하는 글을 미루어 짐작할 수 있다.

플라톤의 《파이드로스》와 아리스토텔레스의 《수사학》에 조금은 다르게 기록된 그 내용을 정리하면 대강 이렇다.

힘은 세지만 겁이 많은 A와 힘은 없으나 겁도 없는 B가 함께 길을 가다가, B가 A의 옷을 빼앗았다. 그래서 A가 고소를 했는데 B가 그것을 부인한다. 하지만 증인이나 분명한 증거가 없다. 이처럼 자백이나 분명한 증거가 없을 때 논증이 필요하다. 코락스는 이때 B는 "힘이 없는 사람이 어떻게 힘이 센 A의 옷을 빼앗을 수 있겠느냐?"고 상식을 근거로 변론해야 한다고 했다. 그러나 A가 재판에 이기기 위해서는 그가 겁이 많아 빼앗겼다는 것을 알리지 않고 "힘이 약한 B가 혼자서 한 것이 아니고 여러 사람과 함께했다"고 대응해야 한다고 했다.[11]

제자에게 가르친 코락스의 말에는 훗날 아리스토텔레스가 이른바 '실천적 삼단논법'이라고 정리한 논증적 수사가 숨어 있다. 예를 들어

"힘이 없는 사람이 어떻게 힘이 센 A의 옷을 빼앗을 수 있겠느냐?"라는, B를 위한 변론이 그중 하나다. 이것을 논증의 형태로 구성하면 다음과 같다.

> 힘이 없는 사람은 힘이 센 사람의 물건을 빼앗을 수 없다.
> B는 힘이 없는 사람이고 A는 힘이 센 사람이다.
>
> ─────────────────────────────
>
> B가 A의 옷을 빼앗을 수 없다.

이것이 우리가 아는 한 수사학에 논증이 포함된 최초의 예다. 물론 A를 위한 변론도 역시 간단히 논증으로 구성할 수 있다.

논증적 수사는 현대 논리학의 관점에서 보면, 대부분이 매우 느슨하다. 때로는 타당한valid 논증이 아니거나 때로는 건전한sound 논증이 아니라는 뜻이다. 때문에 플라톤은 논증적 수사를 통해 얻어진 결론을 지식이 아니라 '사실임 직한 것eikos'이라고 폄하했다. 그러나 기원전 4세기경 아리스토텔레스가 그의 저서 《오르가논》을 통해서 논리학을 하나의 독립된 학문으로 정립하기까지 논증적 수사는 논리학인 동시에 수사학의 한 부분으로 매우 중요하게 다루어졌다.

코락스와 거의 동시대에 살았던 프로타고라스가 비싼 수업료를 낸 제자들에게 무슨 내용을 가르쳤는지를 짐작하는 것은 어려운 일이 아니다. 히포크라테스를 따라간 소크라테스의 물음에 그가 스스로 답했듯이, 프로타고라스는 연설과 토론 그리고 논쟁, 특히 법정 소송에서 효과적으로 사용할 수 있는 기술인 논증적 수사를 가르쳤다. 그래서 생긴 웃지 못할 에피소드가 '프로타고라스 딜레마Protagoras dilemma'라는 이름으로 전해온다.

딜레마dilemma란 상대가 둘 중 하나를 선택하지 않을 수 없게 만든 다음, 그가 어느 쪽을 선택하더라도 불리한 결론에 다다르게 해서 상대를 곤란에 몰아넣는 문제를 말한다. 그래서 흔히 '2개의 뿔을 가진 괴물', 또는 '양날의 칼을 가진 괴물'에 비유하기도 한다. 우리말로는 양도논법兩刀論法이라고 부르는데, 프로타고라스 딜레마의 내용을 살펴보면 왜 그렇게 부르는지를 알 수 있다. 널리 알려진 내용이기 때문에 간략히 말하면 다음과 같다.

어느 날 프로타고라스와 그의 제자 에우아톨로스Euatholos라는 젊은이 사이에 법정 소송이 벌어졌다. 발단은 프로타고라스가 제공했다. 그가 제자에게, 공부를 마치고 난 다음 만일 첫 번째 소송에서 지면 수업료를 받지 않겠다고 약속한 것이다. 공부가 다 끝나자 프로타고라스는 당연히 에우아톨로스에게 수업료를 요구했다. 그러나 이 영특한 제자는 수업료를 줄 수가 없다고 해서 소송이 벌어졌다. 이유는 이랬다.

"위대한 프로타고라스 선생님! 저는 이 소송에서 지든 이기든 수업료를 지불할 필요가 없습니다. 왜냐하면 제가 이번 소송에서 이기면 판결에 따라 수업료를 지불할 필요가 없기 때문이고, 반대로 제가 지면 선생님과의 약속에 의해서 또한 수업료를 지불할 필요가 없기 때문입니다. 그렇지 않겠습니까? 존경하는 선생님!"

그러자 프로타고라스가 만면에 미소를 지으면서 맞받았다.

"사랑하는 제자여! 그대는 그동안 정말로 많은 것을 배웠도다. 그렇지만 그대는 이 소송에서 지든 이기든 수업료를 지불해야만 한다네. 왜냐하면 그대가 만일 이 소송에서 지면 판결에 의해 수업료를 지불해야만 하기 때문이고, 이기면 우리들의 약속에 따라 수업료를 지불해야만 하기 때문이라네. 그렇지 않은가? 영특한 제자여!"

프로타고라스는 딜레마를 물리치는 세 가지의 방법[12] 가운데 '반대 딜레마로 되받기'로 에우아톨로스를 상대한 것이다. 그것은 주어진 딜레마와 동일한 논리로 정반대 결론을 이끌어내는 새로운 딜레마를 만들어 상대를 반박하는 방법이다. 때문에 이기지는 못했지만 지지도 않았다. 비긴 셈이다.

당시 소피스트들 가운데 하나인 티마이오스Timaios는 이 소송이 프로타고라스와 에우아톨로스 사이가 아니라 코락스와 그의 제자 티시아스 사이에서 벌어졌다고 전한다.[13] 하지만 우리의 이야기에서 그들이 누구인지는 중요하지 않다. 오히려 중요한 것은 이 일화가 모든 것에는 서로 상반되는 견해가 있을 수 있다는 입장, 곧 당시 소피스트들이 견지했던 상대주의relativism의 특성을 엿볼 수 있게 한다는 점이다.

그렇다! 수사학은 민주주의, 그리고 상대주의와 함께 자라났다. 어떤 것이 절대적 진리인 양 지배하는 땅에서는 수사학도 민주주의도 자라지 못한다. 반대로 민주주의가 성한 곳에서는 상대주의와 수사학이 판을 친다. 오늘날 우리 사회가 그렇듯이 말이다! 프로타고라스를 비롯한 소피스트들이 주장했던 것은 인식론적 또는 도덕론적 상대주의였는데 (소크라테스와 플라톤은 신랄하게 비판했지만) 그것은 다음과 같은 두 가지 결코 허술하지 않은 철학적 입장을 디딤돌로 딛고 있었다.

하나는 "만물은 변한다panta rhei"[14]라는 헤라클레이토스의 관점에서서, 사물들의 형상은 객관적으로 존재하는 것이 아니고 인간의 사고 안에만 존재한다는 입장이다. 따라서 우리의 인식이 절대적 진리가 아니며, 사람에 따라 다르게 드러난다. 예를 들어 바람은 그것이 차게 느껴지는 사람에게는 차고, 그렇지 않은 사람에게는 그렇지 않다는 것이다. 프로타고라스는 바로 이런 의미에서 "인간은 만물의 척도다. 존재자에 대해서는 존재한다는 척도이고, 비존재자에 대해서는 존재하지 않는다는 척도다"[15]라고 선언했다.

다른 하나는 "의견dokos이 모든 것(또는 모든 사람)에 형성되어 있다"[16]라는 크세노파네스Xenophanēs, 기원전 6세기의 주장에 따라, 모든 대상에 대해 2개의 상반된 진술이 가능하다는 입장이다. 프로타고라스는 바로 이런 뜻에서 "모든 사안(법정에서 다루어지는 일의 안건)에는 서로 반대되는 두 가지의 로고스(논변)들이 있다"[17]라는 말을 남겼다.

앞에서 제자 에우아톨로스가 제시한 딜레마를 해결하는 과정에서 보듯이, 프로타고라스는 하나의 동일한 논증이 반대 입장(또는 상대방의 관점)에서도 제시될 수 있다는 것을 믿었고, 그것을 독창적이고 명쾌하게 설명했다. 예컨대 동일한 사안이 정의롭게 보이게도 만들고 또 정의롭지 못하게 보이게도 만드는 기술이다. 그가 개발해 당시 소피스트들이 즐겨 사용했던 이 수사법을 '반론술antilogikē' 또는 '2중 논변dissoi logoi'이라 한다.[18]

이런 관점에서 보면, 프로타고라스를 비롯한 소피스트들의 수사는 그 자체가 '2개의 뿔을 가진 괴물' 내지 '양날의 칼을 가진 괴물'이었다. 자기가 취하는 입장에 따라 진실을 얼마든지 달리할 수 있기 때문이다. 이것이 바로 '프로타고라스 스타일' 또는 '소피스트 스타일'인데, 그 단적인 예를 우리는 아테네에서 이름을 떨친 또 하나의 소피스트인 고르기아스의 주장에서 확인할 수 있다.

헬레나가 무죄인 이유

• • •

고르기아스Gorgias, 기원전 485?~기원전 376는 이탈리아 시칠리아섬의 레온티니Leontini에서 태어났다. 그가 엘레아의 제논Zenon of Elea 그리고 같은 시칠리아섬 출신이자 동시대 인물인 코락스, 티시아스, 엠페도클레스 등의 영향을 받았다고 전해지지만 분명치 않다. 분명한 것은 고르기아스가 레온티니의 외교 사절단 대표로 선출되어 플라톤이 태어난 기원전 427년에 아테네에 파견되었다는 사실이다.

당시 레온티니는 이웃 도시국가인 시라쿠사와 전쟁 중이었는데, 고르기아스는 원군을 요청하기 위해 아테네로 건너갔다. 그가 탁월한 연설로 아테네 의회와 대중들을 감명시키자, 아테네인들은 그의 청을 들어주는 대신 아테네에 남아 젊은이들에게 수사학을 가르쳐달라고 부탁했다. 이후 고르기아스는 아테네에 남아 소크라테스도 그의 강연을 들으러 갈 정도의 인기를 누렸다. 그는 상당 액수의 돈을 받고 수사학을 가르쳤으며, 오래 살아 주변 여러 도시를 두루 돌아다니면서 즉흥 연설을 했다고 전해진다.[19]

우리가 이제 주목하고자 하는 것은 고르기아스가 그의 《헬레네 예찬》에서 펼친 변론이다. 이 글에서 그는 남편을 버리고 애인을 따라 도망감으로써 트로이전쟁의 원인이 된 스파르타의 왕비 헬레네가 무죄임을 주장했다. 10년이나 걸린 이 전쟁에서 헥토르, 아킬레우스를 비롯하여 헤아릴 수 없이 많은 영웅들이 목숨을 잃고, 결국에는 강대했던 트로이 성마저 한줌 잿더미로 변했는데도 말이다.

짐작건대 고르기아스는 누가 보아도 비난의 대상이었던 헬레네를 변호함으로써, 취하는 입장에 따라 얼마든지 진실을 바꿀 수 있는 반

▲ 자크 루이 다비드, 〈파리스와 헬레네의 사랑〉, 1789, 루브르 박물관, 파리

론술의 힘, 다시 말해 양날을 가진 수사의 힘(또는 자신의 수사 능력)을 과시하려고 했던 것 같다. 그가 소크라테스에게 수사학자는 "사실 자체가 어떤지에 관해서는 알 필요가 전혀 없지만, 대신에 모르는 자들 앞에서 아는 자들보다 더 많이 알고 있는 것처럼 보이게 할 설득의 어떤 계책을 찾아내야 합니다"[20]라고 주장한 것이 그 같은 추측을 가능케 한다.

고르기아스는 수사가 가진 힘을 자주 전능한 신의 능력에 비유하곤 했다. 그는 그런 뜻으로, 오직 그런 뜻으로, 단지 '설득의 말'인 수사를 로고스라고 불렀다. 그리고 "로고스는 가장 강력하다. 로고스는 그 실체가 보이지 않을 정도로 작지만 그것의 행함은 신적이다. 왜냐하면 로고스는 공포를 없애고 슬픔을 몰아내고 기쁨을 심어주고 연민을 가져오기 때문이다"라고 주장하곤 했다. 그럼 그는 헬레네를 변호하기 위해 어떤 설득의 계책을 찾아냈을까?

고르기아스는 "시의 힘은 영혼을 마비시키고 마법을 건다"라며, 산문에 은유, 대환법, 전의법, 돈호법, 대구법 등과 같은 시의 기법들과 문체를 도입한 사람으로 알려졌다. 그럼으로써 그 이전에는 주로 법정에서의 재판적judiciaire 용도와 공공 연설에서의 정치적délibératif 용도로 쓰이던 산문을 문예적elocutio 용도로도 사용하도록 만들었다. 요컨대 고르기아스가 산문에 미사여구법을 본격적으로 사용했다. 이것이 그의 업적이다. 그럼에도 그가 《헬레네 예찬》에서 펼친 변론의 뼈대는 미사여구가 아니라 논증이었다. 고르기아스는 먼저 4가지 가정을 제시한 후 다음과 같이 하나씩 반박해나갔다.

1) 만약 트로이의 왕자 파리스와 벌인 헬레네의 간통 행위가 신의 뜻에 따라 이루어졌다면, 인간은 신에게 저항할 수 없으므로 당연히 무죄다. 2) 설령 파리스의 강압에 의해 그런 일이 벌어졌다고 하더라도 그녀가 비난받을 이유가 없다. 이 경우 비난받아야 할 사람은 가해자인 파리스이고 피해자인 헬레네는 오히려 동정을 받아야 하기 때문이다. 3) 그녀가 설득의 말, 곧 로고스에 넘어갔다면 이 또한 무죄이다. 설득의 말이란 신과 같아서 우리가 저항할 수 없기 때문이다. 4) 그것은 모두 사랑의 신의 일이었다.[21]

어떤가? 그럴듯하지 않은가? 우선 첫 번째 반박에는 '인간은 신에게 저항할 수 없다. 헬레네의 간통 행위가 신의 뜻에 따라 이루어졌다. 그러므로 그녀는 무죄이다'라는 논증이 들어 있다. 두 번째 반박에도 '비난받아야 할 사람은 가해자이고 피해자는 동정을 받아야 한다. 헬레네는 피해자다. 그러므로 그녀는 비난받을 이유가 없다'라는 논증이 들어 있다. 세 번째 반박에는 '설득의 말은 신과 같아서 우리가 저항할 수 없다. 헬레네는 설득의 말에 넘어갔다. 그러므로 그녀는 무죄다'라는 논증이 들어 있다. 마지막 반박도 같다. 그것에는 '사랑이란 인간의 감정으로서는 어찌할 수 없는 신적인 힘이다. 헬레네는 파리스와 사랑에 빠져 도망갔다. 그러므로 그녀는 무죄다'라는 논증이 깔려 있다. 이것이 고르기아스의 변론이 그럴듯하게 (플라톤의 표현으로는 '사실임 직'하게) 들리는 이유다.

흥미로운 것은 세 번째 논증이다. 뭔가 이상하지 않은가? 그렇다. '설득의 말은 신과 같아서 우리가 저항할 수 없다'라는 대전제가 우리에게는 생소하다. 여기에는 수사의 힘을 신적 능력으로 인정하는 고르기아스의 독특한 주장이 담겨 있다. 첫 번째와 두 번째 그리고 마지막 논증과는 달리, 누구나 동의할 수 있는 통념이 아니라 자신의 신념을 대전제로 삼았기 때문에 다른 두 논증과 달리 우리가 동의하기 어려운 것이다.

이것이다! 오늘날 우리의 관점에서 볼 때에는 전제를 부당하게 설정하거나 전제에서 결론의 도출이 '느슨한' 것이 논증적 수사의 특성이다. 그리고 바로 이것이 고르기아스가 수사를 "설득을 만들어내는 기술peithous demiurgos"[22]로 규정하고 자기가 취하는 입장에 따라 마음대로 휘두른 이유이다. 동시에 소크라테스와 플라톤이 수사를 "믿음을 근거로 하는 설득"으로 규정하고 크게 경계한 까닭이기도 하다. 당시 소피스트들은 고르기아스가 그랬던 것처럼, 한편으로는 현란한 문예적 수사를, 다른 한편으로는 느슨한 논증적 수사를 구사하여 대중을 그들의 마음대로 설득해 움직였다.

《헬레네 예찬》보다 100년쯤 후에 쓰인 아리스토텔레스의《수사학》에는 수사의 3대 요소가 로고스logos, 파토스pathos, 에토스ethos라고 되어 있다.[23] 여기서 말하는 로고스가 논증적 수사이고, 파토스가 문예적 수사다. 에토스는 본디 습관, 성품을 뜻하는 그리스어인데, 신뢰할 만한 윤리적 성품을 가리킨다. 도덕적으로 훌륭한 사람의 말이 더 설득력이 높기 때문에 아리스토텔레스는 에토스의 능력을 크게 평가했지만,[24] 윤리적 상대주의를 견지하고 언제든지 입장을 바꿀 수 있는 소피스트들에게는 그리 중요한 사항이 아니었다.[25]

여기서 한 가지 짚고 넘어가야 할 것이 있다. 수사학에 대한 소크라테스(또는 플라톤)의 태도가 일관되지 않았다는 사실이다. 플라톤의 대화편을 살펴보면, 소크라테스는 수사에 대해 두 가지 서로 다른 태도를 취했다.《고르기아스》에서 그는 수사학이 단지 사실임 직하게 보이는 '아첨술'에 불과하다고 힐난했다. 논거로 제시한 비유가 그럴듯하다. 체육은 자신의 신체 본연의 모습을 아름답게 하는 기술이지만 화장은 색을 칠해서 자신의 것이 아닌 '낯선 아름다움'을 끌어들이는 '아첨술'에 불과한데, 수사학이 바로 그렇다는 것이다.[26]

그러나 20여 년쯤 후에 쓰인《파이드로스》에 보면 전혀 다른 이야기를 한다. 여기서 소크라테스는 수사학이 '영혼에 영향을 끼치는 기술'이라고 갑자기 치켜세운다. 그리고 그것이 "재판에서 판사를, 시의회에서 의원을, 국민회의에서 시민들을, 그리고 임의적인 집회에서 사람들을 말로 설득하는 능력이다"[27]라며 '진정한 수사학'에 대한 강의를 시작한다.

소크라테스의 이러한 이중적 태도는 두 가지로 해명할 수 있다. 하나는 그가 고르기아스와 같은 소피스트들이 수사를 상대주의적 변론의 무기로 사용하는 것을 반대하고, 진리를 탐구하는 도구로 사용할 것을 주장했다는 것이다. 그리고 다른 하나는 당시 수사학에 미사여구를 통한 '문예적 수사'와 논증을 도입한 '논증적 수사'가 공존하고 있었는데, 소크라테스는 문예적 수사를 아첨술이라 부르며 좋아하지 않고 논증적 수사는 진정한 수사학이라 부르며 긍정적으로 평가했다는 것이다.

이 말은 의미하는 바도 역시 둘이다. 하나는 늦어도 소크라테스 이후부터는 수사가 단순한 말재주나 문예적 기교를 위해서가 아니고 논증적 성격을 더욱 강하게 띠게 되었다는 것이다. 그리고 다른 하나는 설득을 위한 수사에 대한 고대의 연구가 논리학의 터전을 닦아가고 있었다는 사실이다.

그렇다! 수사학은 시기적으로나 내용적으로나 문학과 논리학의 중간에서 출발했다. 그리고 언제나 문학과 논리학 그 양쪽에 다리를 걸치고 있다. 그 한 다리가 문예적 수사이고 다른 한 다리는 논증적 수사다. 그 하나가 감동시키기에 주력하고 다른 하나가 확증하기에 매진한다. 인간의 마음은 감성과 이성, 두 개의 날개로 날아오르는 새이기 때문이다.

역사를 움직인 두 연설

...

셰익스피어의《율리우스 카이사르》는 수사를 통한 설득의 힘이 얼마나 대단한 것인지를 보여주는 대표적인 고전이다. 이 작품에는 역사를 움직인 연설이 둘 실려 있다. 하나는 법무관 마르쿠스 브루투스M.

J. Brutus의 것이고, 다른 하나는 집정관 마르쿠스 안토니우스M. Antonius의 것이다. 우리의 이야기와 연관해 흥미로운 것은 이 연설들이 각각 문예적 수사와 논증적 수사가 가진 힘을 한자리에서 여실히 보여준다는 사실이다.

기원전 44년 3월 15일이었다, 새봄을 맞은 로마는 그날따라 화창했다. 카이사르(시저)는 파르티아 원정을 앞두고 원로원으로 향했다. 그가 막 원로원 회의장으로 들어서려고 할 때, 한 무리의 의원들이 달려들어 칼로 그를 찔러댔다. 모두 14명이었고 스물세 곳에 상처를 입었다. 그들 가운데는 바로 얼마 전에 프라이토르(법무관)라는 요직에 임명했던 그의 친구 브루투스도 있었다. 카이사르는 브루투스가 마지막으로 칼을 꽂자 "브루투스, 그대마저! 그렇다면 끝이다"라며 허무하게 쓰러졌다.

카이사르의 암살 소식이 전해지자 로마가 발칵 뒤집혔다. 흥분하여

"이유를 말하라. 이유를 말해!" 하고 외치는 군중 앞에 브루투스가 의연히 섰다. 그리고 다음과 같이 외쳤는데, 여기서 셰익스피어의 절묘한 문예적 수사가 빛을 발한다.

로마인이여! 동포들이여, 친구들이여! 나의 이유를 들어주시오. 듣기 위해서 조용히 해주시오. 나의 명예를 생각하시고 나를 믿어주시오. 믿기 위해서 나의 명예를 생각해주시오. 여러분은 현명하게 나를 판단해주시오. 현명하게 판단하기 위해 여러분의 지혜를 일깨워주시오. 만일 여러분 중에 카이사르의 친구가 있다면, 나는 그에게 이렇게 말하고 싶소. 카이사르에 대한 브루투스의 사랑도 그이의 것만 못하지 않다고. 그러면 왜 브루투스는 카이사르에게 반기를 들었느냐고 묻거든, 이것이 나의 대답이오. 내가 카이사르를 덜 사랑했기 때문이 아니라 로마를 더 사랑했기 때문이라고. 여러분은 카이사르가 죽고 만인이 자유롭게 사는 것보다 카이사르가 살고 만인이 노예의 죽음을 당하는 것을 원하시오? 카이사르가 나를 사랑한 만큼 나는 그를 위해 울고, 카이사르에게 행운이 있었던 만큼 나는 그것을 기뻐하고, 카이사르가 용감했던 만큼 나는 그를 존경하오. 그러나 그가 야심을 품었던 까닭에 그를 죽인 것이오. 그의 사랑에 대하여는 눈물이 있고, 그의 행운에 대하여는 기쁨이 있고, 그의 용기에 대하여는 존경이 있고, 그의 야심에 대하여는 죽음이 있소. 여러분 중에 노예가 되길 원하는 비굴한 사람이 있소? 있으면 말하시오. 나는 그에게 잘못을 저질렀소. 여러분 중에 로마인이 되길 원하지 않는 야만적인 사람이 있소? 있으면 말하시오. 나는 그에게 잘못을 저질렀소. 여러분 중에 조국을 사랑하지 않는 비열한 사람이 있소? 있으면 말하시오. 나는 그에게 잘못을 저질렀소. 나는 이제 말을 멈추고 대

답을 기다리겠소.[28]

《수사학》이라는 저술을 남긴 정치가 키케로와도 친분이 있는 웅변가였던 브루투스는 흥분한 로마 시민들의 마음을 이 연설 하나로 돌려놓았다. 셰익스피어는 대문호답게 이 짧막한 연설문 안에 오늘날 우리가 열거법, 대구법, 도치법, 반복법, 문답법, 설의법이라고 부르는 다양한 문예적 수사법을 모두 사용했다. 아무나 쉽게 흉내 낼 수 없는 솜씨이고, 누구나 깜짝 놀랄 설득력을 창조해냈다. 연설이 끝나자 사람들은 모두 "브루투스 만세, 만세, 만세!"를 외쳤다.

자, 여기서 수사법을 효과적으로 익힐 수 있는 흥미로운 작업을 하나 함께 해보자! 그것이 뭐냐고? 셰익스피어가 브루투스의 연설에 사용한 문예적 수사법 가운데 몇 가지를 골라서 오늘날 만들어진 광고문들에서 찾아보자는 것이다. 고대로부터 내려오는 문예적 수사법들은 지금도 문학, 연설, 강연, 설교에서, 그리고 광고문에서 위력을 과시하고 있지만, 그 가운데 광고문은 연설, 강연, 설교문보다 훨씬 짧아 그 효력을 더욱 쉽고 분명하게 파악할 수 있기 때문이다.

먼저 브루투스가 "로마인이여! 동포들이여, 친구들이여!"라고 한 것은 열거법列擧法, enumeration이다. 부분적으로는 각기 자격과 표현적 가치를 가지면서도 비슷한 어구 또는 내용적으로 연결되는 어구를 늘어놓아 전체적인 내용을 강조하는 수사법이다. 광고에서는 "원하는 때, 원하는 것, 원하는 만큼"(IBM), "좋은 생활, 좋은 느낌, 좋은 침구"(레노마 비제바노), "정직한 식품, 정직한 가격, 정직한 친절"(나들이유통), "슈렉을 더 자연스럽게, 더 세밀하게, 더 생생하게!"(HP), "날씬하고, 똑똑하고, 미인인 데다 싱글입니다"(소니 프로젝터) 등이 열거법을 사용한 예다.

이어지는 브루투스의 연설에서 "나의 이유를 들어주시오. 듣기 위해서 조용히 해주시오. 나의 명예를 생각하시고 나를 믿어주시오. 믿기 위해서 나의 명예를 생각해주시오. 여러분은 현명하게 나를 판단해주시오. 현명하게 판단하기 위해 여러분의 지혜를 일깨워주시오"라고 한 말은 대구법對句法, parallelism을 사용했다. 대구법이란 내용이나 어조가 비슷한 문장을 나란히 늘어놓아 생동감을 살리는 표현법인데, "나의 이유를 들어주시오. 듣기 위해서 조용히 해주시오"와 "나를 믿어주시오. 믿기 위해서 나의 명예를 생각해주시오" 그리고 "현명하게 나를 판단해주시오. 현명하게 판단하기 위해 여러분의 지혜를 일깨워주시오"가 같은 구조를 가졌기 때문이다.

광고문에서는 "눈을 보라, 렌즈를 보라"(삼성케녹스), "찌든 때는 쏙쏙, 옷감은 보들보들"(공기방울세탁기), "척~하면 삼천리, 책~하면 Yes24!"(YES24), "Beautiful Life, Beautiful Computer"(IPC), "오래 써서 롱, 절약해서 세이브"(필립스), "젊음에는 한계가 없다, 중앙대학에는 울타리가 없다"(중앙대학교), "아껴두고 싶은 생각이 절반, 모두 불러 모으고 싶은 생각이 절반"(딤플) 등이 대구법을 사용한 예다.

그다음, "나는 그에게 이렇게 말하고 싶소. 카이사르에 대한 브루투스의 사랑도 그이의 것만 못하지 않다고"처럼 정상적인 언어 배열의 순서를 바꿔서 강조하는 수사법이 도치법倒置法, inversion이다. 광고에서는 "담을 넘어라, 여자!"(서울여자대학교), "힘내라, 유산균"(현대약품), "떠나라, 열심히 일한 당신!"(현대카드), "함께 즐겨요, 피자헛"(피자헛), "울어라, 암탉! 나와라, 여자 대통령!"(숙명여자대학교), "함께 가요, 희망으로"(삼성), "달려라, 당신의 발이 깊은 숨을 몰아쉴 때까지"(아디다스)와 같이 쓰였다.

또 "그의 사랑에 대하여는 눈물이 있고, 그의 행운에 대하여는 기쁨이 있고, 그의 용기에 대하여는 존경이 있고, 그의 야심에 대하여는 죽음이 있소"에서는 반복법反復法, repetition을 사용했다. 반복법은 같은 소리나 단어의 반복, 같은 구의 반복, 또는 같은 문장구조의 반복을 통해 의미를 강조하는 기법이다. 이때 브루투스가 한 말은 유사한 문장을 반복한다는 점에서는 대구법과 같지만, "…에 대하여서는 …가 있고"와 같이 똑같은 문구를 반복하기 때문에 반복법이라 한다.

광고로는 "경사 났네 경사 났어"(헤모콘틴), "오래가는 친구가 좋다, 오래가는 맥콜이 좋다"(맥콜), "세계를 가깝게, 미래를 가깝게"(데이콤), "세계가 인정하는 기술, 세계가 인정하는 품질"(삼성), "누군가는 다른 길을 가야 합니다. 누군가는 다른 꿈을 꿔야 합니다"(명지대학), "누가 깨끗한 시대를 말하는가! 누가 깨끗한 소주를 말하는가!(청색시대), "아침마다 힘을 주는 뉴스가 있습니다. 아침마다 힘을 주는 우유가 있습니다"(서울우유), "내 사랑만큼 큰 것이 있다. 내 꿈만큼 큰 것이 있다"(개벽TV), "겨울이 두려워지는 차가 있습니다. 겨울이 기다려지는 차가 있습니다"(코란도) 등 그 예가 숱하다.

그다음에 "그러면 왜 브루투스는 카이사르에게 반기를 들었느냐고 묻거든, 이것이 나의 대답이오. 내가 카이사르를 덜 사랑했기 때문이 아니라 로마를 더 사랑했기 때문이라고"에서처럼 질문을 던지고 그것에 답을 하며 강조하는 기법은 문답법問答法, catechism이다. 광고에서는 "자네 술 좀 한다고? 그럼 진로를 좋아하겠군!"(진로소주), "이럴 때 필요한 건 뭐? 스피드!"(엑스피드), "왜 엄마들은 자녀에게 라면 끓여주기를 미안하게 생각할까? 기름 때문입니다"(매운콩 라면), "결혼이란?

3부 | 생각을 만든 생각들

서로를 올려주는 것"(SK스카이), "결혼이란? 반은 버리고 반은 채우는 것"(선우), "컬러 있는 남자가 좋다! 넌? 컬러 있는 여자가 좋다!"(삼성 애니콜) 같은 광고문이 이 기법을 사용했다.

"여러분은 카이사르가 죽고 만인이 자유롭게 사는 것보다 카이사르가 살고 만인이 노예의 죽음을 당하는 것을 원하시오?"처럼 자기가 주장하려는 특정한 대답을 겨냥하여 질문하는 기법은 설의법設疑法, interrogation이다. "사랑만 갖고 사랑이 되니?"(롯데칠성), "콩으로 쑤었는데도 안 믿어?"(대한보증보험), "당신의 카드결제일은 안녕하십니까?"(굿머니클라이언트), "친구야, 우리 처음 탄 세발자전거 생각나니?"(LG카드), "그대의 발은 산소를 충분히 호흡하고 있는가?"(아디다스), "모두가 한결같이 말했다, 우리가 과연 되겠어?"(나이키), "관광수입 세계 1위, 미국엔 디즈니랜드가 있습니다. 관광수입 세계 2위, 프랑스엔 유로 디즈니가 있습니다. 우리에겐 무엇이 있습니까?"(롯데월드)나 "세균을 키우는 에어컨을 사시겠습니까? 세균을 잡는 에어컨을 사시겠습니까?"(센추리에어컨) 같은 광고문이 설의법을 사용했다.

여기서 멈추자. 오늘날 사용되는 문예적 수사법이 줄잡아도 60가지가 넘는다. 이런 예를 들자면 한도 끝도 없다. 그런데 놀라운 것은 역시 셰익스피어다. 브루투스의 연설이 증명하듯이 그는 문예적 수사법의 천재였지만, 거기에서 그치지도 않았다. 한 걸음 더 나아갔다. 그것이 무엇일까? 브루투스의 연설에 이어 단상에 오른 안토니우스의 연설을 들어보면 알 수 있다.

나는 카이사르의 장례식에 조사를 드리러 왔습니다. 카이사르는 나의 친구였고, 진실했고 공정하였습니다. 그런데 브루투스는 그를 야심가라고 했습니다. 그럼에도 브루투스는 인격이 높으신 분입니다. 카이사르는 많은 포로들을 로마로 데려왔습니다. 그 배상금은 모두 국고에 넣었습니다. 이것이 카이사르가 야심가다운 것입니까? 가난한 사람들이 굶주려 울면 카이사르도 같이 울었습니다. 야심이란 좀 더 냉혹한 마음에서 생기는 겁니다. 그런데 브루투스는 그를 야심가라고 했습니다. 그럼에도 브루투스는 인격이 높으신 분입니다. 여러분은 루페르칼리아 축제 때 내가 세 번씩이나 카이사르에게 왕관을 바쳤는데도, 그가 세 번 다 거절한 것을 보았습니다. 이것이 야심입니까? 그런데 브루투스는 그를 야심가라고 했습니다. 그럼에도 브루투스는 확실히 인격이 높으신 분입니다. 나는 브루투스가 한 말을 반박하려는 것이 아닙니다. 다만 내가 아는 것을 이야기할 따름입니다.[29]

이것은 그날 안토니우스가 한 긴 연설 가운데 짧은 한 부분이다. 그럼에도 우리의 이야기를 하는 데는 충분하다. 우선 문예적 수사법을 보면, 안토니우스는 이 연설에서 브루투스가 사용한 열거법(카이사르는 나의 친구였고, 진실했고 공정하였습니다)과 설의법(이것이 카이사르가 야심가다운 것입니까?) 외에도 그가 사용하지 않은 반어법反語法, irony을 매우 효과적으로 사용했다.

반어법은 강조하려는 내용을 오히려 반대로 표현하는 기법이다. 위의 연설에서는 안토니우스가 브루투스의 위선적 행위를 지적하고 곧바로 "그럼에도 브루투스는 인격이 높으신 분입니다"라고 말하는 것이 바로 반어법이다. 그럼으로써 브루투스의 위선을 훤히 드러나 보이게 만들었다. 광고에서는 "꼭 011이 아니어도 좋습니다"(SK텔레콤), "아직도 썸씽스페셜은 많은 분들께 드리지 못합니다"(썸씽스페셜), "너

▲ 조지 에드워드 로버트슨, 〈안토니우스의 웅변〉, 1864.

무 귀한 클럽을 선보이게 되어 대단히 죄송합니다"(지아크 골프) 등이
그렇다.

반어법도 적절히 사용하면 탁월한 효과를 내는 문예적 수사다. 하
지만 이것 때문에 셰익스피어가 한 걸음 더 나아갔다고 한 것이 아니
다. 그가 내딛은 '작지만 큰' 한 걸음은 그가 이 같은 문예적 수사들뿐
아니라 논증적 수사도 함께 사용했다는 데에 있다.

"카이사르는 많은 포로들을 로마로 데려왔습니다. 그 배상금은 모
두 국고에 넣었습니다. 이것이 카이사르가 야심가다운 것입니까?"를
보라. 이 말에는 우선, 카이사르가 야심가가 아니라는 특정한 대답을
겨냥하여 질문하는 설의법이 들어 있다. 하지만 그게 다가 아니다. 그
와 함께 고대의 논증적 수사의 상징인 '예증법例證法, paradeigma'이 들어
있다.

예증법은 제시된 예를 증거로 결론을 이끌어내는 논증법이다. 카이사르가 많은 포로들을 데려오고 배상금을 국고에 넣었다는 것이 그가 야심이 없는 사람이라는 증거다. 이어지는 연설에서도 마찬가지다. 가난한 사람들이 굶주려 울면 카이사르도 같이 운 것이 또한 그 증거다. 무엇보다도 세 번씩이나 왕관을 바쳤는데도 세 번 다 거절한 것이 그가 야심이 없는 사람이라는 흔들리지 않는 증거다. 이렇듯 안토니우스는 그의 연설에 문예적 수사법뿐 아니라 예증법이라는 논증적 수사법도 함께 사용했다.

이제 곧 뒤에서 보게 되겠지만, 예증법은 아리스토텔레스도 찬사를 아끼지 않을 만큼 강한 대중적 설득력을 갖고 있다. 그래서 안토니우스의 연설은 누구도 거역할 수 없는 설득력을 갖게 되었다. 연설이 끝나자 불과 차 한 잔 마실 시간 전에 "브루투스 만세, 만세, 만세!"를 외치던 로마 시민들의 태도가 삽시에 바뀌었다. "복수다. 찔러 죽여라! 반역자들은 한 놈도 살려두지 말자!"라고 앞다투어 부르짖었다. 이것이 논증적 수사의 힘이다!

설득의 여신 페이토는 2개의 무기를 갖고 있다. 하나는 꽃이고, 다른 하나는 칼이다. 하나는 문예적 수사이고, 다른 하나는 논증적 수사다. 나중의 것이 더 강하다. 물론 함께 쓰면 무적이다. 그래서 안토니우스가 브루투스를 이겼다.

수사학 여인의 풍유

. . .

중세에 수사학이 어떤 성격을 갖고 어떤 위치에 있었는지를 알려주

▲ 〈수사학 여인의 풍유〉, 판화, 1503.

는 풍자화 하나가 전해 내려온다. 16세기 독일 카르투지오 수도회 carthusian 수사이자 인문 작가인 그레고르 라이쉬G. Reisch, 1467~1525가 1503년에 출간한《철학헌장》에 실린 〈수사학 여인의 풍유〉라는 판화이다.

그림의 한가운데에 설득의 여신 페이토를 연상케 하는 '수사학의 여인'이 낭만적인 자태로 앉아 있다. 그 뒤에 동서로 분리된 기독교를 통합하고 〈로마 대법전〉을 편찬한 유스티니아누스 황제가 한 손에는 기독교를 상징하는 형상을 들고, 다른 한 손에는 법전leges을 들고 서 있다. 여인의 주변은 각 학문을 대표하는 학자들이 여인을 숭배하듯 둘러싸고 있다. 아리스토텔레스가 자연철학naturalia을, 로마 시인 베르길리우스가 시학poesis을, 로마의 웅변가이자 정치가인 세네카가 윤리학ethica을, 역사가 살루스티우스가 역사학historia을 두 손으로 공손히 떠받쳐 들고 서 있다.

그림에 나타난 이 같은 위치 배정은 수사학이 가진 우월적인 위치를 나타내는 것은 물론이거니와, 동시에 그것이 법학, 자연철학, 시학, 윤리학, 역사학 같은 다른 학문들과 면밀하게 연관되어 있다는 것을 보여주고 있다. 여인이 그윽한 눈길로 베르길리우스를 바라보며 오른손을 뻗어 그가 들고 있는 시학을 잡고 있는 것은 수사학과 시학의 관계가 막역함을 과시하고 있다. 그리고 여인이 왼손으로 살루스티우스가 들고 있는 역사학 책을 잡고 있는 것은 수사학에서 역사적 사례의 인용이 중요하다는 것을 암시하고 있다.

수사학 여인이 입고 있는 드레스 하단에 돌아가며 쓰인 'colores'는 화려한 미사여구법을 상징하고, 'enthymema'와 'exemplum'은 각각 아리스토텔레스의 '생략삼단논법'과 '예증법'을 뜻한다. 둘 다 아리스토텔레스가 높이 평가한 뛰어난 논증적 수사법이다. 또, 여인은 입에 백합과 칼을 물고 있는데, 백합은 연설, 토론, 논쟁에서 문예적 수사의 매혹과 심미성을, 칼은 논증적 수사의 냉혹과 예리함을 각각 뜻한다.

여인 밑으로 그림의 하단에 한 무리의 사람들이 'senatus populusque romanus(로마 원로원과 시민)'이라 쓰인 벤치에 앉아 있고 그들 앞에 키케로가 앉아 그들에게 무엇인가를 설명하고 있는데, 그 옆에 한 사내가 서 있는 모습이 보인다. 이것은 키케로가 원로원에서 밀로Milo를 변호하고 있는 장면인데, 이것은 실제로 있었던 일로 키케로의 수사 능력을 증명한 유명한 사건이다. 무슨 사건이고 키케로가 어떤 멋진 변론을 했는지에 대해서는 뒤에서 다시 설명할 것이다.

우리는 이제 수사학 여인의 드레스에 적힌 예증법과 생략삼단논법, 그리고 대증식, 연쇄삼단논법과 같은 수사적 논증에 대해 차례로 알아보려 한다.

앞서 밝힌 대로, '수사적 논증'은 '논증적 수사'와 같은 말이다. 수사학적 측면에서 말할 때에는 '논증적 수사'라고 하고, 논리학적 측면에서 이야기할 때는 '수사적 논증'이라 한다. 그것이 수사적 요소와 논증적 요소를 함께 갖고 있기 때문이다. 이것은 수사라고 하기에는 너무 딱딱하지만 논증이라고 하기에는 너무 느슨하다. 그래서 현대 논리학에서는 타당한 논증으로 허용되지 않는다. 현대 논리학자들은 이런 논증을 형식논리학이 확립되기 이전 과도기에 사용되던 미숙한 단계의 논리학으로 취급한다.

일면 맞는 말이다. 그럼에도 우리의 일상 언어생활에서는 고대나 중세뿐 아니라 지금까지도 여전히 수사적 논증이 부단히 사용되고 있다. 아니, 수사학의 부활과 함께 오히려 오늘날 더 빈번하고 유용하게 사용되고 있다. 특히 프레젠테이션, 연설, 설교, 토론, 광고 또는 논술 등에서 말이다. 실용성, 이것이 중요한 게 아닌가? 그렇다면 수사학적 논증을 단지 고대의 미숙한 논리학이라고 보기보다는 '논증의 자연언어적 형태' 내지 '유연한 논리학soft logic'이라고 보는 것이 마땅하다.

역사적으로 보면 수사적 논증은 프로타고라스와 고르기아스 이후 일어난 수사학 열풍을 타고 등장한 안티폰, 리시아스, 이사이오스, 이소크라테스 등을 포함한 '아테네 10인의 웅변가'들에 의해 계승되고 개발되었다. 이들은 다른 사람들의 연설문을 작성해주는 '산문 작가'로, 또는 수사학 선생으로 생활하며, 문예적 수사와 논증적 수사를 함께 연구했다. 나중에 아리스토텔레스가 《수사학》에서 정리한 다양한 수사적 논증의 형태들이 이들의 연설문이나 변론에서 이미 선보이기 시작했다. 바르트가 옳게 평가했듯이, "아리스토텔레스에 있어서 수사학은 무엇보다도 입증의 수사학, 추론의 수사학, 거의 삼단논법(생략삼단논법)과 같은 수준이었다. 이것은 '대중'의 수준, 즉 상식 혹은 일반적인 생각의 수준에 자발적으로 격하되어 맞춰진 논리학이다."[30] 그것을 유형별로 자세히 살펴보면, 이렇다.

1) 적당한 예를 들어 주장을 내세우는 예증법, 2) 전제들 중 일부를 생략하는 생략삼단논법, 3) 좀 더 확고한 주장을 하기 위해서 오히려 전제마다 설명을 넣어 확장하는 대증식, 4) 한 논증의 결론을 다시 논증의 전제로 사용하여 다른 결론을 이끌어내는 연쇄삼단논법 등이다. 어느 경우든 오랜 세월 동안 실천적 사용 과정에서 필요에 따라 얻어진 매우 '실용적'인 것들이다. 다음은 바르트의 말이다.

수사학은 아리스토텔레스의 '사실임 직함', 다시 말하자면 '대중이 가능하다고 생각하는 것'이 판치는 소위 대중적인 우리 문화의 산물과 걸맞게 될 것이다. 수많은 영화·신문 연재소설·상업광고들은 아리스토텔레스의 규칙을 표어로 삼고 싶어 한다. 이 규칙은 '그럴듯하지 못한 가능성보다 불가능한 사실임 직함이 더 낫다'는 것이다.[31]

이미지가 선명한 모델들의 몸값이 비싼 이유

· · ·

먼저 예증법이다. 고대로부터 내려오는 수사적 논증 기법 가운데 가장 널리 사용되며 또한 가장 뛰어난 설득력을 가진 것으로 알려져 있기 때문이다. 우리는 앞에서 안토니우스의 추모 연설을 통해 예증법이 무엇이고, 또 어떤 능력을 가졌는지를 이미 한 번 맛보았다. 그리스어로 'paradeigma'로(수사학 여인의 치맛단에는 라틴어로 'exemplum'으로) 표기되는 예증법은 예를 근거로 하여 자신의 주장을 내세우는 수사적 논증이다.[32]

예컨대 '나쁜 음식은 몸을 병들게 한다. 마찬가지로 나쁜 생각은 정신 건강을 해친다'가 우리가 일상적으로 사용하는 언어 가운데 예증법을 사용한 경우다. '나쁜 음식은 몸을 병들게 한다'라는 잘 알려진 예를 근거로 '나쁜 생각은 정신 건강을 해친다'라는 자신의 주장을 내세운 것이다. 좀 더 세련된 예로는 러시아의 대문호 레프 톨스토이L. Tolstoy, 1828~1910의 격언들을 들 수 있다. "건강이 육체와 관계가 있듯, 사랑은 영혼과 관계가 있다"거나 "깊은 강물은 돌을 던져도 흐려지지 않는다. 모욕을 당했다고 화를 내는 사람은 얕은 사람이다" 등이 그렇다.

모두가 누구나 아는 사례를 전제로 해서 뒤따라오는 결론을 이끌어낸 경우다. 그래서 아리스토텔레스는 《수사학》에서 "예증법은 부분에서 전체로 나아가는 추론(귀납법)도 아니고, 그렇다고 전체에서 부분으로 진행하는 추론(연역법)도 아니다. 그것은 부분과 부분이 유사성을 갖고 있고 그중 하나가 잘 알려진 것일 때, 그 잘 알려진 한 부분에서 다른 한 부분으로 진행하는 추론"[33]이라고 정의했다. 탁월한 정의다.

이 말에서 주목해야 할 것이 '부분과 부분이 유사성을 갖고 있고'와 '그중 하나가 잘 알려진 것'이라는 말이다. 예증법에서는 제시된 예가 결론을 이끌어내는 논리의 근거이기 때문에, 예가 누구나 수긍할 만해야 하고, 전제가 되는 예와 결론이 되는 주장이 면밀한 유사성을 갖고 있어야 한다는 뜻이다. 예증법을 뜻하는 'paradeigma'의 본래 의미가 '본보기'다. 본이 될 만한 예를 제시해야 한다. 고대의 저명한 수사학자 퀸틸리아누스Quintilianus, 35?~95?가 든 예를 보자.

로마를 스스로 떠났던 플루트 연주자들도 원로원의 포고에 의해 다시 불러들였다. 하물며, 공화국에 많은 업적을 쌓았으나 시대의 불운으로 추방된 시민들을 다시 불러들이는 것은 당연하지 않은가.[34]

이 논증의 장점은 플루트 연주자들도 다시 불러들였다는 잘 알려진 역사적 사례가 추방된 시민들을 불러들이는 일에 정당한 근거가 된다는 데에 있다. 왜냐하면 시민들은 스스로 로마를 떠난 것도 아니고 더구나 많은 업적까지 쌓았기 때문이다. 이처럼 예증법에서는 적합한 예를 선정하는 것이 무엇보다 중요하다. 그래서 생각나는 글이 있다. 《장자》의 〈추수〉편에 나오는 이야기다.

장자莊子, 기원전 365~ 기원전 290가 복수漢水에서 낚시를 했다. 초楚나라 왕이 두 대부大夫를 보내 이렇게 말을 전했다.

"바라건대 나라의 일로 번거로움을 끼치고 싶습니다."

장자가 낚싯대를 손에 쥔 채 돌아보지도 않고 물었다.

"내가 들으니 초나라에는 신성한 거북神龜이 있는데, 죽은 지 이미 3,000년이나 되었으며, 왕이 이를 비단보에 싸서 상자에 담아 묘당廟堂에 간직해두었다고 하오. 이 거북의 처지에서 보면 죽어서 껍데기를 남겨 귀하게 대접받는 것을 바랐겠소, 아니면 꼬리를 진흙 속에 끌며 사는 걸 바랐겠소?"

두 대부가 대답했다.

"차라리 살아서 꼬리를 진흙 속에 끄는 것을 바랐겠지요."

장자가 말했다.

"가시오. 나도 진흙 속에 꼬리를 끌겠소."

어떤가? 고개가 절로 끄덕여지지 않는가? 장자가 든 예가 그를 모시러 먼 길을 온 두 대부도 딴소리를 할 수 없을 만큼 탁월하기 때문이다.

예증법의 강점은 강한 설득력에 있다. 9개의 복잡한 설명보다 1개의 적절한 예가 더 강한 설득력을 가진다. 그래서 예증법은 고대로부터 뛰어난 웅변가나 설교자, 정치인 그리고 학자들의 사랑을 독차지해왔다. 알고 보면, 동서고금의 성현들도 모두 예증법의 천재였다. 석가, 공자, 소크라테스, 예수, 노자, 장자 등 모두가 예를 들어 교훈하길 즐겼다. 이들의 경전들은 예증법으로 가득 차 있다. 다음은 예수의 가르침이다.

너희 중에 아들이 빵을 달라는데 돌을 줄 사람이 어디 있으며, 생선을 달라는데 뱀을 줄 사람이 어디 있겠느냐? 너희는 악하면서도 자기 자녀에게 좋은 것을 줄 줄 알거든, 하물며 하늘에 계신 너희의 아버지께서야 구하는 사람에게 더 좋은 것을 주시지 않겠느냐?[35]

신이 인간에게 그들이 원하는 것을 모두 들어준다는 예수의 가르침은 우리의 경험상 믿기 그리 쉬운 말이 아니다. 만일 그렇다면 세상 그 누가 가난하고 불행하겠는가. 하지만 "너희 중에 아들이 빵을 달라는데 돌을 줄 사람이 어디 있으며, 생선을 달라는데 뱀을 줄 사람이 어디 있겠느냐?"라는 단 하나의 예가 순식간에 이 말을 추호도 의심할 수 없는 교훈으로 만들어놓았다. 어떤가? 그렇지 않은가? 전혀 믿기지 않는 말까지도 도저히 거부할 수 없게 만드는 힘! 이것이 예증법이 가진 놀라운 설득력이다.

소크라테스는 또 어땠는가. 플라톤이 남긴 《크리톤》에 보면, 소크라테스는 감옥에서 죽음을 기다리면서도 평정심을 잃지 않고 친구들을 교훈하고 또 위로했다. 그 가운데는 그의 죽마고우인 크리톤이 있었는데, 그는 소크라테스를 해외로 도피시킬 모든 준비를 마치고 그를 데리러 온 것이다. 그런데 소크라테스가 응하지 않자, 두 사람 사이에는 상대를 설득하려는 치열한 논쟁이 벌어졌다.

이때 소크라테스가 다음과 같이 물었다. "그렇다면 운동을 하면서 장차 그것을 직업으로 삼으려는 사람이, 세상 모든 사람의 칭찬이나 비난 그리고 의견들을 무조건 받아들여야 할 것인가, 아니면 의사나 운동 코치 같은 전문가들의 의견만을 존중해야 할 것인가?"[36] 그리고 이어서 "어머니에게든, 아버지에게든 횡포를 부리는 것은 불경한 짓이라는 것과 마찬가지로 조국의 법에 대해서도 횡포를 부리는 것은 불경한 짓이네"[37]라고 설득했다.

결국 소크라테스가 이겼다. 생각해보자. 소크라테스가 크리톤을 설득한 방법이 무엇이었는가? 예증법이다! 소크라테스는 대중의 말이 아니라 올바른 말을 따라야 한다는 것을 주장할 때에는 운동선수가 의사나 운동 코치 같은 전문가들의 의견만을 존중해야 한다는 것을 예로 들었다. 또 국가의 법에 복종해야 한다는 주장을 내세울 때는 자식이 부모에게 횡포를 부려서는 안 된다는 예를 들었다. 그러자 크리톤이 할 말을 잃었다.

동서고금의 성현들이 남긴 경전은 이처럼 예증법으로 가득 찬 보물창고다. 혹시 추호라도 의심스럽거든 당신이 직접 찾아보라. 아마 가르침 하나하나에 빠짐없이 적합한 예들이 들어 있을 것이다. 그것들을 하나씩 찾아보며 놀라는 즐거움은 당신에게 남겨둔다. 그렇지만 어디 옛 성현들의 경전에서뿐이겠는가! 예증법은 오늘날에도 설득력이 필요한 곳이면 어디에서나 모습을 드러내 그 놀라운 효력을 발휘한다.

서점에 깔린 프레젠테이션 책들을 펼쳐보라! 그 안에는 전하려는 메시지를 다양한 매체들(비디오, 애니메이션, 사진, 차트 등)을 이용한 예들을 통해 제시하라고 저마다 권한다. 성직자들이 가장 자주 찾는 책이 설교나 강론에서 사용할 예화들을 모아놓은 '예화집'이라는 것은 공공연한 비밀이다. 우리나라 정치인들은 자신의 심중이나 각오를 국민에게 밝힐 때 고사성어故事成語를 자주 사용한다. 이것 역시 고사성어 안에 담긴 옛이야기를 예로 들어 자신의 뜻을 표현하는 일종의 예증법이다.

'예를 들어 말하라!'는 이미 오래된 격언이다. 만일 당신이 어떤 형식이든 글을 쓴다면 그때에도 이 격언을 따르는 것이 좋다. 추상적이고 개념적인 이론을 나열하는 방법만으로는 자신의 주장을 독자들에게 전하기가 어렵다. 개인적인 에세이든 학문적인 글이든 사정은 마찬가지다. 따라서 특히 대중을 향해 글을 쓰는 저자들은 누구나 적합한 예를 찾기에 골몰한다. 그렇다면 당신은 이제 알아챘을 것이다, 왜 이 책의 거의 모든 쪽마다 예들이 들어 있는지를! 이 책도 역시 예증법을 사용하고 있다.

만일 당신이 강의나 강연을 한다면 더구나 망설이지 말고 예증법부터 사용하라! 아이들이든, 성인들이든, 설명이나 묘사보다는 예를 드는 것을 좋아한다. 이해가 빠르고 분명하기 때문이다. 게다가 말은 글과 달라 삽시에 사라지기 때문에 더욱 그래야 한다. 뛰어난 강연자들은 모두 예증법의 달인이다.

그뿐 아니다. 경쟁 업체의 경영 방식을 면밀히 분석한 자료를 예로 들어 자사의 경영 방식을 제시하는 벤치마킹 보고서나 독일의 통일을 예로 들어 우리나라의 통일 방법을 제시하는 식의 논문들도 사실은 예증법을 사용하고 있다.

간단하지만 강한 설득력, 이것 때문에 예증법은 광고에서도 자주 사용된다. 아니, 알고 보면 거의 대부분의 광고가 예증법을 '간접적이든 직접적이든' 사용한다. "세상은 믿기지 않을 만큼 고대의 수사학 기법으로 가득하다"라는 롤랑 바르트의 말이 옳다면, 그것은 예증법 때문이라고 생각하면 틀림없다! 오늘날 광고는 믿기지 않을 만큼 예증법으로 가득 차 있다. 무슨 소리인지, 주변을 한번 살펴보자!

멋진 젊은 남성이 입고 걷는 의류, 품위 있는 중년 남성이 운전하는 대형 승용차, 아름다운 여성이 바르는 화장품, 몸매가 날씬한 여성이 마시는 저칼로리 음료, 머릿결이 고운 여성이 선전하는 샴푸 등, 높은 몸값의 모델을 내세운 거의 모든 광고는 예증법을 사용하고 있다. '멋진', '품위 있는', '아름다운', '날씬한', '고운' 모델을 대표적인 예로 보여줌으로써, 소비자도 모델처럼 '멋지게', '품위 있게', '아름답게', '날씬하게', '곱게' 될 수 있음을 간단하지만 강력하게 주장하고 있다.

물론 이때에도 예증법이 가진 설득력은 그 예가 얼마나 적절한지에 달려 있다. 적절하지 않은 예는 논증의 설득력을 오히려 떨어뜨린다. 이것이 성격이 확실하고 강한 이미지를 가진 모델들의 몸값이 비싼 이유가 아니겠는가!

백발백중의 명사수가 되려면

• • •

자, 이제 관건은 우리가 어떻게 하면 예증법을 용이하게 그리고 효과적으로 사용할 수 있는가이다. '적합한 예를 골라라!'가 첫 번째 금언이다. 당연한 일이지만 쉬운 일은 아니다. 여기에 우리의 고민이 있다. 그러나 해법 없는 문제란 없는 법이다. 예로부터 뛰어난 설교자, 연설가, 정치가 그리고 학자들은 평소에 다양한 예들을 수집, 정리하여 필요할 때마다 곧바로 사용할 수 있는 '자료집'을 준비했다. 그 기원이 아리스토텔레스가 쓴 《오르가논》의 제5권 《토피카》에서 시작되었다고 해서 '토피카topica' 또는 영어로 '토픽topic'이라고 부른다.

《토피카》는 본래 변증법 연구서다. 아리스토텔레스는 추론을 논증법과 변증법으로 구분했다. 논증법은 참된 결론을 이끌어내는 추론이고, 변증법은 사실임 직한 결론, 곧 개연적 결론을 이끌어내는 추론이라고 규정했다. 오늘날 용어로는 논증법은 연역법이라는 의미이고 변증법은 넓은 의미에서 귀납법이라는 뜻이다. 따라서 그의 《토피카》에는 일반인이 상투적으로 사용하는 귀납법을 사례별로 모아, 그것들이 모순을 범하지 않고 두루 쓰일 수 있도록 정리해놓은 것이 들어 있다.

예컨대 '모든 쾌락은 선이다'와 같은 개연적이고 상투적인 주장을 '모든 쾌락은 선이다. 왜냐하면 모든 고통은 악이기 때문이다'와 같이 논증의 형태로 구성해놓은 것이다. 그것을 키케로, 퀸틸리아누스 같은 후세의 수사학자들이 더욱 발전시켜 필요할 때마다 자주 사용하곤 했다. 그러다 보니 우리말로는 보통 '이야기 터' 또는 '말 터'라고 번역되는 토피카는 본래의 뜻이나 용도에서 벗어나 '변론이나 연설에서 자주 사용되는 상투어들을 주제별로 모아놓은 자료집'이 되었다.

그 안에는, 예컨대 법정 변론을 시작할 때 자신은 웅변가가 아니라고 낮추어 말하고 상대의 재능을 치켜세우는 허례로 시작하는 식의 고대의 수사학적 상투어들이 들어 있다. 또 장소locus를 묘사하는 상투어들도 있었는데, 이것이 나중에 소설과 같은 근대문학에 반드시 등장하는 배경 묘사의 시원이 되었다. 그 외에도 중세에 '터무니없는 일'에나 '별꼴 다 보겠네'라는 식으로 쓰였던 "늑대가 양을 보고 도망치겠네"와 같이 일상생활에서 자주 사용하는 상투적인 말들도 포함되어 있었다.

물론 논증에서 근거로 사용되는 상투어들도 있었다. 대강 우리의 속담에 해당하는 말들이다. 예를 들면 "시작이 있었다면 끝남도 있을 것이다", "빛이 있는 곳에는 어둠도 있을 것이다", "얻은 것이 있다면 잃은 것도 있기 마련이다", "건축 자재가 쌓여 있는 것을 보면, 곧 집

　　　　　　　　　3부 | 생각을 만든 생각들

이 지어질 것을 안다", "아비를 때린 자가 남인들 못 때리겠느냐"와 같은 것들이다.

당신에게 권하는 토피카는 바로 이런 자료집이다. 만일 당신이 말이나 글을 통해 다른 사람을 움직이는 사람이 되고 싶다면, 다시 말해 설득력 있는 프레젠테이션, 연설, 설교, 토론 등을 하고 싶거나 뛰어난 에세이, 칼럼 또는 논설문을 쓰고 싶다면, 평소에 이런 토피카를 준비하고 있어야 한다. 그러다가 필요한 때마다 즉각적으로 꺼내 사용해야 한다. 그 안에는 다양한 주제의 고사성어, 격언, 속담, 역사적 사실, 인정된 학설 등은 물론이고 최신 통계 자료들도 있어야 한다. 그래야만 어떤 주제가 주어지더라도 곧바로 꺼내 적절하게 사용할 것이 아닌가.

일간 신문에 자신의 칼럼 코너를 운영하는 필자들은 대부분 방대한 토피카를 미리 준비해 갖고 있다. 가만히 살펴보라! 그들은 예를 들면 "한무제 때 소무는…"과 같은 고사나, "열 길 물속은 알아도 한 길 사람 속은 모른다는 속담이 있다. …"와 같은 속담, "《삼국지》에 보면 '계륵鷄肋'이라는 말이 나온다. …"와 같은 고사성어, "1912년 4월 15일 타이타닉호가 침몰했다. …"와 같은 역사적 사실, 또는 "찰스 다윈의 진화론은…"과 같은 인정된 학설들을 예로 들어 날마다 주어지는 시사 문제에 대한 자신들의 주장을 쉽게 펼쳐내곤 한다.

물론 주제를 자유롭게 선정할 수 있는 경우도 있다. 이때에는 당신이 갖고 있는 자료 가운데 가장 멋지고 특별한 예를 고른 다음 그것에 맞는 주제를 찾는 것이 좋다. 설령 좋은 주제라 하더라도 예가 좋지 않으면 포기하라는 말이다. 그리고 이때에도 토피카가 필요하긴 마찬가지다. 이런 이야기를 할 때마다 내가 꺼내는 흥미로운 일화가 있다.

《탈무드》에 나오는 이야기다.

한 랍비가 유명한 설교자인 친구에게 "여보게, 야곱! 자네는 설교 때마다 어떻게 그렇게 주제에 꼭 맞는 예를 찾아내나?"라고 물었다. 그러자 그 설교자는 이번에도 역시 다음과 같은 예화를 하나 들어 친구에게 대답했다.

"어떤 명사수가 있었다네. 그는 오랫동안 수련을 받고 사격 대회에서 여러 번 우승을 한 다음 휴식을 취하려고 고향에 돌아왔어. 그런데 그가 보니, 어떤 집 앞마당에 있는 벽에 분필로 많은 원들이 그려져 있는데 모든 원의 한가운데 총탄 자국이 나 있었다네. 그는 깜짝 놀라 수소문을 한 끝에, 사격수를 찾아냈어. 그런데 놀랍게도 그 사람은 맨발에 누더기를 걸친 소년이었다는 거야. 그래서 누구에게 사격술을 배웠는지 물었다네. 그러자 소년은 '아무에게도 배우지 않았어요. 저는 먼저 담벼락에 총을 쏘고 난 다음 분필로 총구멍 주위에 원을 그렸어요' 하고 대답했다네. 사실은 나도 마찬가지야. 나는 평소에 재치 있는 비유나 사례를 모아놓았다가 거기에 알맞은 주제를 찾아 교훈한다네."[38]

주제에 적합한 소재를 고르든, 소재에 맞는 주제를 고르든, 어쨌든 토피카는 필요하다. 당신이 백발백중의 설득력을 가지려면 말이다. '지금 당장 토피카를 만들어라!' 이것이 두 번째이자 가장 중요한 금언이다.

한데 기억해야 할 것이 한 가지 더 있다. 오늘날 사람들은 말에서든, 글에서든 창의성을 요구한다. 이러한 상황은 남들이 다 사용하는 상투적 표현이 오히려 중요시되던 고대나 중세와 크게 다른 점이다.

따라서 토피카를 만들되, 가능한 한 자신만의 독특한 토피카를 만드는 것이 좋다. 가장 좋은 것은 스스로 독창적인 토피카를 개발하는 것이겠지만, 쉬운 일이 아니다. 그래서 해야 할 일이 있다. 평소에 신문을 읽거나 책을 볼 때 새로운 내용이나 고개가 끄덕여지는 전문 지식이 눈에 띄면 곧바로 스크랩 또는 메모를 해 모아놓아야 한다.

그다음으로 해야 할 것이 당신이 내세우려는 주제와 적합한 예를 당신의 토피카 가운데에서 골라 서로 연결하는 일인데, 여기에도 몇 가지 요령이 있다.

a) 수용가능성acceptability이 있는 예여야 한다.

이것이 광고에서 아름다운 여성이 화장품을 선전하고, 날씬한 여성이 저칼로리 식품을, 멋진 남성이 양복을 선전하는 이유다.

b) 예와 주장 사이에 면밀한 연관성relevance이 있어야 한다.

독일의 통일을 예로 들어 우리나라의 통일 방법을 제시하는 것은 둘 사이에 면밀한 연관성이 있기 때문이다.

c) 반론가능성refutation이 작아야 한다.

장자가 사용한 거북이 예에 대해 두 대부들이 반론을 할 수 없었기에 수긍했다.

어디 장자의 경우뿐이겠는가! 예수, 소크라테스의 가르침을 비롯해 위에서 소개한 모든 예들은 이 세 가지의 조건을 완벽하게 충족시키고 있다. 그래서 뛰어난 설득력을 갖게 된 것이다. 자, 여기서 질문을 하나 해보겠다! 만일 소크라테스가 광고를 한다면 어떻게 만들었을까? 당신의 생각은 어떤가? 내 생각에는 아마 그는 자기가 아첨술에 불과하다고 평한 미사여구들은 사용하지 않았을 것이다. 그 대신 분명 예증법을 사용했을 것이다.

아마 머릿결이 고운 여인을 골라 테살로니키에서 생산한 올리브유를 선전하게 하지 않았을까? 아니면 몸이 아름다운 청년을 내세워 윤곽이 잘 드러나는 옷감인 페블론(고대 그리스 사람들이 몸에 걸쳤던 베일처럼 하늘거리는 천)을 광고하게 하지 않았을까? 어쩌면 말이나 글은 아예 생략하고 이미지나 영상만을 사용했을지도 모른다. 예증법의 힘을 과시하기 위해서 말이다. 오늘날에는 이런 방법이 전혀 새로운 것이 아니지만, 당시에는 매우 혁신적인 광고 전략이었을 것이다.

껍데기는 가라

• • •

생략삼단논법은 증명을 위한 것이라기보다는 설득을 위한 것이다. 수사학 여인 치맛자락에 예증법과 함께 나란히 새겨져 있다는 것이 바로 생략삼단논법이다. 형식논리학적으로는 불완전하지만, 일상에서는 그만큼 널리 쓰이고 효과가 좋다는 뜻이다. 우리가 아는 삼단논법은 형식적으로 보통 2개의 전제와 1개의 결론, 즉 3개의 언어적 표현으로 이루어져 있다. '모든 사람은 죽는다. 소크라테스는 사람이다. 그러므로 소크라테스는 죽는다'는 누구나 아는 예다. 그런데 여기에서 '소크라테스는 사람이다. 그러므로 소크라테스는 죽는다'처럼 전제 가운데 하나를, 때로는 결론까지도 생략한 것을 '생략삼단논법'이라 한다.[39]

아리스토텔레스는 이것을 '수사학의 삼단논법' 또는 '실천적 삼단논법'이라고도 불렀다. 우리의 일상 언어생활 속에서 '실제로 사용되는' 삼단논법이라는 뜻이다. 그는 《수사학》에서 다음과 같이 설명했다.

가령 도리에우스Dorieus가 자신이 승리의 대가로 월계관을 받았다는 결론을 끌어내기 위해서는 '그는 올림피아에서 승리자였다'고 말하는 것으로 충분할 뿐이다. 여기에 '올림피아에서 승리자는 월계관을 받는다'는 말을 덧붙일 필요가 없다. 왜냐하면 이런 사실은 모든 사람이 알고 있기 때문이다.[40]

주목해야 할 것은 전제의 생략이 논증을 결코 약화하지 않는다는 것이다. 오히려 강화한다. 짧고 강렬하기 때문이다. 누구나 아는 진부한 내용을 다시 언급하는 데서 오는 싫증을 덜어냄으로써 자연스러운 맛까지 살려낸다.

17세기 프랑스의 신학자이자 문법학자인 피에르 니콜P. Nicole, 1625~1695은 동료인 아르노와 함께 쓴 《포르루아얄Port-Royal 논리학》에서, 이런 생략으로 인하여 논증은 더 간략하게 되고 담론은 더 강렬하고 생기 있게 된다고 역설했다.[41] 아리스토텔레스도 《수사학》에서 "틀림없이 사람들은 예증을 통해 행해진 실재적 담론에 더 많이 설득되기는 하지만, 생략삼단논법에 의한 담론에 더 찬사를 보낸다"[42]라며 생략삼단논법을 적극 옹호했다.

사람들이 생략삼단논법에 찬사를 보낸다는 것은 그것이 우리의 일상 언어생활 속에 이미 깊숙하게 침투해 있다는 것을 말한다. 예컨대 "휘발유 값이 오른다. 공급이 부족하기 때문이다"라는 신문 기사나 "착한 일을 했으니 아이스크림 사줄게"라는 엄마의 말이 우리가 흔히 접할 수 있는 예다. 전자는 '공급이 부족하면 물건 값이 오른다. 휘발유 공급이 부족하다. 그러므로 휘발유 값이 오른다'라는 삼단논법에서 '공급이 부족하면 물건 값이 오른다'는 전제를 생략한 것이다. 그리고 후자는 '착한 일을 하면 상을 준다. 너는 착한 일을 했다. 그러므로 아이스크림을 사준다'에서 '착한 일을 하면 상을 준다'를 생략한 것이다.

이처럼 자연언어적 표현에는 생략삼단논법이 일상적으로 사용되고 있다. 단지 우리가 의식하지 못할 뿐이다. 물론 일상 언어 외에도 이런 형식의 말들이 수도 없이 많다.

오래되었지만 우아한 예로 로마의 시인 오비디우스N. Ovidius, 기원전 43~기원후 17의 작품에 나오는 "너를 간직할 수 있었다. 따라서 너를 잃을 수도 있으리라Servare potui, perdere an possim rogas!"라는 시구詩句를 들수 있다. 이것은 '간직할 수 있는 것은 잃을 수도 있다. 나는 너를 간직할 수 있었다. 때문에 나는 너를 잃을 수도 있다'라는 삼단논법 가운데 '간직할 수 있는 것은 잃을 수도 있다'라는 전제를 생략하고 시적으로 표현한 것이다.

바르트가 〈옛날의 수사학〉에서 예로 든 "달은 울퉁불퉁하다. 왜냐하면 달은 사방으로 빛을 반사하기 때문이다"도 생략삼단논법에 의해 만들어진 문장이다. 이것은 《포르루아얄 논리학》에 적힌, "사방으로 빛을 반사하는 모든 물체는 울퉁불퉁하다. 달은 사방으로 빛을 반사한다. 그러므로 달은 울퉁불퉁하다"라는 삼단논법 가운데 '사방으로 빛을 반사하는 모든 물체는 울퉁불퉁하다'라는 전제를 생략해 만든 것이다.[43]

그럼 오늘날에는 어떤가? 광고문들 중에 생략삼단논법을 사용한 것이 특히 많다. 짧은 문구 안에 논증을 담아야 하기 때문이다. 그래서 과격하게, 심지어는 결론마저도 생략한 경우가 있다. 예컨대 "A는 어머니 손맛으로 만들었습니다"와 같은 광고문이 그렇다. 이것은 '어머니 손맛이 최고의 맛이다. A는 어머니 손맛으로 만들었다. 그러므로 A는 최고의 맛이다'에서 전제 하나와 결론까지 과감히 생략하고 만든 광고문이다.

프랑스의 언어학자인 장미셸 아당J.-M. Adam이 그의 동료와 함께 쓴 《광고논증》에는 "나는 자연 그대로의 것을 좋아하고, 내 얼굴은 몽사봉(monsavon, 프랑스의 비누 브랜드)을 좋아한다"라는 광고문이 생략삼단논법의 예로 소개되어 있다. 아당은 이 광고문이 '나는 자연 그대로의 것을 좋아한다. 몽사봉은 자연 그대로의 것이다. 그러므로 내 얼굴은 몽사봉을 좋아한다'라는 삼단논법에서 '몽사봉은 자연 그대로의 것이다'라는 전제를 생략한 것이라고 했다.[44]

아마 당신은 지금 '좋다! 그럼 어떤 전제를 생략하고 어떤 전제를 남겨야 하나, 아무거나 생략할 순 없지 않은가?' 하고 묻고 싶을 것이다. 왜냐하면 당신도 역시 오비디우스의 시구나 장미셸 아당이 소개한 광고문같이 간결하면서도 멋지고 설득력 있는 말과 글을 구사하고 싶을 것이기 때문이다. 그렇지 않은가?

아리스토텔레스가 《수사학》에 답을 해놓았다. 1) 확실한 단서 tekmériaon이거나, 2) 사실임 직한 것eikos이거나, 3) 단서가 될 만한 지표sēmēion인 전제로부터 출발하라고![45] 이 말은 이런 전제가 아닌 전제를 생략하고 이것들에서부터 결론을 이끌어내야 한다는 뜻이다. 그러나 그것은 애초부터 모호하고 혼란스러운 원칙이었다. 그래서 반드시 따라 해야 할 이유가 없다.

뒤에서 보겠지만, 사실인즉 어느 것을 생략해도 별문제가 없다. 때문에 오늘날에는 그때그때 '필요한 것을 남겨두고 불필요한 것을 생략하라'는 것이 옳은 답이다! 학자들은 전통적인 삼단논법에서 대전제가 생략된 것을 1차 생략삼단논법이라고 하고, 소전제가 생략된 것을 2차 생략삼단논법이라고 하며, 결론을 생략한 것은 3차 생략삼단논법이라고 부르기도 한다.

정말이냐고? 의심스럽다면 우선 아리스토텔레스 자신이 예로 든 도리에우스의 경우를 살펴보자. 아리스토텔레스는 '도리에우스가 승리의 대가로 월계관을 받았다'는 결론을 내기 위해서 '그는 올림피아에서 승리자였다'는 '확실한 단서'는 남겨두고, '올림피아에서 승리자는 월계관을 받는다'라는 말을 생략해야 한다고 했다. 이유인즉, 바로 이런 사실은 '모든 사람이 알고 있기 때문'이다.

자, 그럼 보자. 이렇게 만들어진 생략삼단논법은 당연히 '도리에우스가 승리의 대가로 월계관을 받았다, 올림피아에서 승리자였기 때문이다'가 된다. 대전제가 생략된 1차 생략삼단논법이다. 그렇지만 아리스토텔레스가 생략한 대전제를 남기고, 남겨둔 소전제를 생략하면 어떻게 될까? '올림피아에서 승리자는 월계관을 받는다. 도리에우스가 승리의 대가로 월계관을 받았다'가 된다. 어떤가? 이렇게 하면 2차 생략삼단논법이 된다. 이것 역시 생략삼단논법으로 아무 손색이 없다.

"너를 간직할 수 있었다. 따라서 너를 잃을 수도 있으리라"라는 오비디우스의 시구도 다시 보자. 이것은 앞에서 언급한 대로 '간직할 수 있는 것은 잃을 수도 있다'라는 대전제를 생략해 만든 1차 생략삼단논법이다. 그렇지만 반대로 생략된 대전제를 살려 '간직할 수 있는 것은 잃을 수도 있다. 따라서 너를 잃을 수도 있으리라'라고 소전제를 생략한 2차 삼단논법으로 만들어도 별문제는 없지 않은가? 물론 시적

감흥은 좀 떨어지지만 말이다.

"달은 울퉁불퉁하다. 왜냐하면 달은 사방으로 빛을 반사하기 때문이다"라는 바르트의 예도 마찬가지다. 역시 대전제를 생략한 1차 생략 삼단논법인데, 여기서 소전제를 생략하고 대전제를 살려 '달은 울퉁불퉁하다. 왜냐하면 사방으로 빛을 반사하는 모든 물체는 울퉁불퉁하기 때문이다'라고 하면 어떤가? 오히려 더 명쾌하지 않은가? 보통의 경우 대전제를 살리는 것이 소전제를 살리는 것보다 덜 멋지지만 더 분명하다. 이 점에서 흥미로운 것은 장미셸 아당이 앞에서 든 예다.

"나는 자연 그대로의 것을 좋아하고, 내 얼굴은 몽사봉을 좋아한다"라는 광고문은 '나는 자연 그대로의 것을 좋아한다. 몽사봉은 자연 그대로의 것이다. 그러므로 내 얼굴은 몽사봉을 좋아한다'라는 삼단논법에서 '몽사봉은 자연 그대로의 것이다'라는 소전제를 생략해서 만들어졌다. 2차 생략삼단논법이다. 그런데 어떤가? 이보다는 대전제를 생략하고 소전제를 살려 '몽사봉은 자연 그대로의 것이다. 그러므로 내 얼굴은 몽사봉을 좋아한다'가 더 자연스럽지 않은가?

그렇다면 장미셸 아당의 광고문은 잘못 만들어진 것인가? 그건 아니다! 이 광고문은 정작 강조하려는 내용인 '몽사봉은 자연 그대로의 것이다'라는 전제를 생략함으로써 오히려 그것을 모든 사람이 알고 있는 사실처럼 만들어 강조하는 효과를 얻어내고 있다. 광고에서는 이런 전략까지도 사용된다.

수사적 논증은 이렇게 오직 실용성만을 겨냥해 진화해왔다. 그래서 심지어는 앞에서 예로 든 "A는 어머니 손맛으로 만들었습니다"와 같이 전제만 언급되고 결론을 생략한 3차 생략삼단논법이 종종 사용되기도 한다. '진정한 기독교인은 허황되지 않다. 그런데 교회에 다니는 사람들 중에는 허황된 사람들이 있다'가 그 한 예다. 문맥으로 보아 '교회에 다니는 사람들 중에는 진정한 기독교인이 아닌 사람이 있다'가 이 생략삼단논법의 결론이다. 그러나 이 같은 결론은 굳이 말하고 싶지 않기 때문에, 아니면 말하지 않는 것이 더 큰 울림을 주기 때문에 생략한 것이다.

정리하자면, 당신이 말이나 글로 자기주장을 자연스러우면서도 설득력 있게 표현하려면 진부하거나 불필요한 전제들을 생략한 생략삼단논법을 되도록 자주 사용하는 것이 좋다. 대다수의 매력적인 시구들과 상당수의 매혹적인 광고문들에서 이 기법이 발견되는 것이 그래서다. 어느 전제를 생략할 것인가는 아리스토텔레스에서 바르트에 이르는 많은 학자들이 내놓은 (그래서 여러 책에서, 심지어는 본인의 《설득의 논리학》에서도 소개된) 복잡하면서도 불완전한 이론들을 굳이 따를 것이 없다. 새로운 원칙은 이것이다. 필요한 것을 남기고 불필요한 것을 모두 버려라!

그렇다고 해서 필요한 것까지 버려서는 안 된다. 예를 들면 서양에는 "좋은 술에는 나뭇가지가 필요 없다"라는 속담이 있다. 이것은 '좋은 술을 파는 술집에는 간판(또는 광고)이 필요 없다'는 뜻으로 통한다. 왜냐하면 서양에서는 술집 간판으로 나뭇가지를 다발로 묶어 내거는 것이 고대 로마시대부터 내려오는 전통이기 때문이다. 그렇다면 이 속담은 '나뭇가지가 술집 간판이다. 좋은 술이 나뭇가지보다 더 좋은 술집 간판이다. 그러므로 좋은 술에는 나뭇가지가 필요 없다'라는 논증 가운데 결론만을 남겨 사용하는 경우라고 볼 수 있다.

우리 속담들도 대부분 그렇듯이, 동서양을 막론하고 속담에는 과감한 생략이 있기 마련이다. 그래서 그 의미는 모른 채, 용법만 알고 사용하는 경우가 흔하다. 이 속담의 경우도 마찬가지다. 오늘날에는 서양인들조차 술집 간판으로 나뭇가지를 다발로 묶어 내거는 전통을 잘모른다. 때문에 이 속담이 제대로 이해되려면, 전제 가운데 적어도 하나, '나뭇가지가 술집 간판이다'든, '좋은 술이 나뭇가지보다 더 좋은술집 간판이다'든, 하나는 남겨두어야 한다. 그렇지 않겠는가? 시대나상황 또는 목적에 따라 생략해야 할 부분과 남겨두어야 할 부분이 다르다는 뜻이다. 이와 연관해 바르트가 든 예도 흥미롭다.

바르트는 영화 '007 시리즈' 가운데 〈골드 핑거〉에 나오는 두 가지죽음, 곧 '욕조 안의 감전사'와 '온몸을 금으로 칠해 생긴 질식사'를 예로 들어 설명했다. 즉, 욕조 물속에 있는 사람에게 전기가 흐르는 가전제품을 던져 넣으면 감전되어 죽는다는 것은 모든 사람이 알고 있는 사실이다. 때문에 감독은 이에 대한 설명은 생략할 수 있다. 하지만 온몸에 금칠을 하면 숨을 쉴 수가 없어서 결국 질식사한다는 것은'드문 일'이기 때문에 이에 대한 설명은 생략할 수 없다는 것이다. 실제로 영화에는 전자에 대한 설명은 없지만 후자를 설명하는 대사가삽입되어 있다.[46]

여기서 한 가지 분명히 짚고 가야 할 것이 있다. 얼핏 생략삼단논법처럼 보이지만 따져보면 타당한 논증이 아니고 단순한 자기주장이나오류인 경우가 있다는 사실이 그것이다. 심지어 세상에는 일부러 이같은 수법을 사용하는 사람들이 종종 있다. 불순한 의도를 가진 선동가들이 대개 그런데, 자칫하면 속아 넘어갈 수가 있다. 그렇다면 상대가 사용한 생략삼단논법이 논증인지 아니면 단순한 자기주장이나 오류인지를 알아내려면 어떻게 해야 할까? 여기에는 방법이 있다.

a) 숨겨진 전제를 찾아라!

b) 숨겨진 전제가 생략 가능한지, 즉 불필요한지를 살펴라!

c) 숨겨진 전제가 불필요하면 논증으로, 그렇지 않으면 단순 주장 내지 오류로 취급한다.

예를 들어 '아테네는 마케도니아에 멸망했다. 왜냐하면 적과 맞붙어 싸우기에 충분한 병사들을 갖지 못했기에'는 논증이다. 그러나 '아테네는 마케도니아에 멸망했다. 왜냐하면 자유 기업의 정신을 갖지 못했기에'는 단순 주장이다. 전자에서 생략된 전제인 '적과 맞붙어 싸우기에 충분한 병사들이 없으면 나라가 망한다'는 보편타당하기 때문에 반드시 필요한 전제라고 할 수 없다. 생략해도 된다는 뜻이다.

하지만 후자의 생략된 전제인 '자유 기업의 정신을 갖지 못하면 나라가 망한다'는 보편타당하지 않기 때문에 생략하면 안 된다. 그럼에도 생략할 경우에는 그 속내에 다른 꿍꿍이가 있는 경우가 보통이다. 때문에 보편타당하지 않은 전제가 생략되었을 경우에는 그것을 찾아내 상대의 주장이 논증이 아니고 단순한 자기주장 또는 오류임을 증명할 수 있다. 다시 말해 만일 상대가 후자와 같은 주장을 한다면 당신은 "자유 기업의 정신을 갖지 못한 국가는 모두 망하는가?"라고 반문함으로써 논박할 수 있다.

바르트는 생략삼단논법에는 생략된 전제가 무엇인지를 찾아내는 "진행 과정의 매력, 곧 여행의 매력"이 있다고 말했다. 옳은 말이다! 당신도 평소에 우리가 흔히 사용하는 속담, 격언, 시구 내지 광고문들, 아니면 소설이나 영화 스토리 가운데 생략삼단논법이 깔려 있는지, 그렇다면 생략된 전제가 무엇인지를 찾아내는 매력적인 여행을 '틈틈

이' 즐겨보길 바란다.

때로는 당신의 아이들과 함께 (마치 '빈칸 채우기 게임'처럼) 속담이나 격언 또는 광고문에 숨겨진 생략된 전제를 찾아내는 게임을 해보라! 단언컨대, 당신도 모르는 사이에 당신과 아이들의 논리적 사고 능력이 길러지는 것은 물론이거니와, 매력 넘치는 표현력과 강한 설득력이 자라나는 보너스까지 따라올 것이다.

조목조목 증거를 대라

• • •

대증식epicheirema은 다음에 설명할 연쇄식과 함께 오히려 확장된 '복합삼단논법polysyllogism'이다.[47] 이 논증법은 전제 하나하나마다 그것을 증명하는 증거를 붙임으로써 설득력을 강화하자는 목적으로 만들어졌다. 따라서 그 기본 구조는 '[전제 1]─[전제 1 증거]─[전제 2]─[전제 2 증거]─[결론]', 이렇게 다섯 부분으로 이루어진다.

앞에서 우리는 라이쉬의 판화 〈수사학 여인의 풍유〉의 하단에 키케로가 원로원에서 밀로를 변호하고 있는 장면이 그려진 것을 보았다. 16세기까지도 수사학을 이야기할 때는 이 사건이 거론되고 있었다는 것을 알 수 있다. 1,500년이라는 시간을 거스르는 이 유명한 사건에서 키케로가 살인죄로 기소되어 법정에 선 밀로를 구해 수사학의 힘을 여실히 증명해 보여주었기 때문이다. 〈밀로를 대신하여〉라는 당시 변론이 전해 내려오는데, 여기서 키케로가 사용한 것이 바로 대증식이다.[48] 요약하여 정리하면 이렇다.

전제 1: 자신을 죽을 함정에 빠뜨리는 자를 죽이는 것은 허용된다.

증거 1: 자연법과 인간의 권리를 통한 증명.

전제 2: 클로디우스는 밀로를 죽을 함정에 빠뜨렸다.

증거 2: 증인들에 의한 제 사실 증명.

결론: 밀로에게 클로디우스를 죽이는 것이 허용된다.

대증식은 삼단논법의 틀을 갖추었기 때문에 형식적으로 타당valid 할 뿐 아니라, 각 전제가 참임을 증명하는 증거가 첨부되어 있기 때문에 내용도 건전sound하다. 논리적으로뿐 아니라 사실적으로도 옳다는 뜻이다. 대증식이 지닌 강점이다. 그래서 대증식은 판결문이나 외교 문서에 모범적인 모델로 인정되어 지금까지도 변함없이 사랑받고 있다. 그뿐 아니다. 기자들의 논설문과 학생들의 논술문에도 모범이 된다. 바르트가 쓴 〈옛날의 수사학〉에는 다음과 같은 사례가 소개되어 있다.

1965년 3월, 중국 학생들이 모스크바에 있는 미국 대사관 앞에서 시위를 했는데, 소련 경찰이 이들을 강제로 체포함으로써 진압했다. 중국 정부가 이 진압에 항의하자, 소련 정부는 외교 문서를 통해 키케로의 변론에 견줄 만한 멋진 대증식으로 답변했다.[49] 그 내용을 정리하면 다음과 같다.

전제 1: 모든 국가에는 존중되어야 할 외교 규범이 존재한다.

증명 1: 그 예로 중국에도 이러한 규범이 있다.

전제 2: 모스크바에 있는 중국 학생들이 이 외교 규범을 위반했다.

증명 2: 불법 폭력 시위를 증명할 만한 여러 가지 사례들을 제시.

결론: 시위 학생 체포에 대한 중국 정부의 항의는 받아들일 수 없다.

이처럼 상당수의 대중식에서는 모범적인 예가 증거로 제시되기도 한다. 이런 경우 대중식은 삼단논법과 예증법을 결합한 형태의 논증이라 할 수 있다. 최강의 조합이다! 이것이 대중식이 강한 설득력을 가진 이유다.

다른 예를 들어보자. 세계적인 컨설팅 회사인 맥킨지Mckinsey의 프레젠테이션 기법을 소개하는 진 젤라즈니G. Zelazny가 쓴《맥킨지, 발표의 기술》에는 바람직한 프레젠테이션 모델이 단 1개 소개되어 있다. 그것이 무엇일까? 저자는 ○○은행의 미국 진출을 제안하는 프레젠테이션을 다음과 같이 고안해 모델로서 제시했다.[50]

목표	○○은행은 미국 시장을 기회로 잡기 위한 노력을 계속해야 한다.
예비 주제	A. 미국 경제의 강점
	B. 수익 잠재력
	C. 실현 가능성
주제 A	미국 경제의 강점
근거	1. 세계 GNP 가운데 가장 큰 비중
	2. 최대의 무역 규모
	3. 해외 투자가 증가할 것으로 예상
결론 A	미국은 세계 경제를 주도하고 있다.
주제 B	수익 잠재력
근거	4. 엄격한 비용 관리

	5. 확고한 경쟁력
	6. 기타
결론 B	미국 산업의 수익성이 높다.
주제 C	실현 가능성
근거	7. 분할된 시장
	8. 외국 문물을 쉽게 수용하는 고객
결론 C	진입 장벽은 극복할 수 있다.
결론 요약	A. 미국은 세계 경제를 주도하고 있다.
	B. 미국 산업의 수익성이 높다.
	C. 진입 장벽은 극복할 수 있다.
제안	진출하라!

이 프레젠테이션의 구조와 대증식의 구조를 비교해보라. 그러면 당신은 곧바로 이 프레젠테이션에서 젤라즈니가 '결론 A', '결론 B', '결론 C'라고 부른 것은 각각 대증식의 [전제 1], [전제 2], [전제 3]에 해당하고, 각각의 결론을 뒷받침하는 '근거'들은 대증식의 [증거]들에 해당하며, 마지막으로 '제안'은 [결론]에 해당한다는 것을 알게 될 것이다. 이렇듯 대증식은 오늘날 프레젠테이션에서도 사랑받고 있다.

어디 그뿐이랴! 칼럼이나 논술문에서는 또 어떤가. 전문가들은 이상적인 논술문을 a) 논지가 분명하고, b) 결론에 도달하게 하는 주장들의 논거가 확실한 글이라고 말한다. 그런데 논지가 분명하다는 것은 무슨 뜻인가? 여러모로 설명할 수 있겠지만, 수사학적으로 보면 결론을 이끌어내는 과정이 논리적이라는 것을 말한다. 그리고 결론에 도달하게 하는 주장들의 논거가 확실하다는 것은 또 무엇인가? 결론에 도달하게 하는 각 전제들을 뒷받침하는 증거나 사례가 주어졌다는 것을 말한다. 그렇다면 대중식은 전문가들이 말하는 이상적인 논술문에 적합한 형식임이 분명하다.

칼럼도 마찬가지다. 게다가 주제나 논거들까지 창의적이면 무엇을 더 바라겠는가. 예를 들어 어떤 사람이 강을 막아 댐을 만들려는 개발 계획에 반대하는 내용의 신문 칼럼이나 논술문을 쓰려고 한다고 하자. 그러면 그는 대중식에 의해 다음과 같은 구조의 글을 쓸 수 있다.

전제 1: A강 개발은 저수용 댐을 만들려는 목적을 달성하기 어렵다.
증명 1: 지층이 석회암으로 구성되어 있어 저수 능력이 빈약하다.
　　　　(외국의 사례를 첨부한 지질 전문가들의 연구 보고 소개)
전제 2: A강 개발은 그로 인한 피해가 막대하다.
증명 2: 효과 대비 과다한 개발비에 관한 자료, 자연환경 파괴 사례
　　　　등을 제시.
결론: A강 개발 계획은 철폐되어야 한다.

물론 이것은 칼럼이나 논술문의 뼈대가 되는 논증의 구조, 곧 개요일 뿐이다. 따라서 완전한 글이 되려면 내용을 채워 넣어야 하고, 서론도 붙여야 한다.

그런데 살펴보자. 위의 논증에는 '목적을 달성하기 어렵고 피해가 큰 개발 계획은 철폐되어야 한다'는 전제가 생략되었다. '일반적 통념'에 속하기 때문이다. 흥미로운 것은 여기에서 생략된 전제를 서론의 개요로 사용할 수 있다는 것이다. 그럼으로써 논술문은 완벽한 대중식 논증을 따르게 되는 것인데, 실제로 이런 형식으로 쓴 뛰어난 신

문 사설, 칼럼이나 논술문을 자주 볼 수 있다. 기억해야 할 것은 당신도 대중식을 따라 쓰면 '어렵지 않게' 그런 글을 쓸 수 있다는 것이다. 대중식이 논리적 글쓰기의 길라잡이다. 그저 따라가면 된다!

꼬리에 꼬리를 물게 하라

· · ·

아리스토텔레스의 연쇄식aristotelian sorites, 또는 간단히 줄여 연쇄식이라고도 불리는 연쇄삼단논법sorites syllogism은 둘 이상의 삼단논법을 모아 하나의 연결체로 만듦으로써 자신의 주장을 더욱 강조하는 논증법이다.[51] 방법은 앞에 전개된 삼단논법의 결론을 다음에 오는 삼단논법의 전제로 사용하여 연결하는 것이다. 따라서 연쇄삼단논법의 기본 구조는 '[전제 1]―[전제 2]―[결론 1]―[전제 3]―[결론 2]'와 같은 식으로 이루어진다. 이때 [결론 1]이 [결론 2]의 전제 가운데 하나로 사용된다. 간단한 예를 들어 보자.

자석의 코일에 전기저항이 없으면 에너지가 열로 소모되는 일이 없다. 초전도 자석의 코일에는 전기저항이 전혀 없다. 때문에 에너지가 열로 소모되는 일이 없다. 이것은 에너지를 적게 들이고도 강력한 자장을 유지할 수 있다는 것을 말한다. 따라서 초전도 자석의 코일은 에너지를 적게 들이고도 강력한 자장을 유지할 수 있다.

이 문장은 아래와 같은 연쇄삼단논법에 의해 구성되었다.

전제 1: 자석의 코일에 전기저항이 없으면 에너지가 열로 소모되는 일이 없다.

전제 2: 초전도 자석의 코일에는 전기저항이 전혀 없다.

결론 1: 때문에 초전도 자석의 코일에는 에너지가 열로 소모되는 일이 전혀 없다.

전제 3: 에너지가 열로 소모되는 일이 없다는 것은 에너지를 적게 들이고도 강력한 자장을 유지할 수 있다는 것을 말한다.

결론 2: 따라서 초전도 자석의 코일은 에너지를 적게 들이고도 강력한 자장을 유지할 수 있다.

이처럼 연쇄삼단논법은 앞에 전개된 삼단논법의 결론을 다음에 오는 삼단논법의 전제로 사용하여 전체 문장을 하나의 논리적 연결체로 만들어준다. 따라서 틈을 타 반박할 논리적 허점을 허락하지 않는다. 마치 영화 〈아이언맨〉의 주인공처럼 철로 된 갑옷을 입은 것과 같다. 논문이나 학문적 저술들이 어김없이 연쇄삼단논법으로 구성되는 까닭이 이 때문이다. 물론 이런 경우에는 3개나 4개가 아니라 더 많은 전제들이 이어지는 것이 보통이다.

이 부문에서 가장 유명한 예가 독일의 철학자 라이프니츠G. W. Leibniz가 인간의 영혼이 영원불멸하다는 것을 증명하기 위해 펼친 연쇄삼단논법이다. 과제가 어려운 만큼 "인간의 영혼이란 그것의 활동이 사고인 그런 것이다. 활동이 사고인 것은…"으로부터 시작하여 무려 10개의 전제가 꼬리에 꼬리를 물고 이어지다가 마침내 "그러므로 인간의 영혼은 영원불멸이다"라는 결론에 당도한다.[52] 인상적이긴 하지만 골치 아픈 형이상학적 이야기인지라 내용 소개는 생략한다. 그러나 그 구조만은 밝히고 싶은데, 마침 아이들이 하는 말놀이 가운데 논증은 아니어도 '꼬리에 꼬리를 무는 형식'의 것이 있다.

"원숭이 엉덩이는 빨개, 빨간 건 사과, 사과는 맛있어, 맛있는 건 바나나, 바나나는 길어, 긴 것은 기차, 기차는 빨라, 빠른 건 비행기, 비행기는 높아, 높으면 백두산"이 그것이다. 라이프니츠의 경우처럼 연쇄삼단논법이 길어지면 딱 이런 식이 된다. 이제 당신도 연쇄삼단논법이 무엇인지 감을 잡았을 것이다.

연쇄삼단논법은 당신이 보는 신문 칼럼이나 사설, 그리고 논술문들에서 얼마든지 쉽게 찾아볼 수 있다. 어디 그뿐인가. 수많은 광고들 안에도 들어 있다. 예를 들면 이렇다.

번화한 거리에서 정장을 차려입은 남성 또는 여성 모델이 멋진 승용차에 올라타는 장면이 나오고, 거리의 사람들이 부러운 눈길로 바라보는 장면이 이어진다. 다음에, 그 승용차를 모는 모델의 은은한 미소와 함께 승용차의 이름(A)과 로고가 화면에 뜬다. 이런 식의 TV 광고는 흔하디흔하다. 그렇지 않은가? 이런 광고는 모두 다음과 같은 형식의 연쇄삼단논법을 뼈대로 제작된 것이다.

전제 1: 당신은 남들이 부러워하는 사람이 되고 싶다.

전제 2: 사람들은 멋진 차를 가진 사람을 부러워한다.

결론 1: 따라서 당신은 멋진 차를 갖고 싶다.

전제 3: A가 사람들이 부러워하는 멋진 차다.

결론 2: 그러므로 당신도 A를 사라(사야 한다).

그런데 여기서 잠깐! 이 TV 광고에는 이 논증만 들어 있는 것이 아니다. 영상도 함께 보여주기 때문에 예증법도 함께 들어 있는 셈이다. 앞에서 이미 언급한 대로 광고 모델들은 하나의 모범적인 예다. 곧 당신도 이 제품을 구매한다면 모델처럼 멋지게, 아름답게, 매력 있게 보일 수 있다는 본보기다. 그렇다면 이 광고는 연쇄삼단논법과 예증법이 결합한 연쇄대증식인 셈이다.

이것은 무엇을 말하는가? 지금까지 소개해온 수사적 논증들이 단독으로 쓰이지 않고, 두 가지 이상의 기법을 함께 사용하는 경우가 많다는 사실이다. 광고뿐 아니라 수사가 사용되는 모든 현장에서 그렇다. 우리의 언어가 우리가 생각하는 것보다 훨씬 경제적이고 실용적이게끔 진화했기 때문이다.

다른 예를 들어보자. "자식을 지나치게 가르치면 안 된다. 동료에게 질투를 사기 때문이다"라는 고대 로마의 격언이 있다. 이 격언을 자세히 살펴보면 연쇄삼단논법과 생략삼단논법이 함께 사용되었음을 알수 있다. 먼저 아래와 같은 연쇄삼단논증이 만들어졌다.

> 전제 1: 동료에게 질투를 사면 안 된다.
> 전제 2: 동료보다 뛰어나면 동료에게 질투를 산다.
> 결론 1: 그러므로 동료보다 뛰어나면 안 된다.
> 전제 3: 자식을 지나치게 가르치면 동료보다 뛰어나게 된다.
> 결론 2: 따라서 자식을 지나치게 가르치면 안 된다.

여기에서 [전제 2], [결론 1], [전제 3]을 생략하고, [전제 1]과 [결론 2]만으로 구성된 생략삼단논증을 격언으로 사용한 것이다. 꼼꼼히 따져보면 상당수의 격언, 속담, 표어 그리고 광고문이 바로 이런 방식으로 만들어졌다.

장미셸 아당이 《광고논증》에서 예로 든 광고도 그렇다. 여성 모델이 화장품을 선전하는 이 광고에는 "둘시네아는 피부가 부드러워요. 그러나 나는 싫어요"[53]라는 광고문이 나온다. 둘시네아가 누구던가? 스페인의 문호 세르반테스Cervantes, 1546~1616의 소설 《돈키호테》에서 돈키호테가 그리는 이상형의 여인이 아니던가? 그런데 왜 그녀가 싫다는 걸까? 이 광고는 우선 아래와 같은 연쇄삼단논법으로 구성되었다.

전제 1: 사람들은 피부가 부드러운 여자를 좋아한다.
전제 2: 둘시네아는 피부가 부드럽다.
결론 1: 그러므로 사람들은 둘시네아를 좋아한다.
전제 3: 나는 (같은 여자이기 때문에) 사람들이 좋아하는 여자를 싫어한다.
결론 2: 따라서 나는 둘시네아를 싫어한다.

그다음 이 연쇄삼단논증에서 [전제 1], [결론 1], [전제 3]을 생략하고, [전제 2]와 [결론 2]만으로 구성하여 만든 생략삼단논증이 바로 위의 광고문이다.

이런 식으로 만들어진 속담과 격언, 광고와 광고문들을 우리는 자주 신문, 잡지, TV에서, 그리고 일상생활에서 만난다. 모두 짧으면서도 강한 설득력을 가진 멋진 말들이다. 비록 독자나 시청자들은 그 안에 숨겨진 논증 기법들을 알아채지 못하지만 말이다. 전략은 이것이다. 가능한 한 꼬리에 꼬리를 물게 해라. 그다음, 가능한 한 껍데기를 버려라! 꼬리에 꼬리를 물수록 강해지고 껍데기를 버릴수록 짧고 매혹적인 광고문이 된다.

3부 | 생각을 만든 생각들

정리하자면, 만일 당신이 반박할 논리적 허점을 허락하지 않는 에세이, 보고서, 논술문 같은 글을 쓰고자 한다면, 연쇄삼단논법을 사용하라! 그런데 만일 당신이 욕심을 내 이보다 더 강력한 연쇄삼단논법을 전개하길 바란다면, 전제들마다 증거들을 예로 첨부하는 연쇄대중식으로 만들어라! 그러나 당신이 강력하지만 짧고 매혹적인 표어나 광고문을 쓰려고 한다면, 연쇄삼단논증 내지 연쇄대중식을 만든 다음 불필요한 것들은 과감히 버리는 생략삼단논법을 함께 사용하라! 당신이 무엇을 상상하든 그 이상의 표어나 광고문이 나올 것이다.

백지의 공포에서 잘 다듬어진 능란함으로

• • •

오늘날에는 수사학이 어디에서도 중요한 학문이 아니다. 중고교 교육과정에는 물론이고, 커뮤니케이션 이론이나 법률적 수사학을 다루는 학과를 제외한다면, 대학에서조차 수사학을 강의하지 않는다. 그래서 막상 배우려고 해도 배울 곳이 없다. 이것은 근대 교육의 특성이자 현대 교육의 맹점이다. 우리나라에서는 한때 논술이라는 이름으로 그나마 유사한 교육이 행해졌지만, 근래에는 시들해졌다. 정규 교육과정에 수사학을 넣는 것이 옳다. 지금이야말로 어느 시대보다 광범위하고도 무차별하게 설득을 위한 기술이 요구되고 있기 때문이다.

이 장의 서두에서 이미 밝힌 대로, 지금 우리는 기원전 5세기 아테네 사람들과 크게 다르지 않은 상황에 놓여 있다. 삶의 모든 분야에서 상대를 설득하느냐 못하느냐에 따라 모든 성패가 좌우된다는 점에서 그렇다. 이것이 교육현장과 달리 사회에서는 스피치와 글쓰기 책들이 끊임없이 출간되고 있고, 이와 관련한 강연들이 줄을 잇는 이유다. 스타 강사들도 나와 수입도 많은 데다 언론에도 종종 소개되고 있지 않은가! 이들이 바로 프로타고라스나 고르기아스와 같은 현대판 소피스트들이다!

프로타고라스가 왔다는 소식에 잠자는 소크라테스를 깨워 만나러 가자고 종용하던 히포크라테스를 떠올려보자. 그리고 지식의 개체발생이 계통발생을 반복한다는 우리의 전제를 함께 떠올려보자. 지금 우리들은 수사학이 요구되는 시대적 상황에서뿐 아니라, 수사학에 대한 무지의 정도에서도 소피스트들을 찾아다니던 아테네 젊은이들과 다르지 않다. 그렇다면 이제 우리에게 주어진 과제는 어떻게 하면 우리와 우리의 아이들이 수사라는 매력적인 생각의 도구를 효과적으로 구사하는 법을 익힐 수 있을까 하는 것이다. 그래서 관심이 자연히 수사학의 전성기에 그 교육이 어떻게 이뤄졌느냐 하는 것으로 쏠린다. 우리가 그대로 따라 할 필요는 없을지라도 참고할 수는 있을 것이기 때문이다.

바르트는 "아리스토텔레스식 수사학의 이론은 아리스토텔레스 자신에게서, 그 실천은 키케로에게서, 그 교육법은 퀸틸리아누스에게서, 그 변형(일반화에 의한)은 할리카르나소스의 성 드니St. Denis와 플루타르크와 〈숭고함에 관한 연구〉를 쓴 익명의 저자에게서 찾아볼 수 있다"[54]라고 정리했다. 그렇다. 아리스토텔레스가 수사학을 학문으로 정립한 이래, 고대와 중세에는 수사학이 젊은이들이 반드시 배워야 할 7학문(문법, 수사학, 논리학, 음악, 산술, 기하학, 천문학) 가운데 항상 들어 있었다. 그렇지만 수사학 교육을 정립한 사람은 로마 제정 초기의 웅변가이자 수사학자였던 퀸틸리아누스다.

3부 | 생각을 만든 생각들

퀸틸리아누스는 국가에서 녹을 받는 공직 수사학자였다. 바르트는 "퀸틸리아누스를 읽으면 어떤 즐거움이 인다. 그는 훌륭한 선생이고 별로 글멋을 내지 않으며, 지나치게 도덕심을 강요하지도 않기 때문이다"[55]라고 대가大家에 대한 소감을 밝혔다. 또 그는 합리적이며 동시에 감성적인 사람인데, 그 같은 조화는 "언제나 사람들을 놀라게 하는 결합이다"라고 평가도 했다. 그런데 그것은 수사학자로서 당연히 갖춰야 할, 아니 수사학을 훈련하면 응당 길러져야 할 성품이 아니던가! 수사학은 합리적인 논증적 수사와 감성적인 문예적 수사를 함께 수련하는 학문이기 때문이다.

최고의 수사학 교본으로 인정받는 퀸틸리아누스의 《변론 교육에 대하여》도 역시 그 같은 내용으로 구성되어 있다.

총 12권인 이 책의 1권은 초보 교육(문법학자와의 접촉과 수사학자와의 접촉)을 다룬다. 2권은 수사학의 효용성에 대해 설명하고, 3권에서 7권까지는 주제설정법inventio과 배열법dispositio과 같은 논증적 수사에 관해 다룬다. 8권에서 10권까지는 미사여구법elocutio과 같은 문예적 수사와 글쓰기에 관한 요령을 설명하고, 11권은 수사학의 부차적 요소들, 예컨대 말할 때의 몸짓이나 암기 요령 등을 다룬다. 마지막 12권에서는 변론가의 도덕성과 교양의 중요성을 강조한다.

그렇다고 해서 이 모든 교육이 한 번에 실시되는 것은 아니다. 퀸틸리아누스는 수사학 교육과정을 유년 시절부터 성인에 이르기까지 3단계로 나누었다.[56]

첫 번째는 '언어 학습' 단계다. 퀸틸리아누스는 부모는 물론이고 아이를 돌보는 사람, 특히 유모들이 결함이 있는 언어를 사용하면 안 된다는 것을 강조했다. 이것은 3부 3장 '문장'에서 살펴본바, 언어가 아이들의 정신에 세계를 구성하는 일을 한다는 현대 뇌신경과학의 관점에서 보아도 매우 적합한 주장이다. 또 그는 이 시기에 읽기와 쓰기를 가르쳐야 한다고 문자언어의 조기교육을 강조했는데, 이것 역시 3부 3장에서 본 피아제와 비고츠키의 주장과 맞아떨어진다.

둘째는 '문법학자grammaticus와의 수업' 단계다. 이때 문법은 오늘날 우리가 말하는 문법보다 훨씬 폭넓은 개념으로, 문장론에 가깝다. 퀸틸리아누스는 아동들이 일곱 살 때쯤 되면, 시에 대한 수업을 듣고 높은 소리로 낭독lectio해야 하며, 작문을 배워야 한다면서 작문 수업으로는 우화를 듣고 독후감을 쓰거나, 시를 읽고 감상을 적고, 격언을 풀이하는 것 등을 권했다.

셋째는 '수사학자rhetor와의 수업'이다. 퀸틸리아누스는 수사학 수업은 빨라도 14세경 사춘기가 시작할 즈음이라고 했다. 수업 내용은 크게 진술하기narrations와 연설하기declamtiones 두 가지로 나뉜다.

진술하기에서는 서사시와 같은 이야기들에 담긴 논증적 요소 분석, 역사적 사건의 요약과 분석, 찬가, 비유, 격언의 해석 등, 기존의 작품들을 분석하고 해석하는 훈련을 한다. 연설하기에서는 가상의 주제를 설정하여 실제로 논증적 수사와 문예적 수사를 동원해 수사학적으로 표현한 연설문을 작성하는 훈련을 한다. 이때 요구되는 글쓰기 요령에 관해 퀸틸리아누스는, 많이 읽고 많이 써야 하며, 모범 작품들을 모방한 모작을 써보고 스스로 수정해보아야 한다고 했다. 오늘날 서점에서 팔리는 말하기와 글쓰기 책에서 권하는 내용들을 2,000년 전에 그가 이미 갈파했다. 그만큼 중요하다는 뜻이기도 하다.

흥미로운 것은 퀸틸리아누스가 한 연령 구분이 피아제, 비고츠키와 같은 심리학자들이 아이들의 인지 발달 과정을 구분해놓은 것과 크게 다르지 않다는 것이다. 퀸틸리아누스가 말하는 언어 학습 단계는 피아제가 구분한 감각 운동기(0~2세)와 전조작기(2~7세)에 해당하고, 문법학자와의 수업 단계는 구체적 조작기(7~11세)와, 그리고 수사학자와의 수업 단계는 형식적 조작기(11세 이후)와 대강 맞아떨어진다. 2,000년 가까운 시차를 두고, 고대의 수사학자와 현대의 심리학자가 입을 모아 하는 말의 요점은 교육이 때를 맞춰 단계별로 이루어져야 한다는 것이다.

여기서 특별히 주목하고 다시 한 번 권하고 싶은 것이 있다. 주목하고자 하는 것은 (우리가 3부 3장 '문장'에서 뇌신경과학을 통해 확인했듯이) 퀸틸리아누스도 낭독lectio의 중요성을 강조했다는 사실이다. 그래서 다시 한 번 권하고 싶은 것이 수사학적으로 뛰어난 문장들을 소리 내어 낭송하고 가능하면 암기하라는 것이다. 만일 당신 또는 당신의 아이가 말이나 글에서 머리가 하얘지는 '백지의 공포'를 극복하고 '잘 다듬어진 능란함firma facilitas'을 습득하기를 바란다면 말이다.

수사학적으로 뛰어난 문장이라 하면 보통 시를 떠올리지만, 이번엔 아니다. 여기서 말하는 수사학적으로 뛰어난 문장은 산문을 말한다. 시는 문예적 수사가 탁월한 장르이지만 논증적 수사가 그만큼 약하다. 감성의 논리가 따로 있는 데다 과감한 생략 때문이다. 게다가 시의 낭송과 암송의 유익함은 3부 1장에서 은유 능력을 향상시키는 방법으로 이미 소개했다. 그래서 이번에는 산문, 그 가운데서도 특히 연설문들의 낭송과 암기를 권하고 싶다.

서점에 가면, 앞에서 소개한 브루투스와 안토니우스의 연설같이 역사와 세상을 바꾼 연설문들을 모아놓은 책들이 많다. 이런 책들에는 멀리는 엘리자베스 1세 영국 여왕이 스페인 무적함대와 싸우기 위해 병사와 국민들을 격려한 연설로부터, 에이브러햄 링컨의 게티즈버그 연설, 흑인 운동가 마틴 루터 킹 목사의 연설, 존 F. 케네디 미국 대통령의 베를린 연설 등을 비롯해, 가까이는 스티브 잡스나 오프라 윈프리의 졸업식 축사와 버락 오바마 미국 대통령의 연설까지, 내로라하는 연설문들이 수십 편씩 실려 있다.

이 같은 연설문들은 모두 뛰어난 문예적 수사뿐 아니라 탁월한 논증적 수사의 본보기이자 향연이다. 대부분 당대 최고의 문장가들이 썼기 때문이기도 하지만, 연설문이 본래 대중에게 전하고자 하는 메시지를 짧은 시간 안에, 정확하고 강렬하게 표현해야 하는 특성을 갖고 있기 때문이다. 이런 연설문들을 낭송 또는 암송하면서 우리의 뇌에 3부 3장 '문장'에서 소개한 '문장의 팔'에 의해 수사학의 여인이 관장하는 세계가 생겨난다. 다시 말해 우리의 '정신적 문법'에 비로소 수사가 도입된다.

옛것이라고 모두 구닥다리가 아니다
...

오늘날 우리는 낭송과 암송의 문화가 급속히 사라져버린 시대를 살고 있다. 그래서 시를, 그리고 연설문을 낭송하고, 가능하면 암송하라는 권고가 무척 생뚱맞고 구닥다리처럼 들릴 수 있다. 하지만 고대 그리스인들은 호메로스의 시들을 암송하며 이성적 인간으로 향하는 길을 닦았고, 우리 조상들도 어릴 때부터 천자문에서부터 시작하여 한시漢詩와 사서삼경四書三經들을 낭송 또는 암송하며 바른 인간君子의 길을 갔던 사실을 상기할 필요가 있다. 옛것이라고 모두 구닥다리가 아니다!

아이들에게 '책 읽어주기'가 그렇듯이, 수사학적으로 뛰어난 연설문의 낭송과 암송은 문체나 기예를 그대로 복사하거나 모방하기 위한 것이 아니다. 그것의 목적은 우리의 뇌 안에 정신적 문법을 구성하고, 그것이 만드는 세계를 구축하는 것이다. 우리가 시나 연설문을 낭송 또는 암송할 때 우리의 뇌에서는, 동양화를 배우는 사람이 스승의 작품을 복사하거나, 작곡 공부를 하는 사람이 기존의 훌륭한 작품들을 베껴 쓸 때(이 일에는 서양음악의 아버지로 불리는 바흐J. S. Bach가 전범이다)와 유사한 현상이 일어난다.

이때 우리의 뇌는 작품을 모방하는 것이 아니라 그 작품 안에 들어 있는 정신의 패턴을 모방한다. 그럼으로써 언어와 학문, 그리고 예술을 익히고 재창조한다. 우리가 (3장 '문장'에서 예로 든 조지프의 경우에서 확인했듯이) 어떤 식으로든 정신의 패턴을 모방하지 못한다면, 우리에게는 고차적 의식 내지 고등 정신 기능이 발달하지 못한다. 이것이 에덜먼, 캘빈과 같은 뇌과학자들은 물론이고, 포코니에와 터너, 그리고 레이코프와 존슨과 같은 인지과학자들, 그리고 피아제, 비고츠키와 같은 심리학자들의 공통된 주장이며, 무엇보다도 루리야의 대규모 탐사 실험들을 통해 밝혀진 사실이다.

인상적인 예를 하나만 더 들겠다. 2,000년 기독교 역사상 가장 위대한 신학자로 꼽히는 아우구스티누스Augustinus, 354~430 이야기다.

어린 시절 아우구스티누스는 매우 열악한 교육을 받았다. 학교에 가면 고전을 억지로 송두리째 외우는 게 전부였다. 교재는 시인 베르길리우스, 소설가 아풀레이우스, 역사가 살루스티우스, 희극작가 테렌티우스 등이 남긴 라틴 고전 작품들뿐이었다. 그 탓에 그는 과학과

▲ "신약시대 이후 가장 뛰어난 기독교인이며 라틴어를 사용한 사람 중 가장 위대한 인물임에 틀림이 없다"는 평가를 받는 성 아우구스티누스.

역사와 철학을 배우지 못했을 뿐 아니라 당시 학자들이 공통으로 사용하던 언어인 그리스어는 죽을 때까지도 익히지 못했다. 고대의 저명한 라틴 신학자들 가운데 그리스어를 모르는 사람은 아우구스티누스뿐이다.[57]

그런데 여기에 우리가 주목해야 할 것이 있다. 그것은 아우구스티누스가 이처럼 열악한 교육을 받은 탓에, 다시 말해 오직 라틴어로 쓰인 고전 작품들만을 억지로 외웠기 때문에 훗날 오히려 위대한 인물이 될 수 있었다는 사실이다. 그가 통째로 암기한 문학 작품들은 구어체로 쓰인 서사시와 산문들이었는데 하나같이 표현이 뛰어난 것들이었다. 그중에서도 로마의 시인 베르길리우스의 문장은 더할 수 없이 탁월했다. 훗날 이탈리아 르네상스의 문을 연 단테까지도 너무나 흠모하여 《신곡》에서 자기를 인도하는 스승으로 등장시킨 이 시인은 "결코 실수를 범하지 않을 뿐 아니라 칭찬을 받지 못할 글은 단 한 줄도 쓰지 않는" 인물이었다.

베르길리우스의 작품을 비롯한 라틴 고전문학은 마치 술통에 채워진 첫 포도주처럼 아우구스티누스에게 오랜 세월 동안 변하지 않는 향기를 남겼다. 복잡하고도 미묘한 인간의 감정을 간결하고 논리정연하게 표현한 문장들을 철저히 외우는 교육을 받은 이 소년은 나중에 청중과 독자들에게 눈물과 감동을 불러일으켜 설득하는 구어체 언어의 달인이 되었다. 그리고 바로 그것이 그가 젊어서 수사학의 대가가 될 수 있었던 든든한 기반이었다. 또한 평생 동안 이교도들과의 논쟁에서 상대를 무찌르거나, 수많은 저술과 설교에서 기독교인들을 설득하는 데 더할 수 없는 무기가 되었다.

퀸틸리아누스의 교육법 가운데 또 하나 눈에 띄는 것이 있다. 서사시, 역사적 사건, 우화, 찬가, 격언 등과 같은 기존의 작품들을 분석하고 해석하는 훈련을 권했다는 것이다. 이것은 마치 우리가 앞에서 브루투스와 안토니우스의 연설문 안에 들어 있는 여러 다양한 문예적 수사들을 찾아내거나, 오비디우스의 시구와 몽사봉 광고, 또는 로마의 속담, 〈007〉 영화 등의 안에 들어 있는 생략삼단논법이나 대증식, 그리고 연쇄삼단논법과 같은 논증적 수사들을 탐색해내는 것과 유사한 작업이었다.

우리도 따라 하자. 낭송과 암송이 작품 안에 들어 있는 수사적 기법들을 무의식적으로 훈련하는 방법이라면, 분석과 해석은 그것들을 의식적으로 인식하는 길이다. 둘 다 필요하다. 게다가 흥미롭고 유익한 훈련이 아닌가! "논증은 숨어 있다. 논증은 어떤 영역·깊이·토대 속에 웅크리고 있어서, 거기로부터 논증을 불러내고 일깨울 필요가 있다"[58]는 바르트의 말이다. 마치 '숨은그림찾기'를 하듯이 숨어 있는 논증들을 찾아내는 훈련은 우리와 아이들의 논리력과 설득력을 아무도 모르게 향상시켜줄 것이다.

신문 사설이나 칼럼 안에 들어 있는 예증법이나 대증식을 밝혀내는 훈련, 보고서나 또는 학술논문의 뼈대가 되는 연쇄삼단논법을 찾아내는 훈련, 광고, 속담, 격언, 사자성어 등에 감춰진 생략삼단논법을 들춰내어 생략된 전제를 찾아내는 훈련, 그리고 각종 연설문을 꾸미는 문예적 수사와 논증적 수사들을 확인하는 훈련을 해보자! 덧붙이고 싶은 말은, 이 같은 분석과 해석 훈련이 곧바로 당신의 말하기와 글쓰기를 돕는다는 사실이다. 당신이 프레젠테이션 원고, 에세이, 보고서, 칼럼, 논문을 쓰거나, 아니면 표어나 광고문을 만들 때 말이다.

바르트는 "만약 훌륭한 기술로 재료의 바다에 논증의 형태를 갖춘 그물을 던진다면 멋진 담론의 내용을 분명히 끌어올릴 수 있을 것이다"라고 격려했다. 지금 당장 컴퓨터를 켜자. 그리고 재료의 바다에 수사로 이뤄진 그물을 던지자! 당신도 멋진 담론을 이끌어낼 수 있다!

새로운 이성을 위하여

우리의 탐구는 멈추지 않으리니
모든 탐구는 시작한 장소에서 끝을 맺을 것이고
그때서야 그곳을 처음 알게 되리라.

— T. S. 엘리엇

지금 우리는 분명 문명의 과도기를 맞고 있다. 정보혁명의 전과 후로 나뉘는 시대적 괴리는 문자의 발명 전후와 인쇄술의 발명 무렵에 나타난 균열보다 더 커 보인다. 특히 정보와 지식의 증가 내지 확산이라는 면에서 그렇다. 나는 딸아이가 엄청난 양의 정보와 지식들이 동시다발적으로 나타났다 사라지는 구글 세상Google world에서 생활하고 있는 것을 어깨너머로 지켜보며 살고 있다. 지금으로서는 경이와 우려를 함께 갖고 그저 바라볼 뿐이지만, 그때마다 떠오르는 생각의 골갱이는 대강 이렇다.

새로운 세대 젊은이들이 멀티태스킹을 통해 무한히 확장되는 정보들 속에서 단순한 정보의 수집자 내지 수용자로 전락하는 것은 아닌가? 우리가 지난 2,500년 동안 일궈온 문명의 본질인 은유적, 분석적, 추론적, 수사적, 그리고 무엇보다도 창의적 사고 능력을 잃어버리지는 않을까? 아니면 오히려 거미줄처럼 하이퍼링크된 텍스트들과 시청각 정보들을 연결하고 편집하여 새롭게 창조하는 콘텐츠 크리에이터가 될 것인가? 그럼으로써 이전 세대들이 감히 도달해보지 못한 유연하면서도 구조적인 사유 능력을 획득할 수 있을까?

아직은 판단하기 어렵다. 다만 아래와 같은 몇 가지 풍경이 스산하게 뇌리를 스칠 뿐이다.

1
...

너희에게 진실로 말하노니, 이는 이것의 종말일 뿐만 아니라 저것의 종말이기도 하다. 여기에는 역사의 종말, 계급투쟁의 종말, 철학의 종말, 신神의 종말, 모든 종교의 종말, 기독교와 도덕의 종말(이는 물론 가장 순진한 생각이었다), 주체의 종말, 인간의 종말, 서양의 종말, 오이디푸스의 종말, 세계의 종말이 속한다. 그리고 너희에게 말하노니 노아의 홍수, 불과 피의 바다, 땅을 뒤흔드는 지진, 헬리콥터에 의해 하늘에서 떨어지는 네이팜폭탄을 통해 지금 실현되는 '요한계시록의 현재Apocalypse now'와 매춘부들, 이와 마찬가지로 문학의 종말, 과거의 일이 되어버린 회화와 예술의 종말, 정신분석학의 종말, 대학의 종말, 음경 중심적 이성주의의 종말과 그 밖의 모든 것들이 속한다.

자크 데리다가 1985년에 〈최근 철학에 제기된 묵시론적 목소리에 관하여〉에서 이성의 종말을 외치며 비장한 어조로 던진 말이다. 그래서 어찌 되었는가? 한 세대가 지난 지금, 음경 중심적 이성주의는 과

연 종말을 고했는가? 그리고 우리는 마침내 이성을 대신해, 새로운 학문, 새로운 예술, 새로운 사회, 새로운 삶의 방식을 이끌어낼 새로운 사유 방식을 찾아냈는가?

아니다! 프랑스 68혁명 이후, 이른바 포스트모더니스트들의 영웅적인 투쟁에 힘입어 모종의 변화는 있었다. 사람들은 근대적 이성의 특성인 획일성, 전체성, 주체성, 역사성에 내재된 폭력성을 인지하고, 다양성, 개별성, 타자성, 현재성을 새로운 대안으로 모색하기 시작했다. 프랑스 철학자 리오타르의 '다원적 이성', 독일의 사회학자 하버마스의 '의사소통의 합리성', 미국의 철학자 로티의 '유대성solidarity' 등이 해결책으로 제기되기도 했다.

그럼에도 기대한 변혁은 일어나지 않았다. 예나 다름없이 우리는 근대적 이성에 의지해 살고 있고, 보기에 따라서는 오히려 이전보다도 더 이성적으로, 경제성, 효율성, 합목적성을 추구하고 있다. 이유야 한둘이 아니겠지만, 근본적인 원인은 마땅한 대안이 없기 때문이다. 모든 혁명에서 그렇듯이, 대안이 없는 구호는 헛돌기 마련이다.

그런데 21세기가 시작되면서 전혀 다른 곳에서, 전혀 다른 이유에서, 또 전혀 다른 방식으로 마침내 변혁이 시작되었다. 정보혁명이 불붙은 것이다. 인터넷과 스마트폰으로 무장한 새로운 세대 젊은이들은 68혁명에 대한 애틋한 기억도 없고, 데리다도 모르고, 이성의 종말도 외치지 않는다. 그럼에도 그들은 포스트모던하다. '신인류'로도 불리는 이들은 아무 스스럼없이 근대적 이성이 쌓은 성벽들을 하나씩 무너트리고, 그것이 지배했던 영토들을 차츰 점령해가고 있다. 이들이 손에 든 정보기기 안에 내장된 검색엔진과 네트워크가 그것을 가능케 한다.

오늘날 젊은이들은 인터넷으로 들어가 세계 어느 도서관에서보다 많은 서적들, 어느 대학에서보다 많은 강의들, 어느 영화관에서보다 많은 영화들, 어느 음악당에서보다 더 많은 음악들을 자격과 허가 없이 접할 수 있게 되었다. 뿐만 아니라 페이스북과 같은 소셜 네트워크 서비스(SNS)를 통해 원하기만 하면 시간과 장소의 제한 없이, 세계 그 누구와도 성별, 계급, 국가의 차별 없이 접속할 수도 있고, 서로 뜻만 맞으면 조직이나 지도자 없이 집단행동도 할 수 있게 되었다. 2011년 9월 미국 뉴욕 맨해튼 주코티 공원에서 시작한 '반反 월가 시위'가 그 한 예다. 인터넷이, 네트워크가 마침내 다양성, 개별성, 타자성, 현재성을 구현할 수 있는 통로를 연 것이다.

그러자 정보혁명이 데리다가 외친 지식의 종말, 전문가의 종말, 대학의 종말, 주체의 종말, 역사의 종말, 계급투쟁의 종말, 서양의 종말을 마침내 불러올 것이라는 희망을 외치는 사람들이 생겨나기 시작했다. 하지만 정말 그런가? 인터넷과 정보기기가 스스로 음경 중심적 이성주의의 종말을 불러올 것이며, 그것을 대신할 새로운 사유 방식, 새로운 예술, 새로운 삶의 방식을 저절로 만들어줄까? 나는 한편으론 내심 기대하지만 다른 한편으론 심히 회의적이다. 그런데 프랑스 철학자 미셸 세르M. Serres, 1930~2019의 생각은 다르다.

2
•••

세르는 2014년에 국내에 소개된《엄지세대, 두 개의 뇌로 만들 미래》에서 정보혁명의 시대를 사는 젊은이들을 '엄지세대'라고 이름 지었다. 엄지손가락들로 스마트폰을 작동하여 인터넷에서 정보를 찾아 그것에 의존해 사는 세대라는 뜻이다. 세르에 의하면, 엄지세대는 2개의 뇌를 갖고 있다. 하나는 머릿속에 든 뇌이고, 다른 하나는 손에 든 정보기기(노트북, 태블릿 PC, 스마트폰 등)에 내장된 뇌다. 세르는 다음과 같이 주장했다.

> 엄지세대는 아주 자연스럽게 두 눈 앞에 혹은 두 손에 자기 머리를 들고 다닌다. 그 머리는 엄청난 양의 정보가 저장되어 있는 가득 찬 머리다. 거기에 검색엔진을 돌리면 글이며 그림들을 얼마든지 꺼낼 수 있으니 제대로 구조화된 머리이기도 하다. 뿐만 아니라 그 머리는 여남은 개의 프로그램이 동시에 돌아가면서 거대한 양의 자료를 우리 머리보다 훨씬 빠르게 처리한다.

옳은 이야기이고 흥미로운 착상이다. 이 말을 할 당시 세르의 나이가 80세를 훌쩍 넘겼다는 것을 감안하면 그의 식견과 재치가 놀랍다. 게다가 그의 재치는 여기서 그치지도 않는다. 세르는 엄지세대를 성드니St. Denis에 비유했다.

드니는 3세기 기독교가 로마의 박해를 받던 시절 루테티아(지금의 파리)의 첫 번째 주교였다. 그는 오늘날 파리의 명물인 물랭루즈가 자리하고 있는 몽마르트르Montmartre('순교자들의 언덕'이라는 뜻)에서 로마군에게 참수당했다. 그때 기적이 일어났다. 목이 잘린 드니의 몸이 벌떡 일어나 잘린 머리를 들고 샘에 가서 씻어 들고 현재 '생드니'라고 불리는 곳까지 걸어갔다. 세르는 다음과 같이 감격스런 어투로 덧붙였다.

엄지세대는 드니 성인 목에서 떨어져 나간 머리를 두 손으로 받쳐 들었던 것처럼 예전엔 몸과 하나였던 인식 기능을 자기 몸 밖으로 꺼내서 들고 다닌다. 머리가 잘려 나간 엄지세대라니, 예전 같으면 상상이나 할 수 있었겠는가? 이 역시 기적으로 보아야 할까?

이 말은 옳지도 않고 흥미롭지도 않다. 옳지 않다는 것은 엄지세대가 들고 다니는 정보기기가 그들의 머리가 '아니며' 또한 '아니어야 하기' 때문이다. 흥미롭지 않다는 것은 머리가 없는 육신이 자기 머리를 손에 들고 다니는 모습은 성 드니의 것이든, 엄지세대의 것이든 '끔찍하기' 때문이다.

세르가 이런 별난 은유를 선택한 것은 다분히 고의적이다. 그가 푸코, 라캉, 데리다와 같은 포스트모더니스트들과 마찬가지로, 이성의 종말, 주체의 종말, 대학의 종말, 지식 시대의 종말, 전문가 시대의 종말, 결정권자 시대의 종말을 원하기 때문이다. 이른바 근대성으로 가득 찬 머리는 차라리 잘라내는 한이 있더라도 버리고 싶기 때문이다. 설령 성 드니처럼 끔찍한 모습이 되더라도 말이다.

그러나 나는 세르와 달리 오늘날 젊은이들이 행여 성 드니가 될까 심히 염려한다. 그들이 자기 머리에 든 뇌는 텅 비워둔 채, 정보들, 서적들, 강의들, 영화들, 미술들, 음악들이 가득 찬 정보기기만을 들고 다닐까 걱정한다. 그래서 그들이 스스로 생각하고 판단하지 않고 단지 검색엔진을 돌려 찾아낸 정보와 지식에 의존해 살지 않을까 우려한다. '그게 어때서?' 하고 물을 수 있지만, 그래서는 안 된다.

그 이유는 정보와 지식은 어디서든 전송받을 수 있지만, 진실과 지혜는 아무 데서도 전송받을 수 없기 때문이다. 또 개별적이고 미시적이며 합목적적인 정보와 지식은 언제나 검색할 수 있지만, 보편적이고 거시적이며 합리적인 전망과 판단은 어느 때에도 검색할 수 없기 때문이다. 그런데 우리의 삶에 진정 필요한 것은 매순간, 현장에서, 오직 자기 자신에 의해 드러나는 진실과 지혜이고, 우리 사회에 필히 요구되는 것은 보편적이고 거시적이며 합리적인 전망과 판단이기 때문이다. 그리고 이런 것들은 우리의 손에 든 뇌가 아니라, 오직 머리 안에 든 뇌에서만 생성되기 때문이다.

세르는 이런 걱정은 아예 하지 않는다. 나름 믿는 구석이 있다. 그는 엄지세대의 "머리가 잘려 나간 빈자리", "이 허허로운 빈자리"에 "손에 잡히지 않는 바람, 그 바람을 언어 삼아 전달되는 영혼"이, "부드러운 것보다 더 부드럽게 생각"하는 인식 방법이 남는다고 믿는다. 그리고 그것이 창조의 동력이 된다고 생각한다. 그런데 과연 그럴까? 그 딱딱하고 폭력적이며 근대적이고 이성적인 뇌만 제거하고 나면, 우리가 창조적이게 될까? 설령 그렇다고 해도 그가 말하는 그 '바람', 그 '영혼', 그 '인식 방법'은 도대체 무엇일까?

세르는 그것이 네트워크에서 구현되는 "원활한 소통, 구전성의 확산, 자유분방한 움직임, 일사분란한 분류만을 맹종하는 경향의 종식, 혼돈의 보급, 우연적이지 않은 창조, 빛의 속도, 새롭게 거듭나는 주체와 객체, 새로운 이성의 추구"라고 답했다. 요컨대 부단히 접속하고 자유분방하게 소통하며, 일사불란한 분류와 질서를 거부하고 우연과 혼돈을 보급하며, 그럼으로써 새로운 주체와 객체, 그리고 새로운 이성을 추구하기만 하면, 음경 중심적 이성의 시대가 종말을 고하고 새로운 문명으로 도약하는 호미네상스hominescence(세르가 만든 신조어로, 새로운 인류로의 진화를 뜻함)가 일어난다는 것이 세르의 생각이다.

그럴 수도 있다. 네트워크가 가진 긍정적 측면을 감안하면 우리는 진정 그런 기대를 저버릴 수 없다. 아니, 부디 그러길 바란다! 하지만 네트워크가 동반하는 숱한 부정적 측면을 고려해보면 다음과 같은 의심과 우려를 떨쳐버릴 수 없다. 네트워크가 과연 이성의 대안이 될 수 있을까? 인터넷과 소셜 네트워크 서비스 안에는 '획일성', '전체성', '주체성', '역사성'에서 기인한 폭력성이 존재하지 않는가? 네트워크에 대한 세르의 기대가 지나치게 낙관적인 것은 아닐까? 다가오는 시대를 바라보는 그의 시선이 마치 손자, 손녀를 바라보는 노인의 눈길처럼 대책 없이 긍정적인 것은 아닐까? 무책임한 것은 아닐까?

3
· · ·

사람은 다가오는 시대에 시선을 고정함으로써 자기의 시대에 드리울 빛과 어둠을 지각해야 한다. 모든 다가오는 시대는 아직 어둡기 마련이다. 그래서 그것이 새벽인지 황혼인지가 불분명하다. 따라서 누구든 깨어 있으려면 빛보다는 어둠의 속성과 크기를 지각할 줄 알아야 한다. 빛은 경계하지 않아도 되지만 어둠은 반드시 경계해야 하기 때문이다. 그래야 삽시에 어둠이 덮치더라도 희망의 불씨를 지필 수 있다.

혁명은 아직 끝나지 않았고 혁신은 계속되고 있다. 4차 산업혁명이 이끌어갈 앞으로의 세상이 어떻게 변할지는 아무도 모른다. 다가오는 빛과 어둠의 속성과 크기도 불분명하다. 그럼에도 한 가지는 분명하다. 새로운 이성이 요구되고 있다! 굳이 이성의 종말은 아니더라도 개조는 필수적이다. 포스트모더니스트들이 지적해온 폭력성 때문일 뿐만 아니라, 정보혁명이 이끄는 정보와 지식의 폭발에 대응하기 위해서도 그렇다. 이성은 위험할 뿐 아니라 무능하다는 것이 이미 드러났다.

포스트모더니스트들의 오랜 적이자, 오늘날 우리가 말하는 이성은 이른바 근대적 이성reason이다. 이 이성은 고대 그리스인들의 이성인 로고스logos와 본질적으로 다르고, 중세 기독교인들의 이성인 라티오ratio와도 성격이 다르다. 그럼에도 그 기원은 역시 그리스다. 이성은 기원전 4세기에 아리스토텔레스가 《오르가논》에서 최초의 형식논리학인 삼단논법을 'A는 A다'라는 동일률과 'A는 ~A가 아니다'라는 모순율을 기반으로 하는 이치논리two-valued logic로 만들면서 처음으로 세상에 모습을 드러냈다.

어떤 것(예: 사과)과 그것이 아닌 것(예: 사과가 아닌 것)을 분명히 구분하고, 그것에 대한 판단(예: 사과는 빨갛다)의 참true과 거짓false을 명백히 밝히는 사고의 '확실성certainty'이 근대적 이성의 특성이자 기원이다. 다시 말해 '빨간 사과'를 '빨갛지 않은 사과'와 확실히 구분하고, 빨간 사과에 대해 '이 사과는 빨갛다'라고 확실히 판단하자는 생각이 아리스토텔레스로부터 시작된 이성의 본질이다.

동일률과 모순율을 기반으로 구현되는 확실성의 장점은 체계를 단순하고 견고하게 만든다는 데 있다. 그런데 문제는 자연현상과 인간의 사고가 그렇게 단순하지 않다는 데 있다. 예컨대 세상에는 '빨간 사과'와 '빨갛지 않은 사과' 둘만 있는 것이 아니다. '약간 빨간 사과', '불그스레한 사과', '상당히 빨간 사과' 또는 '아주 빨간 사과' 등이 있다. 그런데 이들 모두를 '빨간 사과'와 '빨갛지 않은 사과'로 확실히 구분하고 획일적으로 판단하는 데에 이성의 '폭력성'과 '무능함'이 이미 잠재되어 있는 것이다.

그럼에도 확실성은 르네상스 이후, 이론적으로는 합리주의와 계몽주의에 의해 견고해지고, 실천적으로는 과학혁명과 산업혁명을 통해 힘을 얻어 19세기 초부터는 신격화deification되었다. 그 과정에서 '구분'과 '판단'에 관한 확실성이 '획일성', '전체성', '주체성', '역사성'이라는 사회적 옷을 걸치게 되었다. 그러자 오랜 세월 동안 내재되어 있던 폭력성이 밖으로 드러났다. 예컨대 제국주의의 폭력은 백인과 유색인, 문명인과 미개인을 확실히 구분하여 확실히 계몽하자는 것이었고, 아우슈비츠는 독일인과 유대인을 확실히 분류하여 확실한 조치를 가한 사회적 장치였다.

그렇다! 근대적 이성은 동일률과 모순율에 뿌리내리고 있다. 따라서 만일 우리가 이 이성을 개조하려고 한다면, (포스트모더니스트들이 그리했듯이) 밖으로 드러난 획일성, 전체성, 주체성, 역사성을 다양성, 개별성, 타자성, 현재성으로 대치하려는 노력만으로 충분하지 않다. 그것은 단지 피상적이고 일시적인 처방일 뿐이다. 리오타르의 '다원적 이성', 하버마스의 '의사소통의 합리성', 로티의 '유대성' 등이 바로 그렇다! 이보다 근본적인 약방문이 대안으로 제시되어야 한다. 뿌리까지 내려가 그 뿌리를 송두리째 바꿔야 한다.

근본적으로 다르게 인지하고, 다르게 판단하고, 다르게 행동하게 하는 새로운 사유 방식이 필요하다. 나는 이 책에서 살펴본 생각의 도구들이 그 대안의 실마리를 제공할 수 있다고 생각한다. 그 이유는 은유, 원리, 문장, 수, 수사라는 생각의 도구들은 (우리가 본문에서 이미 수차례 확인했듯이) 동일성sameness이 아니라 유사성similarity에 그 뿌리를 내리고 있기 때문이다. 'reason'이라 불리는 근대적 이성이 동일성을 근거로 한 사유 방식이라면, 'logos'가 상징하는 생각의 도구들은 유사성을 근거로 한 생각의 패턴이다.

동일성이란 유사성이 딱딱하고 날카롭게 경직된 특별한 형태다. 유사성은 어떤 것(A)과 다른 것(~A)의 경계에 서 있지만, 그 둘을 구분하는 것이 아니라 조화롭게 융합한다. 따라서 동일성에 근거한 이성이 어떤 것을 밝히고 그 밖의 것은 어둠으로 내몬다면, 유사성에 근거한 생각은 그 둘 모두를 빛 안으로 불러 모은다. 예를 들어 세상에는 수많은 성당이 있지만 똑같은 성당은 하나도 없다. 그럼에도 우리는 유사성을 근거로 그들 모두를 성당으로 알아본다. 이처럼 유사성은 동일성(같음)과 상이성(다름), 둘 모두를 끌어안는다. 유사성은 부드럽고 유연하고 포용적이다. 그만큼 유능하고 창조적이기도 하다. 따라서 언젠가 우리가 마침내 새로운 이성을 고안해낸다면, 그것은 유사성에 근거한 사유 방식이 포함되어야 하는 것에는 의심의 여지가 없다.

생각의 도구라는 차원에서 보면 인간의 모든 이야기는 같다. 2,500년 전의 이야기와 현재의 이야기, 미개인의 이야기와 문명인의 이야기, 어린아이들의 이야기와 어른들의 이야기, 신참자의 이야기와 전문가들의 이야기, 신화에서 수학까지, 잡담에서 이데올로기까지, 언어에서 과학까지, 한마디로 인류가 탄생시킨 모든 문명이 유사성에 근거한 은유, 원리, 문장, 수, 수사에 의해 만들어졌다. 그리고 앞으로도 그럴 수밖에 없다. 이 책에서 이야기하려고 한 것이 바로 이것이다.

4

...

자, 이제 윤곽이 드러났다. 적어도 내게는 그렇다. 우리와 우리의 아이들은 이제, 학자, 전문가, 지도자들이 만들어 도서관, 강의실, 영화관, 음악당에 쌓아놓은 정보와 지식들을 손에 든 뇌 안에 넣어서 다니면 된다. 그리고 머릿속에 든 뇌에는 그것들을 꺼내어 새로운 전망과 판단, 그리고 이에 합당한 새로운 지식을 만들어낼 생각의 도구들을 넣어가지고 다니면 된다. 본문에서 살펴본 은유, 원리, 문장, 수, 그리고 수사를 말이다. 이것들은 부드럽고 유연하고 포용적이고 설득적이다. 또 강력하고 창조적이다.

우리는 외눈박이 키클롭스가 아니다. 제 머리를 들고 다니는 성 드니는 더욱 아니다. 우리는 머리 안에 든 뇌와 정보기기 안에 내장된 뇌, 달리 말해 유사성을 근거로 한 패턴을 통해 일하는 뇌와 동일성을 근거로 한 패턴을 통해 작업하는 뇌, 2개의 뇌를 함께 가질 수 있다. 그럼으로써, 또 그래야만, 우리와 우리의 아이들이 인류가 지금까지 가보지 못한 새로운 문명의 세계로 설레는 발걸음을 옮길 수 있을 것이다. 짧지 않은 여정을 함께한 당신에게 감사한다.

1부 지식의 기원

1. 아이스킬로스, 《결박된 프로메테우스》, 442~471.

1장 지식의 탄생

1. 제럴드 에덜먼, 김한영 옮김, 《뇌는 하늘보다 넓다》, 해나무, 2010, 26쪽.

2. 제럴드 에덜먼, 황희숙 옮김, 《신경과학과 마음의 세계》, 범양사, 2010, 256쪽.

3. 같은 책, 257쪽 참조.

4. 고든 차일드, 김성태·이경미 옮김, 《신석기혁명과 도시혁명》, 주류성, 2013, 40~41쪽 참조.

5. 텔 엘 무카이야르는 '역청(pitch)의 언덕'이라는 뜻으로, 벽돌들 사이에 역청을 끼워 넣어 만들었기 때문에 붙여진 이름이다. 이 지구라트는 원래 화려한 채색 벽돌로 쌓아올린 모습이었다. 맨 아래층을 이루는 검은색 구조물은 정확히 가로 60미터, 세로 45미터에 달했다. 그 위에 붉은색과 푸른색의 벽돌들을 10미터 이상 쌓아 첫 번째 옥상을 형성하고, 그로부터 다시 쌓아올려 두 번째 옥상을 만드는 식으로 3층까지 쌓아올려 총 36미터 정도의 높이였다. 맨 위층에는 지붕에 황금으로 장식한 신전이 자리 잡고 있었다.

6. 알프레드 J. 허트, 강대홍 옮김, 《고고학과 구약성경》, 도서출판 미스바, 2003, 74쪽 참조.

7. 베르너 켈러, 조원영·장병조 옮김, 《역사로 읽는 성서》, 중앙books, 2009, 50쪽.

8. 알프레드 J. 허트, 《고고학과 구약성경》, 75~76쪽 참조.

9. 베르너 켈러, 《역사로 읽는 성서》, 48~49쪽 참조.

10. 새뮤얼 노아 크레이머, 박성식 옮김, 《역사는 수메르에서 시작되었다》, 가람기획, 2007, 59~64쪽 참조.

11. 같은 책, 65~75쪽 참조.

12. 같은 책, 23~30쪽 참조.

13. 같은 책, 85~92쪽 참조.

14. 같은 책, 86쪽 참조.

15. 장 피에르 이즈부츠, 이상원 옮김, 《성서 그리고 역사》, 황소자리, 2010, 26~29쪽 참조.

16. 제카리아 시친, 이근영 옮김, 《수메르, 혹은 신들의 고향》, 이른아침, 2008, 58~59쪽 참조.

17. 새뮤얼 노아 크레이머, 《역사는 수메르에서 시작되었다》, 37~42쪽 참조.

18. 같은 책, 31~36쪽 참조.

19. 같은 책, 181~192쪽 참조.

20. 같은 책, 169~180쪽 참조.

21. 같은 책, 300~301쪽.

22. 윌리엄 셰익스피어, 《로미오와 줄리엣》, 2. 2.

23. 찰스 밴 도렌, 박중서 옮김, 《지식의 역사》, 갈라파고스, 2010, 93쪽 참조.

24. 칼 야스퍼스, 백승균 옮김, 《역사의 기원과 목표》, 이화여자대학교 출판부, 1986, 21쪽.

25. 같은 책, 27쪽.

26. 같은 책, 23~24쪽 참조.

27. 같은 책, 23쪽.

28. '소크라테스 이전 철학자'라는 용어는 독일의 고전 문헌학자 헤르만 딜스(H. Diels)가 이들 철학자의 단편들을 한데 모아 엮은 책 《소크라테스 이전 철학자들의 단편》에서 비롯되었다. 말 그대로 소크라테스 이전에 살았던 고대 그리스의 철학자를 한데 묶어서 쓰는 낱말이다. 이들은 대개 만물은 어디에서 유래하는가, 자연을 움직이는 원리는 무엇인가, 사물들의 다수성은 어떻게 설명해야 하는가와 같은 질문을 스스로에게 던지고 답했다. 독일의 철학자 하이데거(M.

Heidegger)는 이들이 처음으로 존재에 관한 사유를 시작했다는 의미에서, 그들을 철학자라고 하지 않고 '시원적 사유자(anfängliche Denker)'라고 불렀다.

2장 생각의 도구의 탄생

1. 김진경,《고대 그리스의 영광과 몰락》, 안티쿠스, 2010, 24~25쪽 참조.
2. 장 피에르 베르낭, 김재홍 옮김,《그리스 사유의 기원》, 도서출판 길, 2006, 19쪽.
3. 아이스킬로스,《페르시아인들》, 242.
4. 장 피에르 베르낭,《그리스 사유의 기원》, 20쪽.
5. 앙드레 보나르, 김희균 옮김,《그리스인 이야기》(1권), 책과함께, 2011, 31쪽.
6. H. D. F. 키토, 박재욱 옮김,《고대 그리스, 그리스인들》, 갈라파고스, 2008, 38쪽.
7. 같은 책, 41쪽.
8. 엘레나 보드로바·데보라 리옹, 박은혜·신은수 옮김,《정신의 도구》, 이화여자대학교출판부, 2010, 137~138쪽 참조.
9. L. S. 비고츠키, A. 코즐린 편집, 윤초희 옮김,《사고와 언어》, 교육과학사, 2011, 153~186쪽 참조./ 엘레나 보드로바·데보라 리옹,《정신의 도구》, 133쪽 참조.
10. H. D. F. 키토,《고대 그리스, 그리스인들》, 40쪽.
11. 같은 책, 39쪽.
12. 같은 책, 37쪽.
13. 이디스 해밀턴, 이지은 옮김,《고대 그리스인의 생각과 힘》, 까치, 2009, 65쪽.
14. 같은 책, 70쪽 참조.
15. 같은 책, 75쪽.
16. 같은 책, 71쪽.
17. 같은 책, 83쪽.
18. H. D. F. 키토,《고대 그리스, 그리스인들》, 104쪽 참조.
19. 김진경,《고대 그리스의 영광과 몰락》, 80쪽 참조.
20. 앙드레 보나르,《그리스인 이야기》(1권), 33쪽 참조.
21. 이디스 해밀턴,《고대 그리스인의 생각과 힘》, 32쪽.
22. 임철규,《그리스 비극》, 한길사, 2007, 20~21쪽 참조.
23. 천병희,《그리스 비극의 이해》, 문예출판사, 2011, 82쪽 참조.

24. 같은 책, 84쪽 참조.

25. 앙드레 보나르,《그리스인 이야기》(1권), 32쪽.

26. 장 피에르 베르낭,《그리스 사유의 기원》, 19~20쪽 참조.

27. 헤로도토스,《역사》, 2, 109.

28. 장 피에르 베르낭,《그리스 사유의 기원》, 70쪽.

29. 같은 곳.

30. 조지 커퍼드, 김남두 옮김,《소피스트 운동》, 아카넷, 2004, 52~53쪽 참조.

31. 엘레나 보드로바·데보라 리옹,《정신의 도구》, 134쪽.

32. 같은 책, 134쪽.

33. 리처드 니스벳, 최인철 옮김,《생각의 지도》, 김영사, 2004, 17쪽.

34. 같은 책, 14쪽.

35. 같은 책, 13쪽.

36. 같은 책, 18~19쪽.

37. 같은 책, 19~20쪽 참조.

38. 같은 책, 20쪽.

39. 최인철,〈동양인의 뇌 vs 서양인의 뇌〉, 김성일·김채연·성영신 엮음,《뇌로 통한다》, 21세기북스, 2013, 128~130쪽 참조.

40. 같은 책, 131쪽 참조.

41. 리처드 니스벳,《생각의 지도》, 133~156쪽 참조.

42. 같은 책, 188쪽 참조.

43. A≠~A는 'A는 ~A가 아니다'라는 뜻이기 때문에 '비모순율'이라고 하는 것이 의미상으로는 옳지만, 일반적으로는 '모순율'이라고 부른다.

44. 같은 책, 187~195쪽 참조.

45. 이디스 해밀턴,《고대 그리스인의 생각과 힘》, 20~23쪽 참조.

46. 같은 책, 24쪽 참조.

47. 같은 책, 109쪽.

48. 같은 책, 25쪽 참조.

49. 고든 차일드,《신석기혁명과 도시혁명》, 271~274쪽 참조.

50. 리처드 니스벳,《생각의 지도》, 195쪽.

2부 생각의 기원

1장 생각 이전의 생각들

1. G. 레이코프·M. 존슨, 임지룡·윤희수·노양진·나익주 옮김, 《몸의 철학》, 박이정, 2011, 47쪽.

2. 같은 곳.

3. 질 포코니에·마크 터너, 김동환·최영호 옮김, 《우리는 어떻게 생각하는가》, 지호, 2009, 26쪽 참조.

4. 같은 곳.

5. 이 책은 오랫동안 절판되었다가 2012년에 도서출판 b에서 《동물들의 세계와 인간의 세계》라는 제목으로 재출간되었다.

6. 야콥 폰 웍스퀼, 김준민 옮김, 《생물에서 본 세계》, 안국출판사, 1988, 95쪽.

7. 같은 책, 96쪽 참조.

8. 같은 책, 167쪽.

9. 움베르토 마투라나·프란시스코 바렐라, 최호영 옮김, 《인식의 나무》, 자작아카데미, 1995, 36쪽.

10. 움베르토 마투라나, 서장현 옮김, 《있음에서 함으로》, 갈무리, 2006, 338쪽.

11. 허버트 긴즈버그·실비아 오퍼, 김정민 옮김, 《피아제의 인지발달이론》, 학지사, 2011, 48~51쪽 참조.

12. 같은 책, 54~65쪽 참조.

13. 같은 책, 69~70쪽 참조.

14. 같은 책, 90~93쪽 참조.

15. 같은 책, 96쪽 참조.

16. 같은 책, 98~99쪽 참조.

17. 엘레나 보드로바·데보라 리옹, 《정신의 도구》, 132~133쪽 참조.

18. 같은 책, 240~242쪽 참조.

19. A. R. 루리야, 배희철 옮김, 《비고츠키와 인지 발달의 비밀》, 살림터, 2013, 18~44쪽 참조.

20. 같은 책, 59쪽.

21. 같은 책, 66쪽.

22. 같은 책, 102~104쪽 참조,

23. 질 포코니에·마크 터너,《우리는 어떻게 생각하는가》, 153~155쪽 참조.

24. 같은 책, 38~69쪽 참조.

25. 같은 책, 135~167쪽 참조.

26. 같은 책, 113~115쪽 참조.

27. 트리스탕 차라·앙드레 브르통, 송재영 옮김,《다다/쉬르레알리슴 선언》, 문학
    과지성사, 1987, 45쪽.

28. 질 포코니에·마크 터너,《우리는 어떻게 생각하는가》, 70~97쪽 참조.

29. 같은 책, 394~395쪽 참조.

30. 같은 책, 408쪽 참조.

31. 같은 책, 389~393쪽 참조.

32. 같은 책, 438쪽.

2장 생각의 은밀한 욕망

1. 호메로스,《일리아스》, 1, 1~4.

2. H. D. F. 키토,《고대 그리스, 그리스인들》, 67쪽.

3. 같은 책, 69쪽.

4. 알베르토 망구엘, 김헌 옮김,《일리아스와 오디세이아 이펙트》, 세종서적, 2012,
    59쪽 참조.

5. 같은 책, 62쪽 참조.

6. 같은 책, 66쪽.

7. H. D. F. 키토,《고대 그리스, 그리스인들》, 85쪽.

8. 아리스토텔레스,《시학》, 23.

9. 같은 책, 9. 5.

10. 같은 책, 9. 34.

11. H. D. F. 키토,《고대 그리스, 그리스인들》, 84~85쪽 참조.

12. 호메로스,《일리아스》, 22, 56~59.

13. 같은 책, 22, 82~85.

14. 같은 책, 22, 104~110.

15. 같은 책, 22, 256~259.

16. 같은 책, 22, 261~266.

17. 앙드레 보나르, 《그리스인 이야기》(1권), 86쪽.

18. 같은 책, 94~95쪽.

19. 호메로스, 《일리아스》, 24, 518.

20. 알베르토 망구엘, 《일리아스와 오디세이아 이펙트》, 13쪽.

21. 자클린 드 로미이, 이명훈 옮김, 《왜 그리스인가》, 후마니타스, 2010, 37쪽.

22. M. Heidegger, "Der Ursprung des Kunstwerk" (im *Horzweg* GA 5.), Frankfrut am Main: Vittorio Klostermann, 1977, 29쪽.

23. 파스칼 피크·베르나르 빅토리·장 루이 데살, 이효숙 옮김, 《언어의 기원》, 알마, 2009, 110~113쪽 참조.

24. 조너선 갓설, 노승영 옮김, 《스토리텔링 애니멀》, 민음사, 2014, 93쪽 참조.

25. 같은 책, 166쪽 참조.

26. 파스칼 피크·베르나르 빅토리·장 루이 데살, 《언어의 기원》, 123쪽 참조.

27. 같은 책, 124쪽.

3부 생각을 만든 생각들

1. 윌리엄 셰익스피어, 《햄릿》, 2. 2.

2. H. D. F. 키토, 《고대 그리스, 그리스인들》, 70쪽.

1장 메타포라-은유

1. 윌리엄 셰익스피어, 《루크리스의 겁탈》, 925~936. 루크리스가 타퀸에게 능욕을 당한 뒤, 그렇게 당하도록 기회와 상황을 만들어준 시간에게 한탄하는 구절들 중 일부이다.

2. G. 레이코프·M. 존슨, 노양진·나익주 옮김, 《삶으로서의 은유》, 박이정, 2011, 21쪽.

3. 같은 책, 53쪽.

4. 같은 책, 27~30쪽 참조.

5. 같은 책, 377쪽.

6. 김애령, 《은유의 도서관》, 그린비, 2013, 7쪽에서 재인용.

7. G. 레이코프·M. 존슨,《몸의 철학》, 85~104쪽 참조.

8. 같은 책, 91~96쪽 참조. 아울러 G. 레이코프·M. 존슨,《삶으로서의 은유》, 38~46쪽 참조.

9. 같은 책, 104쪽 참조.

10. 아리스토텔레스,《시학》, 21.

11. G. 레이코프·M. 존슨,《삶으로서의 은유》, 24쪽.

12. 아리스토텔레스,《시학》, 22.

13. Aristoteles, *Rhetorik*, München: Wilhelm Fink Verlag, 1980, 194~195쪽.

14. P. Ricoeur, *La métaphore vive*, Paris: Seuil, 1975. 191쪽.

15. 같은 책, 251쪽.

16. 새뮤얼 노아 크레이머, 박성식 옮김,《역사는 수메르에서 시작되었다》, 가람기획, 2007, 347쪽.

17. 호메로스,《일리아스》, 2, 480.

18. 같은 책, 3, 197~198.

19. 같은 책, 6, 506~508.

20. 브루노 스넬, 김재홍 옮김,《정신의 발견》, 까치, 2006, 299쪽.

21. Aristoteles, *Rhetorik*, 1980, 176쪽.

22. Lakoff, G. "What is metaphor?", (in J. A. Barnden & K. J. Holyoak (Eds.), *Advances in connectionist and neural computation theory* (Vol. 3, 203-258), Norwood, NJ: Ablex, 1994), p. 206. (린 잉글리시 엮음, 권석일 외 옮김,《수학적 추론과 유추, 은유, 이미지》, 경문사, 2009, 8쪽 참고.)

23. 브루노 스넬,《정신의 발견》, 300~302쪽 참조.

24. 같은 책, 304쪽.

25. 같은 책, 304~305쪽 참조.

26. 같은 책, 307~312쪽 참조.

27. G. 레이코프·M. 존슨,《삶으로서의 은유》, 407쪽.

28. 나단 아우수벨 편집, 조호연 옮김,《유대 예화 보고》, 크리스챤다이제스트, 1998, 49쪽 참조.

29. Aristoteles, *Rhetorik*, 194~195쪽.

30. 아리스토텔레스,《시학》, 9.

31. 브루노 스넬,《정신의 발견》, 327쪽 참조.

32. 아리스토텔레스,《시학》, 22.

33. P. Ricoeur, *Die lebendige Metaphor*, München: Wilhelm Fink Verlag, 1986, 36쪽.

34. 마지드 포투히, 서정아 옮김,《좌뇌와 우뇌 사이》, 토네이도, 2014, 32쪽 참조.

35. 매리언 울프, 이희수 옮김,《책 읽는 뇌》, 살림, 2009, 18쪽.

36. 로버트 루트번스타인·미셸 루트번스타인, 박종성 옮김,《생각의 탄생》, 에코의 서재, 2007, 91~92쪽에서 재인용.

37. 토머스 웨스트, 김성훈 옮김,《글자로만 생각하는 사람, 이미지로 창조하는 사람》, 지식갤러리, 2011, 23~77쪽 참조.

38. 로버트 루트번스타인·미셸 루트번스타인,《생각의 탄생》, 25쪽 참조.

39. 토머스 웨스트,《글자로만 생각하는 사람, 이미지로 창조하는 사람》, 42쪽.

40. 같은 책, 43쪽.

41. 제럴드 에덜먼,《뇌는 하늘보다 넓다》, 162쪽.

42. A. R. 루리야,《비고츠키와 인지 발달의 비밀》, 137쪽 참조.

43. 같은 책, 139~154쪽 참조.

44. 같은 책, 139쪽.

45. 같은 책, 142쪽.

2장 아르케 - 원리

1. 그리스 7현인의 이름은 플라톤의《프로타고라스》에 나온다. 탈레스, 비아스, 피타코스, 클레오브로스, 솔론, 킬론, 뮤손이다. 기원전 7~기원전 6세기에 활동한 인물들로, 탈레스를 제외하면 모두 정치가들이었다.

2. 디오게네스 라에르티오스, 전양범 옮김,《그리스 철학자 열전》, 동서문화사, 2011, 26~27쪽 참조.

3. 같은 책, 29쪽 참조.

4. H. Diels, *Die Fragmente der Vorsokratiker*(Berlin: Weidmannsche Buchhandlung, 1st ed. 1903, 다음부터는 상례에 따라 DK로 표기함), 11B1.

5. DK 11A12.

6. DK 11A11 참조.

7. DK 11A1 참조.

8. DK 11A20 참조.

9. 탈레스가 발견한 것으로 알려진 5가지 기하학 정리는 다음과 같다. 1) 원은 지름에 의해 2등분된다. 2) 이등변삼각형의 두 밑각은 같다. 두 직선이 만나서 생긴 맞꼭지각은 같다. 4) 한 변의 길이와 그 변 좌우의 각이 같은 두 삼각형은 서로 합동이다. 5) 반원에 내접하는 각은 직각이다.

10. 디오게네스 라에르티오스,《그리스 철학자 열전》, 20~21쪽 참조.

11. 같은 책, 26쪽 참조.

12. DK 11A16 참조.

13. DK 11A15 참조.

14. 헤로도토스,《역사》, 2. 20. 참조.

15. W. Wightman, *The Growth of Scientific Ideas*, Edinburgh: Oliver & Boyd, 1950, 10쪽.

16. 호메로스,《일리아스》, 1, 207~214.

17. 아리스토텔레스,《형이상학》, A3. 383b6

18. 세네카,《자연에 관한 연구》, III. 14.

19. 헤르만 프랭켈, 김남우·홍사현 옮김,《초기 희랍의 문학과 철학》, 아카넷, 2011, 488쪽 참조.

20. 같은 책, 489쪽.

21. DK 11A10 참조.

22. 아리스토텔레스,《정치학》, 1. 11. 1250a.

23. 로버트 루트번스타인·미셸 루트번스타인,《생각의 탄생》, 58쪽.

24. 에드워드 윌슨 외, 마이클 R. 캔빌드 엮음, 김병순 옮김,《과학자의 관찰노트》, 휴먼사이언스, 2013, 29~33쪽 참조.

25. 로버트 루트번스타인·미셸 루트번스타인,《생각의 탄생》, 76쪽 참조.

26. 같은 책, 75쪽.

27. 같은 책, 77쪽.

28. 클레이 워커 레슬리·찰스 로스, 박현주 옮김,《자연 관찰 일기》, 검둥소, 2012, 13쪽.

29. 같은 책, 24쪽 참조.

30. 같은 책, 36쪽.

31. 하워드 에번스, 이우영·신항균 옮김, 《수학사》, 경문사, 2005, 34쪽 참조.

32. 같은 책, 35~37쪽 참조.

33. 노우드 러셀 핸슨, 송진웅·조숙경 옮김, 《과학적 발견의 패턴》, 사이언스북스, 2007, 135~152쪽 참조.

34. 움베르토 에코 외, 김주환·한은경 옮김, 《논리와 추리의 기호학》, 인간사랑, 1994, 214~216쪽 참조.

35. 노우드 러셀 핸슨, 《과학적 발견의 패턴》, 151쪽.

36. 움베르토 에코 외, 《논리와 추리의 기호학》, 219쪽.

37. 노우드 러셀 핸슨, 《과학적 발견의 패턴》, 159쪽.

38. 가추법에 관한 다른 정보는 본인의 《설득의 논리학》(웅진지식하우스, 2020), 157~184쪽에서 얻을 수 있음.

39. 움베르토 에코 외, 《논리와 추리의 기호학》, 62~67쪽 참조.

40. 모리스 클라인, 박영훈 옮김, 《수학, 문명을 지배하다》, 경문사, 2011, 48~49쪽 참조.

41. 움베르토 에코 외, 《논리와 추리의 기호학》, 55쪽.

42. 노우드 러셀 핸슨, 《과학적 발견의 패턴》, 155쪽.

43. 움베르토 에코 외, 《논리와 추리의 기호학》, 225쪽.

44. 노우드 러셀 핸슨, 《과학적 발견의 패턴》, 211쪽 참조.

45. 움베르토 에코 외, 《논리와 추리의 기호학》, 68쪽.

46. 같은 책, 85~86쪽 참조.

47. 같은 책, 137~141쪽 참조.

48. 같은 책, 165쪽.

49. 칼 포퍼, 이한구·송대현·이창환 옮김, 《파르메니데스의 세계》, 영림카디널, 2009, 37쪽.

50. 앙드레 보나르, 《그리스인 이야기》(1권), 44쪽.

51. A. R. 루리야, 《비고츠키와 인지 발달의 비밀》, 170~195쪽 참조.

52. 허버트 P. 긴즈버그·실비아 오퍼, 《피아제의 인지발달이론》, 45쪽 참조. 피아제 가 주장한 아동들의 인지 발달 단계를 조금 다르게 구분하는 학자도 있다. 예 컨대 숄리 대학의 메리 사임(Mary Sime) 교수는 감각 동작기(0~2세), 개념 이전기 (2~4세), 직관적 사고기(4~7세), 구체적 조작기(7~14세), 형식적 사고기(14세 이후)라 는 5단계로 세분했다(메리 사임, 문용린 옮김, 《피아제가 보여주는 아이들의 인지세계》, 학지

사, 1996, 21~25쪽 참조).

53. 같은 책, 243~244쪽 참조.

54. 같은 책, 268~269쪽 참조.

55. 같은 책, 270쪽.

56. 같은 책, 271~273쪽 참조.

57. 같은 책, 149~150쪽 참조.

58. 움베르토 에코 외, 《논리와 추리의 기호학》, 191~192쪽 참조.

3장 로고스 – 문장

1. 브루스 링컨, 김윤성·최화선·홍윤희 옮김, 《신화 이론화하기》, 이학사, 2009, 21~47쪽 참조.

2. 같은 책, 48~59쪽 참조.

3. DK 22B50.

4. 브루스 링컨, 《신화 이론화하기》, 45~46쪽.

5. 플라톤, 《국가》, 377a.

6. 브루스 링컨, 《신화 이론화하기》, 88쪽.

7. 아리스토텔레스, 《명제에 관하여》, 17a 1~5.

8. 같은 책, 17A 6.

9. 파스칼 피크·베르나르 빅토리·장 루이 데살, 《언어의 기원》, 129쪽 참조.

10. 같은 책, 130~136쪽 참조.

11. 같은 책, 149~150쪽 참조.

12. 같은 책, 152~155쪽 참조.

13. 같은 책, 160~165쪽 참조.

14. 같은 책, 167~168쪽.

15. 재레드 다이아몬드, 김진준 옮김, 《총, 균, 쇠》, 문학사상사, 2010, 329~331쪽 참조.

16. 찰스 밴 도렌, 《지식의 역사》, 83~84쪽 참조.

17. 매리언 울프, 《책 읽는 뇌》, 101쪽 참조.

18. 찰스 밴 도렌, 《지식의 역사》, 86쪽.

19. 재레드 다이아몬드, 《총, 균, 쇠》, 342쪽 참조.

20. 같은 책, 342쪽 참조.

21. DK 12B1.

22. DK 12A15.

23. DK 12B3.

24. DK 12A15.

25. DK 12A15.

26. DK12A7.

27. 장 피에르 베르낭, 《그리스 사유의 기원》, 165~166쪽.

28. 디오게네스 라에르티오스, 《그리스 철학자 열전》, 74쪽 참조.

29. 같은 책, 581쪽 참조.

30. DK 22A1 참조.

31. DK 22B19.

32. DK 22A3b 참조.

33. 디오게네스 라에르티오스, 《그리스 철학자 열전》, 586쪽.

34. DK 22B60.

35. DK 22B103.

36. DK 22B67.

37. DK 22B84a.

38. DK 22B49a.

39. DK 22A4.

40. 디오게네스 라에르티오스, 《그리스 철학자 열전》, 588쪽.

41. DK 22B1.

42. DK 22B72.

43. DK 22B50.

44. DK 22B19.

45. M. Heiddeger, *Unterwegs zur Sprache*(언어에의 도상에서), GA12, Frankfrut am Main: Vittorio Klostermann, 1985, 243쪽.

46. M. Heidegger, *Hebel — der Hausfreund*(1957), 1991(6판), 26쪽.

47. DK 22B112.

48. M. Heiddeger, "Brief über den Humanismus", GA 9(Wegmarken), Frankfrut am Main: Vittorio Klostermann, 1976, 326쪽.

49. M. Heiddeger, *Unterwegs zur Sprache*(언어에의 도상에서), GA12, Frankfrut am Main: Vittorio Klostermann, 1985, 243쪽.

50. DK 22B2.

51. M. Heiddeger, *Unterwegs zur Sprache*(언어에의 도상에서), GA12, Frankfrut am Main: Vittorio Klostermann, 1985, 30쪽.

52. 아리스토텔레스, 《형이상학》, 1011b 26~27.

53. 같은 책, 1027b, 25.

54. 브루노 스넬, 《정신의 발견》, 343쪽 참조.

55. 같은 책, 344쪽.

56. 같은 책, 342쪽 참조.

57. 같은 책, 342쪽.

58. 플라톤, 《파이돈》, 100c.

59. 아리스토텔레스, 《명제에 관하여》, 19b, 20~25 참조.

60. 플라톤, 《프로타고라스》, 310a~e.

61. 같은 책, 318d.

62. 같은 책, 318e~319a.

63. 비트겐슈타인, 《논고》, 4.01.

64. 같은 책, 4.0311.

65. 비트겐슈타인의 주장에는 '세계의 궁극적 구조'와 '완벽하고 명료한 이상언어' 사이에 '구조적 유사성'이 있다는 믿음이 깔려 있다. 비트겐슈타인은 '세계와 언어의 사이에 대응하는 관계'가 있다는 것을 음악과 악보의 관계로 묘사했다.(《논고》, 4.014.) 즉, 악보는 연주되고 그다음 녹음되어서 라디오를 통해 우리의 귀에 음악으로 전해지지만, 그 사이에 있는 많은 중간 단계에도 불구하고 악보와 음악 사이에는 '구조적 유사성'이 존재한다는 것이다.

66. 플라톤, 《크라틸로스》, 384b, 440c.

67. 플라톤, 《파르메니데스》, 131b.

68. 아리스토텔레스, 《분석론 전서》, 24b~25b 참조.

69. 허버트 긴즈버그·실비아 오퍼, 《피아제의 인지발달이론》, 172~173쪽 참조.

70. 같은 책, 175~176쪽 참조.

71. 박동섭, 《불협화음론자 비고츠키 그 첫 번째 이야기》, 서현사, 2011, 224쪽 참조.

72. 같은 책, 224~225쪽 참조.

73. 엘레나 보드로바·데보라 리옹,《정신의 도구》, 146~147쪽 참조.

74. 윌리엄 캘빈, 윤소영 옮김,《생각의 탄생》, 사이언스북스, 2012, 128쪽.

75. 같은 책, 128~129쪽.

76. 토머스 웨스트,《글자로만 생각하는 사람, 이미지로 창조하는 사람》, 30쪽 참조.

77. 박문호,《그림으로 읽는 뇌과학의 모든 것》, 휴머니스트, 2013, 700~711쪽 참조.

78. 움베르토 마투라나·프란시스코 바렐라,《인식의 나무》, 238쪽.

79. 같은 책, 162~163쪽.

80. 같은 책, 143쪽 참조.

81. 같은 책, 147~148쪽 참조.

82. 매리언 울프,《책 읽는 뇌》, 17쪽.

83. L. S. 비고츠키, M. 콜 외 엮음, 정회욱 옮김,《마인드 인 소사이어티》, 학이시습, 2009, 182~183쪽 참조.

84. 매리언 울프,《책 읽는 뇌》, 138쪽 참조.

85. 허버트 P. 긴즈버그·실비아 오퍼,《피아제의 인지발달이론》, 127쪽 참조.

86. 같은 책, 151쪽 참조.

87. 윌리엄 캘빈,《생각의 탄생》, 162쪽.

88. A. R. 루리야,《비고츠키와 인지 발달의 비밀》, 270쪽.

89. 매리언 울프,《책 읽는 뇌》, 209~210쪽 참조.

90. A. R. 루리야,《비고츠키와 인지 발달의 비밀》, 242~267쪽 참조.

91. 윌리엄 캘빈,《생각의 탄생》, 177~178쪽.

4장 아리스모스-수

1. 피터 벤틀리, 신항균 옮김,《수의 비밀》, 경문사, 2013, 13쪽 참조.

2. 리처드 만키에비츠, 이상원 옮김,《문명과 수학》, 경문사, 2007, 16쪽 참조.

3. 존 스트로마이어·피터 웨스트브룩, 류영훈 옮김,《피타고라스를 말하다》, 퉁크, 2005, 84쪽.

4. 아리스토텔레스,《형이상학》, 986a.

5. 콘스탄틴 J. 밤바카스, 이재영 옮김,《철학의 탄생》, 알마, 2008, 180쪽.

6. 같은 책, 123쪽에서 재인용.

7. 존 스트로마이어·피터 웨스트브룩,《피타고라스를 말하다》, 101~106쪽 참조.

8. 같은 책, 90~91쪽.

9. DK 58B4.

10. DK 44B4.

11. 모리스 클라인, 심재관 옮김,《수학의 확실성》, 사이언스북스, 2007, 74쪽에서 재인용.

12. 마리오 리비오, 김정은 옮김,《신은 수학자인가》, 열린과학, 2010, 23쪽.

13. 같은 책, 15~20쪽 참조.

14. 같은 책, 242~243쪽 참조.

15. 같은 책, 333쪽 참조.

16. 모리스 클라인,《수학의 확실성》, 17~19쪽 참조.

17. 마리오 리비오,《신은 수학자인가》, 26쪽.

18. 같은 책, 346쪽 참조.

19. 모리스 클라인,《수학의 확실성》, 22쪽.

20. 마리오 리비오,《신은 수학자인가》, 23쪽.

21. 헤르트 A. 하우프트만·알프레드 S. 포사멘티어·잉그마 레만, 김준열 옮김,《피보나치 넘버스》, 늘봄, 2010, 25~28쪽 참조.

22. 같은 책, 73쪽 참조.

23. 같은 책, 64~69쪽 참조.

24. 마리오 리비오, 권민 옮김,《황금비율의 진실》, 공존, 2011, 105쪽 참조.

25. 헤르트 A. 하우프트만·알프레드 S. 포사멘티어·잉그마 레만,《피보나치 넘버스》, 252~293쪽 참조.

26. 같은 책, 296~319쪽 참조.

27. 마리오 리비오,《황금비율의 진실》, 119쪽 참조.

28. 같은 책, 299쪽.

29. 마리오 리비오,《신은 수학자인가》, 369쪽.

30. 마리오 리비오,《황금비율의 진실》, 192~211쪽 참조.

31. DK 44A13.

32. DK 14A21.

33. DK 44B10.

34. "피타고라스는 … 철학을 철학이라고 불렀으며, 수와 수적인 대칭을 철학의 원리로 정했다. 수적인 대칭을 조화라고도 불렀다"(DK 58B15).

35. 갈릴레오 갈릴레이, 《분석자(Saggiatore)》(Opere, VI), 232쪽(헤르만 와일, 김상문 옮김, 《수리철학과 과학철학》, 민음사, 1987, 132쪽 참조).

36. 리처드 만키에비츠, 《문명과 수학》, 118쪽 참조.

37. R. Boyle, *Works*, London: J. & F. Rivington, 1772, Vol. V, 163쪽.(플랭클린 보머, 조호연 옮김, 《유럽 근현대 지성사》, 현대지성사, 1999, 75쪽에서 재인용.) 보일이 보았을 스트라스부르시의 유명한 큰 시계는 1574년에 스트라스부르의 한 수학자의 설계에 따라 제작되었다.

38. 마르틴 하이데거, 이기상 옮김, 《기술과 전향》, 서광사, 1994, 41쪽.

39. 같은 책, 103쪽(2, 2).

40. 캐시 오닐, 김정혜 옮김, 《대량살상 수학무기》, 흐름출판, 2017, 337쪽.

41. 마리오 리비오, 《신은 수학자인가》, 28쪽 참조.

42. 허버트 P. 긴즈버그·실비아 오퍼, 《피아제의 인지발달이론》, 282~283쪽 참조.

43. 같은 책, 283쪽 참조.

44. 같은 책, 284~285쪽 참조.

45. 같은 책, 310~313쪽 참조.

46. A. R. 루리야, 《비고츠키와 인지 발달의 비밀》, 198~223쪽 참조.

47. 같은 책, 208~210쪽 참조.

48. 같은 책, 216~221쪽 참조.

49. 박동섭, 《불협화음론자 비고츠키 그 첫 번째 이야기》, 281~282쪽 참조.

50. 이언 스튜어트, 김동광·과학세대 옮김, 《자연의 수학적 본성》, 동아출판, 1996, 193쪽.

51. 같은 책, 15쪽.

52. 피터 벤틀리, 《수의 비밀》, 237쪽 참조.

53. 이언 스튜어트, 《자연의 수학적 본성》, 189~190쪽 참조.

54. 모리스 클라인, 《수학, 문명을 지배하다》, 643쪽.

5장 레토리케 - 수사

1. 호메로스, 《일리아스》, 18, 52~60.

2. 양태종, 《수사학 이야기》, 동아대학교출판부, 2003, 40~41쪽.

3. 김현 편, 《수사학》, 문학과지성사, 1998, 21쪽.

4. 하루야마 유키오, 강승구·김관규·신용삼 옮김,《서양 광고 문화사》, 한나래출판사, 2007, 28~29쪽 참조.

5. 같은 책, 34~35쪽 참조.

6. 같은 책, 47쪽.

7. 장미셸 아당·마르크 보놈, 장인봉 옮김,《광고논증》, 고려대학교출판부, 2001, 7쪽.

8. 조지 커퍼드,《소피스트 운동》, 76쪽 참조.

9. 플라톤,《프로타고라스》, 349a.

10. 김현 편,《수사학》, 22~23쪽.

11. 플라톤,《파이드로스》, 272d 이하 참조.

12. 고대로부터 딜레마를 물리치는 방법에는 크게 세 가지가 있다. 선언전제의 부당함을 증명해 물리치는 '뿔 사이로 피해 가기', 연언전제의 부당함을 증명해 깨트리는 '뿔로 잡기', 그리고 그 딜레마와 정반대 결론을 이끌어내는 새로운 딜레마를 만들어 반박하는 '반대 딜레마로 되받기'다.

13. 양태종,《수사학이야기》, 54쪽 참조.

14. 헤라클레이토스의 말로 알려진 '만물은 변한다'라는 말은 헤라클레이토스가 직접 한 말이 아니라, 플라톤이 그의 철학이 지닌 특성을 요약한 말이다.

15. 플라톤,《테아이테토스》, 151.

16. DK 21B34.

17. DK 80A1.

18. 조지 커퍼드,《소피스트 운동》, 140~143쪽 참조.

19. 같은 책, 77~78쪽 참조.

20. 플라톤,《고르기아스》, 459b~c.

21. 조지 커퍼드,《소피스트 운동》, 132~133쪽 참조.

22. 플라톤,《고르기아스》, 452e.

23. 아리스토텔레스,《수사학》, 1355~1356 참조. 로고스, 파토스, 에토스의 차이는 그것들이 훗날 각각 논리학, 수사학, 윤리학의 기반이 되었다는 데서도 드러난다. "수사학은 변증법과 짝을 이룬다"(《수사학》, 1354a 1) 또는 "수사학은 변증법과 윤리학의 한 분야임이 드러난다"(1356a 25)와 같은 아리스토텔레스의 말도 그래서 나왔다.

24. "우리는 도덕적으로 훌륭한 사람을 다른 사람보다 더 쉽고 완벽하게 신뢰한다"

(아리스토텔레스, 《수사학》, 1355e).

25. 현대에 와서는 에토스가 자신의 경험이나 믿을 만한 학설과 통계와 같은 실증적 증거를 뜻하기도 한다.

26. 플라톤, 《고르기아스》, 464d~465e 참조.

27. 플라톤, 《파이드로스》, 452e.

28. 셰익스피어, 《율리우스 카이사르》, 3, 2.

29. 같은 책, 같은 곳.

30. 김현 편, 《수사학》, 30쪽.

31. 같은 책, 같은 곳.

32. 예증법에 관한 다른 정보는 본인의 《설득의 논리학》, 21~51쪽에서 얻을 수 있음.

33. 아리스토텔레스, 《수사학》, 1, 2.

34. 김현 편, 《수사학》, 70~71쪽 참조.

35. 마태복음 7:9~11.

36. 플라톤, 《크리톤》, 47b.

37. 같은 책, 51c.

38. 나단 아우수벨 편집, 조호연 옮김, 《유대 예화 보고》, 크리스챤다이제스트, 1998, 35쪽 참조.

39. 생략삼단논법에 관한 다른 정보는 본인의 《설득의 논리학》, 65~76쪽에서 얻을 수 있음.

40. 아리스토텔레스, 《수사학》, 1, 2.

41. 김현 편, 《수사학》, 77쪽 참조.

42. 아리스토텔레스, 《수사학》, 1, 2.

43. 김현 편, 《수사학》, 74쪽 참조.

44. 장미셸 아당·마르크 보놈, 《광고논증》, 169쪽 참조.

45. 아리스토텔레스, 《수사학》, 1, 2.

46. 김현 편, 《수사학》, 78쪽 참조.

47. 대증식에 관한 다른 정보는 본인의 《설득의 논리학》, 76~81쪽에서 얻을 수 있음.

48. 김현 편, 《수사학》, 75쪽 참조.

49. 같은 책, 81쪽 참조.

50. 진 젤라즈니, 안진환 옮김, 《맥킨지, 발표의 기술》, 스마트비즈니스, 2006, 59~60쪽.

51. 연쇄삼단논법에 관한 다른 정보는 본인의《설득의 논리학》, 81~85쪽에서 얻을 수 있음.

52. 어빙 코피, 민찬홍 옮김,《논리학 입문》, 이론과 실천, 1993, 316쪽 참조.

53. 장미셸 아당·마르크 보놈,《광고논증》, 160쪽.

54. 김현 편,《수사학》, 29쪽.

55. 같은 책, 33쪽.

56. 같은 책, 33~35쪽 참조.

57. 아우구스티누스,《고백록》, 1. 12~14 참조.

58. 김현 편,《수사학》, 1998, 84쪽.

도판 출처

37쪽 우르 발굴지 조감도

The new general plan of Ur (drawn up by F. Ghio): "Multitemporal High-Resolution Satellite Images for the Study and Monitoring of an Ancient Mesopotamian City and its Surrounding Landscape: The Case of Ur". International Journal of Geophysics 2012(4). July 2012. DOI: 10.1155/2012/716296. CC BY 3.0.

44쪽 수메르인들의 생활이 적힌 점토판

© Marie-Lan Nguyen. Wikimedia Commons. CC-BY 3.0.

68쪽 산마르코 대성당

Zairon. Wikimedia Commons. CC BY-SA 4.0.

271쪽 에페소스 도서관 유적

Benh LIEU SONG. Wikimedia Commons. CC BY-SA 3.0.

325쪽 이상고 뼈

Robertrillo. Wikimedia Commons. CC BY-SA 4.0.

346쪽 앵무조개

Sérgio Valle Duarte. Wikimedia Commons. CC BY-SA 3.0.

373쪽 망델브로 집합이 그려낸 프랙털 형상

Created by Wolfgang Beyer with the program Ultra Fractal 3. Wikimedia Commons. CC BY-SA 3.0.

인명, 신명神名

작품명

[단행본, 논문, 잡지]

ㄱ

주제어

ㄱ